Kai Honsel

Integrated Usage Mining

GABLER RESEARCH

Kai Honsel

Integrated Usage Mining

Eine Methode zur Analyse des Benutzerverhaltens im Web

Mit einem Geleitwort von Prof. Dr. Mareike Schoop

GABLER

RESEARCH

Bibliografische Information der Deutschen Nationalbibliothek
Die Deutsche Nationalbibliothek verzeichnet diese Publikation in der Deutschen Nationalbibliografie; detaillierte bibliografische Daten sind im Internet über <http://dnb.d-nb.de> abrufbar.

Dissertation Universität Hohenheim (Stuttgart), 2011

D100

1. Auflage 2012

Lektorat: Marta Grabowski | Sabine Schöller

Gabler Verlag ist eine Marke von Springer Fachmedien.
Springer Fachmedien ist Teil der Fachverlagsgruppe Springer Science+Business Media.
www.gabler.de

Umschlaggestaltung: KünkelLopka Medienentwicklung, Heidelberg
Gedruckt auf säurefreiem und chlorfrei gebleichtem Papier

ISBN 978-3-8349-3073-6

Für Silje

Geleitwort

Im Unternehmensumfeld sind Webanwendungen wie zum Beispiel Shops, Marktplätze oder Portale, die als Benutzeroberfläche Webseiten aufweisen, ein wichtiges Vertriebs- und Informationsinstrument zum Kunden. Die Frage, ob eine Webseite erfolgreich ist, ist daher eine zentrale Frage im Hinblick auf den Unternehmenserfolg. Dabei wird der Erfolg einer Webseite nicht einheitlich definiert. Generell muss eine Webseite alle Funktionalitäten anbieten, die ein Nutzer (in einem Unternehmenskontext also der Kunde) benötigt, und diese Funktionalitäten müssen gezielt auf Basis der Nutzeranforderungen verwendet werden.

Bisher haben sich Forschungsansätze entweder der Analyse großer Datenmengen aus Web Logs oder der Analyse des Benutzerverhaltens auf einer Webseite gewidmet.

Das Data Mining beschäftigt sich mit Algorithmen zur Musterentdeckung in großen Datenbeständen. Das Web Usage Mining wendet diese Algorithmen auf Webdaten, insbesondere Webseiten an. Beim Web Usage Mining wird zusätzlich die Nutzung dieser Webseiten betrachtet. Ziel ist es, Interessen, Erwartungen und Verhalten von Nutzern zu analysieren, um den Webauftritt zu optimieren. Allerdings kann das Nutzerverhalten auf einzelnen Webseiten nicht detailliert erfasst werden. So ist es zum Beispiel nicht möglich zu unterscheiden, ob ein Nutzer eine Information auf einer Webseite sucht oder zwischenzeitlich pausiert, wenn zwischen dem Aufruf einer Webseite und dem nächsten Mausklick oder dem nächsten Seitenaufruf mehrere Minuten vergehen.

Die detaillierte Analyse des Benutzerverhaltens auf einer Webseite ist der Gegenstand des Eye Tracking. Hierbei werden die Augenbewegungen von Probanden automatisch durch ein Blickmesssystem, den sogenannten Eye Tracker, aufgezeichnet. Dadurch wird dokumentiert, wohin ein Benutzer auf der Webseite schaut, in welcher Reihenfolge die Blickbewegungen ausgeführt werden und wie lange das Fixieren einzelner Elemente dauert. Diese Analysen werden unter Laborbedingungen durchgeführt, da Eye Tracker in der Regel in Unternehmen nicht vorhanden sind und um alle äußeren Parameter zu kontrollieren.

Es gibt bisher keine Methode, die das Verhalten eines Nutzers auf Webseiten sowohl hinsichtlich der Historie (also der bereits besuchten Webseiten) als auch der Prozesse dokumentieren und analysieren kann. Während Web Usage Mining die Historie als Pfad über besuchte Webseiten und Verweildauern aufzeichnet, ohne jedoch Aussagen darüber machen zu können, was genau auf einer Webseite betrachtet wird, analysiert Eye Tracking das Benutzerverhalten auf einer konkreten Seite, ohne allerdings zu berücksichtigen, aus welchem Kontext der Benutzer die Webseite aufgerufen hat.

Es ist das Verdienst der vorliegenden exzellenten Arbeit, eine integrierte Methodik zu entwickeln, die diese Forschungslücke schließt. Dazu werden Elemente aus dem Web Usage Mining und aus dem Eye Tracking verwendet. Zunächst wird die Integrated Usage Mining Methodik konzipiert, um dann in einem weiteren Schritt eine Referenzimplementierung (den Integrated Miner) zu erstellen, die schließlich getestet wird. Dazu wurde eine umfangreiche Studie mit 645 Probanden durchgeführt, die mit einer Datenbasis von über 13 GB Daten zu einer der größten gehört, die in der Eye Tracking Forschung je durchgeführt wurde. Es kann gezeigt werden, dass das Integrated Usage Mining die Forschungsziele voll erfüllt.

Die vorliegende Arbeit untersucht eine anspruchsvolle Forschungsfrage und bietet Erkenntnisse für die Praxis und für die Wissenschaft. Die Wissenschaft erhält sowohl im Gebiet des Data Mining als auch im Gebiet des Eye Tracking neue Algorithmen und zum ersten Mal eine Arbeit, die beide Gebiete in einer integrierten Methode vereint. Die Praxis erhält einen voll funktionsfähigen Prototypen, der die eingangs erwähnten Fragestellungen (wie hängt das Nutzerverhalten auf einer Webseite vom Pfad ab, den der Nutzer bisher im Internet »gegangen« ist, welche Muster finden sich in Abhängigkeit von vorher besuchten Webseiten etc.) softwaretechnisch und automatisch aufzeigen kann.

Ich wünsche dieser hervorragenden Arbeit eine entsprechende Verbreitung in Wissenschaft und Praxis.

Prof. Dr. Mareike Schoop

Danksagung

Diese Arbeit ist im Rahmen meiner Forschung am Lehrstuhl für Wirtschaftsinformatik I an der Universität Hohenheim entstanden. Während dieser Zeit erhielt ich von vielen Seiten grosse Unterstützung – dafür möchte ich an dieser Stelle danken.

Der größte Dank gilt meiner Doktormutter Prof. Dr. Mareike Schoop, auf die ich stets zählen durfte. Mit guten Ideen und Diskussionen sowie hervorragenden Kontakten zur Forschungsgemeinschaft hat sie meine Arbeit jederzeit gefördert. Ohne die von ihr gewährten Freiräume und die erstklassische technische Ausstattung des Lehrstuhls wäre die Arbeit in dieser Form nicht entstanden. Prof. Dr. Walter Habenicht danke ich für die Übernahme des Zweitgutachtens.

Meinem langjährigen Freund und Kollegen Dr. Bernd Schneider danke ich für seinen fachlichen Rat, seine großzügige Hilfsbereitschaft und die guten Gespräche – auch jenseits des Fachlichen. Meinen Mitstreitern Dr. Frank Köhne, Dr. Dirk Staskiewicz und Dr. Philipp Kordowich sowie meiner Kollegin Franziska Kubsch möchte ich für die schöne gemeinsame Zeit, wichtige Ratschläge und die herzliche Atmosphäre am Lehrstuhl danken. Es war eine Freude, in und mit diesem freundschaftlichen Team zu arbeiten.

Dominik Eckert und Dennis Warth zeigten grosses Interesse an der Thematik, und ihrem Engagement hat der Integrated Miner ein paar nützliche Zusatzfunktionen zu verdanken. Daniel Fehrle und Michael Ancutici haben mir freundlicherweise die Web Server-Logs zur Verfügung gestellt. Das Team von Tobii Technology hat sich bei Problemdiagnose und Fehlerbeseitigung bei der Erstellung der Eye Tracking-Logs redlich bemüht.

Insbesondere danke ich meiner Frau Ann-Kristin, die mich zu diesem Projekt ermutigt, die Nebenwirkungen durchlitten und mich vor allem im letzten Jahr angetrieben, gestützt und ertragen hat. Mein besonderer Dank gilt auch meinen Eltern, auf deren Vertrauen und Zuversicht ich in schwierigen Momenten stets bauen konnte.

Kai Honsel

Inhaltsverzeichnis

Abbildungsverzeichnis

Tabellenverzeichnis

Abkürzungsverzeichnis

AOI	Area of Interest
API	Application Program Interface
AWT	Abstract Window Toolkit
DHCP	Dynamic Host Configuration Protocol
DM	Data Mining
EP	Eingabeprotokollierung
ERM	Entity Relationship Model
ET	Eye Tracking
FPM	Frequent Pattern Mining
GUI	Graphical User Interface
HCI	Human Computer Interaction
HMM	Hohenheimer Master in Management
IDE	Integrated Development Environment
IM	Integrated Miner
IP	Internet Protocol
IUM	Integrated Usage Mining
JDBC	Java Database Connectivity
JPA	Java Persistence API
JVM	Java Virtual Machine
KDD	Knowledge Discovery in Databases
OO	Objektorientierung
ORM	Objektrelationales Mapping (O/R-Mapping)
RCP	Rich Client Platform
RDBMS	Relationales Datenbankmanagementsystem
ROI	Region of Interest
SWT	Standard Widget Toolkit
UE	Usability Engineering
WM	Web Mining
WUM	Web Usage Mining
WWW	World Wide Web

1 Einleitung

Das Wachstum und die Weiterentwicklung des World Wide Web (WWW, Web) schreiten unaufhaltsam voran. Während die Entwicklungen am Semantic Web und Web 2.0 [siehe Antoniou, van Harmelen (2008)] noch nicht abgeschlossen sind, wird bereits mit Web 3.0 oder Pragmatic Web [vgl. Schoop u. a. (2006)] die nächste Evolution des Webs ausgerufen. Demgegenüber scheint die Arbeit an Methoden zur Evaluation und Validierung von Webauftritten still zu stehen. Erfüllen die bestehenden Webauftritte und neue Anwendungen ihren Zweck, oder fordern Nutzer ganz andere Elemente und Funktionen?

1.1 Motivation

Die fortlaufende Weiterentwicklung des Webs generiert nicht nur regelmäßig neue Forschungsfragen, sondern lässt die bestehenden ungelösten Probleme auch leicht in Vergessenheit geraten. Mit den etablierten Techniken und mit angemessenem Aufwand ist es bisher nicht möglich, ausreichend detailliert und repräsentativ nachzuvollziehen, wie die Nutzer eines Webauftritts vorgehen. Es kann nicht objektiv und explorativ analysiert werden, ob bestimmte Funktionalitäten gezielt genutzt werden und die Bedürfnisse der Nutzer erfüllen. Ohne Erkenntnisse darüber, wie die Nutzer vorgehen, können Weiterentwicklungen von Web-Anwendungen jedoch nicht evaluiert und fundiert werden. Um Entwicklungsprozesse im Web-Umfeld zielgerecht und nutzerorientiert steuern zu können, ist es erforderlich, die Evolution des Webs parallel durch eine Evolution der Evaluationsmethoden zu unterstützen [vgl. Stumme u. a. (2006), Kap. 1 und 7 sowie Mobasher (2008), S. 482].

Im folgenden werden die Erfolgsmessung von Webauftritten begründet und Kriterien für eine geeignete Analysemethode zusammengestellt. Zudem erörtert die vorliegende Arbeit die Probleme der gängigen Methoden zur Analyse des Benutzerverhaltens und zeigt, wie diese mit einem neuen integrierten Ansatz gelöst werden können.

1.1.1 Erfolgsmessung von Webauftritten

Webauftritte sind für die Informationsgesellschaft ein wichtiges Kommunikations- und Transaktionsmedium und das Primärmedium der elektronischen Welt. Ihre Erfolgsmessung ist unabhängig von Zweck und Typ des Webauftritts anbieterübergreifend erforderlich. Stellt ein Webauftritt seine Nutzer nicht zufrieden oder wird nicht richtig genutzt, hat er sein Ziel verfehlt. Um den Erfolg des Auftritts bewerten zu können, ist zu untersuchen, wie seine Nutzer vorgehen und warum sie sich auf diese Weise verhalten. Darauf aufbauend kann bewertet werden, ob der Webauftritt auf die Bedürfnisse seiner Nutzer zugeschnitten ist und welche Weiterentwicklungen erforderlich sind.

Typische Fragestellungen bei der Erfolgsmessung von Webauftritten sind [vgl. Bensberg (2001) und Hippner u. a. (2002b)]:

- Wie wird der Webauftritt inhaltlich genutzt? Welche Inhalte werden abgerufen, welche Produkte sind interessant oder werden gekauft?
- Wie wird der Webauftritt technisch genutzt? Werden alle Funktionen verstanden? Wo gibt es Verwirrung, Probleme oder Abbrüche?
- Was sind die Nutzer(gruppen) des Webauftritts, was sind ihre Bedürfnisse? Welche Bereiche nutzen sie intensiv, wie gehen sie vor?
- Ist der Webauftritt korrekt auf die Bedürfnisse der Nutzer zugeschnitten? Welche Bereiche erfüllen ihren Zweck nicht, was fehlt?

Aus der Analyse leitet sich ab, was wie verbessert werden muss. Somit kann dauerhaft eine Qualitätssicherung der Technik, des Inhalts und der Usability des Webauftritts erfolgen.

1.1.2 Kriterien einer geeigneten Analysemethode

Zur Evaluation eines Webauftritts gibt es verschiedene Methoden, die die Nutzer auf verschiedene Weise und unterschiedlich stark einbinden. Da der Nutzer Adressat des Webauftritts ist, ist die Erfolgsmessung konsequent an ihm auszurichten. Methoden, die den Nutzer nicht einbinden, sind wenig geeignet, da sie die Meinung des Nutzers nicht berücksichtigen. Dies gilt zum Beispiel für die Expertenbefragung [siehe Bortz, Döring (2006), Kap. 4.4], bei der die Beurteilung des Sachverhalts ausschließlich durch einen Experten des Anwendungsbereichs erfolgt. Gemäß dem Grundsatz »Der Kunde ist König« ist für den Nutzer eines Webauftritts nicht gut, was als gut für ihn angenommen wird, sondern was dieser selbst als gut empfindet.

Dagegen sind Methoden geeignet, die entweder den Nutzer direkt befragen oder sein Verhalten beobachten und daraus Rückschlüsse ziehen. Um eine hohe Qualität der Analyse sicherzustellen, ist es erforderlich, dass ausreichend viele Datensätze erhoben werden und diese vergleichbar und nicht verzerrt sind. Geeignet sind Verfahren, die die Daten objektiv und ohne Störung oder Beeinflussung des Nutzers erheben. Eine Befragung der Nutzer scheidet aus, weil die Menge und Qualität der Daten von der unterschiedlichen Explikationsfähigkeit der Nutzer abhängen [vgl. Nielsen (1993), S. 209], die zudem in einer mangelnden Vergleichbarkeit resultieren. Ferner können Verzerrungen entstehen, wenn die Nutzer durch die Befragung in ihrem Verhalten oder ihren Antworten beeinflusst werden. Die vorliegende Arbeit zieht deshalb das objektive Beobachten der Nutzer einer subjektiven Befragung vor, um aussagekräftigere Ergebnisse zu erhalten.

Die Qualität der Analyse wird nicht nur von der Datenmenge beeinflusst, sondern auch von ihrer Zusammensetzung. Um eine korrekte Bewertung sicherzustellen, sind idealerweise alle Nutzer oder zumindest alle Nutzertypen anteilsgerecht zu berücksichtigen. Sogenannte Digital Natives und Early Adopters sehen etwa eher über Mängel hinweg und können bei Bedarf selbständig Probleme lösen. Das Gros der Nutzer muss jedoch den Webauftritt verstehen und intuitiv bedienen können [vgl. Nielsen, Loranger (2006)]. Die Korrektheit der Auswertungsergebnisse hängt daher davon ab, wie repräsentativ die ausgewertete Stichprobe ist. Ein anderer Aspekt der Datenzusammensetzung ist ihr Detaillierungsgrad. Es ist erforderlich, das Vorgehen der Nutzer sehr detailliert zu protokollieren, um präzise Aussagen über ihr Verhalten formulieren zu können.

Damit die Ergebnisse nicht durch die Auswertung beeinflusst werden, ist ein exploratives Vorgehen ohne Hypothesen zu wählen. Dabei werden die Daten ohne ein bestimmtes Auswertungsziel und ohne Einflussnahme des Analysten unbefangen verdichtet und nach Zusammenhängen durchsucht. Ziel ist es, objektive und allgemeingültige Vorgehensmuster zu identifizieren, die uneingeschränkt in weiteren Analysen ausgewertet oder zur Prüfung bestimmter Thesen herangezogen werden können.

Die Erhebung und Auswertung von großen Datenmengen ist sehr arbeits- und damit zeitintensiv. Deshalb muss die Methode weitestgehend automatisiert vorgehen, um Effizienz zu gewährleisten.

Zusammengefasst muss die Analyse folgende Kriterien erfüllen. Eine geeignete Analysemethode

- ist nutzerorientiert,
- berücksichtigt alle Nutzer oder eine möglichst umfangreiche, repräsentative Stichprobe,
- arbeitet objektiv ohne Störung oder Beeinflussung des Nutzers,
- erhebt und analysiert die Datensätze detailliert, vergleichbar und unverzerrt,
- wertet die Daten explorativ ohne Hypothese aus,
- findet allgemeingültige Muster und
- ist softwaretechnisch automatisiert.

1.1.3 Methoden zur Analyse des Benutzerverhaltens

Es gibt kein Verfahren, das alle gewünschten Kriterien gleichzeitig erfüllt. Um das Verhalten der Nutzer wie in den Kriterien gefordert analysieren zu können, muss eine geeignete Methode ausgewählt und angepasst werden. Von den klassischerweise für Web-Studien genutzten Methoden [siehe Nielsen (1993), Kap. 7 und Totz u. a. (2001), Kap. 3] scheiden die meisten aus, weil sie wichtige Kriterien nicht erfüllen und sich auch nicht geeignet anpassen lassen. Wie bereits erwähnt sind daher die Expertenbefragung und andere Methoden, die die Daten nicht vom Nutzer erheben, ungeeignet. Relevant sind nicht fachlich fundierte Aussagen, sondern die subjektive Meinung, Probleme und Bedürfnisse des Anwenders. Methoden mit einem objektiven Ansatz wie die teilnehmende Beobachtung (Participating Observer), bei der der Analyst dem Probanden »über die Schulter schaut«, eignen sich ebenfalls nicht, da nicht die Ansichten des Nutzers sondern der Eindruck des Analysten aufgezeichnet wird. Objektivität und Vergleichbarkeit der Daten sind nicht ausreichend, das Verfahren ist aufwendig und lässt sich nicht automatisieren. Etwas besser geeignet sind Methoden wie Thinking Aloud oder Fragebögen wie sie zum Beispiel im Web Assessment eingesetzt werden, weil hierbei der Nutzer seine Einschätzung aktiv mitteilt. Es kann allerdings nicht sichergestellt werden, dass die Daten vergleichbar und unverzerrt sind, da nicht alle Nutzer die gleiche Explikationsfähigkeit besitzen. Zudem können sie den Anwender von seiner eigentlichen Aufgabe ablenken und dadurch die Ergebnisse ebenfalls verfälschen. Wie im vorherigen Abschnitt erwähnt scheiden sie daher ebenfalls aus. Aufgrund der geforderten Kriterien sind dreiviertel aller Web Evaluation-Methoden im vorliegenden Fall nicht anwendbar. Übrig bleiben die objektiven, internen Methoden der Web Evaluation [vgl. Totz u. a. (2001), Abb. 3.4]. Diese Arbeit konzentriert sich zur Analyse der Web-Nutzung auf die verbleibenden verbreiteten Methoden Web Usage Mining und Eye Tracking.

Web Usage Mining

Web Usage Mining (WUM) [siehe Srivastava u. a. (2000)] ist nicht nur inhaltlich prädestiniert, weil es speziell auf den vorliegenden Anwendungsbereich zugeschnitten ist. Aufgrund spezifischer technischer Eigenschaften erfüllt WUM auch wichtige Kriterien der optimalen Analysemethode. Zur Auswertung werden die Protokolldaten der Web Server (Web Logs) herangezogen, die technische Informationen dazu enthalten, welcher Rechner zu welcher Zeit welche Webseite abgerufen hat. Das Verfahren wird daher auch als Web Log Mining [vgl. Hippner u. a. (2002a)] bezeichnet. WUM ist eine passive, störungsfreie Beobachtungsmethode, da der Nutzer nichts bemerkt und nicht beeinflusst werden kann. Die Daten werden unverfälscht im Original erhoben und sind damit verzerrungsfrei. Aufgrund der für alle Nutzer identischen, objektiven Protokollierung sind die Datensätze zudem uneingeschränkt vergleichbar. WUM profitiert von der guten Verfügbarkeit einer sehr umfangreichen Datenbasis, denn Web Logs werden ohne Aufwand standardmäßig vom Web Server erzeugt und umfassen alle Zugriffe. WUM passt besonders gut zum Vorgehen dieser Arbeit, weil die eingesetzten Methoden explorativ ohne Hypothese arbeiten und Muster in den Daten finden.

Aufgrund der speziellen Form der Datenerhebung sind mit WUM allerdings auch Einschränkungen und Probleme verbunden:

- Mehrere Rechner und/oder Personen, die sich dieselbe IP-Adresse teilen, können nicht unterschieden werden (Proxies, Gateways, etc.).
- Nutzer, die keine feste IP-Adresse haben oder diese ändern, können nicht wieder erkannt werden (z. B. Adressvergabe mit DHCP oder Einwählverbindungen).
- Es kann nicht nachvollzogen werden, welches Element einer Webseite ausschlaggebend für einen Seitenwechsel ist.
- Die Ursachen für Pausen oder Abbrüche einer Sitzung können nicht erkannt werden.

Während die ersten beiden Punkte durch Heuristiken und andere Eingriffe abgeschwächt werden können, lassen sich die letzten beiden Probleme nicht lösen und stellen einen gravierenden Mangel dar. WUM kann nur Seitenaufrufe auswerten, jedoch keine Informationen darüber, was ein Nutzer auf einer einzelnen Webseite genau gemacht hat. Mit WUM allein ist daher keine präzise Analyse über das Verhalten der Nutzer möglich. Es fehlen Detaildaten über Aktionen, so dass Kontext und Prozess des Vorgehens nicht genau analysiert werden können. Zudem ist eine vollständig automatisierte Auswertung nur bedingt möglich. Aufgrund der Datenmenge ist dies aber notwendig. Es fehlt an stabilen und frei verfügbaren Implementierungen von WUM-Methoden. Es existieren nur vereinzelt prototypische Implementierungen für Forschungszwecke, die nicht zugänglich sind. Frei verfügbare Data Mining Tools wie Weka [siehe Witten, Frank (2005)] und RapidMiner [siehe Mierswa u. a. (2006), RapidMiner hieß früher YALE] bieten vereinzelt zwar einige WUM-Algorithmen an; leider sind diese derzeit jedoch alle instabil, fehlerhaft oder nicht für die Verarbeitung größerer Datenmengen geeignet.

Eye Tracking

Trotz der Probleme des WUM überwiegen die Vorzüge dieser Methode im vorliegenden Anwendungskontext. Die Mängel sind durch ein anderes Verfahren auszugleichen. Benötigt werden Informationen darüber, wie ein Benutzer auf einer einzelnen Webseite vorgeht. Hierfür ist eine direkte Beobachtung des Nutzers erforderlich. Sie kann sehr gut mit Eye Tracking (ET) [siehe Duchowski (2007)] durchgeführt werden. Beim ET werden die Augenbewegungen des Probanden durch ein technisches System abgetastet und aufgezeichnet. Zugrunde liegt die Prämisse, dass der Proband mental verarbeitet, was er betrachtet (Eye-Mind-Hypothese) [vgl. Goldberg, Wichansky (2003), S. 507]. Die betrachteten Elemente und die Reihenfolge ihrer Verarbeitung lassen sich unmittelbar aus den Positionsdaten der Augen ermitteln. So lässt sich das Vorgehen eines Nutzers beliebig genau protokollieren und damit die Lücke im WUM schließen.

ET ist eine bewährte Technik in der Verhaltensforschung und wird für viele Fragestellungen der Psychologie oder des Usability Engineerings eingesetzt [siehe Nielsen, Pernice (2010)]. ET stellt ein effizientes Verfahren dar, um detaillierte und objektive Daten zu gewinnen. Wie beim WUM findet die Datenerhebung vom Nutzer unbemerkt und automatisiert statt. Aktuelle ET-Technik stört oder beeinflusst den Nutzer nicht, weil das Abtasten der Augenbewegungen kontaktlos und unsichtbar aus der Ferne erfolgt (Remote ET).

ET stellt nicht nur eine gute Ergänzung für das WUM dar, sondern profitiert selbst auch vom WUM. Auswertungen im ET sind kennzahlenorientiert und fokussieren die präzise Beantwortung von Fragestellungen bezüglich eines Stimulus, also einer einzelnen Webseite. ET untersucht klassischerweise jedoch keine stimulusübergreifenden Fragestellungen, die bei der Analyse des Vorgehens über mehrere Webseiten erforderlich sind. Dies gehört zum Aufgabenbereich des WUM, das die gewünschten seitenübergreifenden Muster ermitteln kann.

Eine weitere Einschränkung beim Einsatz von ET ist, dass die Anwendung aufgrund der Technik nur in einem Labor möglich ist. Dies führt dazu, dass – im Gegensatz zu WUM – Stichproben aus der Menge aller Nutzer genommen werden müssen, die je nach Umfang und Repräsentativität das Ergebnis verzerren können. Zudem könnte der Nutzer durch die Laborumgebung oder eine künstliche Aufgabenstellung unerwünscht beeinflusst werden. Diese beiden Aspekte sind bei der Durchführung einer Studie zu beachten und durch geeignete Vorkehrungen abzuschwächen.

Integrierte Methode

Es gibt bisher keine Methode zur Analyse des Benutzerverhaltens, die die geforderten Kriterien per se hinlänglich erfüllt. Entweder fehlt es an einer präzisen Auswertungstechnik oder einer umfassenden, verzerrungsfreien Datenerhebung. In der Regel mangelt es zudem an der Automatisierung. WUM und ET stellen zwei Verfahren dar, die unterschiedliche, aber komplementäre Fragestellungen adressieren und sich hinsichtlich ihrer Vor- und Nachteile ergänzen. Eine integrierte Anwendung verspricht, alle Vorteile unter Ausschaltung der Nachteile ausnutzen zu können. So lässt sich eine Auswertungsmethode schaffen, die die geforderten Kriterien erfüllt und somit die bestehenden Probleme bei der Analyse des Nutzerverhaltens im Web löst, so dass detailliert, objektiv und effizient nachvollzogen werden kann, wie die Nutzer eines Webauftritts vorgehen. Die neue Methode wird als Integrated Usage Mining (IUM) bezeichnet.

Um das Konzept abzurunden, wird neben WUM und ET eine dritte Komponente integriert, die als Eingabeprotokollierung (EP) bezeichnet wird. Durch Protokollierung aller Eingaben der Nutzer wird eine wichtige weitere Dimension von Daten über ihr Verhalten erhoben und der Auswertung zur Verfügung gestellt. So ist es möglich, Webseiten zu untersuchen, die Formularfelder beinhalten, und zum Beispiel Suchbegriffe zu berücksichtigen. Dadurch kann ein noch umfassenderes Bild der Nutzer gezeichnet und analysiert werden. Bei der EP handelt es sich nicht um ein standardisiertes Verfahren, sondern eine individuelle Ergänzung des IUM. In gleicher Weise ist es denkbar, im Zuge von Erweiterungen weitere Komponenten zu integrieren.

IUM muss den Kontext des Benutzers berücksichtigen, da dieser ausschlaggebend für die Erklärung seines Verhaltens ist. Der Kontext eines Nutzers wird durch seine bisherigen Aktionen (auf anderen und dem zu untersuchenden Webauftritt) definiert. Um eine kontextsensitive Analyse zu ermöglichen, müssen vollständige Nutzungsszenarien untersucht werden, das heißt das Vorgehen jedes Nutzers vom ersten bis zum letzten Seitenaufruf. IUM analysiert die generelle Arbeitsweise und identifiziert die grundsätzlichen Muster, nach denen die Nutzer eines Webauftritts vorgehen. Dies ermöglicht, Fragestellungen der folgenden Art zu untersuchen:

- Betrachtung des gesamten Webauftritts
  - Wie erreichen die Nutzer den Webauftritt?[1]
  - Welche Nutzergruppen hat der Webauftritt? Wie sieht jeweils ihre typische Nutzung des Webauftritts aus?
  - Welche Informationen haben die Nutzer(gruppen), welche verwenden sie, welche nicht?
  - Für welche Vorgehensweisen beziehungsweise Anwendungsszenarien bietet der Webauftritt keine ausreichende Unterstützung?
  - Welche Abhängigkeiten bestehen zwischen dem Nutzerverhalten und dem Webauftritt? Wie beeinflussen bestimmte Elemente oder Veränderungen die Arbeitsweise der Nutzer?
- Untersuchung einer einzelnen Webseite
  - Auf welchen Pfaden innerhalb des Webauftritts wird eine Webseite erreicht? Wie wirkt der Kontext des Benutzers auf die Nutzung der Webseite?
  - Welche Seitenelemente werden genutzt, welche nicht? In welcher Form wird ein Element genutzt (z. B. Navigation, Information), wie stark wird es wahrgenommen?
  - Welchen Einfluss haben bestimmte Seitenelemente auf den Nutzungsprozess?

Grundlage des IUM bildet die Entwicklung eines Integrationsmodells. Hierfür sind zunächst die technischen und algorithmischen Möglichkeiten einer Verzahnung der beteiligten Methoden zu untersuchen. Eine Möglichkeit der Integration ist auszuwählen und in Form des Integrationsmodells zu entwerfen. Dieses wird schließlich softwaretechnisch umgesetzt, so dass IUM automatisiert und effizient angewendet werden kann.

IUM wird für klassische seitenbasierte Webauftritte entworfen. Forschungsbedarf bei der Erfolgsmessung von Webauftritten besteht zwar unabhängig von der technischen Realisierung und auch bei anderen interaktiven Web-Anwendungen, die mit neuen Techniken wie AJAX arbeiten. Diese bleiben jedoch vorerst unberücksichtigt,

[1] Gemeint ist nicht der Link, über den ein Nutzer auf eine Webseite des Webauftritts kommt, sondern der Pfad bestehend aus mehreren anderen Webseiten, der ihn zum betrachteten Webauftritt führt.

um unerwünschte Komplexität bei der Entwicklung der neuen Methode zu vermeiden. IUM kann später auf technisch komplexere Webauftritte angepasst werden. Ziel ist es, die Methode so anzulegen, dass sie nicht nur auf andere Web-Anwendungen, sondern auf beliebige Anwendungssysteme übertragbar ist. Bezüglich des WUM-Teils ist dies möglich, indem das Web Log durch ein anwendungsspezifisches Application Log [siehe Kohavi (2001), S. 11] ausgetauscht wird. ET und EP sind generell nicht auf einen bestimmten Anwendungskontext beschränkt und können auf allen Anwendungssystemen eingesetzt werden. Diese Übertragung der Methodik auf andere Anwendungsgebiete stellt eine künftige Erweiterungsmöglichkeit dar und kann in zukünftigen Arbeiten ausgearbeitet werden.

1.2 Forschungsgegenstand

Die Forschungsfrage dieser Arbeit lautet:

> »Wie kann das Verhalten der Nutzer von Webauftritten mit einer integrierten Methode basierend auf WUM und ET umfassend, präzise und automatisiert analysiert werden?«

Gegenstand dieser Arbeit ist die Entwicklung einer neuen Methodik namens Integrated Usage Mining (IUM), die bestehende Methoden des WUM und ET integriert. Dies ermöglicht ein detaillierteres Verständnis des Nutzerverhaltens auf Webauftritten. Die kombinierte Anwendung der beiden Verfahren verbessert die Analyseergebnisse, da neue und präzisere Aussagen über die Nutzung eines Webauftritts möglich werden. Neben der Entwicklung des IUM ist es ferner Ziel der vorliegenden Arbeit, eine Referenzimplementierung zu erstellen, die die Wirksamkeit der Methodik demonstriert und eine weitgehend automatisierte und damit einfache Anwendung des IUM ermöglicht. Das zugehörige Programm wird als Integrated Miner (IM) bezeichnet.

Die Integration von WUM und ET stellt einen innovativen Ansatz dar. Aufgrund unterschiedlicher Vorgehensweisen bei Datenerhebung und -auswertung liegt eine Integration der beiden Verfahren auf den ersten Blick nicht nahe. Wie gezeigt wurde besitzen die beiden Methoden dennoch wichtige Gemeinsamkeiten und großes Potential, die bestehenden Analysedefizite gemeinsam und integriert beseitigen zu können. Das Ziel der Arbeit ist, diese Idee auszuarbeiten, einen integrierten Ansatz zu implementieren sowie die Funktionalität und den Mehrwert des Verfahrens zu demonstrieren. Damit dies in einer Arbeit erfolgen kann, wird auf die wesentlichen Teile der beteiligten Forschungsbereiche fokussiert. Es ist nicht zielführend, jeden Aspekt bis ins Detail herzuleiten, der in der Literatur bereits umfänglich diskutiert ist. Stattdessen wird an die zentralen Arbeiten der beteiligten Forschungsbereiche angeknüpft, und es werden die Aspekte ausgearbeitet, die relevant für die Beantwortung der Forschungsfrage sind.

Um das Vorhaben zu strukturieren und eine sukzessive Bearbeitung der Forschungsfrage zu ermöglichen, wird sie in folgende Teilfragen zerlegt:

1 - Warum ist zur Beantwortung der Forschungsfrage ein integrierter Ansatz erforderlich?

2 - Welche Kriterien muss ein geeigneter Ansatz erfüllen?
- Aus welchen Komponenten ist eine integrierte Methodik aufzubauen?
- Wie tragen die Bausteine zu einer umfassenden, präzisen Analyse des Nutzerverhaltens auf Webseiten bei?
- Welche Arbeiten gibt es, die zur Beantwortung der Forschungsfrage beitragen können?

3 - Welche Integrationsmöglichkeiten gibt es?
- Wie sieht ein geeignetes Modell für das IUM aus?
- Wie lässt sich IUM erweitern?

4 - Wie kann IUM softwaretechnisch abgebildet und automatisiert werden?
- Wie ist der IM strukturell und algorithmisch aufgebaut?
- Welche Anwendungsschritte sieht der IM vor?
- Welche Erweiterungsmöglichkeiten werden vom IM unterstützt?

5 - Wie wird IUM mit Hilfe des IM angewendet?
- Warum sind die Ergebnisse umfassender und präziser als ohne integrierte Methodik?

1.3 Vorgehen

Der Aufbau der Arbeit ergibt sich aus den Teilfragen des Forschungsvorhabens. Die einzelnen Fragen sind zu thematisch zusammengehörenden Blöcken gruppiert. Jeder Themenblock wird unter der gleichen Nummer in einem eigenen Kapitel bearbeitet.

In diesem Kapitel wurde die erste Teilfrage bearbeitet und begründet, weshalb ein integrierter Ansatz erforderlich ist. Dazu wurden WUM und ET als relevante Verfahren zur objektiven Analyse der Benutzerverhaltens im vorliegenden Kontext identifiziert. Es wurde gezeigt, dass beide Verfahren Nachteile besitzen, so dass ohne Integration eine gleichermaßen umfassende und präzise Analyse nicht möglich ist. Mit WUM kann das Vorgehen eines Nutzers zwar seitenübergreifend analysiert werden, jedoch nicht ausreichend detailliert. ET ermöglicht es, das Vorgehen auf einer einzelnen Webseite präzise nachzuvollziehen. Diesem Verfahren fehlt jedoch eine Methode für seitenübergreifende Analysen. Ein auf WUM und ET basierender integrierter Ansatz kann von den Vorzügen beider Verfahren profitieren und so die einzelnen Nachteile ausgleichen.

Daher ist es erforderlich, als Basis dieser Arbeit WUM und ET näher zu betrachten. Dazu werden in Kapitel 2 Grundlagen, Vorgehen und Methoden dieser beiden Forschungsbereiche jeweils kurz dargestellt. Als weiterer Baustein für eine integrierte Methodik wird die EP thematisiert, die einen zusätzlichen Beobachtungskanal ermöglicht. Die Vorstellung der Verfahren verdeutlicht, wie sie als Bausteine zu einer umfassenden, präzisen Analyse des Nutzerverhaltens beitragen können.

Ferner gibt Kapitel 2 einen Forschungsüberblick. Hierzu werden existierende Arbeiten aus den ausgewählten Disziplinen von WUM und ET vorgestellt, die das Benutzerverhalten auf Webauftritten in ähnlicher Form und Fragestellung wie in dieser Arbeit analysieren. Es wird kritisch bewertet, inwieweit sie für diese Arbeit nützlich sind und zur Beantwortung der Forschungsfrage beitragen können. Als Vergleichskriterien werden die in der Motivation geforderten Eigenschaften verwendet, die ein geeigneter Ansatz erfüllen muss. Aus den Vor- und Nachteilen der Verfahren ergibt sich, welche ihrer Komponenten in einer neuen integrierten Methodik verwendet werden können. Es wird sich zeigen, dass die bestehenden Forschungsarbeiten aus WUM und ET spezielle Fragestellungen adressieren und allein nicht genügen, um die Forschungsfrage dieser Arbeit direkt zu beantworten oder daraus eine integrierte Methode aufbauen zu können. Die Ausführungen bilden die Grundlage für die anschließende Definition der integrierten Methode.

Auf die Vorstellung der Bausteine aufbauend wird in Kapitel 3 die neue integrierte Methode IUM entwickelt. Zunächst werden dafür Gründe für die Integration erörtert und Integrationspotentiale auf verschiedenen Ebenen identifiziert. Dann erfolgt die Entwicklung eines konkreten Integrationsmodells mit Beschreibung obligatorischer sowie optionaler Komponenten und Erweiterungsmöglichkeiten. Abschließend werden die Möglichkeiten und Einschränkungen des Modells kritisch bewertet.

Kapitel 4 setzt IUM softwaretechnisch um, so dass die Methode automatisiert angewendet werden kann. Dazu werden der Entwurf und die Implementierung des IM vorgestellt, der die Referenzimplementierung des IUM ist. Die Darstellung erfolgt aus drei Sichten. Aus struktureller Sicht werden System-, Daten- und Software-Modell vorgestellt. Die algorithmische Sicht beschreibt dynamische Aspekte des Programms wie Verdichtungs- oder Berechnungsschritte und die dabei eingesetzten Algorithmen. Aus Anwendungssicht wird die Nutzung des IM gezeigt. Abschließend wird auf Erweiterungsmöglichkeiten eingegangen.

Kapitel 5 beschreibt die Anwendung des IUM mit IM im Rahmen eines konkreten Versuchs. Zunächst wird die Studie und ihre Durchführung beschrieben, bevor Auswertung und Interpretation der Ergebnisse erfolgen. Die Relevanz von IUM wird kritisch diskutiert, indem die Ergebnisse des IUM denen gegenübergestellt werden, die bisher ohne eine integrierte Methodik möglich waren.

Abgeschlossen wird die Arbeit durch eine Zusammenfassung und einen Ausblick auf mögliche Weiterentwicklungen in Kapitel 6. Detaillierte Dokumentationen zum Versuch und der Referenzimplementierung IM sind im Anhang aufgeführt.

2 Bausteine für eine integrierte Methodik

Dieses Kapitel gibt einen Forschungsüberblick über die theoretischen Grundlagen von Web Usage Mining und Eye Tracking, um die für das Integrated Usage Mining benötigten Techniken zu identifizieren. Dazu werden Grundlagen, Vorgehen und Methoden der beiden Forschungsrichtungen jeweils kurz dargestellt. Darüber hinaus werden die Forschungsarbeiten dieser Disziplinen vorgestellt, die das Benutzerverhalten im gleichen Anwendungskontext, in ähnlicher Form und mit einer vergleichbaren Fragestellung wie die vorliegende Arbeit analysieren. Es erfolgt eine kritische Bewertung der Anwendbarkeit der bestehenden Verfahren für den Zweck dieser Arbeit. Ein Schwerpunkt dabei liegt auf der Beschreibung der vorhandenen softwaretechnischen Implementierungen mit Diskussion ihrer Eignung und Mängel.

Neben WUM und ET wird die Eingabeprotokollierung als weitere Komponente für den integrierten Ansatz thematisiert. Da es sich hierbei nicht um eine eigenständige Forschungsdisziplin mit eigenen Auswertungsmethoden, sondern um eine technische Ergänzung der Basisverfahren als dritte Komponente des integrierten Ansatzes handelt, sind aus diesem Bereich keine dedizierten Forschungsarbeiten zu besprechen. Die Vorstellung aller drei Verfahren verdeutlicht, wie sie als Bausteine zu einer umfassenden, präzisen Analyse des Nutzerverhaltens beitragen können. Dabei wird bei der Vorstellung der Komponenten erläutert, inwiefern sie als Baustein für das IUM nützlich sind. Die Notwendigkeit einer integrierten Methodik wird in einer abschließenden Bewertung festgehalten. Die Ausführungen bilden die Grundlage für die Definition der integrierten Methode im nächsten Kapitel.

2.1 Vergleichskriterien

Zur Strukturierung des nachfolgenden Forschungsüberblicks werden zunächst Kriterien zusammengestellt, anhand derer die vorgestellten Arbeiten eingeordnet und bewertet werden. Die Vergleichskriterien leiten sich aus den zentralen Anforderungen ab, die in der Motivation an die zu entwickelnde Methode gestellt wurden [siehe Kap. 1.1.2]. Je besser ein Ansatz die Kriterien erfüllt, desto eher ist er für diese Arbeit geeignet. Die Kriterien werden im folgenden näher erläutert. Nicht diskutiert werden Anforderungen, die bereits durch die Wahl von Web Usage Mining und Eye Tracking erfüllt sind oder von der Anwendung der Methode abhängen. Dies sind Nutzerorientierung, exploratives Vorgehen ohne Hypothese und Auffinden allgemeingültiger Muster.

Detailanalyse

Das Vorgehen eines Nutzers muss detailliert und vollständig analysiert werden. Dies bedeutet nicht, jede kleinste Bewegung mit höchster zeitlicher Präzision zu erfassen. Zur Erfassung der Vorgehensschritte ist zum Beispiel eine zeitliche Auflösung von einer Sekunde ausreichend, da diese der menschlichen Arbeitsgeschwindigkeit angemessen ist.[2] Vielmehr ist es erforderlich, ein präzises Bild des Vorgehens zu zeichnen. Dieses muss aus Ereignisdaten verschiedener Detailstufen erstellt werden. Es genügt zum Beispiel nicht, lediglich die Aufrufe von Webseiten zu erfassen, weil dann keine Informationen darüber vorliegen, wie die Nutzer auf der Webseite vorgegangen sind oder welche Eingaben sie getätigt haben. Informationen hierüber sind detaillierter, weil sie sich nicht auf die Nutzung von Webseiten an sich sondern von einzelnen Seitenelementen beziehen. Durch die Kombination mehrerer Typen von Ereignisdaten lässt sich das Vorgehen präziser erfassen.

Zudem ist es erforderlich, alle Schritte des Vorgehens vollständig aufzuzeichnen, das heißt die ausgewählten Typen von Ereignissen von Anfang bis Ende jedes Besuchs des betrachteten Webauftritts zu ermitteln. Nur so ist es möglich, ein Gesamtbild zu zeichnen, das unverzerrt und flexibel ausgewertet werden kann. Dabei können bei Bedarf Ausschnitte gebildet werden, um die Auswertung auf einen bestimmten Bereich zu konzentrieren. Im Vorfeld darf dies nicht erfolgen, damit die Erfassung objektiv bleibt und die Protokolldaten nutzerübergreifend vergleichbar sind.

Kontext

Wie in Kapitel 1 erläutert, hat der Kontext des Nutzers Auswirkungen auf sein Verhalten. Sein Vorgehen auf einer Webseite wird davon beeinflusst, welche Webseiten er zuvor besucht hat und was er auf diesen wahrgenommen hat. Um solche Zusammenhänge entdecken und analysieren zu können, ist der Kontext der Nutzer in geeigneter Weise zu berücksichtigen. Dies erfolgt zum einen, indem das Vorgehen vollständig erfasst wird. Zum anderen müssen diese Daten auch entsprechend in die Auswertung eingehen.

Das Vorgehen hierbei kann abhängig von der Auswertungsmethode unterschiedlich sein. Bei Betrachtung einer bestimmten Webseite ist die Historie an Seitenaufrufen und Aktionen zu untersuchen, die den Nutzer auf die Webseite geführt haben. Ist der Ausgangspunkt der Betrachtung eine bestimmte Webseite oder Serie von Aktionen, dann ist zu analysieren, zu welchen Auswirkungen dieser Kontext führt. In beiden Fällen wird darauf abgezielt, Regeln im Vorgehen zu entdecken. Die Komplexität besteht darin, in den vielen individuellen Vorgehensweisen die Komponenten herauszufinden, die einen minimalen Kontext definieren und ausschlaggebend für eine bestimmte Beobachtung sind. Bei einer explorativen Herangehensweise sind

[2] Die Auflösung der eingesetzten Verfahren kann wie beim Eye Tracking höher sein. Bei der Auswertung sind solche Daten zu verdichten.

hierfür alle Kombinationen aus Aktionen auf ihre Auswirkung als potentieller Kontext auf andere Aktionen zu untersuchen. Da keine Einschränkungen getroffen werden können, ist eine vollständige Untersuchung erforderlich. Wenn der Untersuchung dagegen eine Hypothese zugrunde liegt, kann der zu analysierende Kontext gemäß Annahme festgelegt und die Auswertung auf einen Ausschnitt aller Kombinationen begrenzt werden.

Verzerrungen

Um unverfälschte Ergebnisse zu erhalten, sind alle Formen von Verzerrungen auszuschließen. Verzerrungen innerhalb des Datenbestands können entstehen, wenn nicht alle Datensätze auf die gleiche Weise und unter den gleichen Rahmenbedingungen erhoben werden. Dann sind die Daten verschiedener Nutzer nicht mehr vergleichbar. Verzerrungen können sich auch auf den gesamten Datenbestand auswirken, wenn sie aus der Art der Datenerhebung resultieren. Es ist zwingend erforderlich, dass die Erhebung den Nutzer nicht beeinflusst und er sich natürlich verhält. Nur so können unverfälschte und objektive Beobachtungen protokolliert werden.

Bei der Auswertung der Daten ist ebenfalls dafür Sorge zu tragen, dass keine Verzerrungen auftreten. Um korrekte Ergebnisse zu ermitteln, ist zum einen sicherzustellen, dass alle Datensätze identisch verarbeitet werden. Zum anderen dürfen keine Annahmen getroffen werden, die sich auf die weiteren Auswertungsschritte auswirken und die Ergebnisse einschränken. Dies würde zum Beispiel erfolgen, wenn die Daten zur Prüfung einer Hypothese herangezogen werden, weil sie dann speziell dafür verdichtet werden müssen. Ideal ist es, wenn die Analyse rein explorativ erfolgt, so dass objektive Ergebnisse erzeugt werden, die uneingeschränkt gelten. Wenn die Daten auf diese Weise ohne Einflussnahme des Analysten verdichtet werden, können sie weiterhin und uneingeschränkt zur Beantwortung verschiedener Fragestellungen gezielt ausgewertet werden.

Vergleichbarkeit

Korrekte Ergebnisse sind davon abhängig, dass die Datenerhebung und -auswertung für aller Nutzer vergleichbar ist. Während dies bei der Auswertung leicht sichergestellt werden kann, weil sie für alle Nutzer gemeinsam erfolgt, ist bei der Datenerhebung darauf zu achten, dass sie für alle Nutzer gleich erfolgt. Die Vergleichbarkeit ist von anderen Kriterien abhängig. Um Vergleichbarkeit zu gewährleisten, sind einerseits Verzerrungen auszuschließen. Andererseits ermöglicht die vollständige Protokollierung des Nutzerverhaltens nicht nur die Detailanalyse, sondern stellt auch die Vergleichbarkeit der Daten sicher. Schließlich hat die Wahl der Stichprobe Auswirkungen auf die Vergleichbarkeit und damit die Gültigkeit des Ergebnisses hinsichtlich anderer und erneuter Analysen.

Stichprobenumfang

Die Menge der Nutzer, deren Daten ausgewertet werden, muss umfangreich und repräsentativ sein, um ein belastbares Ergebnis zu erhalten. Je mehr Beobachtungen in die Auswertung einfließen, umso verlässlicher sind die Ergebnisse. Gleichzeitig ist es erforderlich, dass die Zusammensetzung der Grundgesamtheit in der Stichprobe anteilsmässig erhalten bleibt. Dann haben die Ergebnisse nicht nur in Bezug auf die beobachteten Nutzer, sondern für die Allgemeinheit und auch bei Wiederholung der Analyse Gültigkeit.

Automatisierung

Aus den bisherigen Anforderungen ergibt sich, dass viele, detaillierte Daten von einer großen Anzahl Nutzer erhoben werden müssen. Die Identifikation von Mustern in einem solchen Datenbestand ist algorithmisch anspruchsvoll. Zum einen sind mehrere Verdichtungs- und Berechnungsschritte erforderlich, zum anderen muss die Datenmenge effizient verarbeitet werden. Aufgrund des Detailgrads und Volumens der Daten sowie der Komplexität der Algorithmen wäre eine manuelle Auswertung mit erheblichen Aufwand verbunden. Wenn neue Daten hinzukommen oder die Analyse mit anderen Parametern wiederholt werden muss, entsteht der gleiche Aufwand erneut. Daher ist es unumgänglich, die Auswertung zu automatisieren, so dass sie mit möglichst wenig Eingriffen selbständig und vor allem schneller abläuft. Lang andauernde Berechnungen können im Hintergrund oder über Nacht unbeaufsichtigt ausgeführt werden. Zudem bindet es keine personellen Ressourcen, eine Berechnung mit anderen Parametern erneut durchzuführen oder verschiedene Einstellungen zu testen.

2.2 Web Usage Mining (WUM)

Dieser Abschnitt gibt einen Überblick über Web Usage Mining (WUM). Aufbauend auf eine Einordnung und Definition des Begriffes wird der Prozess vorgestellt, in dem WUM typischerweise angewendet wird. Daran anschließend werden die eingesetzten Methoden erläutert, die als Baustein für das IUM in Frage kommen. Die Definition beginnt mit einer Einordnung der Forschungsrichtung Data Mining.

2.2.1 Grundlagen

Data Mining (DM) bezeichnet die automatisierte Anwendung von Algorithmen zur Entdeckung von Mustern in großen Datenbeständen, um implizites Wissen aufzudecken und nutzbar zu machen. DM wird häufig mit Knowledge Discovery in Databases (KDD) gleichgesetzt [vgl. Han, Kamber (2006), S. xxi und 5 ff.]. KDD ist definiert als iterativer Prozess zur Identifikation gültiger, neuer, verständlicher und nützlicher Muster in Daten [vgl. Fayyad u. a. (1996), S. 39]. Arbeiten, die die Begriffe nicht synonym verwenden, sehen DM als Methodik des KDD an, die den Prozessschritt der Anwendung von Algorithmen darstellt. Daneben gibt es weitere vor- und nachgelagerte Schritte zur Datenaufbereitung und Ergebnisinterpretation. Bei der Wissensgenerierung mit KDD können verschiedene Methoden des DM zur Anwendung kommen.

Die Abgrenzung der Begriffe ist für diese Arbeit nicht relevant, weil sie keine inhaltliche Auswirkung hat. Von Interesse sind primär die Methoden und Algorithmen zur Mustererkennung, die im Rahmen eines Prozesses angewendet werden. Der Prozess selbst ist nach den Anforderungen des IUM anzupassen, wobei obligatorisch ist, dass die Daten vor der Anwendung des DM geeignet selektiert und aufbereitet werden. Daher werden die Begriffe DM und KDD in dieser Arbeit als gleichwertig angesehen, und es wird im folgenden nur noch von DM gesprochen.

WUM ist eine Spezialform des DM und ein Teilgebiet des Web Mining (WM). WM bezeichnet die Anwendung von Methoden des DM auf Datenstrukturen des WWW. Wie auch beim DM besteht das Ziel darin, bisher unbekannte interessante Muster zu finden, aus diesen neue Erkenntnisse abzuleiten und das gewonnene Wissen nutzenbringend einzusetzen. Untersuchungsgegenstand sind Webauftritte und Webseiten. Je nachdem, ob dabei ihr Inhalt (Web Content Mining), ihre Struktur (Web Structure Mining) oder ihre Nutzung (WUM) untersucht wird, fällt die Analyse in ein anderes Teilgebiet des WM. Die verschiedenen Untersuchungsbereiche sind in Abbildung 2.1 dargestellt.

WUM untersucht das Verhalten von Anwendern bei der Nutzung von Webseiten, wobei Erkenntnisse über Gewohnheiten, Interessen und Erwartungen von Nutzern beziehungsweise Kunden angestrebt werden, um den betrachteten Webauftritt systemtechnisch optimieren, auf ihre Bedürfnisse anpassen und personalisieren zu können. Je nach verwendeten Datenquellen wird WUM weiter unterteilt. Von Web Log Mining wird gesprochen, wenn die Analyse ausschließlich auf Internet-Nutzungs-

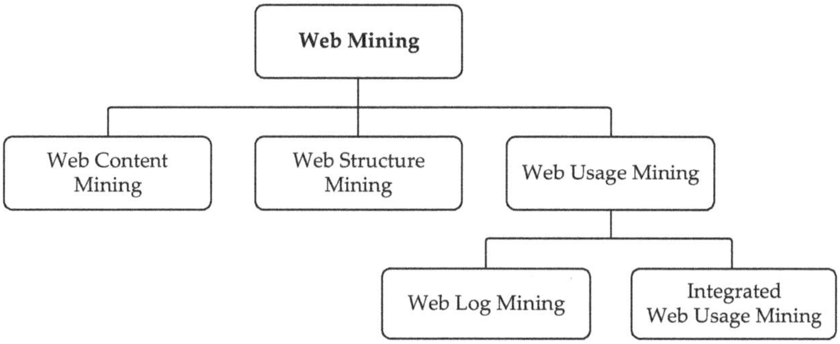

Abbildung 2.1: Taxonomie des Web Mining [Nach Hippner u. a. (2002a), S. 7f.]

daten in Form von Web Server-Protokollen (Web Logs) durchgeführt wird. Werden weitere Datenquellen wie Kundenprofile oder Kataloginformationen hinzugezogen, handelt es sich um Integrated Web Usage Mining.

Als Datenquellen für das IUM werden in dieser Arbeit ET-Logs und Web Logs verwendet. Die Integration weiterer Datenquellen des WUM ist denkbar, wird jedoch einer künftigen Erweiterung des IUM überlassen. Weitere Datenquellen sind zum einen zur Realisierung der Basisfunktionalität nicht erforderlich und verkomplizieren zum anderen den Entwurf des IUM unnötig. Sie beschränken sich nicht auf einen oder wenige Standards und erfordern deshalb individuelle Anpassungen. Im folgenden bezieht sich der Begriff WUM daher automatisch auf Web Log Mining.

2.2.2 Vorgehen

DM allgemein (damit auch WM und WUM) kann mit zwei verschiedenen Zielsetzungen angewendet werden. Zum einen kann DM zur Verifikation von bestehenden Hypothesen benutzt werden (Verification-driven DM). Hierbei kommen Methoden aus der Statistik und der multidimensionalen Analyse zur Anwendung. Zum anderen wird DM dazu verwendet, neue Hypothesen zu generieren (Discovery-driven DM) [vgl. Sumathi, Sivanandam (2006), Kap. 7]. Die hierbei eingesetzten Methoden lassen sich unter anderem einteilen in die Funktionsklassen Assoziationsanalyse (auch Frequent Pattern Mining genannt), Clusteranalyse (auch Segmentierung), Klassifikation und Prognose sowie Abweichungsanalyse (Outlier Detection) [siehe Han, Kamber (2006), Kap. 1.4].

Dem IUM liegen keine Hypothesen über das Benutzerverhalten auf Webseiten zugrunde, sondern es erfolgt eine explorative Auswertung, aus der Erkenntnisse abgeleitet und gegebenenfalls Hypothesen generiert werden können. Dieses Vorgehen fällt in den Bereich des Discovery-driven DM. Bevor die aus diesem Bereich für das IUM geeigneten WUM-Methoden zusammengestellt werden, wird zunächst ein kurzer Überblick über den Ablauf von Analysen im WUM-Prozess gegeben.

WUM umfasst nicht nur die Anwendung einzelner Methoden auf einen Datenbestand, sondern erfordert wie jede andere Richtung des DM die koordinierte Durchführung verschiedener Aktivitäten von der Datenerhebung bis zur Umsetzung der gewonnenen Erkenntnisse. Dafür ist ein strukturiertes Vorgehen erforderlich, das durch den WUM-Prozess beschrieben wird, der in Abbildung 2.2 dargestellt ist und sich in zwei Teile gliedert [vgl. Cooley u. a. (1997), Kap. 5 und Hippner u. a. (2002a), Kap. 2].

Der erste Teil des WUM-Prozesses umfasst die Beschaffung von Daten. Dazu zählt die Erhebung von Internetnutzungsdaten wie Web Server Logs, Registrierungsdaten und Cookies, sowie die Bereitstellung von Zusatzinformationen aus externen Quellen wie Kunden-, Produkt- und Vertriebsdaten. Nach der Aufbereitung und Integration aller Datenquellen liegt ein integrierter Datenbestand vor, der die Grundlage für

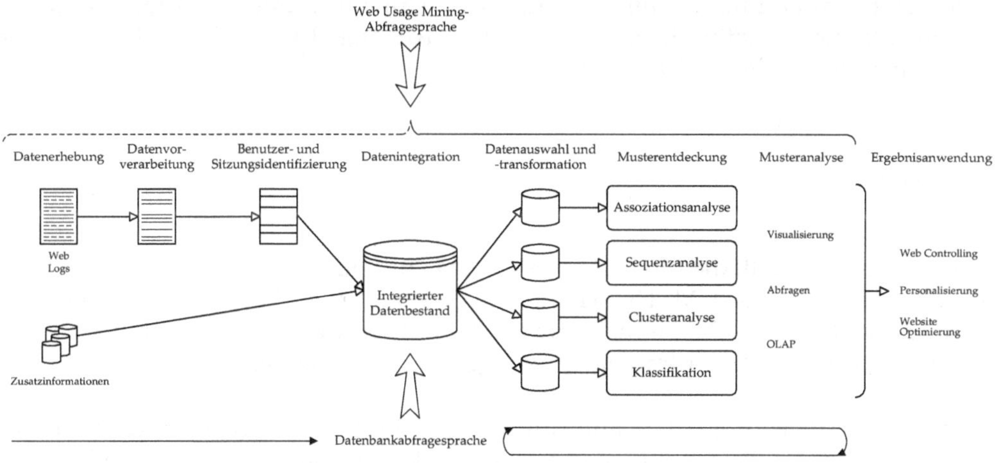

Abbildung 2.2: Web Usage Mining-Prozess [In Anlehnung an Cooley u. a. (1997), Abb. 2 und Hippner u. a. (2002a), Abb. 4]

weitere Analysen bildet. Die erste Phase des WUM-Prozesses ist unumgänglich für die weiteren Analysen. Die einzelnen Aktivitäten sind voneinander abhängig und müssen in einer bestimmten zeitlichen Reihenfolge durchgeführt werden. Die Aufbereitung von Web Log-Daten ist ein sehr zeitintensiver Vorgang, der sich unmittelbar auf die Qualität der Ergebnisse des zweiten Prozessteils auswirkt [vgl. Hippner u. a. (2002a), S. 8].

Der zweite Teil des WUM-Prozesses besteht in der Anwendung von Methoden des DM auf den zuvor bereitgestellten integrierten Datenbestand, wobei einzelne Aspekte und Zusammenhänge in den Daten untersucht werden. Zu den häufig durchgeführten Methoden gehören die Assoziations-, Pfad- und Sequenzanalyse sowie die Clusteranalyse und Klassifikation. Im Gegensatz zum überwiegend sequentiell strukturierten ersten Prozessteil bedingen sich die Aktivitäten im zweiten Teil nicht und können daher unabhängig voneinander ausgeführt werden. Aufgrund der Aufbereitung des Datenbestands durch die erste Phase liegt die Datenbasis in einem domänenunabhängigen Format vor, so dass keine spezielle Anpassung von Methoden erforderlich ist, sondern standardisierte Verfahren des DM zum Einsatz kommen können [vgl. Cooley u. a. (1997), S. 6].

Bei der praktischen Anwendung gibt es dagegen noch Herausforderungen, wenn verschiedene Software-Werkzeuge parallel eingesetzt werden oder bestehende Implementierungen von Methoden in anderen Werkzeugen wieder verwendet werden sollen. Im Gegensatz zur konzeptionellen Ebene des WUM findet sich auf Implementierungsebene eine heterogene Variantenvielfalt. Die Wiederverwendung von bereits implementierten DM-Methoden erfordert zwangsläufig eine Anpassung beziehungsweise Konvertierung der verwendeten Datenmodelle und -kodierungen. Dies kann nur durch Standardisierungen vermieden werden. Mittlerweile wurden einige Vorschläge für Standards im DM-Umfeld entwickelt, die konsolidiert und umgesetzt werden müssen, um die praktische Durchführung von Analysen zu erleichtern [siehe Sumathi, Sivanandam (2006), Anhang II sowie Honsel, Schneider (2006) und Honsel (2004), Kap. 4.1].

2.2.3 Methoden

Dieser Abschnitt stellt die Methoden des WUM vor und gibt eine Einschätzung über ihre Eignung für das IUM. Die Methodenauswahl erfolgt bei der anschließenden Konzeption des IUM. Die Betrachtung erfolgt auf funktionaler Ebene, konkrete Algorithmen werden bei der Implementierung des IUM ausgewählt.

Es ist zu bemerken, dass WUM aufgrund der spezifischen Datenstrukturen und Fragestellungen einen kleineren Umfang an Methoden verwendet als im DM allgemein verfügbar sind. Deskriptive Analyse und Outlier Detection sind weniger interessant, weil sie nicht geeignet sind, Muster zu entdecken. Der Analyst kann sie als Hilfsmittel einsetzen, um sich einen Überblick über die Zusammensetzung der Daten zu verschaffen. Im folgenden werden daher die typischen WUM-Methoden erläutert, eine umfassende Beschreibung aller DM-Methoden ist bei Bedarf der Literatur zu entnehmen [siehe Han, Kamber (2006), Sumathi, Sivanandam (2006) und Witten, Frank (2005)].

Assoziationsanalyse

Gegenstand der Assoziationsanalyse ist es, Beziehungen in Daten zu entdecken. Dafür werden Mengen häufiger Datenelemente untersucht, die in einem bestimmten Kontext zusammen auftreten (Frequent Itemsets). Ziel ist es, aus dem häufigen, gemeinsamen Auftreten der Elemente (Items), Regeln abzuleiten [vgl. Berendt, Spiliopoulou (2002), S. 145 ff.]. Die Assoziationsanalyse gehört zu einer Gruppe von Verfahren, die unter Frequent Pattern Mining (FPM) zusammengefasst werden [vgl. Han, Kamber (2006), S. 23 f.]. Jede Methode des FPM kann eine bestimmte Form häufiger Muster in Daten ermitteln.

Das klassische Anwendungsgebiet der Assoziationsanalyse im Rahmen des DM ist die Warenkorbanalyse, bei der gemeinsam gekaufte Produkte identifiziert werden, um gezielt Vermarktungsstrategien platzieren zu können. Beim WUM kann die Analyse von Assoziationen zum Beispiel angewendet werden, um gemeinsam besuchte Seiten zu identifizieren und den Nutzern damit kontextabhängig Empfehlungen für weitere interessante Seiten zu geben. Für das Bilden von Assoziationsregeln werden große homogene Datenmengen benötigt, die eine Transaktionsstruktur aufweisen. Im WUM stellen in der Regel die Sitzungen der einzelnen Nutzer die Transaktionen dar. Ein Beispiel für eine Assoziationsregel ist Abbildung 2.3 zu entnehmen.

Diese Regel beschreibt die Beziehung zwischen einer Produktübersicht (produkte.html) und einer Seite zu PCs (computer.html). Die Häufigkeit der Regel und die

produkte.html ⇒ computer.html [support = 5 %, confidence = 50 %]

Abbildung 2.3: Beispiel für eine Assoziationsregel

Stärke der Assoziation werden üblicherweise durch Support und Confidence ausgedrückt. Die Confidence sagt aus, dass Nutzer, die die Produktübersicht aufgerufen haben, mit einer Wahrscheinlichkeit von 50 % auch die PCs ansehen. Der Support gibt an, dass Produktübersicht und PC-Seite gemeinsam in 5 % aller analysierten Sitzungen aufgerufen wurden. Bei der Suche nach Assoziationen werden untere Grenzen für Support und Confidence angegeben, um sicherzustellen, dass interessante Abhängigkeiten gefunden werden. Hierfür können auch andere Maße wie Interest oder Lift verwendet werden, die den gleichen Zweck erfüllen. Zudem kann die Assoziationsanalyse mehrere Attribute berücksichtigen, so dass mehrdimensionale Assoziationsregeln gefunden werden. Das Beispiel stellt eine eindimensionale Regel dar, weil als einziges Attribut Seitenaufrufe berücksichtigt wurden.

Die Assoziationsanalyse ist für das IUM interessant, weil sie Korrelationen zwischen beliebigen Datenelementen finden kann. So lassen sich einerseits durch Einbindung weiterer Datenquellen Verknüpfungen herstellen und detailliertere Zusammenhänge ableiten. Bei Verfügbarkeit von Registrierungs- oder Kundendaten sind zum Beispiel Aussagen abhängig von Altersgruppen oder bisherigem Umsatz möglich. Andererseits können Assoziationsregeln dazu verwendet werden, Informationen abzuleiten, um diese wieder in die Analyse einzuspeisen. So könnten zum Beispiel gezielt Nutzer untersucht werden, denen im Sitzungskontext bestimmte Informationen vorlagen. Aus obigem Beispiel geht hervor, dass 5 % aller Nutzer Informationen über Produkte und PCs vorlagen, wobei sich 2,5 % aller Nutzer gezielt für PCs interessierten.[3] Es sei betont, dass dies lediglich ein Beispiel darstellt. Um ein belastbares und umfassendes Bild der verschiedenen Sitzungskontexte zu zeichnen, müssen eine Vielzahl weiterer Assoziationsregeln berücksichtigt werden, denn eine Regel stellt nur einen Ausschnitt dar. Dieser kann nicht abbilden, dass Nutzer aus unterschiedlichen Anliegen auf dem Webauftritt unterwegs ist, so dass durch die partielle Betrachtung die Gefahr besteht, Nutzern mit unterschiedlichen Hintergründen den gleichen Kontext zu unterstellen. Schließlich ist beim Herstellen von Zusammenhängen zu beachten, dass die Assoziationsanalyse keine Reihenfolgen berücksichtigt. Für diesen Zweck ist eine andere Variante des FPM verfügbar.

Sequenzanalyse

Die Sequenzanalyse stellt eine Weiterentwicklung der Assoziationsanalyse dar, bei der die Reihenfolge des Auftretens von Objekten in der Analyse berücksichtigt und in den gefundenen Mustern abgebildet wird. Im Gegensatz zu Assoziationen werden keine einfachen Bedingung-Folge-Beziehungen, sondern lineare Abfolgen von Items, so genannte Sequenzen, analysiert. Ziel ist es, häufig auftretende identische oder gleichartige Sequenzen zu finden [vgl. Hippner u. a. (2002a), S. 23]. Im WUM

[3] Hierbei wird angenommen, dass zwischen Nutzern und Sitzungen eine 1:1-Zuordnung besteht.

wird die Sequenzanalyse klassischerweise eingesetzt, um das Navigationsverhalten der Nutzer eines Webauftritts zu untersuchen. Dabei lässt sich die Sequenzanalyse auf zwei Arten anwenden, indem Sequenzen innerhalb oder zwischen Transaktionen gesucht werden (intra- versus inter-transaktionelle Sequenzanalyse). Während die Sequenzanalyse im DM ursprünglich inter-transaktionell angewendet wurde, wird sie im WUM klassischerweise innerhalb von Sitzungen eingesetzt, um typische Navigationspfade zu finden [siehe Agrawal, Srikant (1995)]. Aber auch im WUM ist es möglich, sitzungsübergreifende Analysen durchzuführen, durch die Änderungen im Navigationsverhalten festgestellt werden können.

Der Unterschied zwischen intra- und inter-transaktioneller Anwendung wird relativiert durch die Möglichkeit, Transaktionen zu definieren. Durch unterschiedliche Aggregation beziehungsweise Gruppierung der Daten können Transaktionen anders geformt werden, um Muster auf der gewünschten Ebene zu finden. Dadurch bietet die Sequenzanalyse vielfältige Anwendungsmöglichkeiten, die es erlauben, sie in vielen Bereichen einzusetzen. Sie kann daher auch gut den Kern des IUM bilden, dessen primäres Auswertungsziel es ist, Navigationspfade zu analysieren. Die vielfältigen Einsatzmöglichkeiten der Sequenzanalyse ermöglichen eine flexible Anwendung. Die Daten können zunächst geeignet aufbereitet, vorverdichtet, integriert und gegebenenfalls mit Ergebnissen anderer WUM-Methoden angereichert werden, so dass aussagekräftige und detaillierte häufige Sequenzen gefunden werden, anhand derer dann die zugrundeliegenden Fragestellungen beantwortet werden können.

An dieser Stelle ist auf einen wichtigen Unterschied von Ein- und Ausgabedaten der Sequenzanalyse hinzuweisen. Während die einzelnen beobachteten Sequenzen, die in der Datenbasis enthalten sind, grundsätzlich vollständig sind, können die ermittelten häufigen Sequenzen Lücken beziehungsweise Sprünge aufweisen und somit nur Teilsequenzen darstellen. Dies liegt daran, dass die einzelnen Sequenzen nicht deckungsgleich sondern mehr oder weniger unterschiedlich sind. Die Sequenzanalyse sucht wie die Assoziationsanalyse häufige Muster, die einen minimalen Support erfüllen müssen. Bei der Zusammenfassung der Einzelsequenzen entstehen Abschnitte, die den Support erfüllen und auch solche, die ihn nicht erfüllen und verworfen werden, so dass seltene Teilsequenzen aussortiert werden.

Clusteranalyse

Bei der Clusteranalyse werden Daten in Gruppen (Cluster) eingeteilt, die in sich möglichst homogen und untereinander möglichst heterogen sind. Die Elemente eines Clusters sind sich hinsichtlich bestimmter Merkmalsausprägungen sehr ähnlich, während sie sich zu den Elementen anderer Cluster bezüglich der gleichen Merkmale stark unterscheiden. Anhand welcher Merkmale eine Clusteranalyse durchgeführt wird, ist im konkreten Anwendungsfall zu entscheiden, weil dies inhaltlich beurteilt werden muss. Die Clusteranalyse generiert Muster in Form homogener Daten beziehungsweise – sofern man charakteristische Stellvertreter der Cluster betrachtet – typischer Datensätze, die dann gezielt weiter untersucht werden können.

Ein Anwendungsbeispiel für die Clusteranalyse im Rahmen des WUM ist es, Kunden- oder Nutzergruppen zu identifizieren. Die dafür verwendete Datengrundlage kann vielfältig sein. Für das IUM kann diese Methode von Interesse sein, weil die Identifikation von Nutzergruppen in den Aufgabenbereich des IUM fällt. Die zugrunde liegenden Daten stellen hierbei eine Integration aus Web Logs und Eye Tracking Logs dar, dessen Form beim Entwurf der IUM zu definieren ist. Allerdings liegt die Kernfunktionalität der Clusteranalyse darin, Datensätze zu gruppieren. Inwieweit Muster in Form typischen Nutzerverhaltens ermittelt werden können, muss abhängig vom verwendeten Algorithmus geprüft werden. Aber auch an anderen Stellen können Clusteranalysen hilfreich sein. So kann eine Clusterung als Vorverdichtung von sehr hochauflösenden oder detaillierten Daten wie den Rohdaten des ET verwendet werden. Denkbar ist auch, Clusterungen als nachgelagerte Methode in der Ergebnisauswertung einzusetzen, um die durch andere Methoden generierten Muster im Sinne eines Prunings zu gruppieren. Klassischerweise dienen Clusteranalysen häufig auch als vorgelagerte Methode für die Klassifikation.

Klassifikation

Die Klassifikation arbeitet auf Daten, die sich in Klassen beziehungsweise Konzepte einteilen lassen. Auf Trainingsdaten wird ein Modell über bekannte Klassenzuordnungen erzeugt, anhand dessen neue Datensätze ohne Klassenzuordnung klassifiziert werden können. Das Model kann auf verschiedene Arten repräsentiert werden, zum Beispiel in Form von Wenn-Dann-Regeln, Entscheidungsbäumen oder neuronalen Netzen. Ein Anwendungsbeispiel für Klassifikation im WUM stellen adaptive Webauftritte dar. Während des Besuchs eines Webauftritts können Verhaltensmerkmale des Nutzers erhoben werden, anhand derer er dynamisch einer von mehreren zuvor aufgestellten Nutzerklassen zugeordnet wird. Der Webauftritt stellt sich dann für diesen Nutzer auf die Version um, die für die ihm zugeordnete Nutzerklasse entworfen wurde.

Da sich die Daten des IUM ex ante nicht in Klassen einteilen lassen, sondern explorativ zu analysieren sind, kommt die Klassifikation als Methode für das IUM zunächst nicht in Frage. Klassen können dagegen erst durch IUM ermittelt werden. Darauf aufbauend ist die Anwendung der Klassifikation dann technisch gesehen möglich. Jedoch kann an dieser Stelle ohne konkretes Bild des IUM noch keine Idee auf inhaltlicher Ebene dazu formuliert werden.

2.2.4 Arbeiten

Aufgabe dieses Abschnitts ist es, die vorliegende Arbeit zu anderen Forschungsarbeiten im Bereich WUM in Bezug zu setzen. Die Einordnung erfolgt an den zuvor erläuterten Vergleichskriterien [siehe Kap. 2.1]. Sie definieren die zentralen Anforderungen an die zu entwickelnde Methode. Je besser ein Ansatz die Kriterien erfüllt, desto interessanter ist er im Kontext der vorliegenden Arbeit. Arbeiten, die zu weit von dieser entfernt sind, weil einzelne Kriterien nicht oder sehr schlecht erfüllt werden, werden nicht thematisiert.

Web Usage Mining (WUM) erfüllt aufgrund spezieller Eigenschaften per se einige der Vergleichskriterien. Es ist ohne nennenswerten Aufwand möglich, alle Zugriffe auf den Webserver aufzuzeichnen. Insbesondere hat die Stichprobengröße keine Auswirkungen, so dass umfangreiche Stichproben problemlos sichergestellt werden können. Im Normalfall ist eine Vollerhebung möglich. Aufgrund der großen Anzahl von Datensätzen schließt sich eine manuelle Auswertung aus. Eine teilweise oder vollständige Automatisierung ist damit stets erforderlich.

Da WUM als Feldversuch durchgeführt wird, die Datenerhebung für die Nutzer unbemerkt erfolgt und nicht in einer ungewohnten Umgebung oder künstlichen Situation gearbeitet werden muss, sind Verzerrungen auf Seite der Daten ausgeschlossen. Dies gilt auch für die Auswertung, sofern sie automatisiert und damit für alle Datensätze gleich erfolgt. In Verbindung mit der Vollerhebung führt dies auch zur Vergleichbarkeit.

Mit WUM allein lässt sich dagegen nicht die Forderung einer Detailanalyse erfüllen. Zwar lassen sich alle Zugriffe eines Nutzers während seines Besuchs vollständig erfassen beziehungsweise nachträglich ergänzen, indem aus Caches beantwortete, fehlende Zugriffe anhand der Webseitenstruktur ermittelt werden. Allerdings wird als kleinste Dateneinheit der Zugriff auf eine Webseite verarbeitet, so dass Informationen über das Vorgehen innerhalb einer Webseite fehlen.

Da die meisten Vergleichskriterien bereits für das WUM allgemein unabhängig von konkreten Arbeiten beantwortet werden können, unterscheiden sich die Ansätze in diesem Forschungsbereich bezogen auf das vorliegende Vorhaben wenig. Unterschiede gibt es dagegen im Anwendungsbereich, denn die meisten Arbeiten fokussieren eine spezielle Aufgabe des WUM wie Personalisierung oder Systemoptimierung [für eine Zusammenstellung siehe Srivastava u. a. (2000)]. Dem explorativen Ansatz dieser Arbeit folgend darf die Auswertung nicht ex ante auf ein bestimmtes Ziel gerichtet werden, sondern es muss objektiv vorgegangen werden, um allgemeingültige Aussagen zu erhalten. Daher werden zunächst drei generelle Ansätze vorgestellt, die den Kern des WUM bilden und alle Funktionalitäten des WUM repräsentativ vereinen. Die entwickelten Systeme sind nicht für einen bestimmten Anwendungszweck konzipiert und können aufgabenunabhängig eingesetzt werden. Sie arbeiten ohne Hypothesen und Einschränkungen, so dass Verzerrungen ausgeschlossen sind. Anschließend wird ein Ausblick auf spezielle Ansätze gegeben, die Schwerpunkte in einem bestimmten Bereich setzen.

WEBMINER

Das WEBMINER-System ist die praktische Realisierung einer generalisierten Web Usage Mining-Architektur [vgl. Cooley u. a. (1997)]. Es implementiert den wesentlichen Teil des üblichen Web Usage Mining-Prozesses [siehe Kap. 2.2] und arbeitet in zwei Schritten [vgl. Mobasher u. a. (1996)]. Im ersten domänenabhängigen Schritt werden die auszuwertenden Web Server Logs in eine eigene Datenbank importiert. Dabei werden nicht benötigte und überflüssige Einträge entfernt und die verbleibenden Zugriffe nach Nutzern gruppiert. Im zweiten domänenunabhängigen Schritt werden die Transaktionsdaten zur Analyse durch eine Data Mining-Methode transformiert und schließlich ausgewertet. Dieser Schritt kann mit verschiedenen Methoden oder Parametern wiederholt werden, um unterschiedliche Formen von Mustern zu extrahieren. Weil sich die gefundenen Muster häufig nur geringfügig unterscheiden und das Ergebnis sehr umfangreich sein kann, ist es meist sehr aufwendig, die gefundenen Muster zu analysieren und zu bewerten. Daher verwendet das WEBMINER-System eine SQL-ähnliche Anfragesprache, mit der die gewünschten Muster aus der Ergebnismenge herausgefiltert werden können.

Der WEBMINER ermöglicht es, WUM-Analysen vollständig automatisiert durchzuführen. Verzerrungen durch manuelle Eingriffe sind ausgeschlossen, und eine objektive Datenverdichtung ist gewährleistet. Die manuelle Filterung dient dazu, durch das Ergebnis zu navigieren und hat keine Auswirkungen auf Daten oder Muster. Nicht möglich ist es dagegen, das Verhalten der Nutzer gezielt in Abhängigkeit ihres Kontexts auszuwerten. Zwar berücksichtigen bestimmte Methoden wie die Sequenzanalyse mehrere zeitlich geordnete Vorgehensschritte eines Nutzers, so dass durchaus Muster gefunden werden, die eine kontextabhängige Aussage ermöglichen. Allerdings werden nur Bezüge zwischen häufig besuchten Webseiten hergestellt. Der WEBMINER unterstützt es jedoch nicht, die Auswirkung bestimmter Kontexte auf das weitere Verhalten explizit zu analysieren. Ferner ist darauf hinzuweisen, dass der WEBMINER den Apriori-Algorithmus verwendet, der bei größeren Datenmengen eine unerwünscht lange Ausführungszeit hat. Unabhängig davon, dass eine gute Performanz keine Anforderung in dieser Arbeit ist, ließe sich dies durch andere Algorithmen wie FP-Growth leicht beheben [siehe Han u. a. (2000)].

WebSIFT

Der Web Site Information Filter (WebSIFT) stellt eine Fortentwicklung des WEBMINER dar und verfolgt einen erweiterten Ansatz [vgl. Cooley u. a. (1999b)]. WebSIFT definiert die Auswertungsschritte Datenvorverarbeitung, Musterentdeckung und Musteranalyse, wobei erster und letzter Schritt deutlich ausgebaut wurden. Neben Web Server Logs können Registrierungsdaten der Nutzer eingebunden werden, um die Datenaufbereitung genauer durchführen zu können. Zusätzlich werden Daten über die Struktur des Webauftritts genutzt, um durch Caches beantwortete, fehlende Zugriffe zu ergänzen. Gleichzeitig dienen diese Strukturdaten als Hilfsmittel zum Filtern der Ergebnisse in der Musteranalyse. Die Musterentdeckung erfolgt unverändert mit Standardmethoden des Data Mining. Die Muster können mit dem Abfragemechanismus des WEBMINER, über eine grafischen Visualisierung oder per Filterung durch Abgleich mit Informationen über die Webseitenstruktur analysiert werden.

Die Erweiterungen von WebSIFT gegenüber dem WEBMINER ändern nichts an der Bewertung für diese Arbeit, weil sie keine Auswirkungen hinsichtlich der zugrunde liegenden Vergleichskriterien haben. Um zur Beantwortung der Forschungsfrage beitragen zu können, wären bessere Eigenschaften hinsichtlich der Detailanalyse und der Berücksichtigung des Kontexts erforderlich. Den in WebSIFT zusätzlich verwendbaren Daten sind jedoch keine Informationen über das Verhalten der Nutzer auf einer Webseite zu entnehmen. Für die Kontextanalyse sind ebenfalls keine Hilfsmittel verfügbar. Zwar ist es möglich, die Sitzungen der Nutzer in sogenannte Episoden zu unterteilen und diese als Quelle bei der Musterentdeckung zu verwenden. Allerdings lassen sich auf diese Weise ausschließlich alle Inhalts- oder alle Navigationsseiten gruppieren. Zur Kontextanalyse sind dagegen die Pfade der Nutzer für jede Webseite nach der Historie zu gruppieren, die zur jeweiligen Webseite geführt hat, um zu untersuchen, ob die unterschiedlichen Historien Auswirkungen auf das weitere Vorgehen haben. Dies ist weder automatisch noch manuell möglich.

Web Utilization Miner

Mit WEBMINER beziehungsweise WebSIFT wird eine Data Mining-Methode auf den gesamten Datenbestand angewendet, alle erzeugten Muster gesichtet und beurteilt, inwieweit sie interessant sind. Ein anderes Vorgehen verfolgt der Web Utilization Miner [siehe Spiliopoulou, Faulstich (1998)[4]]. Die Software erstellt zunächst ein sogenanntes Aggregated Log, in dem die Besuche der einzelnen Nutzer in verdichteter Form enthalten sind. Die Analyse des Aggregated Logs ist schneller als die Anwendung der Algorithmen auf die Original-Web Server Logs, so dass die Auswertung insbesondere dann effizienter ist, wenn mehrere Durchläufe zur Beantwortung verschiedener Fragestellungen erforderlich sind.

Die Extraktion von Mustern erfolgt nicht automatisch für den gesamten Datenbestand, sondern wird vom Analysten nach der Relevanz der Muster gesteuert. Der Analyst definiert die Struktur der Muster, an denen er interessiert ist, indem er eine Anfrage in der eigens entwickelten Sprache MINT erstellt, die das Mining der Muster regelt. Die Syntax von MINT ähnelt der von SQL. Webseitenattribute wie URL, Titel und Support können verwendet werden, so dass sich zu klassischen Sequenz- und Assoziationsmustern kompatible Ergebnisse erzeugen lassen, die Ergebnismenge aber deutlich präziser eingeschränkt werden kann als mit den klassischen Parametern Support und Confidence [siehe S. 18]. Dadurch wird einer schwer überschaubaren Flut an Mustern, die ansonsten häufig generiert und aufwendig analysiert werden muss, effektiv begegnet.

Der Web Utilization Miner ist auf die zielgerichtete Analyse durch einen Experten zugeschnitten, ohne manuelle Steuerung werden keine Muster extrahiert. Dies führt dazu, dass nur solche Muster gefunden werden können, an die der Analyst denkt und deren Struktur er vorgibt. Obwohl die Mustersuche automatisiert erfolgt, kann

[4] Die Autoren verwenden die Abkürzung »WUM«, die in dieser Arbeit anders belegt ist.

sie folglich nicht autonom durchgeführt werden. Dies schränkt einerseits die Automatisierung ein, ermöglicht andererseits allerdings sehr flexibel, den Kontext der Nutzer zu berücksichtigen. Mit gezielten MINT-Anfragen lässt sich die Auswirkung des Besuchs bestimmter Webseiten auf das weitere Vorgehen ermitteln. Der Web Utilization Miner unterstützt das Experimentieren mit verschiedenen Parameterwerten, weil die Auswertungen anhand des Aggregated Log schneller als üblich durchgeführt werden können. Der Analyst ist jedoch zu stark in den Auswertungsprozess eingebunden. Sein Einfluss verhindert eine in dieser Arbeit geforderte objektive Datenauswertung.

LumberJack und spezialisierte Ansätze

Die klassischen Implementierungen des WUM folgen einem standardisierten Prozess, der die Daten des Web geeignet aufbereitet, so dass sie mit einer beliebigen Methode des Data Mining ausgewertet werden können. Während die Anwendung eines Algorithmus automatisiert erfolgt, obliegt dem Analysten die inhaltliche Kontrolle der Auswertung und Interpretation der Ergebnisse. Im Gegensatz dazu gibt es Ansätze, die sich auf eine konkrete Fragestellung konzentrieren. Statt ein breites Spektrum an Auswertungsverfahren zu unterstützen, wird nur eine Methode angewendet. Diese kann aufgrund der Spezialisierung besser automatisiert und optimiert werden, indem spezifisches Wissen über das Problem berücksichtigt wird. Dieser Ansatz wird beim LumberJack-System verfolgt [siehe Chi u. a. (2002)], das beispielhaft vorgestellt wird.

Das Ziel von LumberJack ist, eine Einteilung der Nutzer eines Webauftritts nach ihren Absichten und Informationsbedürfnissen zu erstellen. Durch Clusterung der Sitzungen aus den Web Server Logs werden Gruppen ermittelt, die die Zusammensetzung der Zugriffe eines Webauftritts beschreiben. Um genaue Ergebnisse zu erhalten, erfolgt die Clusterung nicht nur anhand eines Attributs, sondern auf ausführlichen Nutzerprofilen, die aus möglichst vielen Informationen erstellt werden. Neben Daten über die Nutzung wird auf Kombinationen von Inhalt und Struktur der Webseiten zurückgegriffen. Die Ergebnisse werden zu einem statischen Bericht aufbereitet, der die Eigenschaften der gefundenen Gruppen beschreibt und dem Analysten dabei helfen soll, die verschiedenen Aktivitäten der Nutzer zu verstehen.

LumberJack adressiert das Endziel jeder WUM-Analyse, die Nutzertypen eines Webauftritts zu charakterisieren. Das Verfahren verfolgt einen vollständig automatisierten und umfassenden Cluster-Ansatz. Aus der Darstellung geht leider nicht hervor, inwieweit der Kontext der Nutzer analysiert wird. Es ist zu vermuten, dass dieser implizit über die Historie der besuchten Webseiten in die Clusterung eingeht. Da die Ergebnisse verglichen mit den Ausgangsdaten stark verdichtet sind, sind keine Rückschlüsse auf Zusammensetzung und Auswirkungen des Kontexts möglich. Die Ergebnisse sind nicht aussagekräftig genug, da es lediglich eine allgemeine Beschreibung der gefundenen Nutzergruppen, insbesondere jedoch keine Informationen über ihr Vorgehen gibt. Somit kann nicht bewertet werden, inwieweit die Anforderung einer Detailanalyse erfüllt wird. Ein solcher Ansatz ist folglich nicht zur Integration von WUM und Eye Tracking geeignet, da das Ergebnis so verdichtet ist, dass sich Details des Vorgehens nicht messbar im Ergebnis niederschlagen. Die Auswirkungen der Integration auf die Ergebnisse könnten nicht beurteilt werden.

An diesem Beispiel lässt sich feststellen, dass auf spezifische Anwendungsprobleme spezialisierte Ansätze für den Einsatz in dieser Arbeit nicht flexibel genug sind. Sie enthalten das dedizierte Wissen eines Anwendungsbereichs und nutzen dieses bei der Auswertung geschickt aus. Zur Entwicklung einer integrierten Methode wird dagegen eine Implementierung benötigt, die es ermöglicht, Berechnungen und Algorithmen zu testen. Wissen über die Problemlösung muss in diesem Fall erst noch generiert werden.

WebQuilt und andere Visualisierungsverfahren

Es gibt eine Reihe weiterführender Ansätze, die dem WUM zuzurechnen sind, aber algorithmisch oder analytisch anders vorgehen. Ein solcher Ansatz ist WebQuilt, ein Tool zur Aufzeichnung, Auswertung und Visualisierung der Nutzung des Webs [siehe Hong u. a. (2001)]. Dieser Ansatz stammt aus dem Bereich Usability Engineering, adressiert aber wie WUM die Web-Nutzung. Im Unterschied zum klassischen WUM wird ein Proxy zur Protokollierung der Zugriffe eingesetzt, um einerseits Webauftritte analysieren zu können, deren Web Server Logs nicht zugänglich sind, und andererseits die Aufzeichnung für den Nutzer weiterhin transparent durchführen zu können. Nach der Datenaufzeichnung werden aus Browser-Caches bediente Zugriffe ergänzt und die Schritte aller Nutzer zu Aktionen aggregiert. Diese werden als Graph repräsentiert und angezeigt. Während die Knoten die besuchten Webseiten repräsentieren, gibt die Dicke der gerichteten Kanten an, wie viele Nutzer zwischen den verlinkten Webseiten navigiert sind.

WebQuilt legt den Schwerpunkt nicht wie andere Ansätze des WUM auf den Algorithmus zur Entdeckung von Mustern, sondern auf die Visualisierung des Navigationsverhaltens. Es stellt einen interessanten, interaktiven Ansatz zur grafischen Analyse auf unterschiedlichen Detailstufen dar und verwendet hierfür eine neue Visualisierungsform. Die Auswertung kann allerdings nicht quantitativ und programmatisch erfolgen, sondern ist qualitativ vom Analysten durchzuführen. Automatisierung beschränkt sich bei WebQuilt auf die Erhebung und Darstellung der protokollierten Daten. Aufgrund der qualitativen und manuellen Auswertung sind Analysen aufwendig und fehleranfällig. Die Musterentdeckung ist abhängig von der grafischen Darstellung und nicht deterministisch. Die Ergebnisse eines solchen Ansatzes sind im Vergleich zu denen von Data Mining-Methoden weniger belastbar. Zudem bedeutet der Einsatz des Proxy einen Eingriff in das Benutzerverhalten, da die Nutzer mit einem speziellen Link explizit zur Teilnahme an der Untersuchung aufgefordert werden müssen. Auf diese Weise kann auch nur ein Teil der Nutzer berücksichtigt werden, als bei Verwendung der Web Server Logs zur Verfügung stehen, die dem Auftraggeber einer WUM-Analyse als Verantwortlichen für den Webauftritt zugänglich sein sollten.

Neben WebQuilt gibt es noch eine Reihe weiterer Ansätze zur Visualisierung des Navigationsverhaltens [siehe Waterson u. a. (2002)]. Die Anwendung von Visualisierungstechniken im Web Mining wird auch als Visual Web Mining bezeichnet [vgl. Youssefi u. a. (2004)]. Da die Datenmenge eine hohe Verdichtung erfordert, um im Zweidimensionalen angezeigt werden zu können, und die Mustererkennung nicht quantitativ möglich ist sondern von der Formatierung der Darstellung abhängt, kann ein solcher Ansatz zur Beantwortung der Forschungsfrage dieser Arbeit nicht beitragen. Eine visuelle Darstellung dient der Veranschaulichung eines Ergebnisses, ist jedoch weniger als Analyseinstrument zur Ergebnisfindung geeignet. Wie am Beispiel von WebQuilt argumentiert, werden die Kriterien Automatisierung, Detailanalyse und Einbindung des Kontext unzureichend oder gar nicht erfüllt.

Sonstige Verfahren

Abschließend werden zwei weitere Schwerpunkte vorgestellt, um den Überblick über Arbeiten zur Nutzung des Web abzurunden. Die zugehörigen Arbeiten sind weiter als die bisherigen vom klassischen WUM entfernt. Es kommen keine Methoden des Data Mining, sondern andere Verdichtungsformen zum Einsatz. Statt eines Data Mining-Algorithmus kann zum Beispiel eine deskriptive, statistische Auswertung basierend auf Kennzahlen durchgeführt werden. Eine Fülle kommerzieller Tools, sogenannte Logfile Analyzer, bietet dieses Verfahren zur Auswertung von Web Server Logs mit einfachen Kennzahlen an. Ziel ist ein Überblick über die demografische Zusammensetzung der Nutzer und eine Nutzungsstatistik der verschiedenen Webseiten. Tiefere Erkenntnisse über das Nutzerverhalten lassen sich anhand der einfachen Kennzahlen nicht gewinnen. Ein weiterführender, wissenschaftlicher Ansatz wird mit LOGPAT verfolgt, das verschiedene Kennzahlen zur Beschreibung des individuellen Navigationsverhaltens implementiert [siehe Richter u. a. (2003)]. Hierzu zählen nicht nur atomare Kennzahlen zur Nutzung einzelner Seiten oder Seitentypen wie Häufigkeit, Anteile oder Verweildauern, sondern auch sequenzanalytische und graphentheoretische Kennzahlen wie die Häufigkeit bestimmter Sequenzen oder die Kompaktheit und Schichtung zur Beschreibung der Vernetztheit beziehungsweise Linearität eines Navigationspfades. Obwohl Kennzahlen dieser Art eine übersichtliche und prägnante Beschreibung der Daten liefern können, sind sie zum detaillierten Nachvollziehen und Vergleich des Benutzerverhaltens zu sehr verdichtet und weniger interessant als Muster des Data Mining, die eine Vorgehensstruktur beschreiben.

Da in Web Server Logs nur Zugriffe auf einzelne Webseiten protokolliert werden können, können im WUM keine Informationen über das Vorgehen der Nutzer zwischen den Seitenaufrufen analysiert werden. Um diese Lücke zu schließen, versucht eine Reihe von Ansätzen andere Formen der Protokollierung zu entwickeln, um mehr und detailliertere Informationen auswerten zu können. Zu diesen Tools gehören WET (Web Event-logging Tool) [siehe Etgen, Cantor (1999)], WebLogger [siehe Reeder u. a. (2000)], Lucidity [siehe Edmonds (2001)] und WebTracker [siehe Choo u. a. (2000)]. Gemein ist allen Verfahren, dass sie beim Protokollieren auf Handlungen des Nutzers beschränkt sind und damit strukturell dem gleichen Problem wie der serverseitigen Protokollierung unterliegen. Es kann nicht erkannt werden, welche Elemente einer Webseite in welcher Reihenfolge vom Nutzer verarbeitet wurden. Daher helfen solche Daten nicht bei der Lösung der Probleme hinsichtlich der Detailanalyse im WUM. Einige der angesprochenen Verfahren werden von den Autoren auch im Bereich Usability Engineering positioniert. Dies leitet zur Betrachtung von Verfahren zur Benutzerbeobachtung aus anderen Disziplinen über. Wie eingangs begründet, eignet sich Eye Tracking hervorragend zur Ergänzung der Mängel des WUM. Verfahren des Eye Tracking zur Analyse des Benutzerverhaltens, die zum Ausbau des WUM geeignet sind, werden im nächsten Abschnitt thematisiert.

Zusammenfassung

WUM erfüllt aufgrund seiner allgemeinen Beschaffenheit die Anforderungen aus den Kriterien Verzerrungen, Vergleichbarkeit, Stichprobenumfang und Automatisierung. Der WEBMINER zeigt, dass der Prozess des WUM gut geeignet ist, um den Rahmen für einen Ansatz zur Bearbeitung der Forschungsfrage dieser Arbeit zu stellen. Offen ist einerseits die Anforderung der Detailanalyse, die mit Web Log-Daten allein nicht erfüllt werden kann, und andererseits die Berücksichtigung des Nutzerkontexts. Sofern die eingesetzte Data Mining-Methode den Kontext nicht ausreichend einbeziehen kann, muss ein Mechanismus entwickelt werden, der es erlaubt die Auswirkungen unterschiedlicher Kontexte auf das weitere Vorgehen zu untersuchen. Dies könnte beispielsweise durch einen Filter erreicht werden, der die Pfade aller Nutzer in alle Kombinationen aus Kontext respektive Historie und daraus resultierendes Handeln zerlegt. Die Episoden aus WebSIFT stellen eine ähnliche Zerlegung von Sitzungen dar und könnten dahingehend genutzt werden. Ein geeigneter Algorithmus muss dann nach Abhängigkeiten in den Zerlegungen suchen. Die Anforderung der Detailanalyse lässt sich nur durch Integration eines WUM-Ansatzes mit einer Methode einer anderen Disziplin erreichen, die Zugriff auf andere Kategorien von Daten hat. Arbeiten aus dem WUM-Umfeld, die Ereignisse Client-seitig protokollieren, sind auch auf Aktionen des Nutzers beschränkt. Was ein Nutzer zwischen zwei Mausbewegungen verarbeitet, kann ebenfalls nicht erfasst werden.

Zur Datenauswertung muss ein objektives Vorgehen gewählt werden, das keine Einschränkungen oder Annahmen für einen konkreten Anwendungszweck besitzt. Allgemeine, quantitative Ansätze wie der WEBMINER oder WebSIFT eignen sich daher besonders gut zur Adaption, neuere spezialisierte oder qualitative Ansätze wie LumberJack oder WebQuilt kommen dagegen nicht in Frage. Der Eingriff des Analysten ist auf ein Minimum zu reduzieren und selbst beim Web Utilization Miner höher als wünschenswert. Nicht geeignet sind Ansätze, die mit visuellen Auswertungstechniken arbeiten, weil die Ergebnisse nicht automatisierbar, deterministisch und reproduzierbar sind. Einem musterentdeckenden Verfahren wird der Vorzug gegenüber kennzahlenorientierten Ansätzen wie LOGPAT gegeben, weil die Ergebnisse anschaulicher und weniger verdichtet sind. Als Herausforderung verbleibt der Umgang mit einer umfangreichen Ergebnismenge. Die Menge an Mustern zu überschauen und handhaben zu können ist in der Praxis sehr wichtig. In dieser Arbeit wird dafür keine Lösung entwickelt, weil Entwicklung und prototypische Implementierung einer integrierten Methode, nicht jedoch deren Optimierung im Vordergrund stehen.

2.3 Eye Tracking (ET)

Eye Tracking stellt neben WUM die zweite Hauptkomponente des IUM dar. Dieser Abschnitt gibt einen Überblick über die Technik. Aufbauend auf die Erklärung der Begrifflichkeiten und relevanter Grundlagen des Sehens werden zuerst Vorgehen und dann wichtige Auswertungsmethoden erläutert.

2.3.1 Grundlagen

Eye Tracking (ET) bezeichnet die automatisierte Aufzeichnung der Augenbewegungen eines Probanden durch ein technisches System, den Eye Tracker. ET ist ein effizientes Verfahren, um detaillierte Daten über die Augenbewegungen zu erhalten. Aktuelle Eye Tracker liefern präzise Blickkoordinaten in Echtzeit bei hoher zeitlicher Auflösung ohne Beeinträchtigung des Probanden. Das wird erreicht, indem der Tracker unsichtbar in den Monitor integriert wird und die Augen mit einer Infrarot-Kamera abtastet (Remote Eye Tracker) [vgl. hierzu und im folgenden Duchowski (2007) und Hyönä u. a. (2003)]. Abbildung 2.4 zeigt einen aktuellen Remote Eye Tracker, bei dem die Abtasteinheit unsichtbar unterhalb des Displays eingebaut ist. ET wird in vielen Bereichen eingesetzt, dazu zählen Neurowissenschaften und Psychologie, Ingenieurswesen und Ergonomie, Informatik sowie Marketing und Werbung. Jede dieser Disziplinen hat andere Zielsetzungen und eigene Anforderungen an das Verfahren, so dass ET-Studien in Rahmenbedingungen, Durchführung und Hardware sehr unterschiedlich ausfallen können. Dieser Abschnitt konzentriert sich auf die Aspekte des ET, die für das IUM relevant sind. Sie decken sich im wesentlichen mit denen aus den Bereichen Human Computer Interaction (HCI) und Usability Engineering (UE), in denen ähnliche Fragestellungen verfolgt werden.

Es gibt verschiedene Formen von Augenbewegungen, die für unterschiedliche Zwecke eingesetzt werden und aus deren Auftreten somit unterschiedliche Schlüsse gezogen werden können. Um mit ET sinnvolle Ergebnisse ableiten zu können, müssen die benötigten Augenbewegungen aus den Aufnahmen richtig selektiert und korrekt interpretiert werden. Eine Zusammenstellung der wichtigsten Typen von Augenbewegungen ist Tabelle 2.1 zu entnehmen. Studien im Bereich HCI und UE verwenden zur Messung der Aufmerksamkeit üblicherweise Sakkaden und Fixationen, die zusammen die Hauptkomponenten der Augenbewegung darstellen. Sakkaden sind kurze, synchrone Bewegungen beider Augen mit sehr hoher Beschleunigung. Sie werden eingesetzt, um die Aufmerksamkeit auf ein anderes Objekt zu verschieben. Während der Ausführung der Sakkade werden keine neuen visuellen Informationen verarbeitet, die nicht mit der Steuerung der Sakkade zu tun haben, sondern es

Abbildung 2.4: Remote Eye Tracker Tobii T120

Bezeichnung	Beschreibung
Sakkade	Kurze, schnelle Bewegung zur Positionierung der Fovea auf anderen Bereich des Sichtfeldes
Fixation	Stabilisierung der Netzhaut über einem Objekt bei minimalen Augenbewegungen (Zittern, Verschiebungen, Mikrosakkaden)
Folgebewegung	Verfolgen bewegter Objekte unter Anpassung an Geschwindigkeit des Zielobjekts
Kompensation	Ausgleich der Verschiebung des Bildes durch (aktive oder passive) Bewegung des Kopfes oder Körpers
Vergenz	Entgegengesetzte Rotationsbewegung zur Fokussierung
Nystagmus	Schnelle sägezahnartige Vor- und Rückbewegung bestehend aus Verschiebungen und Sakkaden, beispielsweise bei Bewegungskorrekturen oder Ermüdung
Mikrobewegungen	Minimale Korrekturen, Zittern

Tabelle 2.1: Typen von Augenbewegungen [Vgl. Duchowski (2007), Kap. 4 und Goldberg, Wichansky (2003), S. 503]

liegt noch das vorherige Bild vor. Jede Sakkade ist gefolgt von einer Fixation, bei der die Augen ruhen, um neue visuelle Informationen verarbeiten zu können. Dabei stehen die Augen nicht total still, sondern bewegen sich minimal in einem sehr kleinen Bereich (Zittern, Verschiebungen, Mikrosakkaden) [vgl. Yarbus (1967), Kap. 3]. Diese Mikrobewegungen können als Rauschen im Kontrollsystem aufgefasst werden. Sie sind allerdings biologisch erforderlich, denn wenn das Bild auf der Netzhaut absolut still steht, sieht man nach einer Sekunde nichts mehr [vgl. Duchowski (2007), Kap. 4.4].

Das Zusammenspiel von Sakkaden und Fixationen wird als Ausdruck des Verlaufs der Aufmerksamkeit angesehen. Die Steuerung dieser beiden Augenbewegungen erfolgt freiwillig und kontrolliert, so dass aus ihrem Auftreten eine Absicht abgeleitet werden kann. Fixationen erfolgen natürlicherweise aufgrund des Wunsches, den Blick auf einem Objekt von Interesse zu halten. Sakkaden sind der absichtliche Wechsel des Fokus der Aufmerksamkeit. Die Wechsel aus Sakkaden und Fixationen formen einen sogenannten Scanpath, der Ausdruck der visuellen Aufmerksamkeit ist und aufzeigt, in welcher Reihenfolge eine Person ein Objekt erschließt [vgl. Noton, Stark (1970)]. Hierbei sind die Fixationen weitaus wichtiger, weil durch sie im Gegensatz zu den Sakkaden visuelle Informationen verarbeitet werden. Diese Beobachtungen führen zu einer für das ET grundlegenden Annahme. Die Eye-Mind-Hypothese besagt, dass die Blickverläufe ein Indikator für die kognitiven Prozesse sind und die Aufmerksamkeit einer Person auf den fixierten Objekten liegt [vgl. Just, Carpenter (1976), S. 470 f.]. Anhand der Fixationen kann demnach gemessen werden, was mental verarbeitet wird.

Die Relation von Blick und Aufmerksamkeit kann in speziellen Situationen außer Kraft gesetzt werden, so dass sich die Aufmerksamkeit vom fixierten Objekt löst. Ist eine Person in Gedanken oder träumt sie, kann der Blick keine Auskunft mehr über ihre mentale Aufmerksamkeit geben. Um die Problematik der Eye-Mind-Hypothese zu betonen, wird die am Blick gemessene Aufmerksamkeit häufig auch als visuelle Aufmerksamkeit bezeichnet. Ein anderes Problem resultiert daraus, dass Fixationen vom Individuum kontrolliert werden. Es ist möglich, die Aufmerksamkeit bewusst vom Zentrum des Blicks zu lösen [vgl. Duchowski (2007), S. 5]. Normalerweise werden die Augen so positioniert, dass das Objekt von Interesse auf der Fovea (Kurzform für Fovea centralis, Sehgrube) abgebildet wird (foveale Wahrnehmung), weil dies der Bereich des schärfsten Sehens auf der Netzhaut ist und damit die Hauptsehrichtung definiert. Werden die Augen fixiert und die Konzentration auf ein Objekt gelenkt, dass nicht auf der Fovea liegt, ist die Aufmerksamkeit nicht mehr an die foveale sondern parafoveale (auch periphere) Wahrnehmung gekoppelt [vgl. Duchowski (2007), S. 47].

Für das Lösen der mentalen von der visuellen Aufmerksamkeit sind verdeckte, nicht messbare kognitive Prozesse verantwortlich. Daher können solche Aufmerksamkeitsverschiebungen nicht berücksichtigt werden. Es kann nur festgehalten werden, dass diese Probleme bestehen, und angenommen werden, dass die Aufmerksamkeit an die foveale Sicht gekoppelt ist. Die Annahme wird dadurch gestützt, dass die Verschiebung der Aufmerksamkeit bewusst und absichtlich erfolgen muss. Da dies von der primären Aufgabe ablenkt und zusätzliche kognitive Last darstellt, ist es unwahrscheinlich, dass Aufmerksamkeitsverschiebungen bei ET-Studien im Laborkontext auftreten. Zudem ist fraglich, welchen Anreiz es dafür geben sollte. Ebenso werden die Probanden nicht in Tagträume verfallen, weil sie konzentriert sind.

Neben Sakkaden und Fixationen werden auch Folgebewegungen als relevant für die Analyse der visuellen Aufmerksamkeit angesehen [vgl. Duchowski (2007), S. 47]. Folgebewegungen sind langsame Bewegungen zur Verfolgung sich bewegender Ziele, die häufig auf Sakkaden aufgesetzt werden, um Objekte auf der Netzhaut zu stabilisieren. Da Webseiten statisch sind, sich also nicht bewegen, und IUM zunächst nicht auf Seiten mit animierten Inhalten angewendet werden soll, treten Folgebewegungen nicht auf. Die restlichen in Tabelle 2.1 aufgeführten Augenbewegungen müssen im IUM ebenfalls nicht berücksichtigt werden. Sie sind für die HCI-Forschung im allgemeinen weniger interessant. Dies wird wie folgt begründet:

- Neuere Table Mounted beziehungsweise Remote Eye Tracker erlauben dem Anwender, sich in einem definierten Bereich frei zu bewegen, was zu Verschiebungen des Bildes auf der Netzhaut führt. Um diese auszugleichen, wird eine Kompensation in entgegengesetzter Richtung durchgeführt. Da es sich um eine reine Korrekturbewegung handelt, die automatisch vom Eye Tracker berücksichtigt wird, und das Ziel der Aufmerksamkeit nicht geändert wird, muss die Kompensation selbst nicht betrachtet werden.

- Vergenzen sind entgegengerichtete Rotationsbewegungen, die beim Fokussieren erfolgen, um das Bild beider Augen übereinander zu legen. Sie sind zur Korrektur von Fokussierungsfehlern erforderlich, die durch sich entfernende oder näher kommende Objekte verursacht werden. Vergenzen treten bei der Arbeit an einem stationären Computer nicht auf, weil Anwender und Monitor fixiert sind.

- Der Nystagmus ist eine sehr spezielle Augenbewegung, die vergleichsweise selten und in HCI- beziehungsweise UE-Studien typischerweise nicht auftritt.

- Mikrobewegungen sind zu klein, um korrekt gemessen werden zu können, da der Messfehler von Eye Trackern in dieser Größenordnung liegt. Die Mikrobewegungen, die innerhalb von Fixationen auftreten, sind ebenfalls nicht relevant, weil sie in einem sehr eng abgegrenzten Bereich liegen und eine Fixation daher praktisch stabil ist.

- Darüber hinaus gibt es noch Augenbewegungen, die nichts mit der Positionierung der Augen zu tun haben und daher hier auch nicht interessant sind. Dazu zählen beispielsweise die Adaptation zur Anpassung an die Helligkeit, die Akkomodation zur Anpassung der Brechkraft oder der Lidschlag [siehe Carpenter (1988)].

2.3.2 Vorgehen

Aufgrund der vielfältigen Anwendungsmöglichkeiten von ET in verschiedenen Forschungsbereichen gibt es kein normiertes Vorgehen, das durch einen standardisierten Prozess beschrieben werden könnte. Inhaltliche Anforderungen beeinflussen die Studiengestaltung, während sich das eingesetzte ET-System unmittelbar auf die technische Durchführung auswirkt [vgl. Duchowski (2007), Kap. 13]. Dennoch gibt es ein paar generelle Schritte im Ablauf, die im folgenden zusammengestellt werden.

Grundsätzlich lässt sich ET auf zwei Arten anwenden. Bei der interaktiven Anwendung wird der Eye Tracker als Eingabegerät verwendet. Er gibt die Augenbewegungen an ein System weiter, das in einer bestimmten Form darauf reagiert. Diese Form wird hauptsächlich in der Informatik und Medizin verwendet. Beim diagnostischen Einsatz wird der Eye Tracker als Aufnahmegerät verwendet, um Daten über die Augenbewegungen aufzuzeichnen und im Nachhinein anhand bestimmter Metriken auszuwerten. Dabei kann es erforderlich sein, dass die Probanden vom ET nichts wissen, um sie nicht zu beeinflussen und dadurch die Ergebnisse zu verfälschen. In dieser Variante wird ET typischerweise in der Psychologie oder im Marketing eingesetzt [vgl. Duchowski (2007), Kap. 16]. In der diagnostischen Anwendung lässt sich ferner eine Unterteilung des Vorgehens ähnlich wie im WUM vornehmen. Zum einen kann ET eingesetzt werden, um Hypothesen über die Verarbeitung eines Stimulus beziehungsweise das Verhalten der Probanden zu überprüfen (top-down). Dies ist die häufigste Anwendungsform, die in Form eines Experiments durchgeführt wird. Zum anderen kann ET auch ohne Modell und Annahmen als Beobachtungsstudie angewendet werden, um anschließend die gesammelten Daten explorativ nach Mustern und neuen Erkenntnissen zu durchsuchen (bottom-up) [vgl. Duchowski (2007), S. 159 f. und Goldberg u. a. (2002), S. 51]. Im IUM wird ET nach dieser Einteilung diagnostisch in einer Beobachtungsstudie verwendet.

Die meisten ET-Projekte werden als überwachte Experimente realisiert und in der Regel mit wenigen Probanden durchgeführt. Um unerwünschte Einflüsse auszuschließen, wird versucht, alle Faktoren zu kontrollieren. Dazu zählen einheitliche Moderierung, standardisierter Ablauf und ausgesuchte Stimuli wie gezielt heruntergeladene Webseiten und ausgewählte Oberflächen. Zusätzlich werden häufig weitere Informationen zum Untersuchungsgegenstand durch andere Methoden wie Befragung oder Thinking Aloud von den Probanden erhoben. Neuere Studien dieser Art umfassen zwischen 5 und 30 Teilnehmern. Für Studien im Bereich UE wurde gezeigt, dass eine geringe Teilnehmeranzahl um circa 20 Personen ausreichend und bei sorgfältiger Auswahl repräsentativ ist [vgl. Goldberg, Wichansky (2003), S. 512 f. und Jacob, Karn (2003), S. 582 ff.]. Die Auswertung erfolgt typischerweise einmalig und ist mangels softwaretechnischer Unterstützung in der Regel mit hohem manuellen Aufwand verbunden. Zum Einsatz muss daher selbstentwickelte Software kommen, wenn komplexere Berechnungen erforderlich sind oder die Datenmenge von herkömmlichen Werkzeugen wie Tabellenkalkulationen nicht verarbeitet werden kann.

Die generellen Phasen im Ablauf eines ET-Projekts sind:

Design
Zuerst müssen Anwendungsform, Rahmenbedingungen und Projektausgestaltung möglichst genau festgelegt werden. Unterschiedliche Ausprägungen hierbei wirken sich erheblich auf die weiteren Schritte aus.

Pretest
Bevor die eigentliche Erhebung stattfindet, sollte mit ein paar Testpersonen geprüft werden, ob sich die Studie wie gewünscht durchführen lässt. Häufig lassen sich hierbei Fehler finden und noch im Vorfeld lösen.

Aufnahme
Die Durchführung der Aufnahmen ist dank immer anwendungsfreundlicher werdender ET-Systeme sehr einfach. Während für eine Aufnahme früher noch 14 Schritte erforderlich waren, sind es mit aktuellen Eye Trackern der vierten Generation noch 5 Schritte [vgl. Duchowski (2007), S. V f.; ein Leitfaden für die praktische Durchführung ist in Duchowski (2007), Kap. 14 zu finden]. Der Proband bemerkt den Einsatz des ET nur noch in einem Schritt – bei der Kalibrierung des Trackers auf seine Augen. Alles andere ist für ihn nicht wahrnehmbar.

Auswertung
Nach der Aufzeichnung aller Daten müssen die Rohdaten zu Fixationen vorverdichtet, spezifische Metriken berechnet, Ergebnisse visualisiert und interpretiert sowie daraus Erkenntnisse abgeleitet werden. Dieser Prozess kann langwierig und aufwendig sein, weil große detaillierte Datenmengen zu wenigen, aussagekräftigen Informationen verarbeitet werden müssen [vgl. Goldberg, Wichansky (2003), S. 506 f.].

2.3.3 Methoden

Das Design der ET-Studie beeinflusst maßgeblich die Auswertung der erhobenen Daten. Daher können verschiedene, individuell zusammengestellte Analysemethoden angewendet werden. Es gibt zwei grundlegende Analyseinstrumente, die regelmäßig bei der Auswertung von ET-Daten eingesetzt werden. Durch die Berechnung von Metriken werden die Blickdaten zu Kennzahlen verdichtet, durch Diagramme werden sie visualisiert. Zur Anwendung beider Methoden ist eine Vorverdichtung erforderlich.

Es wird angenommen, dass ET auf einem unbeweglichen zweidimensionalen Bereich wie einem Webauftritt durchgeführt wird. ET in drei Dimensionen einzusetzen ist komplizierter und erfordert Änderungen an Methoden und Berechnungsmodellen.

Vorverdichtung

Gängige Eye Tracker arbeiten mit einer zeitlichen Auflösung von circa 50 bis 200 Hz. Ein 120 Hz-Tracker tastet die Augen 120 mal pro Sekunde ab und erstellt jeweils ein Sample, das als Eintrag ins ET-Log geschrieben wird. Die Daten des ET-Logs sind demnach äußerst präzise, und die Ermittlung von Kennzahlen ist aufgrund der Datenmenge nicht trivial. Andererseits beeinflusst es die Auswertungsergebnisse nicht, wenn einige Samples fehlerhaft sind, weil der Tracker die Augen nicht korrekt abtasten konnte. Der erste Schritt in der Vorverdichtung besteht darin, dieses Rauschen durch Löschen ungültiger Samples zu entfernen. Ungültige Samples entstehen durch den Lidschlag, wenn der Proband nicht auf den Monitor schaut, oder wenn der Tracker Probleme hat, die Augen korrekt zu erfassen. Letzteres kann zum Beispiel durch ungünstige oder sich verändernde Lichtverhältnisse oder Bewegungen und am Rand des Erfassungsbereichs vorkommen. Die ungültigen Samples lassen sich als Ausreißer in den Koordinaten oder – sofern vorhanden – an einem durch das ET-System generierten Gültigkeitswert identifizieren.

Nach Bereinigung der Daten werden Filter angewendet, um Fixationen beziehungsweise Sakkaden zu erkennen. Weil Fixationen und Sakkaden im Scanpath immer abwechselnd auftreten, genügt es, die ET-Logs nach nur einem der beiden Typen zu filtern – der andere wird dadurch automatisch mit erkannt. Es gibt verschiedene räumliche und zeitliche Kriterien, anhand derer die Erkennung durchgeführt werden kann. Fixationsfilter arbeiten häufig mit Verweildauer und Streuung, Sakkadenfilter sind in der Regel geschwindigkeitsbasiert. Sakkadenfilter liefern überwiegend bessere Ergebnisse, können aber nur bei einer sehr hohen Abtastrate umgesetzt werden. Fixationsfilter sind dagegen immer anwendbar, leichter zu implementieren und daher verbreiteter. Die Qualität der Ergebnisse ist bei beiden Varianten unmittelbar von der Wahl der Parameter abhängig, die sorgfältig getroffen werden muss, um nachgelagerte Auswertungen nicht zu verzerren. Erschwert wird dies durch die Varianz im Blickverhalten. Je nach Aufgabe und Person können Fixationen länger oder kürzer ausfallen [vgl. Duchowski (2007), Kap. 12 und Salvucci, Goldberg (2000)].

Häufig sind nur spezifische Bereiche eines Stimulus von Interesse. Um die Auswertung auf diese konzentrieren zu können, werden im Vorfeld so genannte Areas of Interest (AOI) definiert, auch Region of Interest (ROI) genannt. Dies sind beliebig geformte Ausschnitte des Stimulus wie zum Beispiel das Hauptmenü einer Webseite. Die folgenden Analyseinstrumente können dann gezielt auf den Fixationen durchgeführt werden, die in eine AOI fallen.

Metriken

Nachdem Fixationen und Sakkaden identifiziert wurden, können Metriken bestimmt werden. Dies sind statistisch berechnete Kennzahlen über Auftreten und Eigenschaften der Augenbewegungen. Die durchschnittliche Dauer der Fixationen und das Verhältnis von Fixationen zu Sakkaden geben zum Beispiel Aufschluss darüber, ob der Proband etwas gesucht oder intensiv verarbeitet hat. Eine höhere Anzahl Fixationen auf einem Bereich deutet darauf hin, dass dieser auffälliger oder wichtiger als andere ist. Die Zeit bis zum ersten Fixieren eines Elements zeigt, wie stark es sich von den anderen abhebt. Tabelle 2.2 stellt die wichtigsten Metriken zusammen. Häufig untersuchte Größen sind Fixationen, Sakkaden, Scanpaths und AOI, wobei AOI eine Sonderrolle einnehmen. Sie bilden eine Bezugsgröße für die anderen primär untersuchten Augenbewegungen. Metriken für Fixationen und Sakkaden können global, pro Stimulus oder pro AOI ermittelt werden. Weitere spezielle Metriken für AOI sind in der Tabelle aufgeführt. Dazu gehört die Übergangsmatrix, die angibt, wie häufig zwischen bestimmten AOI gewechselt wurde.

Die ET-Metriken werden an dieser Stelle nicht im Detail wiedergegeben, sondern bei Bedarf aufgegriffen [für eine Zusammenstellung der Bedeutung und Referenz auf Anwendungsbeispiele siehe Poole, Ball (2006)]. Die Interpretation einer Metrik ist nämlich ohne Anwendungsfall oft nicht möglich. Dies soll am Beispiel von Anzahl und Dauer einer Fixation verdeutlicht werden. Eine hohe Anzahl an Fixationen in einer AOI kann zum einen bedeuten, dass die AOI sehr interessant ist. Zum anderen können viele Fixationen darauf hindeuten, dass der Inhalt der AOI komplex und besonders schwer zu verarbeiten ist. Ebenso verhält es sich mit den Dauern der Fixationen. Höhere Dauern von Fixationen zeigen entweder, dass das betrachtete Objekt interessanter ist, oder dass die enthaltenen Informationen schwieriger zu entschlüsseln sind. Erkenntnisse basierend auf den Eigenschaften der Fixationen müssen daher im konkreten Anwendungsfall sorgfältig abgeleitet und geprüft werden. Dazu müssen Experimente durchgeführt werden, in denen solche Änderungen der Fixationen auf entsprechende Änderungen des Stimulus zurückgeführt werden können. Dies ist methodisch und inhaltlich nicht Kern des IUM. Aus den Eigenschaften der Fixationen sollen keine Schlüsse über den Inhalt gezogen werden, sondern das Auftreten von Fixationen soll zum Nachvollziehen des Pfades verwendet werden. Anzahl und Dauer der Fixationen spielen dabei keine Rolle, wenngleich sich interessante Anwendungen durch Integration dieser Informationen ergeben können. Dies könnte im Rahmen einer künftigen Erweiterung des IUM integriert werden.

	Fixation	**Sakkade**	**Scanpath**	**AOI**
Menge	Anzahl	Anzahl	Übergangsmatrix	
Relation	Verhältnis Sakkade/Fixation			Anteil Fixationen Anteil Besucher
Zeit	Dauer Zeit bis erste		Dauer	Verweildauer
Raum	Dichte	Amplitude Richtung	Länge Dichte Umfang	

Tabelle 2.2: Verbreitete Eye Tracking-Metriken [Vgl. Duchowski (2007), S. 173, Poole, Ball (2006) oder Goldberg, Kotval (1999)]

Diagramme

Neben der Beschreibung des Blicks durch Kennzahlen gibt es eine Reihe von Diagrammen, die zur Visualisierung des Blicks oder seines Verlaufs verwendet werden können. Sie zeigen den Stimulus im Hintergrund und legen darüber in den Vordergrund eine Darstellung der Augenbewegung. Wie auch bei den Metriken gibt es bei den Diagrammen Varianten und individuelle Anpassungen. Hier werden gängige Typen vorgestellt, die mit Tobii Studio™ [siehe Tobii Technology (2009a)] generiert wurden. Wie die Metriken können sie für einen oder alle Probanden erstellt werden. Daneben kann ein Diagramm auch lediglich für einen zeitlichen Ausschnitt (Szene) erstellt werden.

Die einfachste und am wenigsten verdichtende Form ist das Gaze Replay, das eine Sonderrolle einnimmt, weil es keine statische Visualisierungsform ist. Beim Gaze Replay wird die Sitzung eines Probanden als Video abgespielt, wobei die betrachteten Koordinaten in Echtzeit durch einen wandernden farbigen Punkt markiert werden. Tobii bietet eine als Bee Swarm bezeichnete Variante des Gaze Replay an, bei der der Blick mehrerer Personen gleichzeitig eingeblendet werden kann. Hier zeigt sich, dass der Nutzen von Visualisierungen im Einzelfall beurteilt werden muss, denn ein Bee Swarm lässt sich nicht sinnvoll anwenden, wenn die Sitzung der verschiedenen Probanden nicht identisch abläuft, was beim Surfen auf Webseiten der Fall ist. Zudem ist eine Darstellung in Echtzeit schwer zu erfassen und auszuwerten.

Eine statische Alternative zum Gaze Replay ist der Gaze Plot, dargestellt in Abbildung 2.5. Hier werden auf einem Stimulus wie zum Beispiel einer Webseite die Fixationen als nummerierte Punkte und die Sakkaden als Striche eingezeichnet, so dass

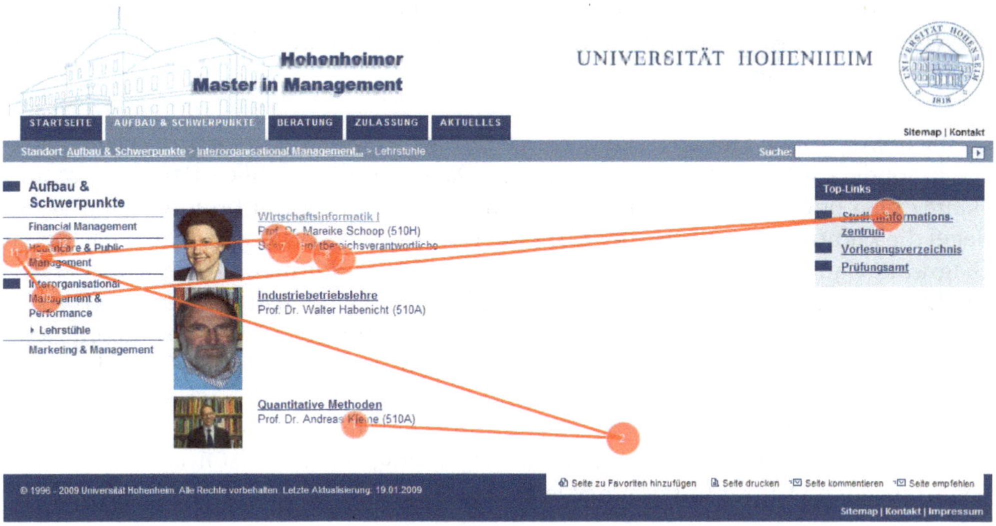

Abbildung 2.5: Gaze Plot

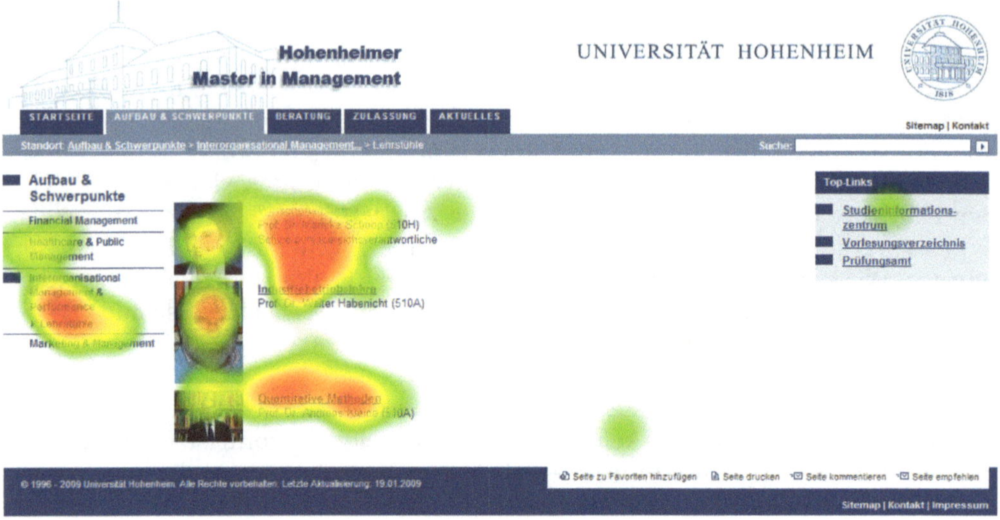

Abbildung 2.6: Heat Map

der Scanpath sichtbar wird. Mögliche Parameter zur Erstellung eines Gaze Plots sind Stimulus, Probanden und Szenen. Das Beispiel zeigt den Scanpath eines Probanden auf der Webseite des Hohenheimer Master of Management (HMM) über die gesamte Betrachtungszeit hinweg. Der grobe Ablauf ist Hauptmenü (3), Lehrstuhl für Wirtschaftsinformatik I (4-8), Top-Links (9) und Hauptmenü (10-12). Es handelt sich offensichtlich um einen schnellen Scan der Seite, wobei das Hauptmenü und der Lehrstuhl für Wirtschaftsinformatik I im vorliegenden Kontext interessant zu sein scheinen, da auf diese Bereiche deutlich mehr Fixationen entfallen. Die ersten Fixationen in die Mitte des Bildschirms[5] auf das Lehrgebiet für Quantitative Methoden (1) und den leeren Bereich (2) dienen typischerweise der Orientierung und sind inhaltlich weniger interessant.

Die Heat Map (auch Hot Spot) zeigt durch farbliche Hervorhebung an, welche Bereiche besonders intensiv betrachtet wurden. Dabei werden »heiße« Bereiche rot und »kalte« blau oder grün eingefärbt. Als Kriterium für die Einfärbung werden in der Regel die kumulierte Anzahl oder Dauer der Fixationen verwendet. Wie die anderen Diagramme auch lassen sich Heat Maps für einzelne oder mehrere Personen erstellen. Das Beispiel in Abbildung 2.6 wurde für zwei Probanden erstellt und verwendet als Datengrundlage die Fixationsanzahl, wobei rot für 5 oder mehr Fixationen steht. Eine alternative Darstellungsform der Heat Map arbeitet mit inverser Einfärbung. Es sind nur die Elemente sichtbar, die betrachtet wurden; alle anderen werden verdunkelt. Dieses Diagramm sei als Gaze Map bezeichnet, ein Beispiel ist in Abbildung 2.7 dargestellt. Zusätzlich sind exemplarisch AOI eingezeichnet. AOI können je nach Bedarf in jeden Diagrammtyp eingezeichnet werden.

[5] Der verwendete 17"-Bildschirm ist höher als die Webseite, deren überschüssiger leerer Bereich nicht abgebildet ist.

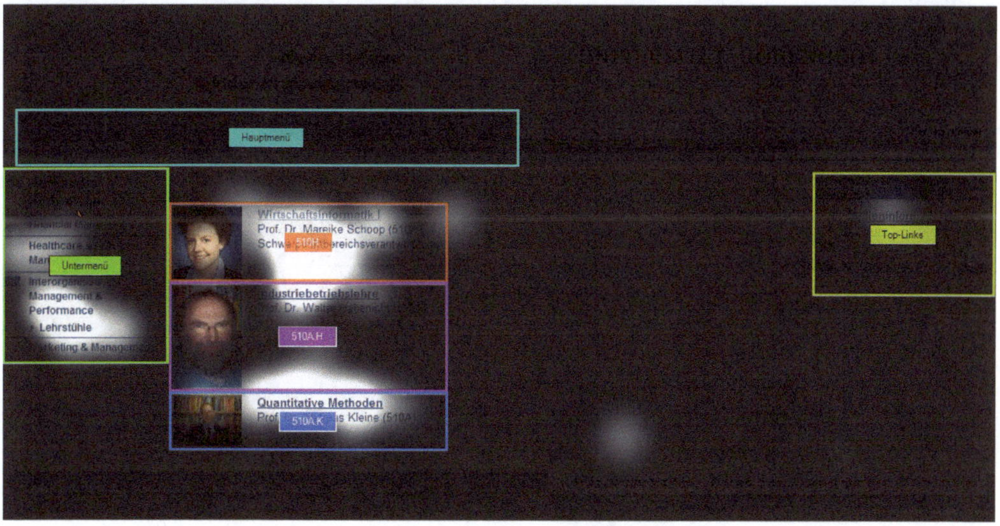

Abbildung 2.7: Gaze Map mit AOI

Gaze Plots und Heat Maps sind effiziente Darstellungsformen, die nützliche Informationen leicht erfassbar abbilden. Sie sind allgemein für jede Auswertung von ET-Daten sehr hilfreich und auch für das IUM interessant, wobei der Gaze Plot sehr gut die Sequenzanalyse des WUM ergänzt. Abschließend sei betont, dass die hier gewählten Abbildungen inhaltlich nicht repräsentative Beispiele sind, die durch eine zufällige Auswahl von Stimuli und Aufnahmen generiert wurden. Die bei der Aufnahme genutzte Webseite wurde seitdem verändert. Zudem ist die Parametrisierung des Fixationsfilters mit einem maximalen Radius von 30 px und minimaler Dauer von 150 ms exemplarisch und muss im Einzelfall inhaltlich begründet getroffen werden [zur Arbeitsweise und den Parametern des Fixationsfilters siehe Kap. 4.2.2]. Änderungen an Art oder Einstellungen des Fixationsfilters können zu anderen Ergebnissen führen.

2.3.4 Arbeiten

In diesem Abschnitt werden ergänzend zu Kapitel 2.2.4 Forschungsarbeiten aus dem ET vorgestellt, die ebenfalls die Analyse der Nutzung von Webseiten adressieren und eine ähnliche Fragestellung verfolgen. Dabei wird wiederum anhand der in Kapitel 2.1 erläuterten Vergleichskriterien vorgegangen, die die zentralen Anforderungen an die zu entwickelnde Methode definieren. Arbeiten, die die Kriterien nicht oder sehr schlecht erfüllen, werden nicht thematisiert.

Eye Tracking (ET) ist eine flexible Technik, die in vielen Forschungsbereichen eingesetzt werden kann. Während WUM an das Web gebunden ist, kann der Gegenstand der Analyse beim ET beliebig gewählt werden. Im Kontext dieser Arbeit ist ausschließlich die Anwendung von ET zum Nachvollziehen des Benutzerverhaltens im Web interessant. Daher beziehen sich die folgenden Ausführungen auf ET-Ansätze im Web-Umfeld. Bevor konkrete Arbeiten vorgestellt werden, wird zunächst diskutiert, inwiefern die Vergleichskriterien bereits durch die allgemeinen Eigenschaften des ET erfüllt werden.

Da ET sehr individuell gestaltet werden kann, ist es deutlich schwerer als beim WUM, die Erfüllung der Kriterien zu bewerten. Es hängt vom konkreten Einsatz ab, inwieweit ein Kriterium eingehalten wird. Die Variabilität des ET führt dazu, dass sich für ET im allgemeinen einige Kriterien nicht oder nicht positiv bewerten lassen. Dies resultiert im wesentlichen daraus, dass ET nur mit spezieller Technik durchgeführt werden kann, die eingeschränkt verfügbar ist. Aus Organisations- und Kostengründen müssen die Nutzer in ein ET-Labor eingeladen werden. Dies wirkt sich unmittelbar auf die Größe der Stichprobe aus. Einerseits können deutlich weniger Nutzer beobachtet werden als beim WUM; andererseits lässt sich der Umfang der Stichprobe und damit die Qualität der Ergebnisse mit entsprechendem Mitteleinsatz beliebig erhöhen. Unabhängig vom Stichprobenumfang ist eine (Teil-) Automatisierung der Auswertung im ET generell erforderlich, weil bei der Verfolgung der schnellen Augenbewegungen sehr viele Daten protokolliert werden, die stark verdichtet werden müssen.

Eine Studie wird normalerweise immer dann in einer Laborumgebung durchgeführt, wenn sichergestellt werden muss, dass die Ergebnisse nicht durch unerwünschte Einflussfaktoren verzerrt werden. Daher könnte vermutet werden, dass Verzerrungen in ET-Studien ausgeschlossen sind, wenn alle Teilnehmer gleich behandelt werden. Im Sinne dieser Arbeit stellen Verzerrungen jedoch auch Verfälschungen der Originalsituation dar, die eigentlich beobachtet werden soll. Eine künstliche Laborumgebung kann diesem Verständnis nach Auswirkungen auf das Verhalten eines Nutzers haben, die es zu minimieren gilt. Ähnlich verhält es sich mit Verzerrungen in der Auswertung. ET-Experimente werden in der Regel eingesetzt, um eine Hypothese zu prüfen. In dieser Arbeit wird die Technik explorativ eingesetzt, weshalb die Ausrichtung der Auswertung auf die Überprüfung einer Hypothese eine Verzerrung darstellt. Eine allgemeine Bewertung von Verzerrungen durch ET ist daher nicht möglich. Die für alle Nutzer einheitliche Laborumgebung führt dagegen dazu, dass das Kriterium der Vergleichbarkeit in ET-Studien – mit Ausnahme der möglichen Auswirkungen durch Verzerrungen – erfüllt wird.

Aufgrund der hohen Auflösung der Daten ist es mit ET problemlos möglich, eine Detailanalyse durchzuführen. Inwieweit die einzelnen Ansätze im benötigten Umfang davon Gebrauch machen, ist im Einzelfall zu analysieren. Entsprechendes gilt für die Berücksichtigung des Kontexts der Nutzer. Dazu werden im folgenden wichtige Arbeiten vorgestellt, die den explorativen Einsatz von ET im Web ermöglichen. Der Fokus liegt auf den entwickelten Software-Lösungen, die zur Beantwortung der Forschungsfrage eingesetzt werden könnten.

WebEyeMapper und Gazetracker

Eine Gruppe von Arbeiten wird durch Ansätze gebildet, die die unverzichtbare Basisfunktionalität für ET-Auswertungen zur Verfügung stellen. Dazu zählen die Durchführung der Aufnahmen und die Auswertung in Form von Kennzahlen und Diagrammen. Aus einer frühen Entwicklung in diesem Bereich ist der WebEyeMapper entstanden, der für den gemeinsamen Einsatz mit dem WebLogger konzipiert ist [siehe Reeder u. a. (2001) und S. 27]. Es handelt sich um einen vergleichsweise technischen Ansatz zur Vorbereitung von Analysen. Der WebEyeMapper ordnet den Positionsdaten der Augen die Elemente der Webseite zu, die jeweils betrachtet wurden, wobei der Abgleich anhand der HTML-Elementstruktur erfolgt. Die Analyse der aufbereiteten Daten gehört nicht zum Funktionsumfang von WebLogger und WebEyeMapper.

Die Übersetzung der Rohdaten in betrachtete Objekte ist Grundvoraussetzung für jede Auswertung, ohne die keine inhaltlichen Aussagen möglich sind. Die Besonderheit beim WebEyeMapper ist, dass die Übersetzung nicht manuell vorgenommen werden muss, sondern automatisch erfolgt. Es sei allerdings bemerkt, dass die Qualität des Ergebnisses vom Programmierstil des Webauftritts abhängt, denn Inhalt und Layout müssen getrennt sein und es dürfen keine HTML-Elemente missbraucht werden, um das Layout zu beeinflussen. Denn Elemente ohne inhaltliche Bedeutung dürfen bei der Zuordnung nicht berücksichtigt werden, können jedoch nicht automatisiert erkannt werden. WebEyeMapper erfüllt die Vergleichskriterien, sofern sie anwendbar sind, bietet jedoch keine Funktionen zur Datenanalyse und kann daher mit anderen Methoden nicht vollständig verglichen werden.

Basisfunktionalitäten zur Auswertung von ET-Daten stellt der Gazetracker [siehe Lankford (2000)] zur Verfügung, der die Daten mit Diagrammen visualisiert. Er kann den Blickverlauf (»GazeTrail«) auf einer Webseite darstellen, wobei die Geschwindigkeit der Bewegung durch unterschiedliche Farben angezeigt wird. Anhand der HTML-Struktur der Webseite können automatisch interessante Bereiche auf der Seite (»LookZones«) identifiziert werden. Alternativ kann der Analyst die Bereiche definieren. Auf diesen Daten aufbauend kann in dreidimensionalen Grafiken über dem Bild der Webseite visualisiert werden, wie intensiv der Nutzer die jeweiligen LookZones betrachtet hat.[6] Es gibt kein Analyseinstrument, um das Vorgehen eines oder mehrerer Nutzer über mehrere Webseiten hinweg auszuwerten. Während die Kriterien Verzerrungen, Vergleichbarkeit, Stichprobenumfang und Automatisierung bei Verwendung des Gazetracker erfüllt werden könnten, lassen sich eine vollständige seitenübergreifende Detailanalyse und die Kontextanalyse nicht umsetzen.

Die Funktionen des WebEyeMapper und Gazetracker gehören mittlerweile zum Standard von Programmen zur Auswertung von ET-Daten. Sie sind in der Regel bereits in der Software von ET-Systemen enthalten, die die Hersteller ausliefern, und gehören bis auf die automatische Zuordnung von Blickdaten zu Webseitenelemen-

[6] Dieses Konzept der Darstellung findet sich verfeinert als Fixation Map in Wooding (2002) wieder.

ten beispielsweise zum Funktionsumfang der Tobii-Produkte [vgl. Tobii Technology (2009a)]. Kommerzielle Tools enthalten meist weitere interessante Funktionen, werden zur Ausschöpfung des Wettbewerbsvorteils jedoch nicht an Endanwender verkauft, sondern im Rahmen einer Beratung oder Dienstleistung eingesetzt [siehe beispielsweise Eye Square (2009a), Eyetools (2009) oder Phaydon (2009)]. Solche Werkzeuge stehen der Analyse und dem Gebrauch in dieser Arbeit nicht zur Verfügung.

WebGazeAnalyzer

Ein Bereich der ET-Forschung untersucht, wie Texte gelesen werden. Der WebGazeAnalyzer [siehe Beymer, Russell (2005)] stellt ein neues Werkzeug für diesen Zweck zur Verfügung, das entwickelt wurde, um Erkenntnisse des Leseverhaltens im Web zu gewinnen. Es kann zum Beispiel dazu eingesetzt werden, um das Vorgehen der Nutzer oder die Verständlichkeit von Webseiten zu untersuchen. Das System umfasst eine Aufzeichnungs- und eine Auswertungskomponente. Beim Aufzeichnen werden wie beim WebEyeMapper und Gazetracker die Quelltexte der Webseiten analysiert, so dass bei der Auswertung ein Mapping der betrachteten Stellen auf Zeilen der DOM-Dokumentstruktur erfolgen kann. Durch diesen Mechanismus werden Ungenauigkeiten und Rauschen des ET-Systems herausgefiltert und ermittelt, welche Zeilen und Worte gelesen wurden. Die Auswertung besteht aus der Berechnung von Metriken zur Beschreibung des Leseverhaltens wie Geschwindigkeit, Abdeckung und Rückschritte.

Der WebGazeAnalyzer ist eine Vorstufe für die Analyse visueller Verhaltensmuster zur Charakterisierung von Nutzern. Der automatische und fehlertolerante Abgleich der Blickdaten mit den Texten der Webseite stellt einen entscheidenden Vorteil des Ansatzes dar. Allerdings ist die Auswertung eingeschränkt, da lediglich Statistiken berechnet werden, aber keine grafische Aufbereitung der Ergebnisse mit Bezug zur Webseite erfolgt. Der Ansatz ermöglicht einerseits, das Vorgehen auf einer Webseite detaillierter als gefordert zu analysieren, da nicht nur das Vorgehen bezogen auf die Elemente der Webseite sondern sogar innerhalb des Textes ausgewertet werden kann. Andererseits beschränkt sich die Analyse auch auf diesen Aspekt, so dass das Kriterium der Detailanalyse einerseits übererfüllt und andererseits nicht erfüllt wird. Die Ergebnisse werden in Kennzahlen verdichtet, es werden keine Muster der Vorgehens ermittelt. Ferner gibt es kein Instrument für eine seitenübergreifende Analyse. Aus diesen Gründen eignet sich der Ansatz nicht zur grundlegenden Beantwortung der Forschungsfrage. Denkbar ist dagegen, die Auswertung des Leseverhaltens als Erweiterung dieser Arbeit in die Methodik zu integrieren.

EyeTracer

EyeTracer [siehe Salvucci (2000)] ist eine interaktive Umgebung zum Anpassen, Anzeigen und Analysieren von ET-Protokollen. Die Besonderheit gegenüber anderen

Anwendungen für das ET ist, dass Eye Tracer mehrere verschiedene Verfahren zur Typisierung bestimmter Augenbewegungen (Fixationen und Sakkaden) sowie eine neue Analysemethode namens Tracing implementiert [siehe Salvucci, Goldberg (2000) und Salvucci, Anderson (2001)]. Beim Tracing werden die protokollierten Daten mit den Vorhersagen eines kognitiven Modells verglichen. Dazu wird ein Prozessmodell in Form einer Grammatik erstellt und daraus die möglichen Zielsequenzen generiert. Mit diesen werden dann die beobachteten Sequenzen bestmöglich verglichen und klassifiziert. Alternativ werden Hidden Markov-Modelle verwendet. Tracing ist robust gegenüber Rauschen, Ausreißern und individuellen Abweichungen in den Protokollen. Verschiedene Möglichkeiten zur Visualisierung von ET-Protokollen, die auch andere Aktionen wie Mausbewegungen oder Tastatureingaben beinhalten können, runden das Funktionsspektrum des EyeTracers ab.

EyeTracer ist auf die automatische und effiziente Analyse von ET-Daten zugeschnitten. Die Software kann mit den Rohdaten beliebiger Systeme arbeiten, weil alle Schritte der Verdichtung selbst durchgeführt werden, wobei der Analyst flexibel in der Wahl und Parametrisierung der Algorithmen ist. Hauptbestandteil des EyeTracers ist das Tracing, das sowohl explorativ als auch konfirmativ einsetzbar sein soll [vgl. Salvucci (2000), S. 58]. Somit würde der Ansatz des EyeTracers zu dieser Arbeit passen. Den Beschreibungen des Tracings ist jedoch nicht zu entnehmen, wie diese Methode explorativ anwendbar sein soll, denn sie arbeitet modellgetrieben, und ihre Grundlage ist damit eine Hypothese. Dass der Einsatz des Tracings nicht ohne ein vom Analysten erstelltes Modell möglich ist, wird an anderer Stelle auch klar formuliert [vgl. Salvucci (2000), S. 60 oder Salvucci (1999) und Salvucci, Anderson (1998)]. Eine praktische Prüfung wird dadurch erschwert, dass EyeTracer in Macintosh Common LISP (MCL) entwickelt wurde und auf den heute verbreiteten Betriebssystemen nicht ohne grundlegende Anpassungen lauffähig ist. Der Ansatz stellt einen wichtigen Beitrag zur ET-Forschung dar, ist aber in der vorliegenden Arbeit nicht einsetzbar.

eyePatterns

eyePatterns ist ein Werkzeug zur Analyse von Blicksequenzen, für die es laut Autoren im Bereich des ET vorher keine Softwareunterstützung gab [vgl. West u. a. (2006)]. Damit die Software genutzt werden kann, muss jede Sequenz in eine Serie von Buchstaben kodiert werden, wobei die Buchstaben die Bereiche identifizieren, auf die der Blick gefallen ist. Der Auswertungsprozess beginnt mit dem Import der Sequenzen, die sich zur leichteren Verarbeitung beliebig gruppieren und annotieren lassen. Es gibt zwei Auswertungsverfahren. Zum einen kann die Ähnlichkeit zwischen Sequenzen in Form eines Distanzmaßes ermittelt werden. Die Ergebnisse können geclustert und visualisiert werden. Zum anderen kann nach wiederkehrenden Teilsequenzen gesucht werden. Außerdem kann nach benutzerdefinierten Teilmustern gesucht werden. Als Ähnlichkeitsmaße sind die Levenshtein-Distanz, auch String Editing-Algorithmus genannt, und der Needleman-Wunsch-Algorithmus verfügbar, der eine Weiterentwicklung darstellt und benutzerdefinierte Scoring-Parameter erlaubt. Die Clusterung der Ergebnisse kann mit hierarchischer Clusterung oder multidimensionaler Skalierung erfolgen. Zur Suche nach Mustern in den Sequenzen kommen Übergangshäufigkeiten und lokale Ausrichtung von Sequenzen zum Einsatz. Die benutzerdefinierte Mustersuche arbeitet mit regulären Ausdrücken.

eyePatterns bietet eine Fülle von Funktionen zur leichten Analyse von Blickverläufen. Es kann nur für diesen einen speziellen Auswertungszweck verwendet werden. Die Protokollierung und Verdichtung der ET-Daten sowie ihre Übersetzung in Buchstabensequenzen sind anderweitig vorzunehmen. Da das Eingabeformat nicht ET-spezifisch ist, kann eyePatterns zur Analyse beliebiger Sequenzen anderer Forschungsbereiche eingesetzt werden, die sich als Buchstabenkette kodieren lassen. Es könnten also auch seitenübergreifende Sequenzen verarbeitet werden, so dass auf diesen Ansatz bei der Beantwortung der Forschungsfrage zurückgegriffen werden kann. Die gestellten Kriterien ließen sich ebenfalls erfüllen, lediglich die Berücksichtigung des Kontexts müsste sichergestellt werden. Leider steht eyePatterns jedoch nicht öffentlich zur Verfügung, da das Projekt eine Kooperation mit einem Industriepartner ist.

iComp

iComp kann Unterschiede im Blickverhalten verschiedener Personen analysieren [siehe Heminghous, Duchowski (2006)]. Es ist als Ergänzung zu traditionellen Auswertungsmethoden des ET vorgesehen und ermöglicht, Blickverläufe hinsichtlich der räumlichen und zeitlichen Ausprägung quantitativ zu vergleichen. Ziel des Programms ist es, alle Berechnungen automatisch durchzuführen, so dass kein Eingreifen des Analysten erforderlich ist. Manuelle Eingriffe orientieren sich immer am Untersuchungsgegenstand und sind subjektiv, die Analyse mit iComp erfolgt dagegen datengetrieben und objektiv. Die Auswertung besteht aus zwei Schritten. Anhand der ET-Daten werden durch Clusterung zuerst die verschiedenen zusammengehörigen Aufmerksamkeitsbereiche identifiziert. Danach wird String Editing eingesetzt, um Ähnlichkeiten und Unterschiede zu finden. Die Zuweisung von Buchstaben zu den betrachteten Objekten sowie die Kodierung der Blickverläufe in Zeichenketten wird automatisch durchgeführt. Zur Clusterung der Ergebnisse kommt die Mean Shift-Methode zum Einsatz, bei der die Cluster-Anzahl im Vorfeld nicht festgelegt werden muss. Ihre Parametrisierung wird über ein Abstandsmaß [vgl. Santella, DeCarlo (2004)] vorgenommen. Die Präsentation der Ergebnisse erfolgt einerseits grafisch durch Markierung der Aufmerksamkeitsbereiche und Blickpfade auf dem betrachteten Bild sowie andererseits tabellarisch durch Parsing-Diagramme, die einen Vergleich der lokalen und zeitlichen Ähnlichkeit der Blickpfade zwischen Nutzern und betrachteten Bildern anhand von Korrelationsmaßen ermöglichen [vgl. Privitera, Stark (2000)].

Das datengetriebene Vorgehen von iComp entspricht dem dieser Arbeit, so dass die Software aufgrund ihrer Arbeitsweise für die vorliegende Untersuchung interessant ist. iComp kann derzeit allerdings nur auf einzelnen Bildern angewendet werden, die Analyse interaktiver Webseiten und seitenübergreifende Auswertungen sind leider nicht möglich. Zudem ist das Ergebnis einer Analyse zu stark verdichtet. Die Ähnlichkeitsmaße erlauben Aussagen darüber, inwieweit das Blickverhalten der gleichen oder verschiedener Personen bei Betrachtung des gleichen oder verschiedener Bilder abweicht. Es werden jedoch keine Muster extrahiert, die häufige oder repräsentative Vorgehensweisen identifizieren. Somit können die Kriterien Detailanalyse und Kontext nicht erfüllt werden. Zur Adaption geeignet ist das objektive, vollständig automatisierte Vorgehen bei der Verdichtung der ET-Daten.

Zusammenfassung

Die vorgestellten Arbeiten lassen sich bezogen auf die Kriterien Automatisierung, Kontext, Verzerrungen und Vergleichbarkeit gleich bewerten. Sie erfüllen alle die Anforderung der Automatisierung, da die Auswertung weitgehend von der Software durchgeführt wird. Einzelne manuelle Eingriffe sind zur Konfiguration der Auswertung erforderlich und umfassen die Formatierung der Daten sowie die Parametrisierung der Algorithmen. iComp zeigt, dass fortgeschrittene Auswertungstechniken ohne Eingriff des Analysten möglich sind. Ebenso kann dem Kriterium des Stichprobenumfangs genüge getragen werden. Zwar wurde keiner der Ansätze auf eine nennenswert große Stichprobe angewendet, wie sie zum Beispiel im WUM üblich ist. Dies mag daran liegen, dass sich die Probandenanzahl bei Studien, die im Labor stattfinden, unmittelbar in den Kosten widerspiegelt und im ET große Stichproben weniger üblich sind.[7] Aber aufgrund der Automatisierung lassen sich die vorgestellten Ansätze auch auf größere Stichproben anwenden. Die Geschwindigkeit ist zwar abhängig von Effizienz und Skalierbarkeit der Implementierung, aber in jedem Fall schneller als eine manuelle Auswertung. Von den Kosten wird in dieser Arbeit abgesehen.

Alle Ansätze wurden auf Basis einer Hypothese angewendet. Da der Nutzer dabei eine spezifische Aufgabenstellung erhält, führt dies zu Verzerrungen im Sinne dieser Arbeit, weil er sich nicht natürlich verhält. Die Programme lassen sich jedoch uneingeschränkt auf ET-Daten anwenden, die ohne spezifische Aufgabenstellung erhoben wurden. Wenn zudem etwaige Einflüsse der Laborumgebung ausgeschaltet werden, indem eine möglichst natürliche Arbeitsumgebung eingerichtet wird, die Nutzer nicht beeinflusst und alle Aufnahmen identisch durchgeführt werden, dann können Verzerrungen weitestgehend ausgeschlossen und Vergleichbarkeit gewährleistet werden.

Die Kriterien Detailanalyse und Kontext können die Ansätze des ET nicht erfüllen. Keines der Verfahren bietet die Möglichkeit, Kontexte zu bilden und das weitere Verhalten eines Nutzers in Abhängigkeit seines Kontexts zu analysieren. Ebenso ist

[7] Die größte bekannte ET-Studie umfasste über einen Zeitraum von drei Monaten 5638 Teilnehmer und war in dieser Form nur möglich, weil die Aufnahmen automatisch und an einem öffentlichen Ort durchgeführt wurden [siehe Wooding (2002)].

entweder keine Auswertung von Webseiten oder keine seitenübergreifende Auswertung möglich. Zwar können Verfahren wie eyePatterns, die auf dem String Editing basieren, für eine seitenübergreifende Analyse eingesetzt werden. Allerdings kann dieser Algorithmus die Vorgehenspfade der Nutzer nur in seiner Gesamtheit vergleichen, aber nicht wiederkehrende Teilmuster im Vorgehen der Nutzer aufdecken. So ist es möglich, dass zwei Sequenzen – gerade wenn sie unterschiedlich lang sind – global als ungleich bewertet werden, obwohl sie wichtige lokale Ähnlichkeiten wie identische Teilsequenzen oder Perioden an unterschiedlichen Stellen aufweisen. Zur Umgehung dieses Problems sind Verfahren einzusetzen, die Muster finden können [vgl. West u. a. (2006)]. eyePatterns enthält zwar ein solches Verfahren, ist aber nicht öffentlich verfügbar. Anhand der Beschreibung der Software können die Ergebnisse von eyePatterns nicht bewertet werden. Es wird auch kein Beispiel für die Mustersuche gegeben. eyePatterns verfolgt einen innovativen Ansatz, indem Techniken der Bioinformatik im ET eingesetzt werden, die ursprünglich zum Vergleich von DNA-Sequenzen genutzt wurden [vgl. Duchowski (2007), S. 233]. Den gleichen Ansatz nachzuahmen, um seine Effektivität im vorliegenden Fall bewerten zu können, ist wissenschaftlich hier nicht zielführend.

Zielführender ist stattdessen, die Potentiale der Integration des ET mit anderen Techniken zu erforschen, um die Mängel der ET-Ansätze in der vorliegenden Problemstellung zu beheben. Die Nutzung von WUM für diesen Zweck ist ein alternativer und innovativer Ansatz, über den bisher keine Erkenntnisse vorliegen. Sie zu gewinnen ist wissenschaftlich weiterführend. In den vorherigen Ausführungen hat sich gezeigt, dass ET auf die Auswertung des seitenspezifischen Verhaltens spezialisiert ist und von der Integration mit einer Methode profitiert, die seitenübergreifend arbeitet. Nur so erscheint eine vollständig detaillierte Auswertung des gesamten Vorgehens eines Nutzers über und auf allen Webseiten sowie die Berücksichtigung seines Kontexts möglich. Neben Grundfunktionalitäten wie sie WebEyeMapper und Gazetracker bereitstellen sind verschiedene Aspekte des iComp zur Adaption in einem integrierten Verfahren gut geeignet. Seine vollständig objektive Vorgehensweise bei automatischer Einteilung des Betrachteten in wichtige Bereiche und Übersetzung des Pfades ohne manuelle Vorgaben ist für eine explorative Vorgehensweise zwingend erforderlich. Zur Ergänzung ist auch die Berücksichtigung des Leseverhaltens interessant, wie sie vom WebGazeAnalyzer durchgeführt wird, da hierdurch weitere Aufschlüsse über die Verarbeitung und Verständlichkeit einer Webseite möglich sind.

2.4 Eingabeprotokollierung (EP)

Die Datenbasis für das IUM kann weiter ausgebaut und damit verbessert werden, wenn die Eingaben der Benutzer aufgezeichnet werden. Dieser Baustein wird als Eingabeprotokollierung (EP) bezeichnet und ist nicht standardisiert. Es handelt sich nicht um eine zu WUM oder ET gleichwertige Forschungsdisziplin, sondern lediglich um die Aufzeichnung weiterer Detaildaten des Benutzerverhaltens. Solche Daten können technisch leicht im Rahmen der Protokollierung für das WUM oder ET erhoben werden.[8] Sie fließen nach entsprechender Aufbereitung in die Auswertung ein und ermöglichen dadurch präzisere Ergebnisse.

Die Eingaben eines Benutzers setzen sich aus Maus- und Tastatureingaben zusammen. Tastatureingaben sind eine zeitlich geordnete Folge von Tastenanschlägen, die sich textuell repräsentieren lassen. Die textuellen Einheiten wie Wörter und Zahlen werden so strukturiert, dass alle inhaltlich zusammen gehörigen Eingaben in ein Element der Webseite eine Eingabekomponente bilden. Beispielsweise stellt die Eingabe von zwei Begriffen in ein Suchfeld eine einzelne Komponente dar. Diese Komponenten fließen als atomare Ereignisse in die Auswertung ein.

Zu den Mauseingaben zählen Mausbewegungen und Mausklicks. Beide Eingabeformen müssen zunächst geeignet aufbereitet und zu atomaren Ereignissen verdichtet werden, damit die Eingaben verschiedener Benutzer vergleichbar sind. Die Daten gleichen strukturell den Sakkaden und Fixationen des ET, weshalb die gleichen Verfahren zur Aufbereitung angewendet werden können. Die verdichteten Daten lassen sich aufgrund ihrer kompatiblen Struktur problemlos in die Datenbasis des IUM integrieren. Allerdings sind Mauseingaben verglichen mit den Tastatureingaben für das IUM weniger interessant, weil die relevanten Auswirkungen auch ohne ihre Protokollierung in der Datenbasis des IUM enthalten sind. Zum Beispiel führen Mausklicks in der Regel zu Seitenwechseln und Mausbewegungen sind ähnlich wie Sakkaden im Rahmen des IUM nicht von Interesse. Die häufigste Kombination aus Klick und Bewegung wird zum Scrollen von Seiteninhalten verwendet, was bereits durch das ET-System berücksichtigt wird und damit transparent ist. Im allgemeinen kann dennoch nicht ausgeschlossen werden, dass es keine Szenarien gibt, bei denen Mauseingaben nicht von Interesse sind. In der ersten Ausbaustufe des IUM, die auf Standardfälle und einfache Webseiten betrachtet, werden sie jedoch nicht berücksichtigt.

Die EP kann nach Bedarf erweitert werden, indem der Begriff der Eingabe verallgemeinert wird. Mit einer geeigneten Kodierung wäre es beispielsweise ohne Probleme möglich, bestimmte Ausprägungen des physischen Verhaltens der Benutzer zu protokollieren. Zum Beispiel könnte es interessant sein zu wissen, ob der Benutzer auf einem Notizblock gearbeitet hat oder nachdenklich in den Raum geschaut hat, wenn das ET vorübergehend die Augen nicht erfassen konnte. Je nach Anwendung ist zu entscheiden, ob dies erforderlich beziehungsweise hilfreich ist und die Nebenwirkungen der manuellen Kodierung vertretbar sind. Eine Erweiterung der EP ließe sich leicht in einer späteren Ausbaustufe des IUM realisieren, weil die Daten mit geeigneter Kodierung ohne Änderung an der restlichen Methode verarbeitbar sind.

---

[8] Wenn die Protokollierung im Rahmen des WUM stattfindet, ist eine Datensammlung auf Benutzerseite erforderlich, die die Unterrichtung und Einwilligung des Nutzers erfordert.

2.5 Bewertung

Dieses Kapitel hat einen Überblick über WUM und ET gegeben. Die vorgestellten Arbeiten zeigen stellvertretend die Potentiale und Schwachstellen der beiden Forschungsrichtungen hinsichtlich der Analyse des Benutzerverhaltens auf Webseiten. Es zeigt sich, dass beide Forschungsdisziplinen legitimiert sind, Analysen in diesem Bereich durchzuführen, da sie geeignete Prozesse und Methoden bereitstellen. Ihr Beitrag ist jedoch sehr unterschiedlich. Während WUM einen ganzheitlichen Ansatz verfolgt, um übergreifende, allgemeine Muster einer grossen Anwenderzahl zu extrahieren, wird ET primär angewendet, um das Vorgehen weniger ausgewählter Personen auf einzelnen Webseiten bis ins Detail zu analysieren. Auf unterschiedliche Weise können daher beide Disziplinen zur Lösung der Forschungsfrage dieser Arbeit beitragen. Zwar wurde gezeigt, dass kein Ansatz, der aus einem der beiden Bereiche stammt, allein ausreicht. Es wurde allerdings auch deutlich, dass sich die betrachteten Forschungsdisziplinen sehr gut als Basis eines integrierten Ansatzes eignen. Eine Integration ist möglich, weil sich die Verfahren gegenseitig ergänzen. Aufgrund der unterschiedlichen Schwerpunkte und verschieden gelagerter Vor- und Nachteile erscheint eine Integration erfolgsversprechend und als Lösung zur Beantwortung der Forschungsfrage geeignet.

In der Literatur lassen sich keine Arbeiten finden, die einen integrierten Ansatz auf Basis von WUM und ET verfolgen, auf den aufgebaut werden könnte. Dies kann einerseits darauf zurückzuführen sein, dass diese beiden Disziplinen trotz einiger Gemeinsamkeiten in den Fragestellungen völlig unterschiedlichen Forschungsrichtungen angehören. Andererseits kann es daran liegen, dass das Potential der Integration und der Nutzen für beide beteiligten Disziplinen nicht erkannt oder anders bewertet wurde. Unabhängig davon, aus welchem Grund die Idee bisher nicht formuliert zu sein worden scheint, leitet sich aus der Motivation und den vorangegangenen Ausführungen eine klare Notwendigkeit zur Entwicklung eines integrierten Ansatzes ab. Dieser wird in den folgenden Kapiteln theoretisch ausgearbeitet sowie praktisch umgesetzt und beispielhaft angewendet. Aufbauend auf den Überblick über die theoretischen Grundlagen von WUM und ET werden im nächsten Kapitel Potentiale zur Integration identifiziert und ein integrierter Ansatz ausgearbeitet.

2.6 Zusammenfassung

Dieses Kapitel hat die methodischen Elemente vorgestellt, aus denen im nächsten Schritt die integrierte Methode aufgebaut wird. Dazu wurden Grundlagen, Vorgehen und Methoden von WUM, ET und EP dargestellt und erläutert, inwiefern Bestandteile der Verfahren als Bausteine einer integrierten Methode genutzt werden können. Darüber hinaus wurde ein Forschungsüberblick gegeben, um die vorliegende Arbeit zu anderen Forschungsarbeiten in Bezug zu setzen. Es wurden existierende Arbeiten aus den ausgewählten Disziplinen WUM und ET vorgestellt, die das Benutzerverhalten auf Webauftritten in ähnlicher Form und Fragestellung wie diese

Arbeit analysieren. Es wurde kritisch bewertet, inwieweit sie zur Beantwortung der Forschungsfrage beitragen können. Mit diesem Kapitel wurde Themenblock zwei des Forschungsvorhabens bearbeitet.

Welche Kriterien muss ein geeigneter Ansatz erfüllen?

Die Kriterien, die eine Auswertungsmethode erfüllen muss, um im Rahmen dieser Arbeit zur Analyse des Benutzerverhaltens geeignet zu sein, wurden in der Motivation in Kapitel 1.1.2 zusammengestellt. Der Nutzerorientierung, dem explorativen Vorgehen ohne Hypothese und dem Auffinden allgemeingültiger Muster wird durch die Einschränkung des Untersuchungsrahmens auf WUM beziehungsweise ET Rechnung getragen. In diesem Kapitel wurden die verbleibenden Kriterien Detailanalyse, Berücksichtigung des Kontexts, Vermeidung von Verzerrungen, Vergleichbarkeit, Stichprobenumfang und Automatisierung in Abschnitt 2.1 konkretisiert und als Grundlage für den Vergleich der bestehenden Forschungsansätze in den Abschnitten 2.2.4 und 2.3.4 verwendet.

Aus welchen Komponenten ist eine integrierte Methodik aufzubauen?

Die Bausteine bilden die Verfahren WUM (beziehungsweise DM) und ET ergänzt um die EP. IUM verwendet als Datenquellen Web Logs und ET-Logs, so dass die Vorgehensmodelle von WUM und ET eine gleichermaßen wichtige Grundlage bilden – jedes für seinen Teil der Daten. Die Verfahren werden explorativ ohne Hypothese eingesetzt. ET ist daher als Beobachtungsstudie bottom-up anzuwenden, der WUM-Prozess wird discovery-driven genutzt. Gängige Schritte der Datenaufbereitung und -verdichtung werden übernommen. Dazu gehören Sitzungsidentifizierung im WUM und Fixationserkennung im ET. Als zentrale Auswertungsmethode dient die Sequenzanalyse aus dem WUM, da sie auf die Entdeckung von Mustern in Navigationspfaden und damit dem Vorgehen der Nutzer spezialisiert ist. Hilfreich können ferner Assoziations- und Clusteranalyse sein. Nützliche Auswertungskomponenten aus dem ET sind Gaze Plot und Heat Map. Die EP steuert Detaildaten über die Tastatureingaben bei, die mit der eingesetzten FPM-Methode auszuwerten sind.

Wie tragen die Bausteine zu einer umfassenden, präzisen Analyse des Nutzerverhaltens auf Webseiten bei?

WUM und ET ergänzen sich gegenseitig, da im WUM seitenübergreifende Untersuchungen durchgeführt werden, während sich ET auf die Analyse einzelner Webseiten konzentriert. WUM stellt damit den Rahmen, der mit ET und EP gefüllt wird. Die vielfältigen Einsatzmöglichkeiten der Sequenzanalyse ermöglichen den flexiblen

Einsatz auf einem individuell integrierten und verdichteten Datenbestand. Angewendet auf die mit ET-Daten präzisierten WUM-Datensätze, kann die Sequenzanalyse umfangreichere Navigationspfade analysieren und sehr detaillierte Muster erzeugen. Ebenso ist die Clusteranalyse vielfältig einsetzbar. Sie kann als Vorverdichtung von sehr hochauflösenden oder detaillierten Daten wie den Rohdaten des ET verwendet werden. Denkbar ist auch, Clusterungen als nachgelagerte Methode in der Ergebnisauswertung einzusetzen, um die durch andere Methoden generierten Muster im Sinne eines Prunings zu gruppieren. Gaze Plot und Heat Map sind effiziente Darstellungsformen, die nützliche Informationen leicht erfassbar abbilden. Sie ergänzen die WUM-Muster durch anschauliche Visualisierung von Details und tragen so zu einer umfassenden, präzisen Analyse bei. Sequenzanalyse und Gaze Plot lassen sich nahtlos integrieren.

Welche Arbeiten gibt es, die zur Beantwortung der Forschungsfrage beitragen können?

Der Beitrag eines Ansatzes zu dieser Arbeit hängt unmittelbar davon ab, wie gut er die geforderten Kriterien erfüllt. Es wurde gezeigt, dass kein Ansatz alle Kriterien erfüllt und rundum geeignet ist. Daher ist es erforderlich, eine neue integrierte Methode zu entwickeln. Diese kann auf positive Aspekte der bestehenden Arbeiten aufbauen. Aus dem WUM eignet sich der allgemeine, quantitative Ansatz des WEBMINER besonders gut zur Adaption, da ein objektives Vorgehen verfolgt wird, das keinen Einschränkungen für einen konkreten Anwendungszweck unterliegt. Aus dem Bereich des ET sind Aspekte von iComp zur Adaption in einem integrierten Verfahren gut geeignet. Er verwendet eine vollständig objektive Vorgehensweise bei automatischer Einteilung des Betrachteten in wichtige Bereiche und Übersetzung des Pfades ohne manuelle Eingriffe. Als optionale Komponente ist die Berücksichtigung des Leseverhaltens interessant, wie sie vom WebGazeAnalyzer durchgeführt wird, da hierdurch weitere Aufschlüsse über die Verarbeitung und Verständlichkeit einer Webseite möglich sind. Detaillierte Ausführungen sind in den Abschnitten 2.2.4 sowie 2.3.4 und den dazugehörigen Zusammenfassungen zu finden.

3 Integrated Usage Mining (IUM)

Gegenstand dieses Kapitels ist der Entwurf des Integrated Usage Mining (IUM). Ausgangspunkt ist eine Gegenüberstellung der Stärken und Schwächen der im vorherigen Kapitel identifizierten Bausteine, die die Notwendigkeit einer Integration belegt. Darauf aufbauend werden dann die verschiedenen Möglichkeiten aufgezeigt, die Integration durchzuführen, bevor eine ausgewählte Variante in Form eines Integrationsmodells detailliert erarbeitet und umgesetzt wird. Den Abschluss bilden eine Diskussion der Erweiterungsmöglichkeiten sowie eine kritische Bewertung des Integrationsmodells.

3.1 Integrationserfordernis bestehender Verfahren

Die Integrationserfordernis von WUM, ET und EP zeigt sich deutlich, wenn die Stärken (+) und Schwächen (–) der einzelnen Verfahren einander gegenüber gestellt werden.

WUM

+ Umfangreiche Datenbasis, die alle Zugriffe auf Webauftritt umfasst[9]
+ Datenerhebung erfolgt unter normalen Bedingungen und damit ohne Verzerrungen
+ Logs werden ohne Aufwand automatisch vom Web Server erstellt, marginale Kosten
+ WUM-Methoden finden häufige Muster zwischen Webseiten
– Keine Informationen über Vorgänge auf Webseite – Was wird betrachtet? Warum dauert Seitenbesuch so lang? Was führt zum Abbruch? Welches Element ist ausschlaggebend für den Seitenwechsel?

ET

+ Detaillierte Daten über Augenbewegungen, aus denen Vorgehen auf Webseite ermittelt werden kann
+ Log enthält je nach ET-System auch Einträge zu Seitenaufrufen und Eingaben[10]

[9] Es handelt sich um die Zugriffe, die am Server ankommen. Die Datenbasis ist unter Umständen nicht vollständig, wenn Anfragen aus zwischengelagerten Proxies und Caches bedient werden. Dieses strukturelle Problem kann bei Bedarf mit Heuristiken gemindert oder durch ergänzende Protokollierung auf Client-Seite umgangen werden.

[10] Diese zusätzlichen Daten erleichtern die Integration, ersetzen aber WUM- oder EP-Logs nicht, weil sie nur von einem Teil aller Nutzer vorliegen.

+ Visualisierungen zeigen detailliert, welche Elemente einer Webseite wahrgenommen wurden – Welche Elemente wurden in welcher Reihenfolge verarbeitet? Was wird lang betrachtet, ist interessant oder problematisch? Was wurde nicht gesehen?
+ Metriken beschreiben die Charakteristik der Augenbewegungen und Wahrnehmung von Bereichen
– ET-Auswertungen sind nicht dafür vorgesehen, Muster im Sinne des DM zu extrahieren
– Durchführung ist nur auf Stichproben in einem Labor möglich, so dass Verzerrungen möglich sind[11]
– ET-Systeme sind teuer, Durchführung erfordert räumliche und zeitliche Ressourcen

EP

+ Vollständige Sammlung der Eingaben, die auf Webseite getätigt wurden
+ Erhebung ist nicht an Labor gebunden
– Kein Bezug zu Seitenelement, in dem die Eingabe getätigt wurde
– Keine eigene Auswertungsmethodik

Die drei Verfahren tragen mit unterschiedlichen Schwerpunkten dazu bei, das Benutzerverhalten auf Webseiten analysieren zu können. Es ist festzustellen, dass sich die Vor- und Nachteile gegenseitig gut ausgleichen. Im WUM kann mangels Daten nicht ausgewertet werden, was auf einer Webseite vorgeht, obwohl die Methoden dazu geeignet wären. Die Assoziationsanalyse kann beispielsweise Bezüge von Seitenelementen zueinander herstellen, mit der Sequenzanalyse können Vorgehensmuster innerhalb einer Webseite entdeckt werden und die Clusteranalyse kann zum Beispiel häufig benutzte Seitenelemente identifizieren. Im ET liegen die dafür benötigten Daten vor, aber dafür bietet das ET keine Auswertungsmethoden zum Auffinden der gesuchten Muster. Auswertungen im ET sind kennzahlenorientiert oder erfolgen qualitativ anhand von Diagrammen wie Heat Maps oder Gaze Plots. Dabei wird auf die präzise Beantwortung von Fragestellungen bezüglich eines oder mehrerer Stimuli abgezielt, die durch Experimente ermittelt werden. ET untersucht klassischerweise keine stimulusübergreifenden Sequenzen. Zwar werden im Rahmen der Experimente Scanpath-Vergleiche durchgeführt, wofür in der Regel String Editing eingesetzt wird [für ein Beispiel siehe Duchowski (2007), S. 232 oder Josephson, Holmes (2002), S. 46]. Die Fragestellung und Methode zielt jedoch nur auf die Messung der Ähnlichkeit vorhandener Sequenzen ab und ist ohne Anpassungen nicht geeignet, um häufige Teilsequenzen zu extrahieren.

Den detaillierten Daten, die mit ET erhoben werden können, stehen die Kosten des ET-Systems und der Aufwand von Aufnahmen im Labor gegenüber. Aufgrund der Verfügbarkeit und des Aufwands lässt sich ET nicht im größeren Stil anwenden, sondern muss auf eine Stichprobe beschränkt werden. Der damit verbundene Daten-

[11] Durch kontaktlose, nicht sichtbare ET-Systeme und repräsentative Aufgaben kann der Laboreinfluss minimiert werden. Dennoch können Abweichungen im Verhalten der Nutzer nicht ausgeschlossen werden, weil sie in einer anderen ungewohnten Umgebung sind.

verlust ist durch eine repräsentative Wahl der Stichprobe auszugleichen. Unter der Annahme, dass es nur eine begrenzte Anzahl von Verhaltensvarianten gibt, kann anhand der sorgfältig ausgesuchten Stichprobe auf die Grundgesamtheit geschlossen werden. Die günstigen, umfangreichen Daten des Web Logs werden so mit teueren, ausgesuchten Daten der ET-Logs vervollständigt.

Die Integration von WUM und ET ist obligatorisch, um Ergebnisse erhalten zu können, die zur Beantwortung der Forschungsfrage geeignet sind. Andernfalls fehlen Daten oder Auswertungsmethoden. Eine Ergänzung mit anderen Verfahren ist darüber hinaus denkbar und sollte im konkreten Anwendungsfall vorgenommen werden. Für viele Fragestellungen erscheint es allgemein sinnvoll, die Eingaben der Nutzer zu protokollieren. Die EP ergänzt WUM und ET um eine andere Dimension von Nutzerhandlungen, die in beiden anderen Verfahren normalerweise nicht vorliegt oder ausgewertet wird. Die Eingaben werden als Ereignisse in den integrierten Datenbestand aufgenommen und zusammen mit den anderen Ereignissen wie Seitenwechseln und Betrachten von Seitenbereichen verarbeitet. Mit EP können zum Beispiel auch die Suchbegriffe berücksichtigt werden, die die Nutzer beim Arbeiten auf dem Webauftritt eingeben. Ohne diese Information kann schwerer ermittelt werden, was ein Nutzer beabsichtigt. Auch hierbei wird wieder deutlich, wie die verschiedenen Verfahren gegenseitig voneinander profitieren. EP liefert eine weitere Gruppe von Daten, die durch eine zum Beispiel vom WUM beigesteuerte Methode mit analysiert wird. Der Bezug zum Seitenelement, in das die Eingabe erfolgte, wird über das ET hergestellt. Auf diese Weise können aussagekräftigere Erkenntnisse als ohne die Integration von EP gewonnen werden.

Zusammenfassend lässt sich festhalten, dass die Integration der Verfahren erforderlich ist, um Daten des benötigten Detailgrads zu erhalten und diese mit geeigneten Methoden auswerten zu können. Nur so lassen sich umfassende und präzise Aussagen über das Benutzerverhalten treffen. Ohne dieses Vorgehen wären Näherungen erforderlich, und es könnten nur Ausschnitte des Benutzerverhaltens untersucht werden. WUM und ET ergänzen sich auf Daten- und Methodenebene nahtlos. Die Auswertung kann darüber hinaus mit EP oder anderen Verfahren weiter erhöht werden. Sie wird prinzipiell umso besser, desto höher die Qualität der Daten und umfangreicher die Datenbasis ist.

3.2 Integrationspotentiale von WUM und ET

WUM und ET sind verbreitete Verfahren und werden in ihren Anwendungsgebieten häufig eingesetzt. Es lässt sich allerdings kein Nachweis darüber finden, dass die beiden Verfahren bereits in Kombination angewendet wurden. Um Möglichkeiten der Integration von WUM und ET zu identifizieren, ist es nötig, von den Details der beiden Verfahren in geeigneter Weise zu abstrahieren. So lassen sich strukturelle Gemeinsamkeiten entdecken, die Ansätze für eine Integration bieten. Durch Generalisieren des Vorgehens lassen sich drei Schritte unterscheiden, die beiden Verfahren gemein sind. Zuerst werden Daten erhoben, diese werden durch eine oder mehrere Methoden ausgewertet und am Ende durch ein Ergebnis in Form eines Musters repräsentiert. Bei jedem dieser drei generellen Schritte ist eine Integration denkbar. Bis zum Zeitpunkt der Integration laufen die Verfahren getrennt voneinander auf ihren eigenen Daten ab und erzeugen ihre eigenen Ergebnisse. Ab dem Integrationszeitpunkt werden die restlichen Schritte in einem gemeinsamen Verfahren integriert durchgeführt.

3.2.1 Integration auf Ebene der Daten

Der früheste Integrationszeitpunkt ist der Abschluss der Datenerhebung. Hier können die Daten eines Verfahrens A in ein zum Verfahren B kompatibles Format überführt werden, so dass beide Datenbestände zu den Methoden von B kompatibel sind. Sie werden dann integriert, und die restlichen Schritte werden mit Verfahren B durchgeführt. Je nach Integrationsrichtung sind zwei Varianten möglich, die in Abbildung 3.1 grafisch dargestellt sind.

Die erste Möglichkeit besteht darin, die Daten von WUM und EP in ET-geeignete Strukturen zu überführen (roter Pfad in Abbildung 3.1). ET-Daten bestehen aus Samples, die zu jedem Zeitpunkt die Position der Augen festhalten. Ein Sample ist ein Tupel bestehend aus Attributen, die verschiedene Aspekte wie Zeitpunkt, Position von linkem und rechtem Auge auf dem Bildschirm und Fixationsmittelpunkt beschreiben. Ein Beispiel für ein ET-Log ist in Tabelle 3.1 dargestellt. Der Aufbau hängt vom ET-System ab; Tobii Studio kann auf Wunsch über 40 Attribute exportieren [vgl. Tobii Technology (2008)]. Die Seitenaufrufe, die im WUM protokolliert werden und vom EP aufgezeichneten Eingaben können demnach als weiteres Attribut in die Tupel aufgenommen werden. Dann ist zu jedem Zeitpunkt bekannt, auf welche Webseite sich die Samples beziehen. Tastenanschläge, Mauszeigerposition und Klicks werden entsprechend des Zeitpunkts ihres Auftretens den Samples zugeordnet oder als neues Tupel gespeichert. Je nach verwendetem ET-System kann es möglich sein, dass die Integration dieser Daten automatisch erfolgt, wenn das System für

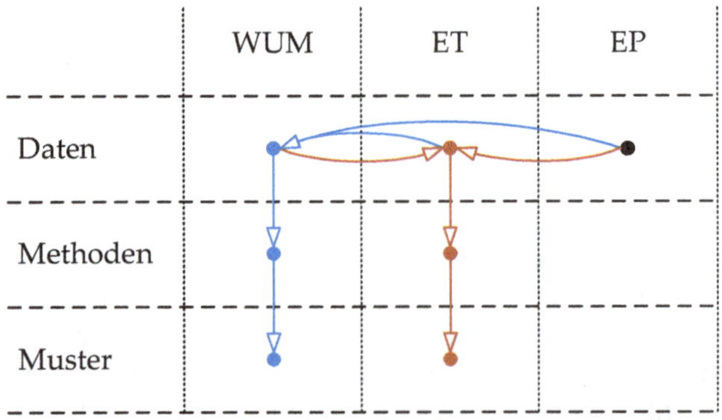

Abbildung 3.1: Möglichkeiten der Integration auf Datenebene

eine Webstudie konfiguriert wird. Allgemein ist zu beachten, dass diese Form der Datenintegration nicht alle WUM-Daten berücksichtigen kann. Es werden nur für einen Teil der Nutzer ET-Daten vorliegen, die mit den zugehörigen WUM- und EP-Daten angereichert werden können. Weitere Schwierigkeiten können in den nachgelagerten Schritten bei der Auswertung des erweiterten ET-Datenbestands entstehen. Es ist zu prüfen, ob die ET-Methoden geeignet sind, die WUM-Attribute auszuwerten. Klassische Analysen wie Heat Maps und Gaze Plots berücksichtigen jeweils nur einen Stimulus und bieten auch kein Instrumentarium zur Verarbeitung von Eingaben. Um Nutzen aus dieser Form der Datenintegration zu ziehen, sind auch auf methodischer Ebene Anpassungen erforderlich.

Die zweite Möglichkeit zur Integration auf Datenebene ist, in umgekehrter Richtung vorzugehen (blauer Pfad in Abbildung 3.1). Dabei werden die ET-Daten und Eingaben in WUM-Ereignisse überführt. Ein Ereignis im WUM hält fest, welcher Nutzer (`remotehost`, `remoteuser`, `authuser`, `agent`) zu welchem Zeitpunkt (`date`) welche Webseite (`request`) aufgerufen hat und welchem Link (`referrer`) er dabei gefolgt ist. Ein Beispiel für ein Web Log kann den Tabellen 3.2 und 3.3 entnommen werden. Ein Eintrag kann ebenfalls als Tupel mit einer festen Anzahl an Attributen aufgefasst werden. Auch hier können die Tupel serverspezifisch anders konfiguriert werden, der gemeinsame Kern an Attributen eines Web Logs ist im Gegensatz zu ET-Logs jedoch standardisiert [siehe Schmidt-Thieme, Gaul (2002), S. 41 f.]. Um ET- und EP-Daten aufzunehmen, müssen diese vorverdichtet werden. Die ET-Samples werden dazu in Ereignisse überführt, die strukturell Fixationen ähnlich sind und auf einer aggregierten Ebene beschreiben, zu welchem Zeitpunkt der Blick für wie lange auf welches Seitenelement gefallen ist. Mit den EP-Daten wird ähnlich verfahren, so dass die einzelnen Eingabekomponenten aggregiert und mit einem Zeitpunkt versehen als Ereignis in den WUM-Datenbestand integriert werden. Die integrierte Datenbasis besteht dann aus Ereignissen der Form »Webseite X betreten«, »Element Y angesehen«, »Z eingegeben«. Alle Ereignisse haben somit die gleiche Struktur, können identisch behandelt und problemlos mit einer WUM-Methode wie der Assoziations- oder Sequenzanalyse ausgewertet werden. Diese Form der Datenintegration kann alle WUM- und ET-Daten berücksichtigen. Obwohl keine Daten unberücksichtigt bleiben, ist die Datenbasis dennoch nicht vollständig. Der Großteil der Nutzer, von dem keine ET-Daten vorliegen, wird nur durch WUM-Ereignisse beschrieben. Das kann vernachlässigt werden, wenn im Verhältnis genügend ET-Daten vorliegen, so dass sich diese in den Mustern niederschlagen. Andernfalls muss von den Nutzern, von denen WUM- und ET-Daten vorliegen, auf die Nutzer geschlossen werden, die nicht im Labor waren. Dies ist möglich, wenn die Stichprobe der ET-Probanden repräsentativ ist, denn dann können die beobachteten ET-Ereignisse auf andere Nutzer mitx gleichem Vorgehen projiziert werden. Dabei wird unterstellt, dass es eine abzählbare Menge von Vorgehensmöglichkeiten gibt und für jede dieser von mindestens einem Nutzer ET-Daten im Labor aufgezeichnet wurden. Falls sich dieses Vorgehen in der Praxis als nicht durchführbar erweist, bestehen auf den anderen Ebenen weitere Integrationsmöglichkeiten.

[12] Die IP-Adressen im Attribut `remotehost` wurden aus datenschutzrechtlichen Gründen anonymisiert.

Samples							*Fixationen*			
Timestamp	**XLeft**	**YLeft**	**ValidityL**	**XRight**	**YRight**	**ValidityR**	**Index**	**Duration**	**X**	**Y**
1233941207083	1201	1000	0	1228	1121	0				
1233941207100	1181	999	0	1227	1120	0				
1233941207117	1187	1008	0	1217	1127	0				
1233941207133	1183	1005	0	1219	1126	0				
1233941207150	1177	1013	0	1214	1124	0				
1233941207167	938	995	0	1021	1056	0				
1233941207183	663	999	0	737	994	0				
1233941207200	447	990	0	479	968	0				
1233941207217	274	983	0	288	942	0	13	149	291	945
1233941207233	269	950	0	278	925	0	13	149	291	945
1233941207250	282	958	0	280	924	0	13	149	291	945
1233941207267	284	945	0	289	940	0	13	149	291	945
1233941207283	299	938	0	297	929	0	13	149	291	945
1233941207300	293	931	0	295	932	0	13	149	291	945
1233941207317	297	927	0	300	934	0	13	149	291	945
1233941207333	305	932	0	301	926	0	13	149	291	945
1233941207350	287	937	0	297	933	0	13	149	291	945
1233941207366	288	949	0	293	936	0	13	149	291	945
1233941207383	274	734	0	313	734	0				
1233941207400	271	519	0	322	541	0				
1233941207416	308	333	0	347	352	0				
1233941207433	309	209	0	344	207	0	14	167	312	218
1233941207450	317	211	0	322	184	0	14	167	312	218
1233941207466	322	236	0	315	196	0	14	167	312	218
1233941207483	318	236	0	317	215	0	14	167	312	218
1233941207500	315	248	0	316	226	0	14	167	312	218
1233941207516	319	257	0	317	228	0	14	167	312	218
1233941207533	312	255	0	322	233	0	14	167	312	218
1233941207550	309	252	0	319	227	0	14	167	312	218
1233941207566	309	257	0	317	225	0	14	167	312	218
1233941207583	308	247	0	318	227	0	14	167	312	218
1233941207600	295	201	0	319	183	0	14	167	312	218
1233941207616	282	46	0	304	46	0				
1233941207683	248	0	0	260	3	0	15	100	256	7
1233941207700	246	-6	4	256	-2	4				
1233941207733	255	-2	3	263	10	1	15	100	256	7
1233941207750	256	6	0	259	18	0	15	100	256	7
1233941207766	257	12	0	250	10	0	15	100	256	7
1233941207783	254	-1	3	254	20	1	15	100	256	7
1233941208199	216	103	0	180	12	0				
1233941208216	410	220	0	389	155	0				
1233941208233	498	296	0	482	263	0	16	116	505	280
1233941208249	520	316	0	503	277	0	16	116	505	280
1233941208266	542	336	0	500	271	0	16	116	505	280
1233941208283	503	266	0	494	259	0	16	116	505	280
1233941208299	499	289	0	489	249	0	16	116	505	280
1233941208316	498	256	0	481	255	0	16	116	505	280
1233941208332	508	246	0	486	259	0	16	116	505	280
1233941208349	506	248	0	487	265	0	16	116	505	280
1233941208366	499	208	0	483	249	0				

Tabelle 3.1: Auszug eines ET-Logs mit Fixationen

remotehost[12]	remoteuser	authuser	date	request	status	bytes
423.56d.537.dc0	-	-	[11/Feb/2009:03:08:46 +0100]	"GET /71884.html HTTP/1.1"	200	3439
bb7.994.146.7ce	-	-	[11/Feb/2009:03:14:14 +0100]	"GET /71934.html HTTP/1.1"	200	7679
bb7.994.146.7ce	-	-	[11/Feb/2009:03:14:15 +0100]	"GET /fileadmin/scripts/menu.js HTTP/1.1"	200	507
bb7.994.146.7ce	-	-	[11/Feb/2009:03:14:15 +0100]	"GET /uploads/tf/header-hmm.gif HTTP/1.1"	200	15681
bb7.994.146.7ce	-	-	[11/Feb/2009:03:14:15 +0100]	"GET /fileadmin/templates/css/styles-hmm.css HTTP/1.1"	200	44989
bb7.994.146.7ce	-	-	[11/Feb/2009:03:16:10 +0100]	"GET /71934.html HTTP/1.1"	200	7679
bb7.994.146.7ce	-	-	[11/Feb/2009:03:16:12 +0100]	"GET /uploads/tf/favicon.ico HTTP/1.1"	200	894
012.85d.365.d3d	-	-	[11/Feb/2009:05:56:48 +0100]	"GET /robots.txt HTTP/1.1"	200	2494
012.85d.365.d3d	-	-	[11/Feb/2009:05:56:48 +0100]	"GET /71880.html?&L=1 HTTP/1.1"	200	2299
d32.d01.7a4.457	-	-	[10/Feb/2009:07:11:03 +0100]	"GET /71887.html HTTP/1.1"	200	3330
47f.b5e.f36.d4e	-	-	[10/Feb/2009:08:00:17 +0100]	"GET /robots.txt HTTP/1.1"	200	2494
47f.b5e.f36.d4e	-	-	[10/Feb/2009:08:00:18 +0100]	"GET /wir-ueber-uns0.html HTTP/1.1"	200	3563
44c.b89.55e.51b	-	-	[10/Feb/2009:09:52:00 +0100]	"GET / HTTP/1.1"	200	3394
44c.b89.55e.51b	-	-	[10/Feb/2009:09:52:01 +0100]	"GET /fileadmin/scripts/menu.js HTTP/1.1"	200	507
cc3.a6b.8cf.ab7	-	-	[10/Feb/2009:11:21:41 +0100]	"GET /typo3/index.php HTTP/1.1"	200	5973
cc3.a6b.8cf.ab7	-	-	[10/Feb/2009:11:21:42 +0100]	"GET /typo3/stylesheet.css HTTP/1.1"	304	-
cc3.a6b.8cf.ab7	-	-	[10/Feb/2009:11:21:42 +0100]	"GET /typo3/tab.js HTTP/1.1"	304	-
6e3.f30.b92.d94	-	-	[10/Feb/2009:13:34:21 +0100]	"GET / HTTP/1.0"	200	9291
6e3.f30.b92.d94	-	-	[10/Feb/2009:13:34:21 +0100]	"GET /fileadmin/scripts/menu.js HTTP/1.0"	200	507
6e3.f30.b92.d94	-	-	[10/Feb/2009:13:34:21 +0100]	"GET /fileadmin/templates/css/styles-hmm.css HTTP/1.0"	200	44989
507.506.9e5.17c	-	-	[10/Feb/2009:13:34:22 +0100]	"GET /73391.html HTTP/1.1"	200	10100
507.506.9e5.17c	-	-	[10/Feb/2009:13:34:22 +0100]	"GET /uploads/tf/favicon.ico HTTP/1.1"	200	894
6e3.f30.b92.d94	-	-	[10/Feb/2009:13:34:36 +0100]	"GET /wir-ueber-uns0.html HTTP/1.0"	200	9870
6e3.f30.b92.d94	-	-	[10/Feb/2009:13:34:37 +0100]	"GET /typo3/gfx/fileicons/jpg.gif HTTP/1.0"	200	363
6e3.f30.b92.d94	-	-	[10/Feb/2009:13:35:24 +0100]	"GET /71885.html HTTP/1.0"	200	11875
6e3.f30.b92.d94	-	-	[10/Feb/2009:13:35:28 +0100]	"GET /73391.html HTTP/1.0"	200	10100
6e3.f30.b92.d94	-	-	[10/Feb/2009:13:35:40 +0100]	"GET /72585.html HTTP/1.0"	200	8327
6e3.f30.b92.d94	-	-	[10/Feb/2009:13:35:47 +0100]	"GET /71884.html HTTP/1.0"	200	8879
6e3.f30.b92.d94	-	-	[10/Feb/2009:13:35:48 +0100]	"GET /72586.html HTTP/1.0"	200	10298
6e3.f30.b92.d94	-	-	[10/Feb/2009:13:36:45 +0100]	"GET /startseite.html HTTP/1.0"	200	9319
6e3.f30.b92.d94	-	-	[10/Feb/2009:13:36:51 +0100]	"GET /73395.html HTTP/1.0"	200	7193
6e3.f30.b92.d94	-	-	[10/Feb/2009:13:37:03 +0100]	"GET /71934.html HTTP/1.0"	200	7679
6e3.f30.b92.d94	-	-	[10/Feb/2009:13:40:10 +0100]	"GET /73721.html HTTP/1.0"	200	8130

Tabelle 3.2: Auszug aus einem Web Log im Common Logfile Format

referrer	agent
"-"	"msnbot/1.1 (+http://search.msn.com/msnbot.htm)"
"-"	"Mozilla/5.0 (Windows; U; Windows NT 5.1; de; rv:1.9.0.6) Gecko/2009011913 Firefox/3.0.6"
"https://hmm.uni-hohenheim.de/71934.html"	"Mozilla/5.0 (Windows; U; Windows NT 5.1; de; rv:1.9.0.6) Gecko/2009011913 Firefox/3.0.6"
"https://hmm.uni-hohenheim.de/71934.html"	"Mozilla/5.0 (Windows; U; Windows NT 5.1; de; rv:1.9.0.6) Gecko/2009011913 Firefox/3.0.6"
"https://hmm.uni-hohenheim.de/71934.html"	"Mozilla/5.0 (Windows; U; Windows NT 5.1; de; rv:1.9.0.6) Gecko/2009011913 Firefox/3.0.6"
"-"	"Mozilla/5.0 (Windows; U; Windows NT 5.1; de; rv:1.9.0.6) Gecko/2009011913 Firefox/3.0.6"
"-"	"Mozilla/5.0 (Windows; U; Windows NT 5.1; de; rv:1.9.0.6) Gecko/2009011913 Firefox/3.0.6"
"-"	"Mozilla/5.0 (compatible; Googlebot/2.1; +http://www.google.com/bot.html)"
"-"	"Mozilla/5.0 (compatible; Googlebot/2.1; +http://www.google.com/bot.html)"
"-"	"msnbot/1.1 (+http://search.msn.com/msnbot.htm)"
"-"	"msnbot/1.1 (+http://search.msn.com/msnbot.htm)"
"-"	"msnbot/1.1 (+http://search.msn.com/msnbot.htm)"
"-"	"Mozilla/4.0 (compatible; MSIE 6.0; Windows NT 5.0; .NET CLR 1.1.4322; .NET CLR 2.0.50727; InfoPath.1)"
"https://hmm.uni-hohenheim.de/"	"Mozilla/4.0 (compatible; MSIE 6.0; Windows NT 5.0; .NET CLR 1.1.4322; .NET CLR 2.0.50727; InfoPath.1)"
"-"	"Mozilla/4.0 (compatible; MSIE 7.0; Windows NT 5.1; InfoPath.2; .NET CLR 2.0.50727)"
"https://hmm.uni-hohenheim.de/typo3/index.php"	"Mozilla/4.0 (compatible; MSIE 7.0; Windows NT 5.1; InfoPath.2; .NET CLR 2.0.50727)"
"https://hmm.uni-hohenheim.de/typo3/index.php"	"Mozilla/4.0 (compatible; MSIE 7.0; Windows NT 5.1; InfoPath.2; .NET CLR 2.0.50727)"
"-"	"Mozilla/4.0 (compatible; MSIE 6.0; Windows NT 5.1; SV1; .NET CLR 2.0.50727; InfoPath.2; .NET CLR 3.0.04506.30)"
"https://hmm.uni-hohenheim.de/"	"Mozilla/4.0 (compatible; MSIE 6.0; Windows NT 5.1; SV1; .NET CLR 2.0.50727; InfoPath.2; .NET CLR 3.0.04506.30)"
"https://hmm.uni-hohenheim.de/"	"Mozilla/4.0 (compatible; MSIE 6.0; Windows NT 5.1; SV1; .NET CLR 2.0.50727; InfoPath.2; .NET CLR 3.0.04506.30)"
"-"	"Mozilla/5.0 (Windows; U; Windows NT 6.0; de; rv:1.9.0.6) Gecko/2009011913 Firefox/3.0.6"
"-"	"Mozilla/5.0 (Windows; U; Windows NT 6.0; de; rv:1.9.0.6) Gecko/2009011913 Firefox/3.0.6"
"https://hmm.uni-hohenheim.de/"	"Mozilla/4.0 (compatible; MSIE 6.0; Windows NT 5.1; SV1; .NET CLR 2.0.50727; InfoPath.2; .NET CLR 3.0.04506.30)"
"https://hmm.uni-hohenheim.de/wir-ueber-uns0.html"	"Mozilla/4.0 (compatible; MSIE 6.0; Windows NT 5.1; SV1; .NET CLR 2.0.50727; InfoPath.2; .NET CLR 3.0.04506.30)"
"https://hmm.uni-hohenheim.de/wir-ueber-uns0.html"	"Mozilla/4.0 (compatible; MSIE 6.0; Windows NT 5.1; SV1; .NET CLR 2.0.50727; InfoPath.2; .NET CLR 3.0.04506.30)"
"https://hmm.uni-hohenheim.de/71885.html"	"Mozilla/4.0 (compatible; MSIE 6.0; Windows NT 5.1; SV1; .NET CLR 2.0.50727; InfoPath.2; .NET CLR 3.0.04506.30)"
"https://hmm.uni-hohenheim.de/71885.html"	"Mozilla/4.0 (compatible; MSIE 6.0; Windows NT 5.1; SV1; .NET CLR 2.0.50727; InfoPath.2; .NET CLR 3.0.04506.30)"
"https://hmm.uni-hohenheim.de/72585.html"	"Mozilla/4.0 (compatible; MSIE 6.0; Windows NT 5.1; SV1; .NET CLR 2.0.50727; InfoPath.2; .NET CLR 3.0.04506.30)"
"https://hmm.uni-hohenheim.de/71884.html"	"Mozilla/4.0 (compatible; MSIE 6.0; Windows NT 5.1; SV1; .NET CLR 2.0.50727; InfoPath.2; .NET CLR 3.0.04506.30)"
"https://hmm.uni-hohenheim.de/72585.html"	"Mozilla/4.0 (compatible; MSIE 6.0; Windows NT 5.1; SV1; .NET CLR 2.0.50727; InfoPath.2; .NET CLR 3.0.04506.30)"
"https://hmm.uni-hohenheim.de/startseite.html"	"Mozilla/4.0 (compatible; MSIE 6.0; Windows NT 5.1; SV1; .NET CLR 2.0.50727; InfoPath.2; .NET CLR 3.0.04506.30)"
"https://hmm.uni-hohenheim.de/startseite.html"	"Mozilla/4.0 (compatible; MSIE 6.0; Windows NT 5.1; SV1; .NET CLR 2.0.50727; InfoPath.2; .NET CLR 3.0.04506.30)"
"https://hmm.uni-hohenheim.de/73391.html"	"Mozilla/4.0 (compatible; MSIE 6.0; Windows NT 5.1; SV1; .NET CLR 2.0.50727; InfoPath.2; .NET CLR 3.0.04506.30)"

Tabelle 3.3: Zusätzliche Daten des Combined Logfile Formats

3.2.2 Integration auf Ebene der Methoden

Die nächste Möglichkeit für eine Integration bietet sich auf Auswertungsebene. Hier ist zu prüfen, ob die Methoden der beiden Verfahren modifiziert oder um Schnittstellen erweitert werden können, so dass sie zueinander kompatibel sind. Dann könnte die Auswertung mit einer integrierten Methode durchgeführt werden. Diese Methode kann grundsätzlich zwei Vorgehensweisen verfolgen. Zum einen kann die Verzahnung der beteiligten Methoden so eng sein, dass sie zu einer neuen Einheit verschmelzen und somit synchron ausgeführt werden. In diesem Fall gäbe es keine eigenständigen Bausteine mehr (Abbildung 3.2). Zum anderen ist eine teilsynchrone Ausführung denkbar, bei der die Methoden sukzessiv zwischen- oder hintereinander ausgeführt werden. Bei dieser Variante liegt eine lose Kopplung vor, die die Eigenständigkeit der ursprünglichen Methoden bewahrt und auf Schnittstellen basiert (Abbildung 3.3).

Für die erste Variante des Verschmelzens von WUM- und ET-Methoden ist es im Vorfeld schwer, ein Beispiel zu finden, da keine offensichtliche Lösung existiert. Die Lösung des Problems liegt gerade darin, eine Möglichkeit für die Verschmelzung zu finden. Hierfür sind die Methoden aus WUM und ET einzeln auf Ansatzpunkte zu überprüfen. Es ist abzuwägen, inwieweit dieser Ansatz im Vergleich zu den anderen Integrationsmöglichkeiten erfolgversprechend ist.

Die zweite Variante in Form einer losen Kopplung durch teilsynchrone Ausführung lässt sich leichter konkretisieren. Hierbei sind wiederum zwei Richtungen möglich. In der einen Richtung kann eine ET-Methode in eine WUM-Methode integriert werden (blauer Pfad in Abbildung 3.3). Ein Beispiel hierfür ist, eine Sequenzanalyse auf den WUM-Daten auszuführen und die dadurch identifizierten wichtigen Webseiten auf ET-Seite mit einer Heat Map oder einem Gaze Plot weiter zu analysieren. Hierbei wird hierarchisch vorgegangen, indem zuerst WUM-Muster aufgedeckt werden, die dann auf einer detaillierteren Ebene mit den passenden ET-Daten verfeinert werden.

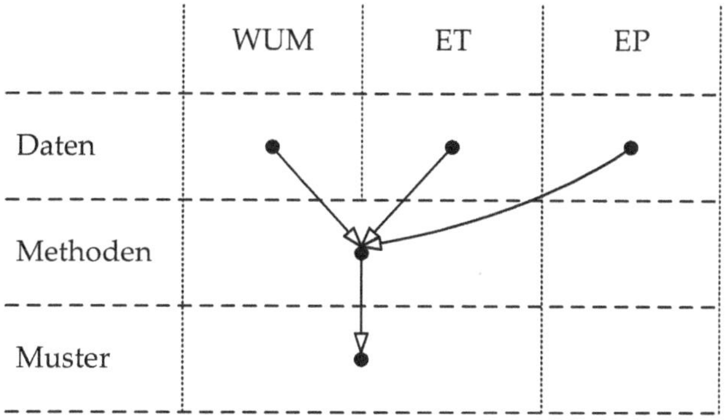

Abbildung 3.2: Integration auf Methodenebene durch Verschmelzen der Methoden (Variante 1)

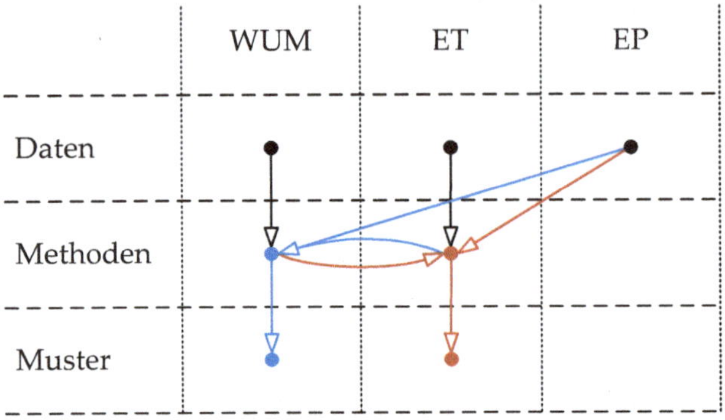

Abbildung 3.3: Integration auf Methodenebene durch Kopplung der Methoden (Variante 2)

Das Verfahren lässt sich demnach als hierarchische Sequenzanalyse beschreiben; ein ähnliches Vorgehen ist mit der Assoziationsanalyse denkbar. In der anderen Richtung kann eine WUM-Methode in eine ET-Methode integriert werden (roter Pfad in Abbildung 3.3). Zum Beispiel könnten ausgehend von ET-Metriken diejenigen Webseiten identifiziert werden, auf denen für die Fragestellung relevante Verhaltensmuster vorkommen. Diese können dann gezielt im WUM mit einer Clusteranalyse untersucht werden, um Gemeinsamkeiten oder Unterschiede aufzudecken und einen Bezug herzustellen. Auch bei dieser Variante ist der Einsatz anderer Methoden möglich. Insbesondere stellen Assoziations- und Sequenzanalyse für das ET einen hohen Mehrwert dar, weil vergleichbare Methoden dort nicht existieren. Dabei bleiben diese Methoden bei der bisher beschriebenen Form der Methodenintegration allerdings der WUM-Seite vorbehalten.

Die Erkenntnis, das die Methoden beider Verfahren für die Auswertung des anderen einen entscheidenden Mehrwert bieten, führt zu einer dritten Form der Integration auf Methodenebene. Eine Methode ist keinesfalls wie bisher verwendet ausschließlich auf die Datengrundlage des eigenen Verfahrens anwendbar, sondern kann sofern sinnvoll auch zur Auswertung anderer Datenbestände eingesetzt werden. Eine Variante der Methodenintegration besteht also darin, die Auswertungsmethodik des einen Verfahrens auf die Daten des anderen wie in Abbildung 3.4 dargestellt anzuwenden. Die Übernahme der Methode führt strukturell zu einer ähnlichen Lösung wie die Integration auf Datenebene. Auch hierbei wird letztlich die Zuordnung von Daten und Methoden aufgehoben. Der Unterschied besteht allerdings darin, dass bei der Datenintegration auf einem gemeinsamen Datenbestand gearbeitet wird, während die Daten bei der Methodenintegration unverändert bleiben. Für die Übernahme der Methode sei abschließend jeweils ein Beispiel gegeben. Wie bereits erwähnt, profitiert das ET zum Beispiel bei Übernahme der Sequenzanalyse von der Möglichkeit, Sequenzen innerhalb von Webseiten zu analysieren. Dabei können häufige Teilsequenzen in den Scanpaths entdeckt werden. In der anderen Richtung kann das Gaze Plot-Diagramm beispielsweise im WUM für Webseiten genutzt werden, um die Seitenübergänge darzustellen. Im Diagramm können alle durchgeführten

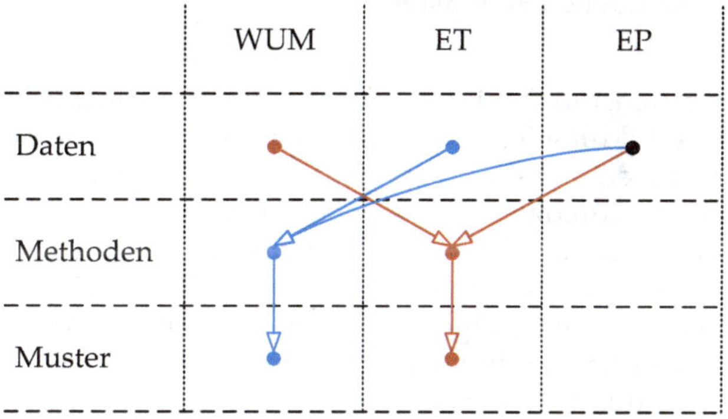

Abbildung 3.4: Integration auf Methodenebene durch Methodenübernahme (Variante 3)

Seitenwechsel, nur bestimmte Webseiten oder häufige Sequenzen dargestellt werden. Diese Diagrammform wird in der Praxis bereits eingesetzt. Abbildung 3.5 zeigt ein Beispiel aus der Software Pathfinder der Firma eye square [siehe Eye Square (2009a)].

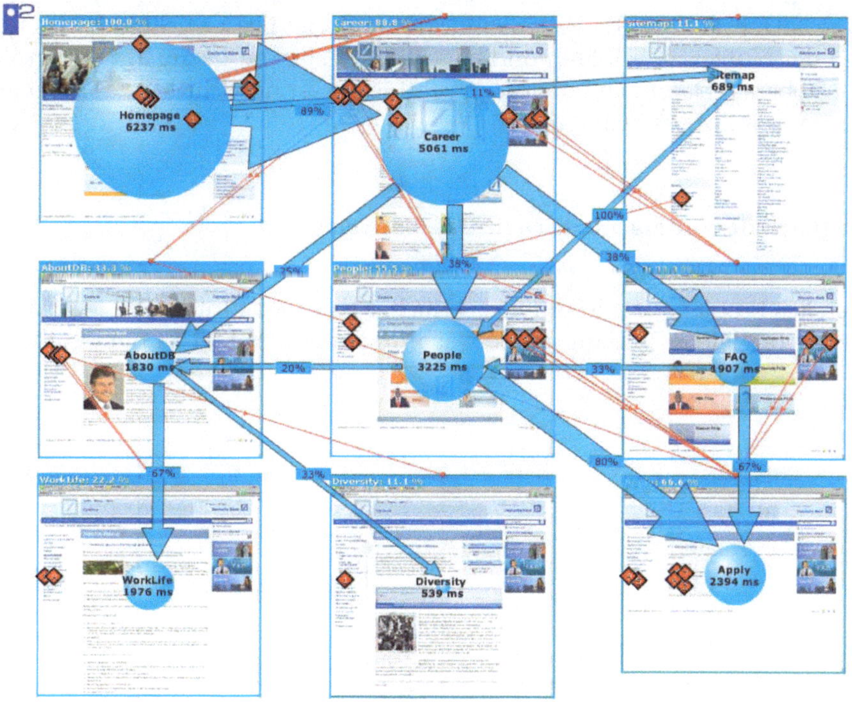

Abbildung 3.5: Visualisierung von Navigationspfaden im i^2 Pathfinder [Siehe Eye Square (2009b)]

3.2.3 Integration auf Ebene der Muster

Eine weitere Integrationsmöglichkeit besteht im letzten Schritt bei der Ergebnisdarstellung; sie ist in Abbildung 3.6 visualisiert. Bei dieser Variante bleiben Daten und Methoden der beteiligten Verfahren selbständig, so dass beide Verfahren jeweils unabhängig voneinander durchgeführt werden. Die gefundenen Muster sind dann geeignet zusammenzufügen. Da WUM-Daten in der Regel textuell und ET-Ergebnisse überwiegend grafisch repräsentiert werden, führt dies zu einer neuen Darstellungsform. Zum Beispiel könnten häufige Sequenzen aus dem WUM mit Gaze Plots aus dem ET integriert werden, so dass eine erweiterte blickverlaufsartige Darstellung ähnlich der aus Abbildung 3.5 entsteht. Im Vorfeld kann schwer bewertet werden, inwieweit eine Musterintegration möglich ist, weil sie von den konkreten Ergebnissen abhängt. Wenn diese keine Anknüpfungspunkte bieten, lassen sie sich nicht in Beziehung setzen. Beispielsweise nützt ein aussagekräftiger Gaze Plot einer Webseite nichts, wenn die Webseite in keiner häufigen Sequenz vorkommt.

Die Integration der Eingaben ist bei der Musterintegration nicht möglich, weil die EP keine eigene Auswertungsmethode bereitstellt. Zudem wäre es wenig sinnvoll, die Eingaben isoliert von anderen Daten zu analysieren. Zwar sind Zusammenhänge unter den Eingaben nicht ausgeschlossen. Aber es ist zu erwarten, dass bei ausschließlicher Betrachtung der Eingaben keine komplexen Zusammenhänge entdeckt werden können, so dass überhaupt Muster entstehen, die man mit den anderen in Beziehung setzen könnte. Eingaben sind dagegen viel besser geeignet, das übrige Verhalten der Nutzer zu erklären und haben daher starken Bezug auf die im WUM und ET erhobenen Daten. Um davon zu profitieren, ist hinsichtlich der EP eine frühere Integrationsstufe zu wählen.

3.2.4 Abgleich der unterschiedlichen Datenmengen

Ein generelles Problem, das in unterschiedlicher Form jede Integrationsvariante betrifft, ist der ungleiche Umfang an Beobachtungen. Für WUM ist ein deutlich grö-

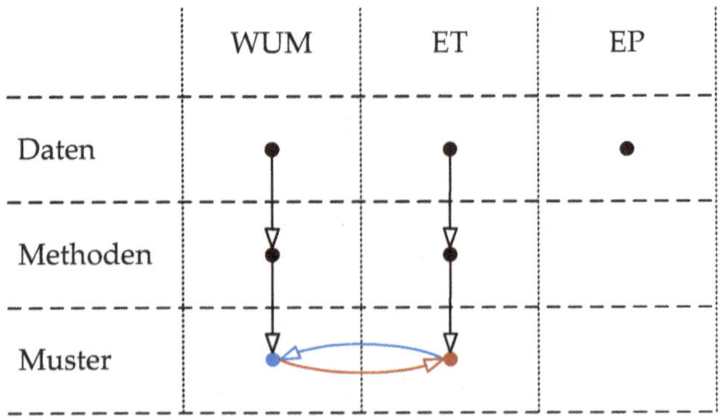

Abbildung 3.6: Integration auf Ebene der Muster

ßerer Datenbestand verfügbar als für ET, weil die Erhebung der ET-Daten aufwendig ist und nie für alle Nutzer durchgeführt werden kann. Der Datenüberhang auf WUM-Seite kann nicht unberücksichtigt bleiben, denn die Datenmenge bestimmt, wie gut die Methoden arbeiten können und wie aussagekräftig die Auswertungsergebnisse sind. Daher muss auf der betrachteten Integrationsebene immer ein Weg gefunden werden, die Mengenunterschiede auszugleichen. Bei der Datenintegration können die ET-Daten bei gleichen oder hinreichend ähnlichen WUM-Daten auf Nutzer ohne ET-Daten projiziert werden. Die teilsynchrone methodische Integration profitiert davon, keine Aufbereitung der Daten durchführen zu müssen. Stattdessen ist die Häufigkeit der Beobachtungen abzugleichen, wobei sich ET am WUM orientieren sollte. Anhand der Verteilung der vollständigen, objektiven WUM-Daten und -Muster lässt sich die Relevanz der Daten beziehungsweise Erkenntnisse im ET-Bereich bewerten. Auf die gleiche Weise kann bei der Musterintegration verfahren werden. Die synchrone Variante der Methodenintegration kann je nach Ausgestaltung von einem der beiden beschriebenen Ansätze Gebrauch machen. Aufgrund der Verschmelzung von WUM- und ET-Methoden findet der Abgleich hier direkt in der integrierten Auswertungsmethode statt.

3.2.5 Wahl eines Integrationsverfahrens

Die vorgestellten Integrationsmöglichkeiten lassen sich wie folgt zusammenfassen. Bei Integration auf Datenebene werden alle Daten zuerst in eine gemeinsame Struktur gebracht und dann zusammen ausgewertet. Bei der teilsynchronen methodischen Integration wird eines der Verfahren WUM oder ET zuerst ausgeführt und konkrete Muster durch Einsatz des jeweils anderen verfeinert. Bei der Musterintegration laufen WUM und ET vollständig separat ab, und es werden die Muster projiziert.

Es würde den Umfang dieser Arbeit sprengen, alle Varianten aller Verfahren umzusetzen, um nach deren Anwendung die besten Ergebnisse auswählen zu können. Stattdessen muss unter Abwägung der Vor- und Nachteile ein Verfahren beziehungsweise eine Kombination ausgewählt werden, die möglichst gute Ergebnisse verspricht. Eine reine Integration auf Musterebene ist uninteressant, da sie praktisch ohne Weiterentwicklung schon jetzt möglich ist. Sie ist mit dem geringsten Aufwand verbunden, weil die Durchführung der Verfahren unverändert und voneinander unabhängig ist. Von Nachteil ist, das die EP unberücksichtigt bleibt und nicht gewährleistet werden kann, dass die Ergebnisse in Beziehung zueinander gebracht werden können. Ein Vorteil aus WUM-Sicht besteht darin, dass die gefundenen Muster anschaulich durch ET-Diagramme visualisiert und erklärt werden können. Die Methodenintegration ist am aufwendigsten, weil die Methoden hier um Schnittpunkte für eine Verzahnung erweitert werden oder eine komplett neue Auswertungsmethode entwickelt werden muss. Die DM-Methoden des WUM stellen mit Analyse von Sequenzen, Assoziationen und Clustern schon eine umfangreiche Funktionalität zur Verfügung, deren Anwendbarkeit und Ergebnisse zuerst zu prüfen sind, bevor eine neue Auswertungsfunktionalität entwickelt wird, die vielleicht nicht erforderlich ist. Dies kann realisiert werden, indem WUM-Methoden auf die ET-Daten angewen-

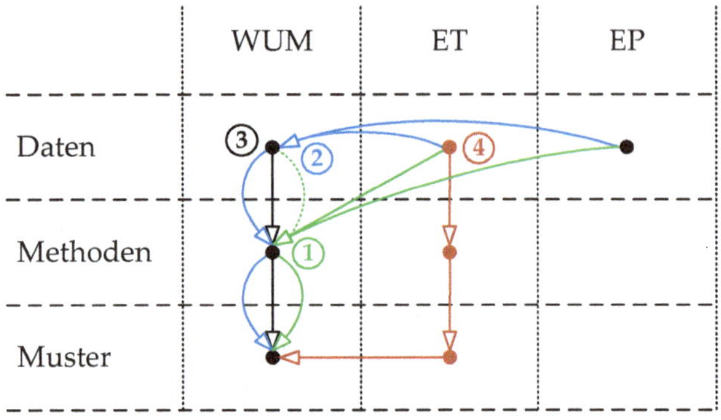

Abbildung 3.7: Gewähltes Integrationsverfahren

det werden (Variante 3 der Methodenintegration). Der entscheidende Vorteil einer Integration auf Datenebene ist, dass das Auswertungsverfahren Zugriff auf alle Beobachtungen hat, die in Bezug zueinander gesetzt werden. Erfolgt keine Datenintegration, kann jeder Teil nur für sich ausgewertet werden und es geht Auswertungspotential verloren. Allerdings muss bei der Datenintegration die größte Datenmenge simultan verarbeitet werden, was zu Kapazitätsproblemen führen könnte.

Aussichtsreich erscheinen Aspekte aller drei Integrationsverfahren, die sich in einem mehrstufigen Mischverfahren sinnvoll kombinieren lassen. Grundlage des Verfahrens ist der Einsatz von Methoden des WUM, da diese wie gezeigt die gewünschte Funktionalität bereitstellen, die zur Auswertung der ET-Daten fehlt [vgl. auch Kap. 2]. Die WUM-Methoden passen gut zum Vorgehen dieser Arbeit, indem sie Daten explorativ auswerten und Muster aufdecken. ET-Methoden werden dagegen naturgemäß in einem anderen Ansatz verwendet, um Vorhersagen oder Hypothese zu generieren oder zu überprüfen [für ein repräsentatives Beispiel siehe Salvucci, Anderson (2001)]. Die WUM-Methoden allein in der dritten Form der Methodenintegration auf einen unveränderten ET-Datenbestand anzuwenden, ist nicht sinnvoll, weil dann nicht alle Möglichkeiten der Integration ausgeschöpft werden. Es fehlen zugehörige WUM-spezifische Daten, so dass nur seitenbezogene Muster extrahiert werden können. Daher ist zusätzlich eine Integration auf Datenebene erforderlich, bei der die ET-Daten mit den zugehörigen WUM-Daten in Beziehung gebracht werden. Es kommt nur eine der beiden Integrationsrichtungen in Betracht. Da Methoden des WUM angewendet werden sollen, muss ein WUM-kompatibles Format vorliegen, so dass die ET- und EP-Daten in den WUM-Datenbestand aufgenommen werden. Die Anwendung der noch zu selektierenden WUM-Methode auf den Datenbestand erfolgt sukzessive mit wachsendem Datenbestand, um das neue Verfahren schrittweise aufzubauen und prüfen zu können. Ergänzt werden die Muster bei Bedarf durch ET-Diagramme.

Das gewählte Mischverfahren ist in Abbildung 3.7 dargestellt. Im ersten Auswertungsschritt werden nur die Beobachtungen betrachtet, für die sowohl WUM- als auch ET- und EP-Daten vorliegen, so dass die Funktionsfähigkeit zunächst auf einer kleineren Datenmenge verifiziert werden kann (grüner Pfad). Von dem WUM-Daten werden also nur die zu den ET-Daten passenden Beobachtungen übernommen (angedeutet durch den gestrichelten Pfeil). Dies ermöglicht es, nach Abschluss aller Auswertungen die im Labor gewonnenen Daten und Ergebnisse mit denen aus der realen Umgebung zu vergleichen. Es ist ungewiss, ob die Menge an ET-Daten genügt, damit die DM-Algorithmen häufige Muster finden können. Zudem bleiben wertvolle Daten auf WUM-Seite unberücksichtigt. Daher ist es in einem zweiten Auswertungsschritt erforderlich, auf dem gesamten maximalen Datenbestand zu arbeiten, um die bestmöglichen Ergebnisse zu ermitteln (blauer Pfad). Aufgrund des Umfangs der Datenmenge muss der eingesetzte Algorithmus sorgfältig ausgewählt, implementiert und konfiguriert werden, damit die Ergebnisse in akzeptabler Zeit ermittelt werden können. Die Ergebnisse der ersten beiden Auswertungsschritte dürften sich entsprechen, wenn die Stichprobe ausreichend umfangreich und repräsentativ ist. In einem dritten Auswertungsschritt wird eine klassische WUM-Analyse auf dem reinen WUM-Datenbestand durchgeführt (schwarzer Pfad). Anhand dieser soll bewiesen werden, dass die entwickelte integrierte Methodik strukturell die gleichen Ergebnisse – allerdings detaillierter – liefert, also insbesondere gegenüber einer klassischen WUM-Auswertung keine Muster fehlen. Der Vergleich mit einer WUM-Auswertung ist erforderlich, weil auf Methodenebene eine WUM-Methode verwendet wird. Mit einer reinen ET-Auswertung können die IUM-Ergebnisse nicht verglichen werden, weil das ET keine Analyse der Seitenübergänge erlaubt. Bei Bedarf ist in einem vierten Auswertungsschritt vorgesehen, ausgesuchte Muster der Schritte eins beziehungsweise zwei mit Visualisierungen des ET zu erklären. Hierfür ist eine klassische ET-Auswertung erforderlich (roter Pfad).

Die vier Auswertungsschritte bilden das Vorgehen dieser Arbeit ab. Den Kern des IUM stellt Auswertungsschritt zwei dar. Schritt eins wird zum Test des IUM benötigt, Schritt drei zur Verifikation. Der vierte Auswertungsschritt ist optional und zur individuellen Erklärung der Ergebnisse vorgesehen. Die Anwendung des IUM ist allgemein nicht an die genannten Auswertungsschritte gebunden. Auf dem integrierten Datenbestand können weiterhin individuelle Analysen mit konkreten Fragestellungen durchgeführt werden, so wie Auswertungsschritt vier einen individuellen Schritt zur Ergänzung der Ergebnisse für konkrete Fragen bei der Betrachtung der Muster darstellt.

3.3 Integrationsmodell

Das im vorherigen Abschnitt ausgewählte Integrationsverfahren ist Grundlage der Arbeit und wird in diesem Abschnitt in seinen inhaltlichen Anforderungen spezifiziert. Die Ausführungen sind anhand der drei Ebenen Daten, Methoden und Muster strukturiert, wobei auf die vier Auswertungsschritte referenziert wird [vgl. Abb. 3.7]. Dieser Abschnitt stellt die Integration konzeptuell vor. Aspekte der Implementierung wie die Auswahl geeigneter Algorithmen oder die Gestaltung der Softwarearchitektur erfolgen im nächsten Kapitel.

3.3.1 Datenbezogene Sicht

Auf Datenebene sind zwei der vier Auswertungsschritte des Integrationsverfahrens genauer zu spezifizieren. Nicht betroffen sind der dritte und vierte Auswertungsschritt, in dem jeweils reine WUM- beziehungsweise ET-Analysen zum Vergleich respektive zur Ergänzung durchgeführt werden. Hierbei arbeitet jedes Verfahren auf seinen eigenen unveränderten Daten. Beim ersten und zweiten Auswertungsschritt erfolgt dagegen eine Integration. Während beim ersten Schritt nur die WUM-Daten der Nutzer verwendet werden, für die auch ET-Daten vorliegen, werden im zweiten Schritt alle WUM-Daten genutzt. Dies ändert nichts an der Richtung der Integration, die auf Datenebene erforderlich ist. Da in beiden Auswertungsschritten eine WUM-Methode angewendet wird, sind die Daten aus dem ET in das WUM zu integrieren [vgl. Kap. 3.2.1 und blauen Pfad in Abb. 3.1].

In beiden Fällen sind daher ET- und EP-Daten in ein WUM-kompatibles Format zu konvertieren, um alle Daten in einem integrierten Datenbestand halten zu können. Auswertungsschritt eins kann dann aus Datensicht ohne weitere Maßnahmen durchgeführt werden. Für Schritt zwei ist zusätzlich noch zu klären, wie der Abgleich der unterschiedlichen Datenmengen auf ET-/EP- und WUM-Seite erfolgt. Hierbei sind die WUM-Daten der Nutzer ohne ET-/EP-Daten mit solchen der Nutzer zu vervollständigen, die gleiches Verhalten auf WUM-Seite zeigen. Diese beiden Maßnahmen der Konvertierung in WUM-kompatible Daten und Vervollständigung der WUM-Daten werden im folgenden beschrieben.

Konvertierung der ET-Daten

Wie in Kapitel 3.2.1 erläutert, können WUM-Daten als Tupel aufgefasst werden, die beschreiben, zu welchem Zeitpunkt welcher Nutzer welche Seite aufgerufen hat. Um die Daten des ET integrieren zu können, sind die einzelnen ET-Samples in Ereignisse gleichen Formats zu konvertieren. Hierfür ist eine Verdichtung erforderlich, weil die ET-Daten viel granularer als die WUM-Daten sind. Es sind drei Verdichtungsschritte erforderlich:

i. Fixationen identifizieren
ii. Fixationen zu Aufmerksamkeitsbereichen gruppieren
iii. Fixationen zu Besuchen der Bereiche verdichten

In jeder ET-Studie, die auf die Eye-Mind-Hypothese aufbaut, müssen aus den einzelnen ET-Samples zuerst Fixationen ermittelt werden (Verdichtungsschritt i). Ausnahmen können medizinische Anwendungen des ET darstellen, die die Augenbewegungen per se analysieren. Sobald die Bereiche identifiziert werden müssen, auf die der Proband seine Aufmerksamkeit richtet, sind Fixationen die Grundlage für die weiteren Auswertungen. Hierzu wird ein Fixationsfilter auf die ET-Rohdaten angewendet, der anhand bestimmter Parameter Fixationen ermittelt [vgl. Kap. 2.3.3].

Üblicherweise wird die minimale Dauer und maximale Streuung festgelegt, die von einer Folge von Mikrobewegungen wie Zittern, Verschiebungen und Mikrosakkaden eingehalten werden müssen, um als Fixation eingestuft werden zu können [vgl. Kap. 2.3.1]. Durch den Fixationsfilter werden die ET-Datenmenge auf weniger als ein Zehntel der Tupel reduziert. Nun umfasst sie ausschließlich Fixationen, für die neben Zeitpunkt, Position und Ausdehnung auch die Dauer gespeichert ist.

Fixationen sind noch zu detailliert, um direkt mit den WUM-Ereignissen integriert werden zu können. Der Radius einer Fixation beträgt im Mittel 30 px [zur Berechnung siehe Kap. 4.2.2]. Bildschirmelemente und inhaltlich zusammengehörige Bereiche sind dagegen deutlich größer. Die Beschriftung der Hauptmenüs auf der Startseite der Universität Hohenheim ist zum Beispiel 96 px breit und 30 px hoch, eine Meldung im Bereich »Aktuelle Themen« ist im Schnitt 400 px breit und 130 px hoch. Benötigt werden Daten über das Betrachten solcher Seitenbereiche statt über die einzelnen Fixationen auf der Webseite. Dazu müssen die Bereiche der Webseite in geeigneter Weise ermittelt werden. Interessante Bereiche eines Stimulus werden im ET als AOI bezeichnet und vom Analysten definiert. Dann kann die Auswertung der Wahrnehmung gezielt auf den identifizierten Bereichen erfolgen. Dies hat zwei Nachteile. Zum einen ist ein manueller Eingriff erforderlich, der bei einer umfangreichen Studie sehr aufwendig sein kann. Eine Anforderung für das IUM ist es, die Auswertung so automatisiert wie möglich abzuwickeln. Zum anderen erfolgt bei der manuellen AOI-Einteilung ein subjektiver Eingriff des Analysten, der von seiner eigenen Einschätzung abhängt. AOI können nur objektiv identifiziert werden, wenn die zu analysierenden Aspekte des Stimulus ex ante definiert sind. Dieses Vorgehen passt zu einer hypothesengetriebenen Auswertung, ist jedoch nicht mit dem Konzept des IUM kompatibel. Im IUM werden keine Experimente durchgeführt, sondern die Daten sollen explorativ analysiert werden, so dass die AOI im Vorfeld nicht vorgegeben werden können. Die Daten sind explorativ ohne Einflussnahme eines Dritten zu verdichten und auszuwerten. Dazu ist es erforderlich, die unterschiedlichen Aufmerksamkeitsbereiche anhand der Daten selbst zu identifizieren. Hierzu werden die Fixationen mit einer Clusteranalyse gruppiert, um die natürlichen, aus Sicht der Nutzer interessanten Bereiche zu ermitteln (Verdichtungsschritt ii). Form und Ränder der Cluster müssen nicht zwangsläufig mit den effektiven Ausmaßen der zugehörigen Seitenbereiche übereinstimmen. Das über einem Menü liegende Cluster kann zum Beispiel kleiner als das Menü selbst sein, wenn Teile nicht fixiert wurden. Dies ist kein Fehler, sondern Ausdruck des Verhaltens der Nutzer, die einen Teil des Menüs nicht beachtet oder benötigt haben. Solange alle Fixationen der auszuwertenden Nutzer berücksichtigt wurden, sind die Cluster vollständig und vergleichbar. Dieses Vorgehen ist objektiv, weil die Einteilung der Webseite in relevante Bereiche ausschließlich anhand ihrer Nutzung durch die Anwender bestimmt werden.

Für die Durchführung der Clusteranalyse sind die Fixationen in geeignete Teilmengen einzuteilen. Es erscheint nicht sinnvoll, alle Fixationen in einem Schritt zu clustern, weil dann Cluster über alle Webseiten gebildet werden. Da die Fixationen auf einer Webseite unabhängig von denen auf einer anderen sind, müssen sie auch unabhängig geclustert werden. Die relevanten Aufmerksamkeitsbereiche sollen seitenabhängig ermittelt werden. Bezogen auf eine Webseite sind weitere Möglichkeiten denkbar, zusätzliche Teilmengen zu bilden. So kann die Clusterung für jeden Nutzer einzeln, für bestimmte Nutzergruppen oder alle Nutzer gemeinsam erfolgen.

Es ist nicht sinnvoll, die Fixationen jedes Nutzers einzeln zu clustern, weil dann keine Vergleichbarkeit der identifizierten Bereiche gegeben ist. Dies kann grafisch an einer Heat Map verdeutlicht werden. In den Abbildungen 3.8 und 3.9 sind beispielhaft Heat Maps derselben Webseite für unterschiedliche Nutzer dargestellt. Eine Rotfärbung erfolgt in allen Darstellungen ab 10 Fixationen pro Bildpunkt. Wie zu erkennen ist, unterscheiden sich die Heat Maps einzelner Nutzer. Dies ist auf unterschiedliche Betrachtungsdauern und Interessensschwerpunkte zurückzuführen. Da jeder Nutzer eine andere Verteilung von Fixationen hat, werden sich die identifizierten Cluster unterscheiden und können daher nicht eindeutig verglichen werden. Für die weitere Auswertung ist es jedoch erforderlich, dass die Cluster, die sich auf den inhaltlich gleichen Bereich einer Webseite beziehen, auch automatisiert erkannt werden können. Wenn sie nicht deckungsgleich sind, ist programmtechnisch nur mit fehleranfälligen Heuristiken zu entscheiden, ob sich zwei Cluster auf den gleichen Bereich einer Webseite beziehen, der dann nicht mehr eindeutig definiert ist. Für die folgenden Auswertungen wäre ein erheblicher manueller Aufwand vonnöten, weil nur der Analyst eindeutig feststellen kann, ob die individuellen Aufmerksamkeitsbereiche verschiedener Nutzer auf den gleichen Seitenbereich fallen oder nicht. Dieser manuelle Eingriff ist mit den gleichen Problemen verbunden, wie die direkte Definition der AOI durch den Analysten.

Sinnvoller ist es dagegen, die Fixationen aller Nutzer einer Webseite gemeinsam zu clustern. Hierbei entsteht ein Satz von eindeutigen, überschneidungsfreien Clustern, die objektiv ermittelt wurden. Das Problem der Vergleichbarkeit tritt bei dieser Variante nicht auf. Die Aggregation über mehrere Nutzer gleicht zudem individuelle Abweichungen und Rauschen automatisch aus. Die relevanten Aufmerksamkeitsbereiche treten umso klarer hervor, je mehr Nutzer berücksichtigt werden [vgl. Pernice, Nielsen (2009), S. 20 ff.]. Dies kann anhand der Abbildung 3.10 nachvollzogen werden, bei der für die Webseite aus dem vorherigen Beispiel die Fixationen von 343 Nutzern überlagert wurden; das Maximum der Farblegende sind 40 Fixationen. Die gemeinsame Clusterung über alle Nutzer führt demnach zu besseren und vergleichbaren Ergebnissen, da hierbei von individuellen Abweichungen abstrahiert wird und generalisierte Cluster ermittelt werden. Diese können problemlos automatisiert in einer integrierten Auswertung verarbeitet werden. Diese Anwendungsform der Clusteranalyse wird für das IUM vorgesehen.

Wenn es nicht erwünscht ist, die Daten vollständig explorativ auszuwerten, können bei der Clusterung auch andere Teilmengen gebildet werden. Für Experimente, bei denen im Vorfeld verschiedene Gruppen unterschieden werden, sollten Teilmengen entsprechend der Nutzergruppen gebildet werden. Dies erfordert dann zwar einen manuellen Eingriff, der sich aufgrund der Fragestellung jedoch nicht vermeiden lässt. Zudem hält sich der Aufwand im Vergleich zur Einzelbetrachtung aller Nutzer in Grenzen, weil die Anzahl Nutzergruppen überschaubar ist, so dass nur wenige Clustersätze miteinander verglichen werden müssen.

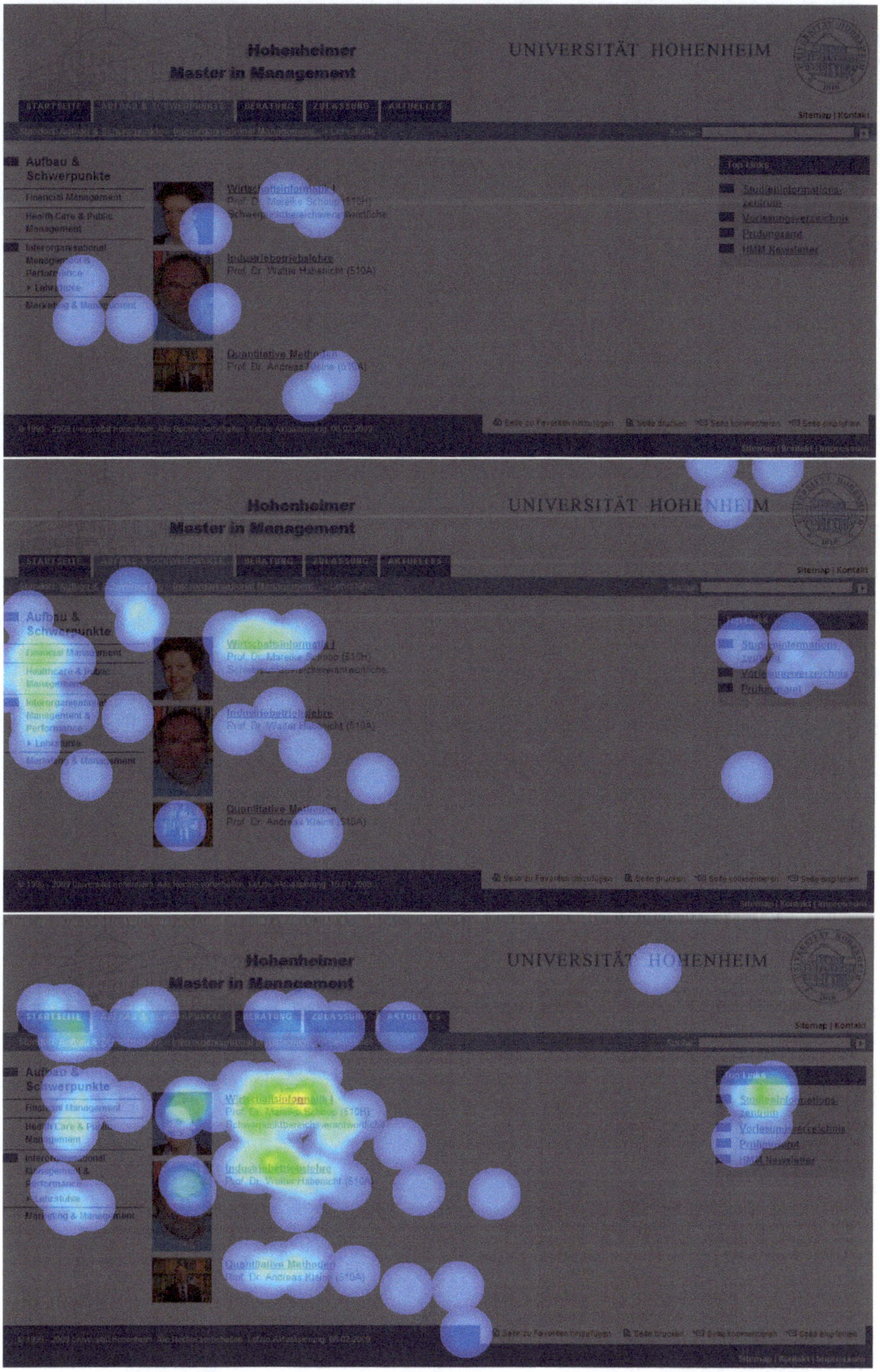

Abbildung 3.8: Heat Maps unterschiedlicher Nutzer, Teil 1

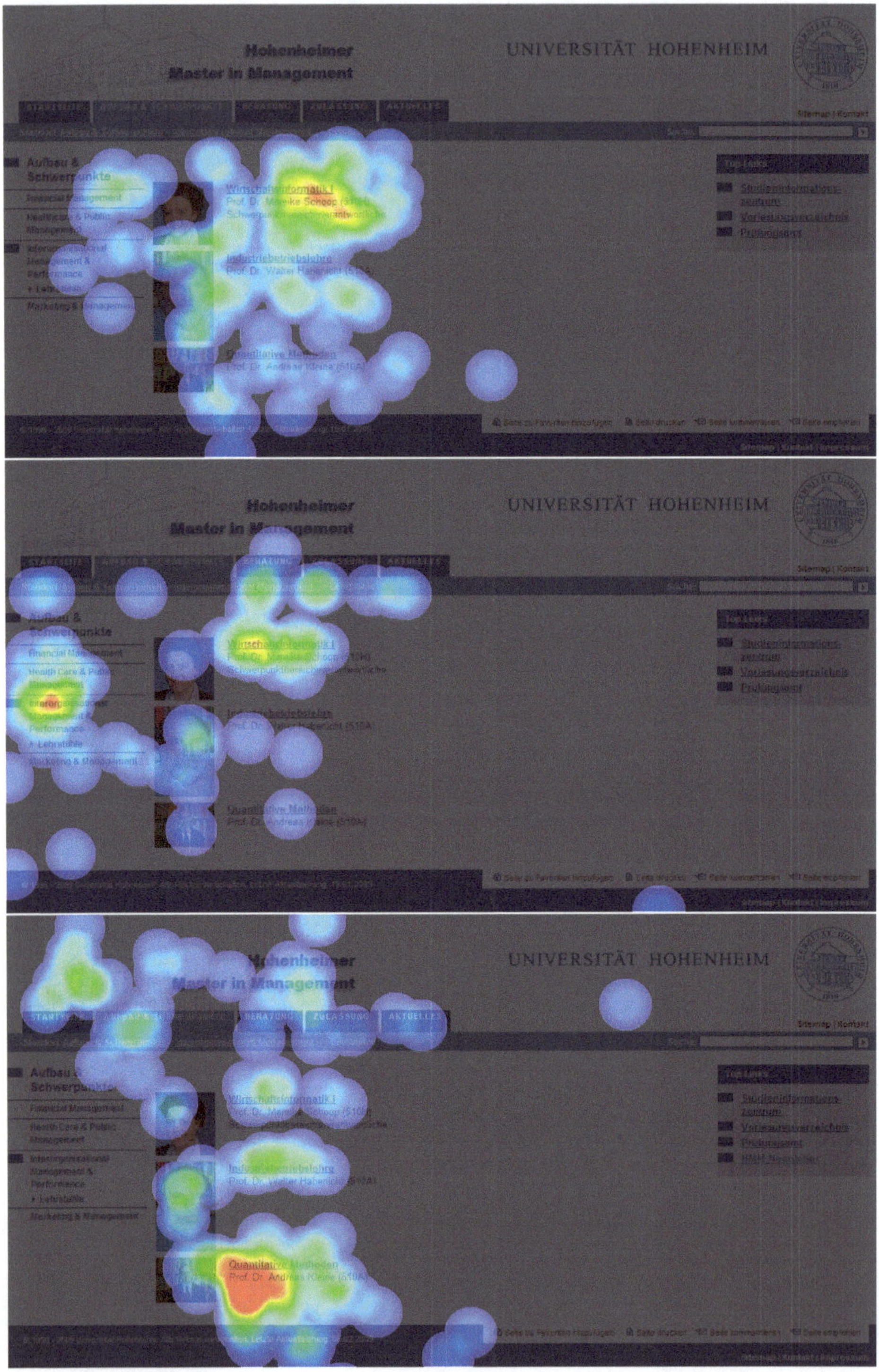

Abbildung 3.9: Heat Maps unterschiedlicher Nutzer, Teil 2

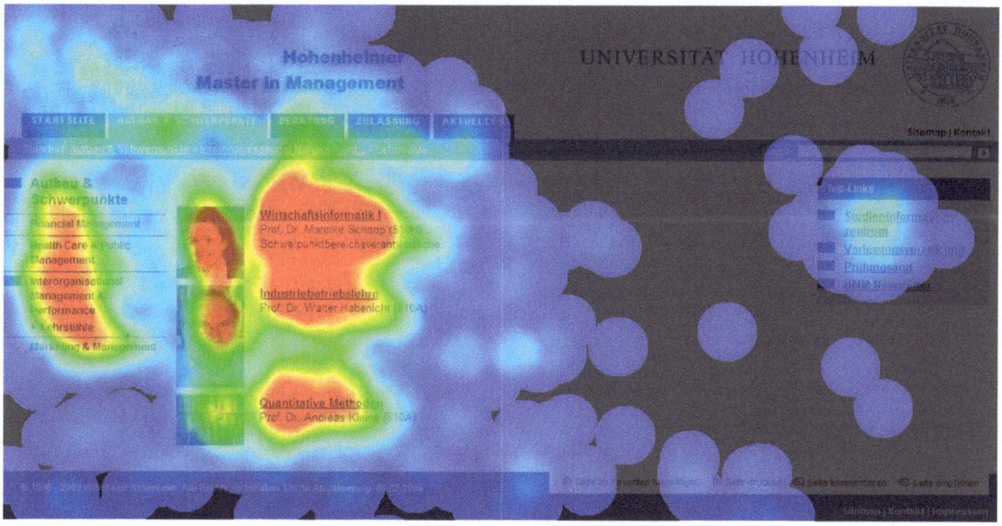

Abbildung 3.10: Heat Map von 343 Nutzern

Nachdem Cluster ermittelt wurden, werden die einzelnen Fixationen jedes Nutzers pro Webseite in Aufenthalte in den – durch die Cluster definierten – Seitenbereichen übersetzt (Verdichtungsschritt iii). So entstehen aus den ET-Samples zum WUM kompatible Ereignisse, die angeben, in welcher Reihenfolge welche Bereiche der Webseite betrachtet wurden. Während die WUM-Daten die seitenübergreifenden Pfade der Benutzer beschreiben, zeigen die verdichteten ET-Daten nun die Pfade innerhalb einer Webseite auf. Durch Integration entsteht schließlich ein vollständiges Abbild des Vorgehens aller Benutzer zwischen und auf allen Webseiten. Diese integrierte Datenbasis wird als Trace Log bezeichnet. Da das Trace Log aus einer explorativen Analyse und objektiven Aufbereitung der erhobenen Daten entsteht, beinhaltet es keine Verzerrung oder Annahmen, aus denen Einschränkungen resultieren. Diese Datenbasis ist somit generisch für alle weiteren Auswertungen geeignet. Um die Verständlichkeit zu erhöhen, wird vor der Integration die Möglichkeit vorgesehen, die ermittelten Cluster zu dem durch sie identifizierten Inhalt der Webseite in Beziehung zu setzen. Statt einer Nummer erhalten sie durch manuelle Annotation eine sprechende Bezeichnung, die für eine bessere Verständlichkeit der Ergebnisse sorgt. Ein Beispiel für ein Trace Log ist in Tabelle 3.4 dargestellt.

Konvertierung der EP-Daten

Die EP-Daten sind ähnlich wie die ET-Samples in eine kompatible Form zu überführen und in das Trace Log zu integrieren. EP-Daten umfassen Mausbewegungen und Klicks sowie Tastenanschläge, für die jeweils getrennt über die Form der Aufbereitung und Aufnahme in das Trace Log entschieden werden muss. Die Tastatureingaben werden bei der EP als Tupel bestehend aus gedrückter Taste und Zeitstempel

Timestamp	User	URL	Title	Cluster Input
1232605915448	578	http://hmm.uni-hohenheim.de/	HMM	NULL
1232605917248	578	http://hmm.uni-hohenheim.de/	HMM	6
1232605917331	578	http://hmm.uni-hohenheim.de/	HMM	1
1232605925843	578	http://hmm.uni-hohenheim.de/71887.html	HMM FM	NULL
1232605925858	578	http://hmm.uni-hohenheim.de/71887.html	HMM FM	1
1232605926641	578	http://hmm.uni-hohenheim.de/71887.html	HMM FM	2
1232605928656	578	http://hmm.uni-hohenheim.de/71887.html	HMM FM	1
1232605935749	578	http://hmm.uni-hohenheim.de/72584.html	HMM FM LS	NULL
1232605936085	578	http://hmm.uni-hohenheim.de/72584.html	HMM FM LS	2
1232605942297	578	http://hmm.uni-hohenheim.de/72584.html	HMM FM LS	1
1232605947560	578	http://hmm.uni-hohenheim.de/72584.html	HMM FM LS	2
1232605948010	578	http://hmm.uni-hohenheim.de/72584.html	HMM FM LS	3
1232605954200	578	http://hmm.uni-hohenheim.de/73391.html	HMM PM	NULL
1232605954622	578	http://hmm.uni-hohenheim.de/73391.html	HMM PM	1
1232605955538	578	http://hmm.uni-hohenheim.de/73391.html	HMM PM	6
1232605955838	578	http://hmm.uni-hohenheim.de/73391.html	HMM PM	1
1232605956687	578	http://hmm.uni-hohenheim.de/73391.html	HMM PM	3
1232605956937	578	http://hmm.uni-hohenheim.de/73391.html	HMM PM	1
1232605962162	578	http://hmm.uni-hohenheim.de/73392.html	HMM PM LS	NULL
1232605963149	578	http://hmm.uni-hohenheim.de/73392.html	HMM PM LS	1
1232605969549	578	http://hmm.uni-hohenheim.de/73391.html	HMM PM	NULL
1232605969861	578	http://hmm.uni-hohenheim.de/73391.html	HMM PM	6
1232605971977	578	http://hmm.uni-hohenheim.de/73391.html	HMM PM	1
1232605972276	578	http://hmm.uni-hohenheim.de/73391.html	HMM PM	6
1232605973509	578	http://hmm.uni-hohenheim.de/73391.html	HMM PM	1
1232605975982	578	http://hmm.uni-hohenheim.de/71885.html	HMM IM	NULL
1232605976124	578	http://hmm.uni-hohenheim.de/71885.html	HMM IM	2
1232605976890	578	http://hmm.uni-hohenheim.de/71885.html	HMM IM	1
1232605977873	578	http://hmm.uni-hohenheim.de/71885.html	HMM IM	2
1232605978522	578	http://hmm.uni-hohenheim.de/71885.html	HMM IM	1
1232605992300	578	http://hmm.uni-hohenheim.de/72585.html	HMM IM LS	NULL
1232605992313	578	http://hmm.uni-hohenheim.de/72585.html	HMM IM LS	2
1232605992912	578	http://hmm.uni-hohenheim.de/72585.html	HMM IM LS	1
1232605993362	578	http://hmm.uni-hohenheim.de/72585.html	HMM IM LS	2
1232605994028	578	http://hmm.uni-hohenheim.de/72585.html	HMM IM LS	4
1232605994278	578	http://hmm.uni-hohenheim.de/72585.html	HMM IM LS	2
1232605996760	578	http://hmm.uni-hohenheim.de/72585.html	HMM IM LS	5
1232605997126	578	http://hmm.uni-hohenheim.de/72585.html	HMM IM LS	1
1232605998342	578	http://hmm.uni-hohenheim.de/72585.html	HMM IM LS	5
1232605998525	578	http://hmm.uni-hohenheim.de/72585.html	HMM IM LS	4
1232605998875	578	http://hmm.uni-hohenheim.de/72585.html	HMM IM LS	3
1232606000174	578	http://hmm.uni-hohenheim.de/72585.html	HMM IM LS	1
1232606004338	578	http://hmm.uni-hohenheim.de/72585.html	HMM IM LS	5
1232606004604	578	http://hmm.uni-hohenheim.de/72585.html	HMM IM LS	2
1232606005437	578	http://hmm.uni-hohenheim.de/72585.html	HMM IM LS	5
1232606006020	578	http://hmm.uni-hohenheim.de/72585.html	HMM IM LS	2
1232606007802	578	http://hmm.uni-hohenheim.de/72585.html	HMM IM LS	4
1232606008085	578	http://hmm.uni-hohenheim.de/72585.html	HMM IM LS	2
1232606008385	578	http://hmm.uni-hohenheim.de/72585.html	HMM IM LS	3

Tabelle 3.4: Auszug eines Trace Logs

erfasst. Zwar wäre dieses Format bereits geeignet, um die Daten ins Trace Log aufzunehmen. Allerdings passen die Daten auf diesem Detailgrad inhaltlich nicht sinnvoll zu den anderen ereignisorientierten Trace Log-Einträgen. Es sind nicht die einzelnen Tastenanschläge, sondern die eine logische Einheit bildenden Zeichenketten interessant. Vor der Integration in das Trace Log ist daher ein Eingabefilter anzuwenden. Dieser muss die Buchstaben und Ziffern extrahieren und zu Zeichenketten zusammen führen. Computerspezifische Steuertasten wie `Strg`, `Tab`, `Enter`, die `F-` oder Cursor-Tasten sind herauszufiltern oder dienen nur der Identifizierung von semantischen Einheiten. Eine Einheit wird durch alle Zeichen definiert, die gemeinsam in ein Steuerelement wie ein Such- oder Formularfeld eingegeben werden. Durch `Tab` oder `Enter` wird zum Beispiel eine Einheit abgeschlossen, weil dadurch das aktuelle Feld verlassen oder das Formular bestätigt wird. Andere Tasten wie `F5` haben keine relevante textuelle Repräsentation. Neben den Steuercodes gibt es zwei weitere Anhaltspunkte für den Beginn einer neuen Einheit. Dies ist zum einen der Wechsel auf eine neue Webseite, dessen Zeitpunkt im Trace Log vermerkt ist und für die Einteilung der Einheiten zu verwenden ist. Zum anderen können Klicks als Beginn einer neuen Einheit angesehen werden, weil sie den Cursor in der Regel in ein anderen Steuerelement verschieben. Eingaben wie Pfeiltasten oder auch bestimmte Klicks, die den Cursor innerhalb desselben Steuerelements verschieben, können allerdings nicht korrekt aufgelöst werden. Für diese kann aufgrund fehlender Information zur Darstellung der Webseite im Browser nicht entschieden werden, wie sie auf den Inhalt des Steuerelements auswirken. Als Näherung verbleibt nur, diese gänzlich zu ignorieren oder jeweils neue Einheiten beginnen zu lassen. Da solche Eingaben Korrekturen einleiten, sind sie relativ selten. Ziel ist es, die eingegebenen Suchbegriffe zu erfassen und nicht, längere Texte korrekt zu parsen. In den meisten Fällen sollte das vorgeschlagene Vorgehen daher die Zeichenketten richtig erkennen und zu Einheiten gruppieren. Diese Einheiten werden dann mit dem Zeitstempel ihres Auftretens versehen und als Ereignis in das Trace Log aufgenommen (Attribut `Input`). Beispiele hierfür sind in Tabelle 3.4 enthalten.

Im Gegensatz zu Tastatureingaben, die wertvolle Informationen über die Absichten des Nutzers geben können, ist es pauschal nicht sinnvoll, Mauseingaben zu berücksichtigen. Zwar werden in der Usability-Praxis Mausbewegungen gerne verwendet, um nicht verfügbare ET-Daten zu ersetzen, aber es wird bezweifelt, dass sie ein ernst zu nehmender Ersatz sein können. Sicherlich lassen sich bei Analyse der Mausbewegungen verschiedene Typen von Mausbenutzern oder Mausbedienungsweisen identifizieren, aber es ist fraglich, was daraus abgeleitet werden kann. Dem ET liegt die Eye-Mind-Hypothese zugrunde, die die Verwendung der Augenbewegungen zur Messung der Aufmerksamkeit rechtfertigt. Die Aussagekraft der Augenbewegungen für die innersten Vorgänge im Gehirn ist allgemein anerkannt [vgl. Carpenter (1988) und Hyönä u. a. (2003)]. Einer gleichartigen Verwendung von Mausbewegungen müsste ebenfalls eine gleichwertige Theorie zugrunde liegen. Es erscheint aber keinesfalls logisch, dass auf das mit der Maus gezeigt wird, was mental verarbeitet wird. Sicherlich lassen sich Anwender beobachten, die den Mauszeiger als Lesehilfe verwenden. Aber ein Nutzer kann allein deswegen nicht auf das zeigen, was er fokussiert, weil der Mauszeiger dann ständig den Blick verdecken würde. Selbst wenn der Mauszeiger von jedem Anwender ansatzweise in die Richtung des betrachteten

Objekts bewegt wird, kann diese Bewegung nicht stichhaltig genutzt werden, weil sie viel zu vage ist. Zudem gibt es sicherlich verschiedene Typen von Mausbenutzern. In der Praxis lässt sich regelmäßig beobachten, dass erfahrene Anwender die Maus wenig und gezielt benutzen, wenn sie gebraucht wird, und dagegen still halten, wenn sie nicht gebraucht wird. Aus den Bewegungen des Mauszeigers können daher für das IUM keine nützlichen Informationen abgeleitet werden.

Die zweite Kategorie von Mauseingaben sind Klicks. Mausklicks sind im Web primär interessant für Seitenwechsel, über die im IUM bereits alle Daten vorliegen. Da im Regelfall nur ein Link zwischen zwei Webseiten existiert, ist die Position des Klicks auch nicht interessant. Es ist dann eindeutig, über welchen Link die nächste Seite aufgerufen wurde und die Klickposition deckt sich mit der Position des Links. Falls die Verlinkung im Einzelfall abweicht und in der Auswertung berücksichtigt werden muss, ist in diesem Fall anders zu verfahren. Dann sind Daten über die Klicks in das Trace Log aufzunehmen. Neben Klicks zum Seitenwechsel entstehen noch Klicks bei der Bedienung der Seitenelemente. Da im Rahmen dieser Arbeit einfache klassische Webauftritte analysiert werden sollen, werden wenig Klicks dieses Typs auftreten [vgl. Kap. 1.1.3]. Die Berücksichtigung dieses Klicktyps ist sehr aufwendig, weil sich durch sie der Seiteninhalt dynamisch ändert. Es werden Log-Ereignisse zum Auftreten und visuelle Daten über die Auswirkungen benötigt, die nur durch eine Instrumentierung des Web Browsers beschafft werden können. Um die Komplexität handhaben zu können, werden Klicks im ersten Entwurf des IUM nicht berücksichtigt.

Vervollständigung der WUM-Daten

Mit der Spezifikation der Konvertierung von ET- und EP-Daten kann Auswertungsschritt eins des Integrationsverfahrens durchgeführt werden [siehe Abb. 3.7]. Für Auswertungsschritt zwei ist auf Datenebene zusätzlich noch zu klären, wie der mengenmäßige Abgleich von ET-/EP- und WUM-Daten erfolgt. Im Schritt zwei werden alle Beobachtungen einer gemeinsamen Datenbasis auf WUM-Seite hinzugefügt. Wie erläutert sind jedoch nicht für alle Nutzer ET- und EP-Daten verfügbar, von denen WUM-Beobachtungen vorliegen. Der Überhang kann sehr groß sein, weil laborbasierte ET-Studien in der Regel nur mit einer sehr geringen Anzahl Probanden arbeiten [vgl. Jacob, Karn (2003), S. 582 ff. sowie Goldberg, Wichansky (2003), S. 512 f. und Pernice, Nielsen (2009), S. 19 f.]. Während dies zur Beantwortung der üblichen Fragestellungen wie dem Aufdecken von Usability-Problemen genügen mag, ist es im IUM entscheidend, eine umfassende Erhebung durchzuführen, um die verschiedenen Vorgehensweisen der Nutzer möglichst genau dokumentieren und auswerten zu können. Dennoch werden mit ET vorerst nicht annähernd so viele Nutzer beobachtet werden können wie im WUM. Dazu müssten Eye Tracker in Monitore und Notebooks integriert und sehr verbreitet sein.

Es ist daher unumgänglich, WUM-Beobachtungen zu vervollständigen, zu denen keine ET- und EP-Beobachtungen vorliegen. Dies funktioniert umso besser, je größer und heterogener die Nutzergruppe ist, von der ET-/EP-Daten erhoben werden. Dabei wird angenommen, dass es eine feste Anzahl an Vorgehensweisen gibt, so dass bei Auswahl einer repräsentativen Stichprobe für jede dieser von mindestens einem Nutzer ET-Daten aufgezeichnet werden können. Dann kann das durch ET aufgezeichnete seitenbezogene Verhalten auch den Nutzern ohne ET-Daten unterstellt werden, die das gleiche seitenübergreifende Vorgehen im WUM vorweisen. Es wird unterstellt, dass Nutzer auch innerhalb der Webseite gleich vorgegangen sind (»ET-Pfad«), wenn sie das gleiche Vorgehen zwischen Webseiten zeigen (»WUM-Pfad«). Der WUM-Pfad wird von den grau markierten Zeilen in Tabelle 3.4 gebildet, die weißen stellen den ET-Pfad dar. Ein Nutzer, für den keine ET- und EP-Daten vorliegen, erhält diese (weiße Zeilen) von einem anderen, der den gleichen WUM-Pfad (graue Zeilen) besitzt. Dabei muss es bei gleichem WUM-Pfad nicht notwendigerweise immer die gleichen ET-Pfade geben. Werden unterschiedliche ET-Pfade beobachtet, werden diese im gleichen Verhältnis auf die unvollständigen WUM-Pfade projiziert.

Können WUM-Pfade auf ET-Seite nicht gefunden werden, dann war die Stichprobe der ET-Nutzer nicht vollständig beziehungsweise nicht repräsentativ. Sofern noch möglich, kann in diesem Fall versucht werden, ET-Aufnahmen von weiteren Nutzern zu erstellen, um dadurch die verbleibenden WUM-Daten ergänzen zu können. Falls dies nicht möglich ist oder nicht zu passenden Aufnahmen führt, kann der WUM-Pfadabgleich mit einem Ähnlichkeitsmaß durchgeführt werden. Statt eine exakte Übereinstimmung zu suchen kann zum Beispiel mit String Editing nach Pfaden gesucht werden, die hinreichend ähnlich sind, um immerhin für ein paar der Seitenaufrufe noch ET-Daten ergänzen zu können. Einer Explosion von ET-Pfadvarianten wirkt entgegen, dass die ET-Daten bei ihrer Verdichtung zu Besuchen von Seitenbereichen abstrahiert wurden. Hierdurch werden sie normiert und besser vergleichbar, so dass sich hinreichend ähnliche Pfade finden lassen sollten. Wenn nur wenige WUM-Datensätze nicht vervollständigt werden können, können diese andererseits auch unvollständig bleiben, weil sie dann für das Ergebnis eine geringe Bedeutung haben.

Die Vervollständigung der WUM-Daten ist in dieser Form die beste Möglichkeit, die unvollständigen Daten begründet zu ergänzen. Da die benötigten ET- und EP-Daten nicht verfügbar sind, gibt es keine Alternative zu einer heuristischen Ergänzung. Ohne Vervollständigung könnten mangels Support zu wenige oder keine ausführlichen Muster gefunden werden. Die beschriebene Form der Projektion, die das Verhältnis der beobachteten ET-Pfade wahrt, ist bei Berücksichtigung aller verfügbaren Daten so verzerrungsfrei wie möglich. Die Ergebnisse werden umso genauer, je mehr Nutzer im Labor mit ET beobachtet werden können. Gleichzeitig steigt dabei auch die Qualität der Ergebnisse in Auswertungsschritt eins. Somit ist es auch denkbar, dass ab einer bestimmten Probandenanzahl in Schritt zwei keine neuen Erkenntnisse mehr dazu gewonnen werden können, weil alle Muster durch Schritt eins gefunden werden können. In der praktischen Anwendung wird sich in Schritt eins zeigen, inwieweit bereits aussagekräftige detaillierte Muster entdeckt werden können und Auswertungsschritt zwei einen Mehrwert bietet. Bis dahin wird davon ausgegangen, dass der Umfang an ET-Daten in der Praxis nicht so umfassend sein kann, dass eine Vervollständigung der WUM-Daten und Auswertungsschritt zwei nicht erforderlich wären.

3.3.2 Methodische Sicht

Auf Ebene der Methoden ergibt sich wie auf Datenebene nur für die Auswertungsschritte eins und zwei Spezifikationsbedarf. Da in den Schritten drei und vier unveränderte WUM- beziehungsweise ET-Analysen durchgeführt werden, ist aus methodischer Sicht nichts anzupassen. Im Auswertungsschritt vier werden die ET-Visualisierungsformen Heat Map und Gaze Plot für Webseiten erstellt, die im Rahmen der Auswertungsschritte eins bis drei als interessant identifiziert wurden und auf die im Detail eine andere Sicht gewünscht wird. Da Schritt drei eine Vergleichsstudie darstellt, muss hier die gleiche WUM-Methode zur Anwendung kommen wie in den Schritten eins und zwei. Hierfür ist nun eine geeignete Methode zu wählen.

Prinzipiell kann jede WUM-Methode verwendet werden, weil die ET- und EP-Daten WUM-kompatibel konvertiert sind und alle als Trace Log integriert vorliegen. Jede der Standardmethoden Assoziations-, Sequenz-, Clusteranalyse und Klassifikation ist jedoch für unterschiedliche Zwecke vorgesehen [vgl. Kap. 2.2.3], so dass die Wahl der Methode von der Fragestellung abhängig ist. Ziel des IUM ist es, die verschiedenen Vorgehensweisen der Nutzer detailliert nachzuvollziehen und die häufigen Vorgehensweisen zu identifizieren. Die Klassifikation scheidet als Methode daher aus, weil es im Vorfeld keine fertigen Verhaltensklassen gibt, in die ein Nutzer einzusortieren wäre. Typen von Nutzern beziehungsweise Vorgehensweisen sind vielmehr ein Ergebnis des IUM, die aus den Daten explorativ zu ermitteln sind.

Die Clusteranalyse ist eine strukturierende Methode, die Datensätze gruppieren kann und damit prinzipiell dazu beitragen kann, Klassen von Nutzern oder Vorgehensweisen zu erkennen. Es ist jedoch kritisch zu diskutieren, ob das Verfahren die beste der verbleibenden Alternativen darstellt und ohne weitere Verarbeitungsschritte auf dem Trace Log angewendet werden sollte. Das Trace Log besteht aus einzelnen Ereignissen, denen ein Zeitstempel und ein Nutzer zugeordnet wurde. Da nicht die Einzelschritte, sondern zusammenhängende Pfade der Nutzer zu untersuchen sind, müssten die Ereignisse zunächst zu Pfaden zusammen gesetzt werden. Diese bilden jedoch keine gleich strukturierten Datensätze mit identischen Attributen, wie sie zum Clustern benötigt werden. Ein Attribut eines Datensatzes entspricht einem Schritt beziehungsweise einer Aktion eines Nutzerpfades, so dass jeder Datensatz eine andere Länge besitzt. Es erscheint nicht sinnvoll, sich am längsten Datensatz zu orientieren und die überzähligen Attribute der anderen Datensätze unbesetzt zu lassen. Fehlende Werte werden im DM üblicherweise ergänzt, so dass hier die Auswirkungen auf die Berechenbarkeit und Qualität des Ergebnisses genau zu prüfen sind. Viel problematischer ist allerdings, dass durch einen Vergleich dieser Art der Länge eines Pfades eine unerwünschte Bedeutung zukommt. Die Clusteranalyse unterstellt den Daten eine starre Struktur, so dass jeweils die Pfadelemente gleicher Position miteinander verglichen werden. Dies ist bei gleich strukturierten Datensätzen korrekt, für die vorliegenden Strukturen jedoch nicht flexibel genug und fehleranfällig. Zwei inhaltlich fast identische Pfade, von denen der eine wenige, zusätzliche Zwischenschritte aufweist, können nicht angemessen verglichen werden, weil die Übereinstimmung des restlichen Pfades ab der Abweichung durch einen Zwischenschritt nicht mehr erkannt wird. Außerdem ist zu berücksichtigen, dass es unterschiedliche Typen von Aktionen aus dem WUM, ET und der EP gibt, die in einem Pfad beliebig vermischt sein können. Es muss gewährleistet werden, dass nur Aktionen gleichen Typs verglichen werden, wofür weitere Leerschritte einzufügen sind. Dies führt zu weiteren Verfälschungen. Da die Aktionen nominell skaliert sind, ist die Clusterung zudem weniger differenziert als bei Verwendung metrischer Maße. Um die genannten Probleme zu umgehen, dürfen die Pfade nicht mit den üblichen Techniken verglichen werden, sondern es muss eine andere Form von Ähnlichkeitsmaß gesucht werden, anhand dessen der Pfadabgleich eindeutig möglich ist. Die Schwierigkeit liegt in der Definition dieses Maßes, das die vielschichtige inhaltliche Ähnlichkeit in einem Wert repräsentieren muss. Ein Abstandsmaß wie beispielsweise das des String Editing kann die inhaltliche Ebene nicht erfassen. Diese ist zur Identifizierung verschiedener Typen von Nutzern oder Vorgehensweisen aber essentiell. Zur Lösung dieser Problematik erscheint es unumgänglich, das Clusterverfahren anzupassen.

Die Assoziations- und Sequenzanalyse sind aufgrund struktureller Unterschiede nicht von diesen Problemen betroffen. Unterschiedliche Längen und Zusammensetzungen von Pfaden werden automatisch berücksichtigt, denn diese Verfahren sind auf die Verarbeitung von Datenstrukturen unterschiedlicher Länge wie Warenkörbe zugeschnitten. Da das relevante Kriterium die positionsbezogene Häufigkeit eines Pfadelements und nicht die Ähnlichkeit eines Pfades ist, können alle Elemente ohne Einschränkungen als nominell angesehen und verglichen werden. Somit ist auch der Vergleich unterschiedlicher Typen unproblematisch. Er kann nicht zu einer Übereinstimmung führen, weil die Elemente nicht zueinander passen, und dies schließt falsche Bestandteile in den Mustern aus. Neben der besseren Eignung zur Verarbeitung der vorliegenden Daten verbindet sich mit Assoziations- und Sequenzanalyse ein entscheidender struktureller Vorteil. Die beiden Verfahren extrahieren häufige Zusammenhänge und (Teil-) Pfade, während die Clusteranalyse keine Muster entdecken, sondern die Daten nur strukturieren kann. Das Extrahieren von Verhaltensmustern zählt zu den Kernaufgaben des IUM, so dass in Verbindung mit den Vorteilen bei der Datenverarbeitung der Assoziations- und Sequenzanalyse eindeutig der Vorzug gegenüber der Clusteranalyse zu geben ist. Die Ergebnisse sind explorativer und aussagekräftiger, obgleich sie die Clusteranalyse nicht ersetzen. Aufgrund der oben dargestellten Probleme wird die Clusteranalyse jedoch zurückgestellt. Abhängig von den Ergebnissen kann dann beurteilt werden, inwieweit es erforderlich oder sinnvoll ist, zusätzlich eine Clusteranalyse nachgeschaltet, separat oder auch kombiniert anzuwenden. Diese könnte nützlich zur Strukturierung einer umfangreichen Ergebnismenge sein, die von mustererkennenden Methoden häufig erzeugt wird. Gegebenenfalls kann dann auch eine Kombination in Form einer FPM-basierten Clusteranalyse sinnvoll sein [vgl. Han, Kamber (2006), S. 440 ff.].

Der Hauptunterschied zwischen der Assoziations- und der Sequenzanalyse besteht in der Struktur der analysierten Zusammenhänge [vgl. Kap. 2.2.3]. Während die Assoziationsanalyse Wenn-Dann-Regeln zwischen einzelnen Elementen ableitet, analysiert die Sequenzanalyse die Reihenfolge der Elemente. Dies beinhaltet einen Wenn-Dann-Bezug und ist zudem ausführlicher, weil längere Abfolgen erkannt werden. Die Entdeckung häufiger (Teil-) Pfade ist die detaillierteste Auswertungsform im WUM. Die Sequenzanalyse passt perfekt zum IUM, weil sie das Vorgehen der Nutzer analysiert. Die Datengrundlage wird vom Trace Log bereitgestellt, das alle Daten bereits in der benötigten Form beinhaltet. Die Sequenzanalyse benötigt einzelne Transaktionen, die aus einer zeitlichen Abfolge von Items besteht. Im Trace Log werden die Transaktionen durch die Nutzer gebildet; die Items stellen ihre Aktionen da, die durch den Zeitstempel temporal geordnet werden. Die Aussagekraft der Muster und der Umfang der Ergebnismenge werden durch den Support-Parameter gesteuert, der die minimale Verbreitung der Muster beschreibt. Am Ablauf der Methode sind keine Anpassungen vorzunehmen; sie kann unverändert aus dem WUM übernommen werden, weil das Trace Log bereits die erforderlichen Integration der ET-Seite übernommen hat.

3.3.3 Mustersicht

Die ersten drei Auswertungsschritte basieren auf der Anwendung derselben Methode auf unterschiedliche Ausschnitte des Datenbestands. Da hierbei eine unveränderte WUM-Methode verwendet wird und keine Vermischung oder Verkettung verschiedener Methoden erfolgt, liegt im Ergebnis jeweils ein Satz strukturell gleicher Muster vor. Eine Verknüpfung mit anderen Teilergebnissen erübrigt sich. Es ist lediglich erforderlich, die Ergebnisse der ersten drei Auswertungsschritte miteinander zu vergleichen. Dadurch soll geprüft werden, ob Schritt zwei andere Muster als Schritt eins findet und ob alle durch Schritt drei ermittelten relevanten Muster auch in den integrierenden Schritten eins und zwei gefunden werden. Um Anzahl und Zusammensetzung der Muster vergleichen zu können, sind keine weiteren Maßnahmen aus Mustersicht erforderlich. Der unterschiedliche Detaillierungsgrad der Muster aus Schritt drei kann leicht berücksichtigt werden, indem der Vergleich nur auf den gemeinsamen WUM-Teilen erfolgt.

Im einzelnen sind folgende Abgleiche erforderlich. Zuerst wird geprüft, ob alle Muster aus Schritt eins auch in Schritt zwei gefunden wurden und vice versa. Wenn die Ergebnismengen gleich sind, war die Labor-Stichprobe repräsentativ und Schritt eins damit prinzipiell ausreichend. Allerdings wird dadurch Auswertungsschritt zwei allgemein nicht überflüssig, weil die Qualität der Stichprobe vom Einzelfall abhängt und nur sicher durch Ausführung von Schritt zwei bewertet werden kann. Wenn die Ergebnisse abweichen, kommt der Ergebnismenge von Schritt zwei größere Bedeutung zu, weil sie auf dem vollständigen Datenbestand basiert. Die Abweichungen der Ergebnisse von Schritt eins zu Schritt zwei sind auf die Stichprobe zurück zu führen. Aus der Ergebnismenge von Schritt drei werden anschließend alle Muster entfernt, die im Schritt zwei gefunden wurden. Im Idealfall bleibt kein

Muster übrig. Dann war der Test erfolgreich und bestätigt, dass das IUM korrekt funktioniert. Andernfalls ist zu prüfen, weshalb bei Verwendung der integrierten Daten nicht alle Muster gefunden wurden, die eine klassische WUM-Auswertung findet [vgl. Kap. 3.2.5].

Nach Abschluss dieser Vergleiche steht fest, wie gut das IUM in der Praxis funktioniert. Wenn alle Auswertungen erwartungskonform arbeiten, stellen die Muster von Auswertungsschritt zwei die vollständige Ergebnismenge dar. Diese kann nun wie gewohnt inhaltlich analysiert werden. Hierfür ist im gewählten Integrationsverfahren unterstützend Auswertungsschritt vier zuständig, durch dessen Anwendung es zu einer Verbindung verschiedener Typen von Mustern kommen kann. Schritt vier ist dafür vorgesehen, Muster der WUM-Methode aus den Schritten eins beziehungsweise zwei nach Bedarf durch eine andere Sicht zu ergänzen, um sie zu verdeutlichen, zu untermauern oder spezifische Fragen zu klären. Dafür werden die ET-Diagramme Heat Map und Gaze Plot verwendet, wobei die bei der Datenintegration ermittelten Cluster einzuzeichnen sind. Der Gaze Plot kann dabei auf zwei Detaillierungsstufen dargestellt werden: klassisch mit Fixationen aus den ET-Logs für einen Nutzer oder verdichtet mit Clusterbesuchen aus dem integrierten Trace Log für einen Nutzer oder ein Muster. Ein Beispiel dieser Diagrammform für die ET-Daten eines Nutzers ist Abbildung 3.11 zu finden. Die Cluster stammen aus der Identifizierung der Aufmerksamkeitsbereiche anhand der ET-Daten aller Nutzer. Ein Diagramm mit der Heat Map aller Nutzer und dem Plot des ET-Musterteils sieht strukturell entsprechend aus. So wird der Bezug zwischen den durch Integration ermittelten IUM-Mustern und den reinen ET-Ergebnissen hergestellt. Dies soll bei der Analyse der Ergebnisse je nach Bedarf erfolgen. Da Auswertungsschritt vier lediglich ergänzenden Charakter hat und nicht Kernbestandteil des IUM ist, ist

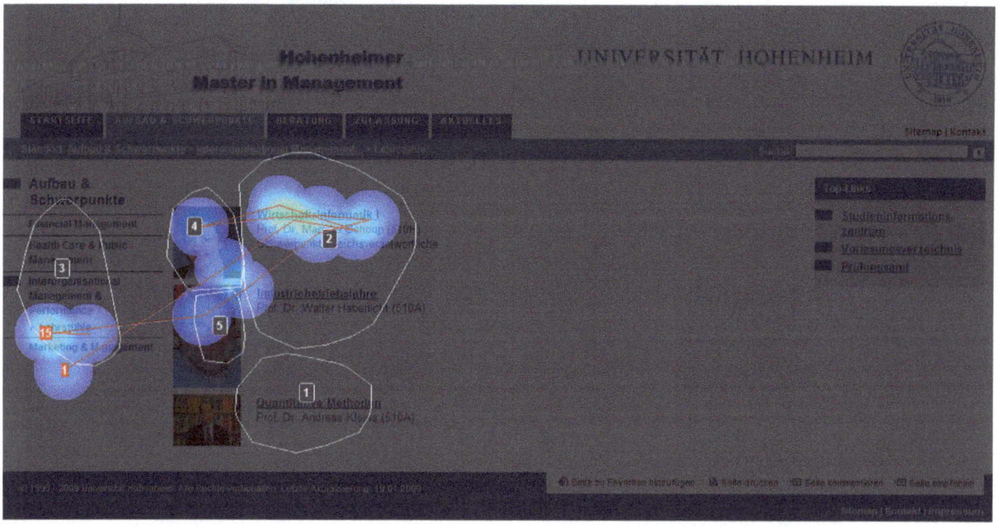

Abbildung 3.11: Integriertes Diagramm aus Heat Map und Gaze Plot mit Clustern

keine vollständige Integration auf Musterebene vorgesehen, bei der die Ergebnisse von Schritt vier pauschal in die Muster von Schritt eins oder zwei integriert werden [vgl. Kap. 3.2.3]. Konzeptionell erfüllt die Auswertung ohne Schritt vier bereits den Zweck des IUM. Bei der praktischen Anwendung muss geprüft werden, wie häufig eine Ergänzung durch Schritt vier erforderlich ist und inwieweit die Muster dann integriert werden.

3.4 Erweiterungsmöglichkeiten

Das vorgestellte Integrationsmodell ist auf die Forschungsfrage zugeschnitten und stellt diesbezüglich die beste Möglichkeit dar, WUM und ET zu integrieren. Wie im Kapitel 3.2 erarbeitet, sind eine Reihe anderer Möglichkeiten denkbar. In diesem Abschnitt werden mögliche Veränderungen und Erweiterungen des gewählten Verfahrens vorgestellt. Sie zeigen, dass das IUM flexibel und modular auf spezifische Anwendungskontexte angepasst werden kann.

Änderungen am Integrationsverfahren

Das gewählte Integrationsverfahren besteht aus vier Auswertungsschritten, denen unterschiedliche Bedeutung zukommt. Essentiell für die Integration selbst ist lediglich Schritt zwei. In diesem wird eine Auswertung auf dem vollständigen und integrierten Datenbestand durchgeführt. Die Schritte eins und drei können aus dem Modell entfernt werden, wenn bewiesen wurde, dass es funktionsfähig und korrekt ist. Auswertungsschritt eins sieht die Erprobung der Methode auf einem Teil der Daten vor, die nach einer Testphase nicht mehr erforderlich ist. Schritt drei ist eine Vergleichsstudie im WUM, mit der die Korrektheit des IUM bewiesen werden soll. Anhand der Ergebnisse aus dem integrierten Daten und den reinen WUM-Daten soll gezeigt werden, dass das IUM in der realisierten Form nicht weniger oder unschärfere, sondern mindestens genauso viele und detailliertere Muster erkennt, als es ohne IUM möglich ist. Wenn dies nachgewiesen wurde, ist Schritt drei für den praktischen Einsatz des IUM ebenfalls nicht erforderlich. Wie bereits diskutiert, ist Auswertungsschritt vier optional. Die minimale Form des Integrationsverfahrens ist in Abbildung 3.12 dargestellt. Der blaue Pfad markiert die Hauptauswertung, der rote die optionale Ergänzung der Muster durch eine reine ET-Auswertung.

Neben der Reduktion von Auswertungsschritten ist auch ein Ausbau der verbleibenden denkbar. Einerseits können auf Methodenebene andere Auswertungsmethoden zum Einsatz kommen. Die einfachste Variante besteht darin, eine andere WUM-Methode zu verwenden, weil dadurch keine weiteren Änderungen auf den anderen Ebenen erforderlich sind. Die Integration kann auch auf Methodenebene erweitert werden, so dass die Methode auszubauen ist. Dann ist eines der Verfahren umzusetzen, die in Kapitel 3.2.2 vorgestellt wurden. Bei der Wahl beziehungsweise Konzeption einer neuen Methode ist besondere Sorgfalt geboten, weil diese primär ausschlaggebend für die Qualität der Ergebnisse ist. Andererseits kann das IUM auch

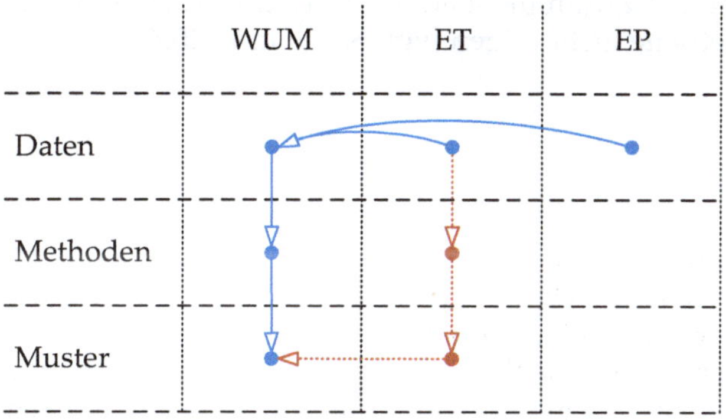

Abbildung 3.12: Minimales Integrationsverfahren

auf Musterebene ausgebaut werden, wenn sich zeigt dass Auswertungsschritt vier stärkere Bedeutung zukommt (roter Pfad in Abbildung 3.12). Dann empfiehlt es sich, standardmäßig auch auf Musterebene zu integrieren. Die Herausforderung besteht hier darin, Schnittstellen in den Mustern zu identifizieren und eine verständliche Darstellungsform für die Kombination zu finden.

Ein anderer Ablauf der Auswertung ist auch ohne methodische Änderungen möglich. Der explorative Ansatz des IUM ist nicht mit Annahmen verbunden und ermöglicht es, auf der integrierten Datenbasis beliebige Fragestellungen zu beantworten. So können Experimente unterstützt und konkrete Fragen nach stimulusabhängigen Verhaltensänderungen beantwortet werden. Dazu werden auf dem Trace Log individuell mehrere verschiedene Auswertungen durchgeführt und die Ergebnisse verglichen. Zum Beispiel könnte gefragt sein, ob es Unterschiede im Verhalten auf einer Webseite gibt abhängig von den zuvor besuchten Webseiten. Dann werden die Nutzer abhängig von ihrem Pfad auf die Webseite gruppiert und die entsprechenden Teile des Trace Log getrennt ausgewertet. Eine solche Analyse lässt sich nicht sinnvoll explorativ durchführen, denn dann müssten sämtliche Kombinationen aus Pfaden und Webseiten erstellt, getrennt ausgewertet und verglichen werden. Der damit verbundene Aufwand und die Rechenzeit sind nicht vertretbar. Zudem ermöglicht es gerade das explorativ vorverarbeiteten Trace Log, auch konkrete Fragestellungen beantworten zu können, die ein Analyst in der Regel früher oder später hat. Daher stellt dieses Vorgehen eine wichtige Erweiterung des IUM dar.

Ein weiterer Ausbau des IUM ist auf Datenebene möglich, indem Zusatzinformationen in das Trace Log aufgenommen werden. Die Datenbasis kann einerseits um ET-Metriken ergänzt werden, die für die Auswertung wertvolle Zusatzinformationen bereitstellen können. Zum Beispiel könnte auf ET-Seite berechnet werden, wie lange ein Nutzer in den Seitenbereichen verweilt. Dies liefert weitere detaillierte Verhaltensdaten, die zu interessanten Mustern führen könnten. Andererseits können Metainformationen aus dem WUM bezogen werden. Das können beispielsweise Strukturdaten über den Aufbau und die Hierarchie des Webauftritts sein. Diese könnten als Ontologie in die Datenbasis aufgenommen werden, so dass auch eine hierarchische oder ontologiebasierte Auswertung möglich ist. Auf einer anderen Hierarchiestufe können vielleicht erst Zusammenhänge entdeckt werden, die sich bei Betrachtung der einzelnen Webseite nicht zeigen [vgl. Nigro u. a. (2008)].

Ausbau der EP

Gute Erweiterungsmöglichkeiten bieten sich auch im Bereich der EP. Im Gegensatz zum WUM und ET lässt sich die Integration der EP ins IUM sowie die Ausbaustufe der EP besonders modular steuern. Zum einen ist es leicht möglich, auf die EP vollständig zu verzichten. Die EP könnte nutzlos sein, wenn nur wenig übereinstimmende beziehungsweise hinreichend ähnliche Eingaben vorliegen. Dann schlagen sie sich nicht in den häufigen Mustern nieder oder führen zu einer zu starken Diversifizierung. In diesem Fall kann es sinnvoller sein, das IUM ohne die EP anzuwenden. Die EP kann demnach als optionale Komponente angesehen werden.

Zum anderen kann die EP dazu beitragen, weitere Detaildaten ins IUM zu integrieren. Außer Seitenübergängen, betrachteten Seitenbereichen und Tastatureingaben werden im IUM bisher keine weitere Interaktionsdaten aufgezeichnet. Es wäre jedoch sehr interessant, auch die Interaktion mit einer Webseite aufzeichnen, die sich zum Beispiel durch Klicks innerhalb der Webseite auf interaktive Elemente äußert. Dazu müssen die Steuerelemente wie Combo-Boxen und Listen betrachtet werden. Aber auch dynamische Komponenten wie Menüs und Popups, die durch DHTML oder JavaScript generiert werden, sind zu berücksichtigen. Die Schwierigkeit besteht darin, Informationen über die Dimensionen und das Öffnen und Schließen dieser Elemente zu erhalten. Ansonsten können die richtigen ET-Samples nicht den Elementen zugeordnet werden und keine EP-Daten dazu protokolliert werden. Da diese Informationen von der Darstellung abhängen, liegen sie nur im Web Browser vor. Dieser ist entsprechend zu instrumentalisieren, um die benötigten EP-Daten zu protokollieren. Eine weitere Ausbaustufe dieses Verfahrens könnte dann auch sich dynamisch ändernde Elemente wie Banner, wechselnde Bilder oder integrierte Videos berücksichtigen.

Mittels EP ist es möglich, sämtliche Formen von Verhaltensdaten ins IUM zu integrieren. Dazu müssen diese lediglich geeignet kodiert werden, so dass sie in die Tupel-Struktur des Trace Logs aufgenommen werden können. Interessant könnte es sein, Ausprägungen des physischen Verhaltens der Benutzer zu protokollieren und als EP-Bausteine zu integrieren. So ließen sich Rückschlüsse auf die Einstellung des Anwenders – zum Beispiel bezüglich Verständnisproblemen oder auch Ärger – gewinnen und analysieren, wie sich diese in der Arbeit mit dem Webauftritt niederschlagen.

Erweiterung auf andere Anwendungskontexte

Die stärkste Erweiterungsform des IUM besteht darin, es auf andere Anwendungen im Bereich HCI zu übertragen. ET wird unverändert für die Analyse der Verarbeitung eines Stimulus verwendet, die EP zur Protokollierung von Eingaben. Die Analyse der integrierten Daten kann auch unverändert bleiben; aber statt sie mittels WUM im Web zu sammeln, können gleich strukturierte Daten von einem Logging-Mechanismus eines beliebigen Anwendungssystems verwendet werden. Dieses Verfahren wird als Application Logging bezeichnet [vgl. Kohavi (2001), S. 11]. So kann zum Beispiel eine Desktop-Applikation analysiert werden, wenn sie für jede Aktion, mit der eine Veränderung der Oberfläche verbunden ist, ein Ereignis in ein Application Log protokolliert. Beispiele dafür sind »Datei X geöffnet«, »Dialog Y aufgerufen« oder »Warnung Z angezeigt«. Diese Ereignisse entsprechen syntaktisch und semantisch denen des WUM und können genauso wie die Daten der Web Logs in das Trace Log des IUM aufgenommen werden. Das Verfahren ist nicht auf den Labor-Kontext begrenzt. Wenn die Benutzer des Anwendungssystems zustimmen, lässt sich das Application Log auch lokal auf den PCs der Anwendern erstellen, so dass die Datenbasis des Application Logging deutlich umfangreicher als die des ET und möglicherweise auch vollständig wie die des WUM ist. Unabhängig davon gilt unverändert, dass die Auswertungsergebnisse umso präziser und vollständiger werden, je umfangreicher und repräsentativer die Menge der Probanden ist. Das vorgeschlagene Verfahren demonstriert, wie leicht sich IUM auf andere Anwendungssysteme übertragen lässt. Ursache für diese Flexibilität ist die einfache und modulare Struktur des Trace Logs und die Mächtigkeit der aus dem DM stammenden WUM-Methoden, die nicht auf das Web beschränkt sind.

3.5 Kritische Bewertung

Das IUM basiert auf einem flexiblen Modell, das viele Anpassungs- und Erweiterungsmöglichkeiten bietet. Es können Änderungen auf der Ebene der Daten, Methoden oder Muster durchgeführt oder Komponenten wie das WUM oder die EP modifiziert werden. Dazu trägt insbesondere die integrierte Datenbasis mit ihrem einfachen Format bei, das modulare Erweiterungen ermöglicht. Das Trace Log ist objektiv und frei von Verzerrungen oder einschränkenden Annahmen, weil es rein explorativ aufbereitet ist. Damit unterstützt es zusätzlich zu den Auswertungsschritten des IUM beliebige, individuelle Analysen. In Verbindung mit den vorgestellten Erweiterungsmöglichkeiten bieten sich eine Vielzahl von Anwendungsfällen an, in denen Varianten des IUM eingesetzt werden können.

3.5.1 Erfüllung der Qualitätskriterien

IUM erfüllt die geforderten Anforderungen an die gesuchte Auswertungsmethode [siehe Kap. 1.1.2]. Es stellt ein nutzerorientiertes Verfahren dar, weil die Beurteilung des Webauftritts ausschließlich anhand des Umgangs der Nutzer mit diesem erfolgt. Die Datenerhebung ist objektiv und erfolgt ohne Störung oder Beeinflussung des Nutzers, da WUM, (Remote) ET und EP transparent sind. Der Einfluss der Laborumgebung wird soweit wie möglich bis auf ein Minimum reduziert [vgl. Kap. 3.5.4].

Durch die Kombination von WUM, ET und EP können die Daten detailliert erhoben und ausgewertet werden. Das softwaretechnisch automatisierte, für alle Nutzer identische Vorgehen sichert vergleichbare und unverzerrte Daten und Ergebnisse. Zudem ist es dadurch leicht möglich, eine sehr umfangreiche, repräsentative Stichprobe zu berücksichtigen. Die WUM- und EP-Teile können sogar alle Nutzer des Webauftritts verarbeiten. Da die Auswertung explorativ und ohne Hypothese erfolgt, sind die gefundenen Muster ohne Einschränkungen gültig und verallgemeinerbar.

3.5.2 Berücksichtigung des Kontexts

IUM berücksichtigt den Kontext eines Nutzers, der ausschlaggebend für die Erklärung seines Verhaltens ist. Um kontextsensitive Ergebnisse zu ermöglichen, werden vollständige Nutzungsszenarien erhoben und untersucht, das heißt das Vorgehen jedes Nutzers von der ersten bis zur letzten Aktion. In der Grundfunktion analysiert IUM die generelle Arbeitsweise und identifiziert die grundsätzlichen Muster, nach denen die Nutzer eines Webauftritts vorgehen. Ein Muster besteht aus den häufigen Vorgehensschritten und enthält Kontext sowie Auswirkungen in einer Sequenz.

Desweiteren ermöglicht der explorativ aufbereitete Datenbestand individuelle Analysen, so dass sich die Auswirkungen bestimmter Kontexte einzeln prüfen lassen. Hierfür werden Teilmengen des Datenbestands gebildet, deren Auswertung getrennt durchgeführt wird. Durch Vergleich der Untersuchungsergebnisse verschiedener Teildaten lassen sich abweichende Verhaltensweisen auf unterschiedliche Kontexte zurückführen. Zwar werden alle Kontexte auch automatisch bei einem Generalansatz berücksichtigt, aber hierbei könnten weniger dominante Muster nicht aufdeckt werden, die bei Eingrenzung des Datenbestands aufgrund anderer Häufigkeitsrelationen sichtbar werden [vgl. Kap. 3.5.3].

3.5.3 Form und Gültigkeit der Aussagen

In der vorliegenden Form des IUM basiert die Auswertung auf der Anwendung einer WUM-Methode auf den integrierten Datenbestand. Es können daher alle Typen von Aussagen getroffen werden, die mit den Methoden des WUM erzeugt werden können. Da im aktuellen Integrationsmodell die Sequenzanalyse verwendet wird, werden häufige Sequenzen gefunden, die das typische Vorgehen der untersuchten Nutzergruppe repräsentieren. Die Gültigkeit der Ergebnisse hängt von der Qualität der Stichprobe ab. Ist diese repräsentativ und umfangreich, können die gewonnenen Erkenntnisse verallgemeinert werden.

Mit diesem Ansatz ist es nicht möglich, seltenes oder untypisches Vorgehen zu entdecken. Als Methode des FPM kann die Sequenzanalyse nur entdecken, was häufig beziehungsweise ähnlich ist. Seltenes und untypisches Vorgehen ist nicht häufig oder ähnlich, so dass es kein Muster darstellt. Dies kann auch nicht durch Absenken der Häufigkeitsanforderung beeinflusst werden. Je niedriger der Support gewählt wird, desto vollständiger wird zwar das Bild, das mit einer Methode des FPM gezeichnet werden kann. Das kontinuierliche Senken des Supports führt allerdings dazu, dass die Anzahl gefundener Muster überproportional auf ein unüberschaubares Niveau steigt, während der Aussagegehalt konstant sinkt. Je geringer der Support einer Sequenz ist, desto weniger kann man von einem Muster sprechen. Es bleibt zu prüfen, ob eine Abwandlung des Algorithmus hilfreich ist, so dass ein maximaler Support spezifiziert werden kann, um besonders auffällige Sequenzen finden zu können. Seltenes Vorgehen ist aber so unterschiedlich, dass es nicht vergleichbar ist und zu einer schlecht überschaubaren Anzahl an Einzelsequenzen führt. Aussichtsreicher erscheint es daher, dieses Problem bei Bedarf mit einer anderen Methode wie der Abweichungsanalyse zu umgehen. Zudem kann auf Auszügen des Datenbestands gearbeitet werden, um die Menge gefundener Muster besser überschauen zu können. Mehrere Einzelauswertungen auf den relevanten Teilen der Daten könnten zusammen auch zum gewünschten Ergebnis führen. Der Vorteil dieser Lösung besteht darin, dass verschiedene Werte für den Support angegeben werden können, die jeweils nur für den betrachteten Ausschnitt der Daten gelten, so dass auch Muster gefunden werden, die in einem Generalansatz zu schwach sind und untergehen.

3.5.4 Einfluss der Laborumgebung

Neben diesen entscheidenden Vorteilen gibt es allerdings auch Einschränkungen, die zu diskutieren sind. Wesentliche, generelle Restriktion bei der Anwendung des IUM ist die Kopplung an das Labor, die aus dem Einsatz von ET resultiert. ET ist mit dem Labor inhärent verbunden, weil es wie alle observierenden Verfahren zur Analyse des Individualverhaltens standardmäßig mit Kontrolle der Umgebung arbeitet, um unerwünschte Einflüsse der Umgebung ausschalten zu können. Auch wenn das im IUM nicht erforderlich wäre und unbeeinflusste Daten wünschenswert sind, lassen sich ET-Daten mangels Verfügbarkeit von ET-Systemen derzeit nicht auf anderem Weg erheben. Vor Ort an den PCs der Nutzer sind keine Mechanismen zum Aufzeichnen der Augenbewegungen verfügbar. Präzise ET-Systeme sind viel zu teuer, als dass sie in absehbarer Zeit Einzug in Standard-PCs erhalten könnten. Zudem fehlt die »Killerapplikation«; ET wird für interaktive Zwecke vorwiegend in Einzelfällen und aus medizinischen Gründen eingesetzt. Selbst Web Cams gehören noch nicht zur Standardausrüstung von PCs und stellen verglichen mit echten ET-Systemen auch nur eine unzureichende Näherung dar [Vorschläge zum Eigenbau günstiger Eye Tracker auf Basis von Web Cams finden sich unter COGAIN (2009)]. Wenn ET verteilt direkt bei den Nutzern durchgeführt werden könnte, könnte zudem kaum sichergestellt werden, dass die Aufnahmen in Qualität und Präzision vergleichbar sind und das erforderliche Niveau erfüllen. ET lässt sich auch durch kein anderes Verfahren ersetzen, denn es existiert keine Technik, die vergleichbare Daten über den Aufmerksamkeitsverlauf liefern könnte. Mausbewegungen sind als Näherung unbrauchbar [vgl. S. 73].

Der Einsatz von ET im Labor ist damit für das IUM unumgänglich. Da Funktionsfähigkeit und Nutzen des IUM an das ET gekoppelt sind und ET-Systeme nur im Labor verfügbar sind, gibt es keine Alternative dazu, die ET-Daten im Labor aufzuzeichnen. Dies kann bezüglich der Durchführung als Nachteil eingestuft werden, weil es mit erhöhtem Aufwand und Kosten verbunden ist. Für die Qualität der Daten und Ergebnisse ist es aber ein entscheidender Vorteil, der auf keinem anderen Weg erzielt werden kann. Die einheitliche Durchführung der Aufnahmen im Labor stellt zudem sicher, dass die Daten korrekt, qualitativ hochwertig und vergleichbar sind. Um im IUM unerwünschte Einflüsse der künstlichen Laborumgebung möglichst auszuschalten, sind zwei Vorkehrungen wichtig. Zum einen ist bei der Auswahl der Nutzer, die ins Labor eingeladen werden, eine Stichprobe mit großer Variabilität bezüglich der charakterisierenden Parameter zu wählen, so dass sie möglichst repräsentativ ist. Dabei ist es weniger wichtig, dass auch die anteilsmäßige Zusammensetzung der verschiedenen Personentypen korrekt ist. Wichtig ist, dass jeder Nutzertyp repräsentiert ist. Da die WUM-Komponente vollständige Daten beisteuert, kann kontrolliert werden, ob von jedem Nutzertyp ET-Daten vorliegen und wie repräsentativ die Stichprobe ist [vgl. S. 74]. Zum anderen darf die Aufgabe, die den Probanden im Labor üblicherweise gestellt wird, das Ergebnis nicht verzerren. Das IUM benötigt ET-Daten von alle Vorgehensweisen und Absichten. Der Datenerhebung im WUM liegt auch keine Aufgabenstellung zugrunde. Daher muss die Aufgabe möglichst allgemein und offen sein, so dass die Probanden ihren eigenen Vorstellungen, Ideen und Absichten bei Nutzung des Webauftritts nachgehen können. Idealerweise wird keine Aufgabe gestellt, so dass die Nutzer auf die Art mit dem Webauftritt interagieren, wie sie es gewöhnt sind oder außerhalb des Labors tun würden. Durch diese Vorkehrungen wird sichergestellt, dass die ET-Aufnahmen trotz der künstlichen Laborumgebung im Sinne des IUM verzerrungsfrei und repräsentativ sind.

3.5.5 Technische Kompatibilität

Eine andere Form von Restriktion betrifft nicht das IUM allgemein sondern die vorliegende Realisierungsform. Während das Integrationsmodell des IUM umfangreich modifiziert werden kann, um das Verfahren auf viele Anwendungsbereiche zu adaptieren, ist jede konkrete Ausgestaltung des Modells auf einen bestimmten Untersuchungsgegenstand zugeschnitten. Dies gilt ebenso für die in dieser Arbeit implementierte Form des IUM, die nur auf einem bestimmten Typ von Webauftritt angewendet werden kann. Die Einschränkung betrifft nicht den Inhalt sondern die technische Realisierung. Wie in der Motivation dargelegt, soll das IUM an klassischen, seitenbasierten Webauftritten erprobt werden, um die technische Komplexität bei der Entwicklung der Methode handhaben zu können [vgl. Kap. 1.1.3]. Das bedeutet, das der Webauftritt nicht von neueren interaktiven Techniken wie AJAX Gebrauch machen darf. Zwar ist es irrelevant, ob die Webseiten statisch sind oder in irgendeiner Form dynamisch erstellt werden. Allerdings muss jede Veränderung an der Webseite in der URL kodiert sein, damit sie vom IUM erfasst werden kann. Während passive Webseiten problemlos verarbeitet werden können, können interaktive Elemente auf der Webseite nicht ohne weiteres berücksichtigt werden. Dies gilt wiederum unabhängig davon, ob diese Elemente statisch oder dynamisch sind; Combo-Boxen oder per Skript generierte Menüs sind gleichermaßen betroffen. Diese Problematik kann durch eine Erweiterung des IUM umgangen werden, die auf der Instrumentalisierung des Web Browsers basiert [vgl. S. 3.4]. Da dieses Verfahren sehr aufwendig und zudem herstellerspezifisch umzusetzen ist, wird es in der Grundform des IUM nicht umgesetzt.

3.6 Zusammenfassung

In diesem Kapitel wurde das IUM entwickelt. Ausgehend von einem Überblick über die Stärken und Schwächen der im vorherigen Kapitel vorgestellten Bausteine wurden zunächst Potentiale für eine Integration ausgelotet. Aus diesen wurde ein Integrationsverfahren zusammengestellt und in Form eines Integrationsmodells ausgearbeitet. Es wurden Erweiterungsmöglichkeiten aufgezeigt. Abschließend wurde IUM kritisch bewertet. Dieses Kapitel stellt die Grundlage für die Erstellung einer Referenzimplementierung zur praktischen Anwendung des IUM im nächsten Kapitel dar, indem es Themenblock drei des Forschungsvorhabens bearbeitet hat.

Welche Integrationsmöglichkeiten gibt es?

Möglichkeiten zur Integration von WUM und ET bieten sich auf jeder Stufe der Verarbeitung [siehe Kap. 3.2]: bei der Erhebung der Daten (Protokollierung), Anwendung der Methoden (Algorithmik) und Darstellung der Muster (Ergebnis). Bei Integration auf Datenebene werden alle Daten zuerst in eine gemeinsame Struktur gebracht und dann zusammen ausgewertet. Die erste Möglichkeit besteht darin, die Daten von WUM und EP in ET-geeignete Strukturen zu überführen. Die zweite Möglichkeit zur Integration auf Datenebene ist, in umgekehrter Richtung vorzugehen.

Auf Ebene der Methoden sind drei Vorgehensweisen möglich. Zum einen können die beteiligten Methoden zu einer neuen verschmolzen und synchron ausgeführt werden, so dass es keine eigenständigen Bausteine mehr gibt. Zum anderen ist eine teilsynchrone Ausführung möglich, bei der die Methoden sukzessiv zwischen- oder hintereinander ausgeführt werden, so dass Muster der einen Methode durch Einsatz der anderen verfeinert werden. Hierbei liegt eine lose Kopplung vor, die die Eigenständigkeit der ursprünglichen Methoden bewahrt und auf Schnittstellen basiert. Die dritte Form der Integration auf Methodenebene besteht darin, die Auswertungsmethodik des einen Verfahrens auf die Daten des anderen anzuwenden.

Bei der Musterintegration bleiben Daten und Methoden der beteiligten Verfahren selbständig, so dass beide Verfahren jeweils unabhängig voneinander durchgeführt werden. Die Ergebnisse werden zusammengefügt, indem die Muster des einen auf die des anderen Verfahrens projiziert werden.

Wie sieht ein geeignetes Modell für das IUM aus?

IUM verwendet eine Mischung der vorgestellten Integrationsmöglichkeiten [siehe Kap. 3.3 und Abb. 3.7]. Wesentliche Komponenten sind die Integration der EP-, ET- und WUM-Daten in eine gemeinsame Datenbasis namens Trace Log. Dieses wird mit einer Sequenzanalyse ausgewertet. Zusätzlich ist eine individuelle Auswertung der ET-Daten mit Heat Maps und Gaze Plots zur Aufschlüsselung der Ergebnisse eingeplant. Auf Mustersicht wird vorab keine Integration vorgesehen. Inwieweit diese sinnvoll ist und wie sie aussehen kann, muss abhängig von den praktischen Erfahrungen entschieden werden.

Das Integrationsmodell für IUM besteht aus vier Auswertungsschritten. Im ersten Auswertungsschritt werden nur die Beobachtungen betrachtet, für die sowohl WUM- als auch ET- und EP-Daten vorliegen, so dass die Funktionsfähigkeit zunächst auf einer kleineren Datenmenge verifiziert werden kann. Der zweite Auswertungsschritt wird auf dem gesamten Datenbestand durchgeführt und stellt den eigentlichen Kern des IUM dar. Im dritten Auswertungsschritt wird eine klassische WUM-Analyse auf dem reinen WUM-Datenbestand durchgeführt. Diese wird zum Vergleich der Ergebnisse von klassischer WUM- und integrierter IUM-Analyse benötigt, um zu zeigen, dass IUM strukturell die gleichen Ergebnisse, aber detaillierter liefert. Der vierte Auswertungsschritt dient dazu, ausgesuchte Muster mit Visualisierungen des ET zu erklären. Hierfür ist eine klassische ET-Auswertung erforderlich.

Zur Integration der verschiedenen Daten in das Trace Log wird auf der Datenschicht eine Konvertierung der ET- und EP-Daten spezifiziert. Die ET-Daten werden aufbereitet, indem Fixationen identifiziert, zu Aufmerksamkeitsbereichen geclustert und zu Besuchen dieser verdichtet werden. Von den EP-Daten werden die Tastenanschläge zu logischen Einheiten verkettet und ins Trace Log aufgenommen. Für Auswertungsschritt zwei ist es auf Datenebene erforderlich, ET- und EP-Daten für diejenigen WUM-Daten zu ergänzen, für die keine vorliegen. Dies erfolgt mit einer Heuristik anhand anderer, ähnlicher WUM-Daten, für die ET- und EP-Daten erhoben wurden.

Wie lässt sich IUM erweitern?

Auf Methodenebene kann die Sequenzanalyse ausgebaut werden, um die Auswertung – sofern erforderlich – auf Spezifika der Daten anzupassen. Es ist auch möglich, die Sequenzanalyse gegen eine andere WUM-Methode auszutauschen, um andere Formen von Mustern zu ermitteln, oder eine Integration auf Methodenebene zu entwickeln.

IUM kann auf Musterebene ausgebaut werden, wenn sich zeigt, dass Auswertungsschritt vier stärkere Bedeutung zukommt. Dann empfiehlt sich eine Musterintegration zu entwickeln und standardmäßig vorzusehen.

Ein weiterer Ausbau des IUM ist auf Datenebene möglich, indem Zusatzinformationen in das Trace Log aufgenommen werden. Die Datenbasis kann einerseits um ET-Metriken ergänzt werden, andererseits können Metainformationen aus dem WUM bezogen werden. Daraus kann eine Ontologie erstellt werden, um eine hierarchische beziehungsweise ontologiebasierte Auswertung durchzuführen. Einen ähnlichen Effekt hat der Ausbau der EP, durch den sämtliche Formen von Detail- und Verhaltensdaten ins IUM integriert werden können. Durch Instrumentierung des Web Browsers könnte so die Interaktion mit einer Webseite aufgezeichnet werden, die sich zum Beispiel durch Klicks auf interaktive Elemente äußert.

Schließlich ist es möglich, IUM auf andere Anwendungen der HCI zu übertragen. Dabei wird ET unverändert für die Analyse der Verarbeitung eines Stimulus verwendet, die EP zur Protokollierung von Eingaben. Die Analyse der integrierten Daten kann auch unverändert bleiben; aber statt sie mittels WUM im Web zu sammeln, können gleich strukturierte Daten von einem Logging-Mechanismus eines beliebigen Anwendungssystems verwendet werden.

4 Integrated Miner (IM)

Nachdem das IUM im vorherigen Kapitel ausgearbeitet und in Form eines Integrationsmodells spezifiziert wurde, ist nun eine softwaretechnische Umsetzung erforderlich, damit die Methode praktisch anwendbar ist. Dieses Kapitel stellt den Entwurf und die Implementierung des Integrated Miner (IM) als Referenzimplementierung des IUM vor. Die Darstellung des Programms erfolgt auf drei Ebenen. Zunächst wird ein Überblick über die Programmstruktur gegeben. Darauf folgt eine Beschreibung der Algorithmen, die für die Umsetzung der einzelnen Berechnungsschritte und Methoden verwendet werden. Schließlich wird das Programm aus Sicht des Analysten dargestellt. Hierbei wird die Funktion der verschiedenen Komponenten der Programmoberfläche erklärt. Das Kapitel wird abgeschlossen mit der Vorstellung der Erweiterungsmöglichkeiten des IM.

4.1 Strukturelle Sicht

Dieser Abschnitt beschreibt die Struktur der Referenzimplementierung, die aus verschiedenen Perspektiven dargestellt wird. Die Betrachtung beginnt mit einem abstrakten Überblick auf Ebene der Systeme und wird schrittweise detaillierter bis zur Beschreibung der Programmstruktur auf Ebene der Programmierung.

4.1.1 System-Modell

Das System-Modell zum IM ist Abbildung 4.1 zu entnehmen. Es visualisiert die an der praktischen Umsetzung des IUM beteiligten Systeme und setzt den IM und seine Umwelt zueinander in Beziehung. Das Modell ist überschaubar, weil für das IUM nur vier Systeme benötigt werden. Diese sind erforderlich für die Datenerhebung von WUM, ET und EP, den Betrieb des IM sowie die Verwaltung der integrierten Datenbasis.

Das zentrale Element ist das System, das den IM betreibt. Die Software übernimmt die Abwicklung des IUM nach Abschluss der Datensammlung. Dazu gehören insbesondere alle Schritte der Integration, Vorverdichtung, Auswertung und die Ergebnispräsentation. Die Datenerhebung erfolgt nicht durch den IM, sondern wird auf anderen Systemen durchgeführt. Die Daten aus dem WUM werden durch den Web Server protokolliert, die Daten über Augenbewegungen und Eingaben werden im

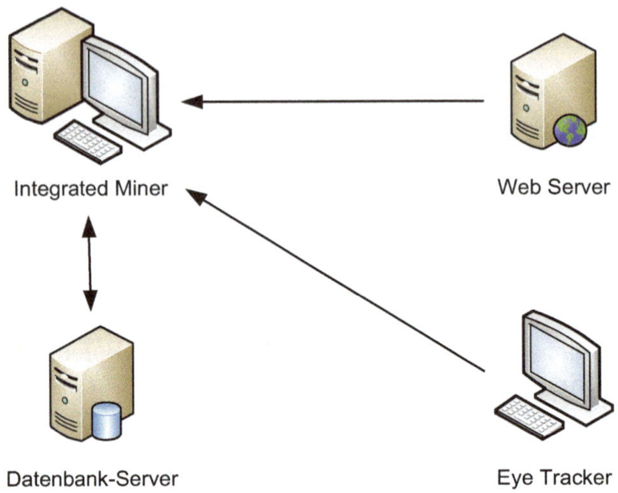

Abbildung 4.1: Systemmodell

Labor am Eye Tracker erhoben. Der IM greift auf diese verteilt gesammelten Datenbestände zu und importiert sie in seine eigene integrierte Datenbasis. Der Zugriff erfolgt nur einseitig vom IM auf die Logs des Web Servers und Eye Trackers. Dies wird im Modell durch die gerichteten Pfeile angedeutet, die den Datenfluss anzeigen. Der Datenimport wird in der Regel nur einmal beim Start eines Projekts durchgeführt. Danach erfolgen alle Auswertungen nur noch auf der integrierten Datenbasis.

Die integrierte Datenbasis wird nicht im IM selbst verwaltet, sondern dafür ist ein Datenbank-Server vorgesehen, da dieser für die typischen Aufgaben der Bereitstellung von Daten optimiert ist. Auf dem Datenbank-Server ist die Datenbasis einer IM-Installation als Datenbank repräsentiert. Sie beinhaltet nicht nur die WUM-, ET- und EP-Logs, sondern sämtliche Daten, die bei der Ausführung des IM anfallen. Dazu gehören insbesondere Resultate der Vorverdichtung und (Zwischen-) Ergebnisse des Auswertungsprozesses, aber auch strukturelle Daten zu Projekten und Datengruppen. Der Aufbau der Datenbank ermöglicht es, die Daten aus mehreren Projekten voneinander getrennt aufnehmen zu können, so dass mit dem IM mehrere Projekte parallel bearbeitet werden können. Der beidseitig gerichtete Pfeil im System-Modell zeigt an, dass der IM sowohl lesend als auch schreibend auf die Datenbank zugreift.

Das Modell abstrahiert davon, auf welcher Hardware die Systeme betrieben werden. Technisch ist es möglich, dass mehrere Dienste von einem PC bereitgestellt werden, sofern dessen Kapazität dafür ausreicht. So könnten zum Beispiel Web Server und Datenbank-Server auf der gleichen Maschine ausgeführt werden. Organisatorische Aspekte können dagegen sprechen, verschiedenartige Dienste zusammenzufassen. Um die Administration zu erleichtern und die Leistung zu verbessern, werden Dienste in größeren IT-Landschaften aufgabenbezogen zusammengefasst und auf entsprechend optimierte Hardware aufgeteilt. In den meisten Anwendungsfällen sollte es in der IT-Infrastruktur des Betreibers bereits Datenbank- und Web Server geben, die über große Speicherkapazität bei kurzen Zugriffszeiten verfügen und genutzt werden können. Diese werden üblicherweise von der IT-Abteilung oder einem Dienstleister in einem Rechenzentrum betrieben, während der Eye Tracker im Labor steht. Das ET-System muss gewährleisten, dass der Proband ohne Einschränkungen flüssig arbeiten kann und gleichzeitig die Augenbewegungen in Echtzeit verarbeiten. Es sollte daher ausschließlich im Labor für ET genutzt werden. Der IM wird idealerweise auf dem Desktop des Analysten oder einem Application Server ausgeführt, der über genug Rechenleistung für die Ausführung der Algorithmen verfügt. Es kann sinnvoll sein, Datenbank und IM auf der gleichen Maschine zu betreiben, wenn die Leistungseinbußen des Netzwerkverkehrs höher als der Leistungsverlust durch den kombinierten Betrieb sind. Alternativ können Datenbank- und Web Server aufgrund ähnlicher Anforderungen gemeinsam betrieben werden, wenn genügend Leistung vorhanden ist. Andere Kombinationen von Systemen haben jedoch negative Auswirkungen auf die Performanz.

Damit der IM betrieben werden und mit den anderen Systemen zusammen arbeiten kann, müssen softwaretechnisch einige wenige Anforderungen erfüllt werden. Diese leiten sich im Detail aus dem Entwurf in den nachfolgenden Abschnitten ab, müssen als Anforderungen an die Systeme jedoch hier festgehalten werden. Zum Ausführen des IM ist eine Java Virtual Machine (JVM) erforderlich, die für jedes gängige Betriebssystem und jede gängige Rechnerarchitektur verfügbar ist. Aufgrund der tupelartigen Struktur der Daten werden diese in einer relationalen Datenbank organisiert. Auf dem Datenbank-Server kann jedes relationale Datenbankmanagementsystem (RDBMS) eingesetzt werden, das über eine JDBC-Schnittstelle [siehe Saake, Sattler (2003), Kap. 4 und Sun Microsystems (2009c)] verfügt, die von allen gängigen RDBMS unterstützt wird. An die Software des Web Servers wird eine gleichermaßen geringe Anforderung gestellt. Damit der IM die Web Logs einlesen kann, muss der Web Server diese im Combined Logfile Format [vgl. Schmidt-Thieme, Gaul (2002), S. 12] erstellen können. Hinsichtlich der ET-Systeme gibt es leider keinen Standard, auf den aufgesetzt werden könnte, um auch diese Komponente über eine definierte Schnittstelle flexibel anbinden zu können. Der IM kann derzeit Logs der ET-Systeme der Firma Tobii einlesen, die von Tobii ClearView oder Tobii Studio generiert wurden. Zur Verarbeitung der Logs von ET-Systemen anderer Hersteller sind gegebenenfalls Anpassungen erforderlich.

Außer dem System-Modell werden keine weiteren externen Sichten auf den IM modelliert. Da der IM nur wenige, einfache Schnittstellen besitzt, sind keine weiteren Modelle zur Ergänzung erforderlich. Insbesondere wird darauf verzichtet, ein Use Case-Diagramm zu erstellen, weil Einsatzzweck und Adressat des IM klar definiert sind. Einziger Anwender ist der Analyst, der eine IUM-Auswertung durchführen möchte. Der generalisierte Use Case ist »IUM durchführen« und unterteilt sich in die einzelnen Auswertungsschritte, die im Integrationsmodell festgelegt sind. Eine schrittweise Beschreibung der Aktionen zur Durchführung einer Analyse wird im nächsten Kapitel gegeben. Im folgenden werden die Interna des IM aus unterschiedlichen Sichten vorgestellt.

4.1.2 Software-Architektur

Einen Überblick über den internen softwaretechnischen Aufbau des IM gibt die Software-Architektur, die in Abbildung 4.2 dargestellt ist. Sie zeigt die Schichten und Komponenten des Programms sowie die Plattform und Bibliotheken, auf die bei der Implementierung zurückgegriffen wurde. Es handelt sich um eine schematische Darstellung, die den Bezug der Bestandteile zueinander verdeutlichen soll. Die Fläche der grafischen Elemente sagt nichts über den Umfang oder die Relevanz der Komponente aus.

Der Aufbau der IM folgt einer klassischen, dreischichtigen Architektur bestehend aus Daten-, Logik- und Präsentationsschicht. Jede Schicht lässt sich weiter in Module unterteilen, die für bestimmte Aufgaben der Schicht zuständig sind. Auf der Datenschicht sind dies Datenhaltung, Datenimport und -aufbereitung sowie objektrelationales Mapping (O/R-Mapping, ORM). Die Datenhaltung ist die einzige Komponente, die nicht vom IM selbst übernommen, sondern an eine Datenbank ausgelagert wird. Dies erfolgt nicht, weil diese Aufgabe weniger wichtig ist, sondern weil Datenbanken darauf spezialisiert sind und die Daten effizienter verwalten können. Auch wenn die Datenhaltung nicht im IM erfolgt, wird sie als essentielle Komponente der Implementierung dennoch in der Software-Architektur aufgeführt. Die Datenbank stellt den Unterbau zur Verfügung, auf den der IM aufsetzt. Alle anderen Module sind direkte Bestandteile des IM.

Der IM ist in Java [siehe Sun Microsystems (2009a)] programmiert, weil diese Programmiersprache eine Reihe von Vorteilen bietet. Java folgt dem Paradigma der Objektorientierung (OO), das zum Standard der Softwaretechnik gehört, und ermöglicht gleichzeitig, neuere Stile wie aspektorientierte oder skriptbasierte Programmierung zu integrieren. Java unterstützt alle gängigen Ausdrucksmittel und Konzepte wie Modularisierung, Abstraktion, Kapselung oder Typsicherheit und wird von einer großen Gemeinschaft kontinuierlich weiterentwickelt. Aufgrund seiner Verbreitung in Wissenschaft und Praxis ist eine Vielzahl an Bibliotheken verfügbar. Die Mischung aus kompilierter und interpretierter Sprache erlaubt es, dass Programme zwischen Rechnern unterschiedlicher Betriebssysteme oder Hardware-Architekturen ausgetauscht und ohne Anpassungen performant ausgeführt werden können. Aufgrund der genannten Vorteile ist Java für die Entwicklung eines wissenschaftlichen Programms besonders gut geeignet. Der IM ist in Java 6 entwickelt und auch in zukünftigen Java-Versionen lauffähig. Der Quelltext kann auch unter Java 5 kompiliert und ausgeführt werden. Zu noch älteren Versionen ist der IM nicht kompatibel, weil diese noch nicht die generische Programmierung unterstützen. Zur Ausführung wird – wie bei Java-Programmen üblich – eine Java Virtual Machine (JVM) benötigt. Diese stellt die unterste Ausführungsschicht dar, auf der alle Schichten und Komponenten des IM aufbauen. Die JVM ist daher in der Software-Architektur als Querschnitt über alle Schichten rechts außen und orthogonal zur Datenbank eingezeichnet. Die höheren Ausführungsschichten werden vertikal nach links abgetragen.

Die einzelnen Komponenten des IM werden nicht ausschließlich mit der Standard-Klassenbibliothek von Java entwickelt, weil diese hauptsächlich Lösungen für die

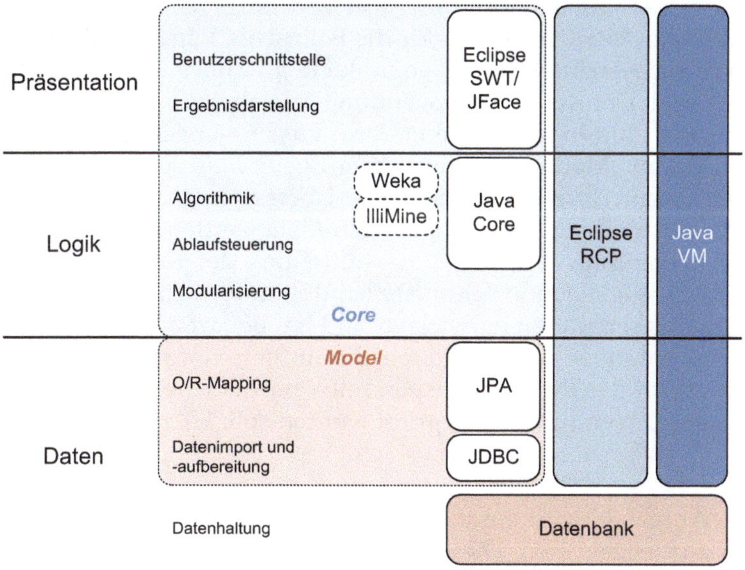

Abbildung 4.2: Softwarearchitektur

grundlegenden Programmieraufgaben bietet. Java stellt keine Bausteine oder Hilfsmittel zur Erstellung von Anwendungen auf höherer Ebene zur Verfügung, so dass als Grundlage des IM ein Framework benötigt wird, das die Anwendungsentwicklung unterstützt. Hierfür wird die Eclipse Rich Client Platform (Eclipse RCP) verwendet [siehe Eclipse Foundation (2009c)]. Eclipse RCP ist eine Plattform, auf der Applikationen entwickelt und ausgeführt werden können [vgl. McAffer, Lemieux (2006), S. 5]. Sie ist speziell auf die Entwicklung von Desktop-Applikationen mit großem Funktionsumfang zugeschnitten und stellt die dafür benötigten Komponenten zur Verfügung. So wird die Modularisierung auf Programmebene durch Plugins, die Ausführung von Programmlogik als nebenläufige Prozesse oder die Oberflächengestaltung durch Fenster und Dialoge effizient unterstützt. Eclipse RCP ist nicht zuletzt wegen der Popularität der Eclipse-Entwicklungsumgebung (Eclipse IDE), die selbst auf der Eclipse RCP basiert, verbreitet. Zudem bietet Eclipse als Open Source-Organisation eine Fülle von anderen Komponenten für eine Vielzahl an Aufgaben in unterschiedlichen Programmiersprachen und Anwendungstypen [siehe Eclipse Foundation (2009b)], die auf einer generischen Plattform entwickelt werden und bei Bedarf nahtlos integriert werden können [vgl. McAffer, Lemieux (2006), Kap. 27]. Eine Eclipse RCP-Anwendung kann einfach durch Integration eines oder mehrerer Plug-ins um neue Funktionen erweitert werden, so zum Beispiel durch Einbindung von AspectJ [siehe Eclipse Foundation (2009a)] um die Möglichkeit, aspektorientiert zu programmieren. Eclipse RCP-Anwendungen können nicht nur auf Komponenten der Eclipse-Plattform zurückgreifen, sondern darüber hinaus von Plug-ins anderer Entwickler Gebrauch machen, sofern diese für die beabsichtigten Zwecke nützlich und freigegeben sind. Da der IM über alle Schichten hinweg auf der Eclipse RCP aufbaut, ist dieses Framework in der Software-Architektur orthogonal zu den Komponenten des IM als zweite Ausführungsschicht direkt über der JVM abgetragen.

Das Konzept der Modularisierung in Form von Plug-ins wird auch im IM umgesetzt. Die IM-Komponenten werden für die Eclipse RCP in zwei Plug-ins aufgeteilt, die in der Software-Architektur mit gepunktetem Rand und kursiver Beschriftung eingezeichnet sind. Der Kern der Anwendung, bestehend aus Logik und Präsentation, wird in einem Plug-in mit Namen »Core« zusammengefasst, alle Komponenten der Datenschicht im »Model«-Plug-in.[13] Künftige Erweiterungen des IM können als separate Plug-ins entwickelt werden, die zur Übersetzung nur vom Model abhängig und lediglich lose an den Core gekoppelt sind. Sie werden dynamisch zur Laufzeit eingebunden [siehe Kap. 4.4] Durch die Aufteilung der Komponenten in Plug-ins werden die Abhängigkeiten in Schnittstellen dokumentiert, die es ermöglichen, die einzelnen Plug-ins separat zu entwickeln und bei Bedarf auszutauschen. Eine Aufteilung der Präsentations- und Logikschicht auf getrennte Plug-ins kann ebenfalls sinnvoll sein, wenn der IM zum Beispiel mit verschiedenen Oberflächen betrieben oder in anderen Anwendungen integriert werden soll. Hierfür gibt es zunächst keinen Bedarf.

Für spezielle Aufgaben wird zusätzlich zur Eclipse RCP und Java auf spezialisierte Bibliotheken zurückgegriffen. Diese werden im folgenden bei der Erläuterung der Schichten vorgestellt. Die Datenschicht übernimmt die Aufgabe, die zu verarbeitenden Daten zwischen Datenbank und Anwendung zu transferieren, denn Logik und Präsentation sollen gemäß dem OO-Paradigma auf Objekten arbeiten und von der Datenhaltung abstrahieren. Dazu ist ein O/R-Mapping erforderlich, für das die Java Persistence API (JPA) eingesetzt wird [siehe Stark (2007), Kap. 10 und Sun Microsystems (2009b)]. Diese Programmierschnittstelle ermöglicht es, komfortabel auf Daten verschiedener Speicher zuzugreifen. Die Abbildung der Datenstrukturen auf Klassen sowie das Laden und Speichern von Objekten erfolgt weitgehend automatisch durch einen Entity Manager, so dass nur sehr wenig Quelltext für die Persistierung von Objekten erstellt werden muss. Als Implementierung der JPA wird JBoss Hibernate verwendet und für den Zugriff auf eine relationale MySQL-Datenbank konfiguriert [siehe Red Hat (2009)]. Diese beiden Komponenten wurden ausgewählt, weil sie frei verfügbar, verbreitet und ausgereift sind. Aufgrund der Verwendung standardisierter Schnittstellen können Datenbank oder JPA-Implementierung bei Bedarf ohne Aufwand ausgetauscht werden. Den Vorteilen von JPA und einem O/R-Mapping allgemein stehen bei der Ausführung als Nachteil längere Laufzeiten gegenüber, da die Übersetzung von Datensätzen in Objekte mehr Zeit benötigt, als erforderlich wäre, wenn direkt auf den Datensätzen gearbeitet werden würde. Dieser Mehraufwand ist in der Regel gering, aber bei der Verarbeitung großer Datenmengen zeigt sich, dass die Geschwindigkeitseinbußen alle Vorteile dieser Technik aufzehren. So ist es für die vergleichsweise übersichtlichen, aber datenintensiven Komponenten Datenimport und -aufbereitung unnötiger Mehraufwand, auf Objekten zu arbeiten. Diese Komponenten arbeiten daher über JDBC direkt auf der Datenbank. JDBC stellt ein standardisiertes Verfahren dar, aus Java heraus auf relationale Datenbanken zuzugreifen. Es kann mit jeder Datenbank eingesetzt werden, die einen JDBC-Treiber zur Verfügung stellt. Der Einsatz von JDBC erfolgt in der Architektur der IM nur an den Stellen, an denen stapelartig Daten in die Datenbank zu schreiben oder zu verdich-

[13] Mit Model werden aus Implementierungssicht die Klassen bezeichnet, die die zu verarbeiteten Inhalte der Problemdomäne repräsentieren, vergleiche Entwurfsmuster »Model View Controller«.

ten sind. Es ist gewährleistet, dass es zu keinem Konflikt mit dem Entity Manager der JPA kommt, weil die beiden Verfahren für unterschiedliche Datenbereiche verwendet werden.

Die Hauptaufgaben der Logikschicht sind, den Programmablauf zu steuern und die inhaltlichen Berechnungen durchzuführen. Diese beiden Komponenten werden hauptsächlich mit der Standard-Klassenbibliothek von Java durchgeführt. Lediglich für einige frei verfügbare, quelloffene DM-Algorithmen wird auf bestehende Implementierungen zurückgegriffen, sofern diese in kompatibler Form vorliegen oder gut adaptierbar sind, und die Wiederverwendung effizienter ist als eine erneute Implementierung. Diese stammen aus den DM-Frameworks Weka [siehe Witten, Frank (2005) und Hall u. a. (2009)] und IlliMine [siehe University of Illinois (2009)]. Die dritte Komponente auf der Logikschicht ist die Modularisierung der gesamten Anwendung. Hierunter fallen alle Maßnahmen, die erforderlich sind, um den IM in Form von Plug-ins zu organisieren. Es müssen Schnittstellen definiert werden, die die Zusammenarbeit der verschiedenen Typen von Plug-ins regeln, und Programmlogik entwickelt werden, die die Funktionalität zur Laufzeit über die Schnittstellen abgibt oder bezieht. Die Mechanismen dafür werden von der Eclipse RCP zur Verfügung gestellt, so dass auf keine weiteren Bibliotheken zurückgegriffen werden muss.

Die Präsentationsschicht gliedert sich in die Komponenten Benutzerschnittstelle und Ergebnisdarstellung. Aufgabe der Präsentation ist es, die Inhalte und Ergebnisse der Anwendung grafisch zu repräsentieren. Für das Layout der Programmoberfläche werden dazu Komponenten der Eclipse RCP wie Editors oder Views benutzt [siehe McAffer, Lemieux (2006), Kap. 16]. Für die Detailgestaltung wird zusätzlich ein grafisches Framework benötigt. Hierfür werden das Standard Widget Toolkit (SWT) und JFace von Eclipse verwendet [siehe Harris, Warner (2004) und Eclipse Foundation (2009d)]. Mit SWT lassen sich alle Elemente einer Benutzeroberfläche (Graphical User Interface, GUI) erstellen, und über JFace an bestimmte Anwendungsobjekte binden, so dass sie deren Daten anzeigen. Die Java-Klassenbibliothek bietet mit dem Abstract Window Toolkit (AWT) und Swing gleichwertige Pendants, die im vorliegenden Fall allerdings weniger geeignet sind. Der Vorteil der Eclipse-Frameworks SWT und JFace besteht darin, dass sie nahtlos in die Eclipse-Plattform integriert sind und in Eclipse RCP bereits verwendet werden. Sie bieten die gleichen Funktionalitäten wie AWT und Swing, sind dabei aber schneller und verwenden bei gleich guter Portierbarkeit native Komponenten, die sich ohne Mängel in die gewohnte Oberfläche des Betriebssystems einfügen.

4.1.3 Datenmodell

Die in der Software-Architektur beschriebenen Schichten des IM werden nun durch weitere Modelle näher spezifiziert. Begonnen wird auf der Datenschicht mit der untersten Komponente der Datenhaltung, der nächste Abschnitt thematisiert dann die höheren Schichten. Die Datenhaltung wird durch ein Entity Relationship-Modell (ERM) definiert, das im folgenden abschnittsweise vorgestellt wird [siehe Balzert

(1998), S. 224 ff.]. Es verwendet die min:max-Notation für die Darstellung der Kardinalitäten. Das ERM berücksichtigt bereits einige Aspekte, die für die Überführung in eine Datenbank und die Programmierung erforderlich sind. Diesbezüglich stellt es kein minimales Modell aus Datensicht dar, sondern ist für die Implementierung angepasst und hinsichtlich der Performanz der Implementierung optimiert. Die Abweichungen und Erweiterungen werden grafisch wie folgt gekennzeichnet: Relationship-Typen, die nicht in eine eigenständige Tabellen überführt werden, erhalten aus Gründen der Übersichtlichkeit keinen Namen und werden kleiner gezeichnet, wenn der Name zum Verständnis nicht erforderlich ist. Andernfalls wird er kursiv gedruckt. Relationship-Typen werden blau gefärbt, wenn die modellierte Relation redundant ist, weil sie ursächlich über andere Beziehungen hergestellt werden kann. Redundante Beziehungen werden an Stellen ergänzt, an denen überwiegend lesend auf die Daten zugegriffen wird und durch die zusätzliche Relation mehrere aufwendige Join-Operationen eingespart werden können. Die Performanz wird dann durch Vorberechnung und Persistierung des Join-Ergebnisses massiv verbessert. Anders eingefärbte Bereiche markieren, dass die betreffenden Komponenten zu einer Erweiterung durch einen bestimmten Algorithmus gehören. Bereits besprochene Elemente werden in den folgenden Abbildungen grau dargestellt.

Alle Komponenten, die im Quelltext als Klasse beziehungsweise JPA-Entity realisiert werden, werden im ERM analog als Entity-Typ modelliert. Daher werden keine attributierten Relationship-Typen verwendet. Ein Sammlungstyp unter Java kann keine zusätzlichen Attribute aufnehmen, so dass eine attributierte Beziehung auf Programmebene durch eine zusätzliche JPA-Entity abgebildet werden muss. Zudem besitzen Relationship-Typen aus Fremdschlüsseln zusammengesetzte Primärschlüssel, die für JPA-Entities weniger geeignet sind. Zusammengesetzte Schlüssel müssen durch eine eigene Klasse abgebildet werden, die keine Vorteile besitzt, sondern nur für Mehraufwand bei der Programmierung und eine schlechtere Performanz in der Ausführung sorgt. Um beide Probleme zu umgehen und das Datenmodell strukturell kompatibel zur Implementierung zu halten, werden Entity-Typen mit JPA-Entities gekoppelt und grundsätzlich nur künstliche Primärschlüssel auf Ganzzahlbasis verwendet. Bei Betrachtung des fertigen Datenmodells zeigt sich zudem, dass die meisten Entity-Typen ohne ID keinen oder einen zusammengesetzten Primärschlüssel bräuchten. Dies resultiert daraus, dass identifizierende Attribute wie Bezeichnung nicht global für alle Entities des Typs eindeutig sind, sondern nur abhängig von einer übergeordneten Entity anderen Typs. Ohne ID entstünden viele zusammengesetzte Primärschlüssel, die mit jeder Abhängigkeit länger werden. Künstliche ID-Attribute sorgen nicht nur für bessere Performanz sondern können auch vom DBMS automatisch generiert werden, so dass sie in der Programmlogik nicht mehr zu berücksichtigen sind. Die Auflösung von Fremdschlüsseln übernimmt JPA automatisch.

Darüberhinaus werden im ERM zwei weitere Merkmale notiert, die für das O/R-Mapping von Bedeutung sind. Dies erfolgt, weil das Datenmodell Vorlage zur Erstellung der JPA-Entities ist, die nicht ohne die eingetragenen Informationen erzeugt werden können [vgl. Burke, Monson-Haefel (2006), Kap. 6 und 7]. Ein wichtiges Merkmal ist die auf Klassenebene relevante Navigationsrichtung von Beziehungen, die im Datenmodell durch Pfeilspitzen eingetragen wird. Wenn keine Pfeilspitzen notiert sind, ist die Beziehung beidseitig navigierbar. Sofern möglich werden die Navigationsrichtungen von Relationship-Typen eingeschränkt, damit zur Laufzeit beim Laden eines Objektes nicht unnötig viele in Beziehung stehende Objekte mitgeladen werden, was unerwünschte und teilweise erhebliche Auswirkungen auf die Performanz haben kann. Eine nicht ausgefüllte Pfeilspitze drückt aus, dass die in Beziehung stehenden Objekte in der betreffenden Richtung nicht vollständig sondern auf Anforderung nur abschnittsweise aus der Datenbank geladen werden. Diese Konstruktion ist bei Relationen erforderlich, bei denen typischerweise sehr viele Objekte einer Seite mit Objekten der Gegenseite in Beziehung stehen, so dass es zu viel Zeit und Speicherplatz beanspruchen würde, diese vollständig zu laden. In den betreffenden Fällen ist es zudem nicht erforderlich, alle Objekte der Gegenseite zu kennen oder en bloc vorliegen zu haben. Neben der Navigationsrichtung einer Beziehung ist für die JPA-Ebene eine Seite als Eigentümer auszuwählen, die für die Pflege der Fremdschlüssel auf Datenebene verantwortlich ist. Während dies bei 1:m-Beziehungen per Definition die Seite ist, die den Fremdschlüssel besitzt, muss es bei einer n:m-Beziehung festgelegt werden. Im ERM wird die verantwortliche Seite durch einen Punkt am zugehörigen Ende markiert.

Das Datenmodell wird im folgenden ausschnittsweise aus den Perspektiven von WUM, ET und IUM vorgestellt. Das vollständige Modell findet sich in Abbildung A.1 im Anhang A.1. Der für das WUM relevante Teilbereich ist in Abbildung 4.3 dargestellt. Den Mittelpunkt des Modells bildet das Projekt, das zur Gruppierung von Daten und Ergebnissen dient, um mehrere unabhängige Auswertungen parallel abwickeln zu können. Allgemeine Attribute, die auch bei einer Reihe anderer Entity-Typen verwendet werden, sind Bezeichnung für einen vom Benutzer frei wählbaren, sprechenden Namen und Beschreibung für beliebige Erläuterungen zu der Entity.

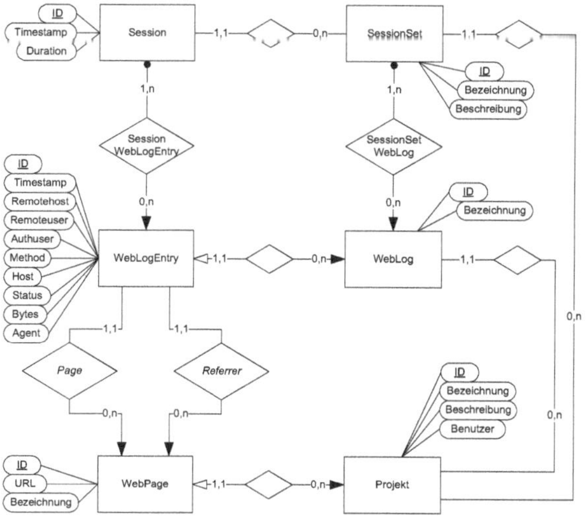

Abbildung 4.3: WUM-Segment des Datenmodells

Die von den Web Servern importierten Web Server Logs werden durch den Entity-Typ WebLog repräsentiert und dem Projekt zugeordnet. Ein Eintrag eines Web Logs wird durch die Entity WebLogEntry erfasst, die für jedes Feld des Combined Logfile Formats ein entsprechendes Attribut besitzt. Die Beziehung zwischen WebLog und WebLogEntry ist beidseitig navigierbar, allerdings nur abschnittsweise aus Richtung WebLog. Dies resultiert daraus, dass Web Logs sehr umfangreich sind und in der Regel mehrere Hunderttausend Einträge umfassen. Die beiden WebLogEntry-Attribute Page und Referrer, die die aufgerufene Webseite respektive die letzte Webseite angeben, werden durch einen eigenen Entity-Typ WebPage repräsentiert, weil die Webseite eine zentrale Rolle in der Datenhaltung spielt und noch mit einigen anderen Entity-Typen in Beziehung steht. In den meisten Fällen ist es später zwar nicht erforderlich, von der WebPage aus auf die in Beziehung stehenden Entitäten zu navigieren. Der Entity-Typ WebPage wird jedoch benötigt, um die Webseite auf Datenschicht konsistent abzubilden anstatt mehrfach in Attributen unterschiedlicher Entity-Typen zu wiederholen.

Zur Strukturierung von Web Logs wird eine Sitzungsidentifizierung vorgesehen [siehe Kap. 4.2.1], deren Ergebnisse in Session und SessionSet abgelegt werden. Session nimmt die einzelnen Sitzungen auf und ordnet ihnen die zugehörigen Web Log-

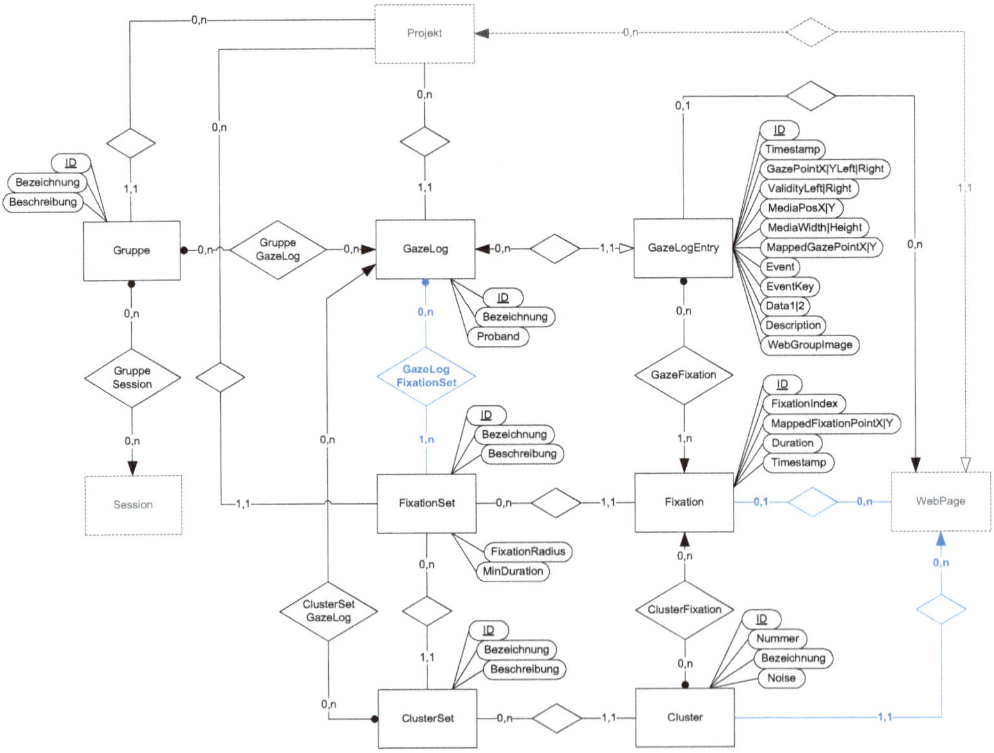

Abbildung 4.4: Ausschnitt des Datenmodells für ET

Einträge zu. Für jede Sitzung wird festgehalten, wann sie gestartet wurde und wie lange sie gedauert hat. Es ist nicht relevant, wer der Nutzer war, solange man ihn eindeutig identifizieren kann. Seine IP-Adresse muss aus datenschutzrechtlichen Gründen anonymisiert werden, kann aber dennoch als identifizierendes Merkmal verwendet werden. Die Unterscheidung der einzelnen Sitzungen erfolgt anhand ihrer ID. Alle Sitzungen, die im Rahmen der gleichen Sitzungsidentifizierung ermittelt wurden, werden demselben SessionSet zugeordnet. Durch diese Gruppierung können verschiedene Durchläufe der Sitzungsidentifizierung mit unterschiedlichen Parametern auf den gleichen Web Logs ausgeführt werden, um die Ergebnisse vergleichen und das treffendste SessionSet auswählen zu können. SessionSet wird Projekt zugeordnet, weil Sitzungen wie Web Logs mögliche Selektionen von Datensätzen ausgehend vom Projekt definieren.

Die grundlegende Struktur des WUM-Teils findet sich auch im ET-Teil des ERM wieder, der in Abbildung 4.4 dargestellt ist. Dem Projekt werden die ET-Logs zugeordnet, die durch den Entity-Typ GazeLog abgebildet werden. Er besitzt zusätzlich zum WebLog noch ein Attribut Proband, da die Nutzer im Gegensatz zum WUM namentlich bekannt sind und beim ET pro Nutzer ein separates Log erstellt wird. Bei Bedarf können die Namen anonymisiert werden. Da ein ET-Log im Gegensatz zum Web Log immer für genau einen Nutzer erstellt wird, erübrigt sich im Gegensatz zum WUM-Teil die Aufteilung eines Logs in Sitzungen. Session und GazeLog repräsentieren jeweils einen Nutzer, dessen Aktionen in WebLogEntry beziehungsweise GazeLogEntry enthalten sind. Zur späteren Verarbeitung wird vorgesehen, Nutzer in einer Gruppe zu gruppieren, um Auswertungen auf Untermengen des Datenbestands zu unterstützen. So können mehrere beliebig zusammengesetzte Gruppen aus WUM- und ET-Nutzern gebildet und vergleichend analysiert werden. Dies ist zum Beispiel erforderlich, um die Auswirkung bestimmter Kontexte auf das weitere Verhalten zu untersuchen. Dabei werden alle Nutzer mit gleichem Kontext in eine eigene Gruppe aufgenommen.

Die einzelnen ET-Samples eines ET-Logs nimmt GazeLogEntry auf. Das Attribut Timestamp gibt an, zu welchem Zeitpunkt das Sample aufgezeichnet wurde. Dieser Zeitstempel ist absolut und zu allen anderen im Datenmodell kompatibel. Die anderen Attribute stammen aus dem Export von Tobii Studio, das für die ET-Aufnahmen in dieser Arbeit eingesetzt wird; ihre Bedeutung wird in Tabelle 4.1 beschrieben. Wenn ein ET-System eines anderen Herstellers eingesetzt werden soll, sind einzelne spezielle Attribute wie EventKey, Validity oder Description und die darauf basierende Programmlogik vermutlich anzupassen, da die Strukturierung der ET-Samples nicht standardisiert ist. Ein GazeLogEntry wird der WebPage zugeordnet, auf die er fällt. Im Vergleich zum WebLogEntry muss die min-Kardinalität hier 0 sein, weil Samples auf Bereichen außerhalb der Webseite wie der Menüzeile des Browsers liegen können.

Für die Verdichtung der ET-Daten sind weitere Entity-Typen erforderlich. Die identifizierten Fixationen werden in Fixation und FixationSet abgelegt. Alle Einträge von GazeLogEntry, die gemeinsam eine Fixation bilden, werden der gleichen Fixation zugeordnet. Eine Fixation wird bestimmt durch den Zeitpunkt ihres Auftretens, die

Bezeichnung	Beschreibung
GazePointXLeft GazePointYLeft	Horizontale und vertikale Position des Blickpunktes vom linken Auge bezogen auf den Bildschirm
GazePointXRight GazePointYRight	Koordinate des Blickpunktes vom rechten Auge bezogen auf den Bildschirm
ValidityLeft ValidityRight	Güte der Messung vom linken beziehungsweise rechten Auge, gemessen auf einer Skala von 0 (Auge gefunden, Tracking akkurat) bis 4 (Auge nicht gefunden).
MediaPosX MediaPosY	Entfernung von der linken Seite beziehungsweise oberen Seite des Bildschirms zum Stimulus auf dem Bildschirm in Pixeln. Mit diesen Werten können absolute, auf den Bildschirm bezogene Blickkoordinaten in relative, auf die Webseite bezogene umgerechnet werden. Dies ist zum Beispiel erforderlich, wenn Seiten gescrollt werden.
MediaWidth MediaHeight	Größe des Stimulus in Pixeln
MappedGazePointX MappedGazePointY	Koordinate des von beiden Augen errechneten Blickpunktes im Koordinatensystem des Stimulus
Event	Automatisch generierte Ereignisse beim Betreten oder Verlassen eines Stimulus, bei Mausklicks oder Tastatureingaben. `URLStart` und `URLEnd` zeigen an, dass eine Webseite betreten oder verlassen wurde, so dass die Blickpunkte auf die richtige Webseite bezogen werden können. Über `KeyPress` wird die Funktion der EP erfüllt, indem alle angeschlagenen Tasten protokolliert werden.
EventKey	Eindeutiger Schlüssel für das Ereignis
Data	Datenfelder für das Ereignis. Data1 gibt bei Ereignissen des Typs `KeyPress` den ASCII Code der gedrückten Taste an. Data2 ist für die im IUM benötigten Ereignisse nicht relevant.
Description	Beschreibung des Ereignisses. Für `URL`-Events wird die URL der Webseite angegeben, bei `KeyPress` der Name der Taste.
WebGroupImage	Dateiname des Bildes zur aktuellen Webseite

Tabelle 4.1: Attribute eines ET-Samples aus GazeLogEntry [Vgl. Tobii Technology (2008), Anhang II]

Dauer, ihre Position auf der Webseite und einen Index. Das Attribut FixationIndex nummeriert die Fixationen eines Logs aufsteigend beginnend bei 1. Eine Fixation wird der WebPage zugeordnet, auf der sie liegt, damit bei der Auswertung alle Fixationen einer Webseite effizient ermittelt werden können. Da die ermittelten Fixationen zu einem FixationSet gruppiert werden, werden mehrere Anwendungen eines Fixationsfilters auf den gleichen Logs unterstützt. So lassen sich die Ergebnisse unterschiedlicher Konfigurationen oder verschiedener Fixationsfilter parallel nebeneinander ablegen und vergleichen oder auf ihre Auswirkungen auf die Ergebnisse überprüfen. Da jegliche Form der Auswertung von ET-Daten auf Fixationen basiert, ist es besonders wichtig, sie korrekt zu ermitteln. Aufgrund von Abweichungen im Blickverhalten zwischen Personen und unterschiedlichen Inhalten können Fixationen je nach Einstellung des Filters besser oder schlechter ermittelt werden, so dass verschiedene Einstellungen getestet werden müssen. Die Einstellungen des Filters hinsichtlich minimaler Dauer und maximalem Radius sind Attribute von FixationSet. Ein FixationSet wird Projekt und GazeLog zugeordnet, um über diese die verfügbaren Fixationsfilteranwendungen ermitteln zu können. Sofern das ET-System die Fixationen wie gewünscht ermitteln und exportieren kann, können diese beim Import der ET-Logs direkt angelegt und einem FixationSet zugeordnet werden.

Die ermittelten Fixationen werden im nächsten Verdichtungsschritt zu Clustern gruppiert. Hierfür werden im ERM strukturell die gleichen Elemente wie für Fixationen angelegt. Einem Cluster werden die Fixationen zugewiesen, die es umfasst. Zusätzlich wird die WebPage festgehalten, auf der das Cluster liegt, um alle Cluster einer betrachteten Webseite direkt auflösen zu können. Ein Cluster besitzt als Attribute eine im ClusterSet eindeutige Nummer und optional eine vom Benutzer frei wählbare, sprechende Bezeichnung, die sich auf den fixierten Inhalt der Webseite bezieht. Zusätzlich ist ein Noise-Flag vorgesehen, um auch alle Fixationen markieren zu können, die in keines der Cluster fallen. Die Cluster werden abhängig vom verwendeten Cluster-Algorithmus einem ClusterSet zugeordnet, wodurch alternative Sätze von Clustern gleichzeitig vorgehalten, verglichen und ausgewählt werden können. Jedes ClusterSet wird dem FixationSet zugeordnet, dessen Fixationen Gegenstand der Clusterung sind. Dies ermöglicht es, abhängig von einem gewählten FixationSet die Sätze von Clustern zu ermitteln, die auf den betrachteten Fixationen definiert sind. Der Relationship-Typ ClusterSetGazeLog hält fest, welche Logs bei der Clusterung berücksichtigt wurden. Diese müssen nicht notwendigerweise die gleichen sein, auf denen das zugehörige FixationSet definiert wurde und die über GazeLogFixationSet aufgelöst werden. Es ist möglich, Clusterungen auf einer Untermenge der für den Fixationsfilter verwendeten Logs anzuwenden. Während Fixationen für beliebige Gruppierungen von ET-Logs beziehungsweise Probanden bei gleichen Parametern immer gleich ermittelt werden, unterscheiden sich bei gleicher Vorgehensweise die Ergebnisse der Clusterungen unterschiedlicher Log-Gruppierungen.

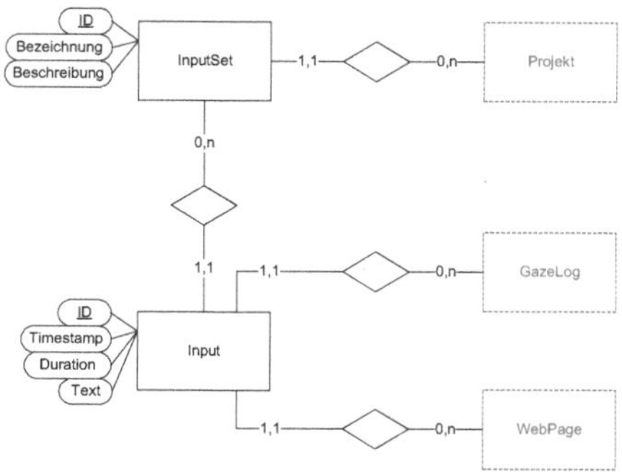

Abbildung 4.5: EP-Teil des Datenmodells

Abbildung 4.5 zeigt die Teile des Datenmodells zur Unterstützung der EP. Die EP wird in der implementierten Variante des IUM nur für Tastatureingaben umgesetzt. Die einzelnen zusammengehörigen Tastenanschläge werden durch einen Input repräsentiert. Um die Eingaben mit den WUM- und ET-Ereignissen in Bezug setzen zu können, wird jeder Input dem Probanden (über GazeLog), der die Eingabe vorgenommen hat, und der Webseite zugeordnet, auf der die Eingabe getätigt wurde. Attribute von Input sind zur zeitlichen Einordnung der Beginn und die Dauer der Eingabe sowie der eingegebene Text selbst. Wie bei Session, Fixation und Cluster wird auch bei Input eine Gruppierung alternativer Eingabefilterungen durch den Entity-Typ InputSet vorgesehen.

Für das IUM wird das Datenmodell um Komponenten zur Umsetzung des Trace Logs und zur Abbildung der Ergebnisse der Sequenzanalyse erweitert. Der relevante Ausschnitt für das IUM ist in Abbildung 4.6 enthalten. Ein Trace Log wird strukturell wie ein Web Log oder ET-Log modelliert. Der Entity-Typ TraceLog repräsentiert die einzelnen Logs, TraceLogEntry stellt die jeweiligen Einträge dar. Die Nutzer, für die das TraceLog erstellt wurde, werden über die Relation zu Gruppe identifiziert. Jeder TraceLogEntry ist genau einer Session oder einem GazeLog zugeordnet, wodurch der Urheber des Ereignisses identifiziert wird. Das Attribut Timestamp gibt an, wann das Ereignis aufgetreten ist und erlaubt so, die Ereignisse aller Nutzer in eine Reihenfol-

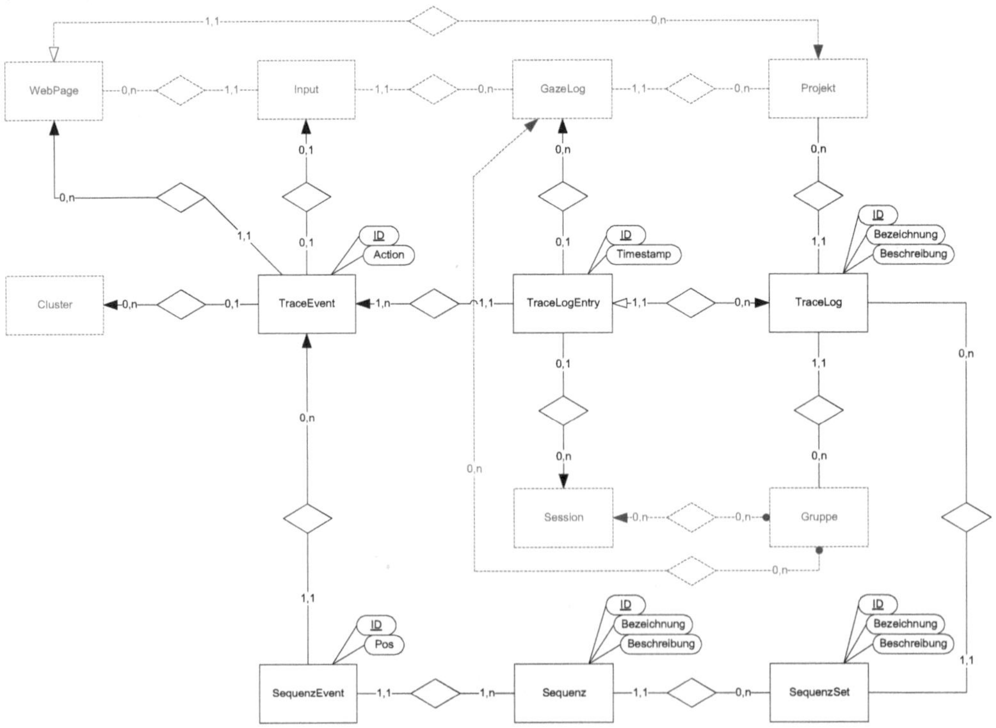

Abbildung 4.6: Datenmodellausschnitt für das IUM

ge zu bringen. Da ein Ereignis mehrfach auftreten kann und um alle Vorkommen schnell auffinden zu können, werden die Ereignisse separat durch den Entity-Typ TraceEvent definiert. Das Attribut Action gibt den Ereignistyp an. Entweder wurde ein Bereich betreten (`IN`), verlassen (`OUT`) oder eine Eingabe getätigt (`INPUT`). Entsprechend wird dem TraceEvent dann die WebPage sowie gegebenenfalls das Cluster zugeordnet, das betreten beziehungsweise verlassen wurde, und der Input, der getätigt wurde. Zum Abbilden der Ergebnisse der Sequenzanalyse auf einem Trace Log werden die Entity-Typen Sequenz und SequenzSet definiert. SequenzSet wird wie die anderen Sets verwendet, um auf dem gleichen TraceLog mehrere Sequenzanalysen durchführen und alle Ergebnisse abspeichern zu können. Als Komponenten einer Sequenz werden Elemente von TraceEvent verwendet. Um diese in eine Abfolge zu bringen, wird SequenzEvent mit dem Attribut Pos verwendet.

4.1.4 Software-Modell

Nachdem die zu verarbeitenden Daten modelliert wurden, wird nun die Struktur der Software betrachtet. Das Software-Modell wird in Form eines UML-Klassendiagramms vorgestellt [siehe Balzert (1998), S. 152 ff.]. Es beschreibt die Struktur des Quelltextes und umfasst alle Komponenten der OO wie Pakete, Klassen, Datenfelder und Methoden. Da der gesamte Quelltext des IM mehr als 27.000 Zeilen (Lines of Code, LOC) umfasst, ist eine vollständige Besprechung zu umfangreich. Um die Darstellung überschaubar zu halten, wird im folgenden eine aggregierte Sicht auf das Klassendiagramm gezeigt, die nur die wesentlichen Pakete und Klassen ohne weitere Details beinhaltet.[14] Die Abbildungen 4.7 und 4.8 zeigen die softwaretechnische Struktur des IM auf. Detailliertere UML-Darstellungen, die Aufbau und Beziehungen wichtiger Klassen erläutern, können den Anhängen A.2 und A.3 entnommen werden. Tabelle 4.2 gibt einen Überblick über den Umfang des Quelltextes.

Einheit	**Anzahl**		
	Model	***Core***	**Gesamt**
Zeilen (LOC)	8.728	19.199	27.927
Methodenzeilen	5.267	12.483	17.750
Pakete	13	18	31
Klassen	58	197	255
Methoden	642	1.239	1.881
Datenfelder	383	805	1.188

Tabelle 4.2: Umfang des Quelltextes nach Plug-ins

[14] Aufgrund des Umfangs der Implementierung lassen sich Modelle und Quelltext nicht vollständig in der vorliegenden Arbeit wiedergeben. Der Inhalt aller Methoden würde ausgedruckt bereits über 250 Seiten füllen.

Model-Plug-in

Aufgabe des Model-Plug-ins ist es, die Datenschicht zu implementieren. Darunter fallen die Aufgaben O/R-Mapping sowie Datenimport und -aufbereitung, die auf unterschiedliche Pakete verteilt werden. Das O/R-Mapping wird vom Paket `de.uni_hohenheim.im.model` umgesetzt, das bis auf Interfaces und Enums ausschließlich aus JPA-Entities besteht. Diese leiten sich nach festen Regeln aus dem ERM ab. Dazu wird das ERM zunächst nach den üblichen Regeln in ein relationales Datenbankmodell überführt. Für jede Tabelle wird dann eine Klasse als JPA-Entity erstellt, deren Attribute denen der Tabelle entsprechen. Anstelle von Fremdschlüsseln werden Objektreferenzen verwendet, die JPA anhand der Fremdschlüssel automatisch auflöst. Da im ERM bereits alle Elemente als Entity-Typ modelliert wurden, die in eine Tabelle überführt werden [vgl. Kap. 4.1.3], entspricht das Klassendiagramm des `model`-Pakets im wesentlichen dem ERM und wird daher an dieser Stelle nicht wiedergegeben.

Datenimport und -aufbereitung erfolgen im Paket `de.uni_hohenheim.im.data`. Zur Datenaufbereitung werden alle Schritte der Verdichtung wie Sitzungs- und Fixationsidentifizierung gezählt, denen keine Methode des WUM oder ET zugrunde liegt. Die Methoden werden zur Logikschicht gezählt und sind nicht im Model-Plug-in enthalten. Auf der Hauptebene des `data`-Pakets liegen allgemeine Funktionalitäten für den Datenzugriff. Die Klasse `DataManager`, die als Singleton implementiert ist [siehe Gamma u. a. (1995), S. 127 ff.], stellt die zentrale Schnittstelle zur Datenbank dar. Vom `DataManager` kann eine `Connection` für den JDBC-Zugriff oder der `EntityManager` für den JPA-Zugriff bezogen werden. Der Enum `DataAccessMethod` definiert die verschiedenen Zugriffsverfahren, die in der Anwendung genutzt werden können. Für JDBC wird zwischen zwei Varianten entschieden. Entweder können für beste Kompatibilität ausschließlich standardisierte SQL-Befehle verwendet werden oder für optimierte Performanz auch MySQL-spezifische. Um Daten anzulegen, würden im ersten Fall `INSERT`-Anweisungen im Batch ausgeführt; im zweiten Fall würde der `LOAD`-Befehl verwendet werden, der ganze Textdateien en bloc in die Datenbank schreibt.

Für die einzelnen Aufgaben ist `de.uni_hohenheim.im.data` in vier weitere Pakete unterteilt. Das Paket `imp` enthält je eine Klasse zum Importieren der unterschiedlichen Log-Typen sowie das Interface `LogImportFilter`, über das der Import auf bestimmte Teile der Logs begrenzt werden kann. Das Paket `rm`, das Klassen zum Löschen nicht mehr benötigter Log-Teile umfasst, stellt mit dem `LogEntryFilter` die gleiche Funktionalität für bereits importierte Daten zur Verfügung. Im Paket `gen` liegen Klassen zum Erzeugen neuer Daten im Rahmen der Aufbereitung und Weiterverarbeitung der Logs. Die Klasse `SessionFilter` ermittelt Sitzungen für das WUM, der `FixationFilter` Fixationen für das ET, und die Klasse `TextInputFilter` filtert die Eingaben für die EP. Aus den aufbereiteten Daten werden Trace Logs für das IUM mit dem `TraceLogGenerator` erzeugt. Das Paket `crud` (create, read, update, delete) vermittelt zwischen JPA-Schicht und Anwendungslogik. Es stellt die grundlegenden Operationen zum Anlegen und Löschen von Daten für andere Plug-ins zur Verfügung. Diese werden nach inhaltlich zusammengehörigen Teilbereichen gruppiert und auf

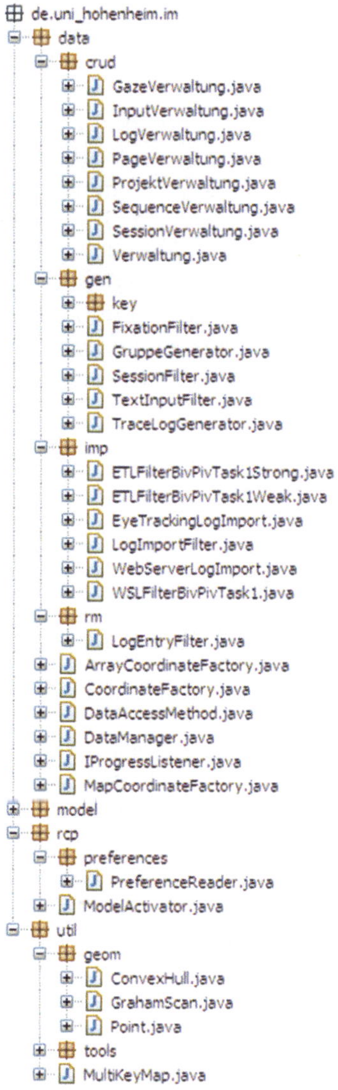

Abbildung 4.7: Struktur des Model-Plug-ins

verschiedene Klassen wie ProjektVerwaltung oder LogVerwaltung verteilt. Alle Klassen des Unterpakets erben die grundlegenden Methoden zur Verwaltung der JPA-Entities von Verwaltung.

Neben model und data gibt es auf der Hauptebene des Plug-ins noch die Pakete de.uni_hohenheim.im.rcp und de.uni_hohenheim.im.util. In rcp liegen Komponenten, die mit der Eclipse RCP in Verbindung stehen. Da das Model-Plug-in ausschließlich für die Datenhaltung verantwortlich ist sowie wenig logische und keine grafischen Komponenten enthält, ist die Schnittstelle zur RCP sehr schmal. Das Paket rcp umfasst nur zwei Klassen: die RCP-spezifische Klasse ModelActivator, die beim Aktivieren des Plug-ins instanziiert wird, und PreferenceReader zum Lesen von Benutzereinstellungen wie beispielsweise der Datenbankverbindungsparameter. Das Paket util stellt Hilfsklassen zur Verfügung. Die MultiKeyMap implementiert beispielsweise eine mehrdimensionale Hash-Tabelle auf Basis von HashMap mit einer zu Map ähnlichen Schnittstelle, die in der Java-Klassenbibliothek nicht verfügbar ist. Sie wird an einigen Stellen des Programms benötigt, um Objekte zu halten, die im Kontext nicht nur von einem, sondern mehreren anderen abhängig sind. Bei der Erstellung eines Trace Logs werden zum Beispiel Instanzen von TraceEvent nach WebPage und Cluster gruppiert.

Core-Plug-in

Die Logik- und die Präsentationsschicht werden im Core-Plug-in umgesetzt. Für die Präsentation sind Benutzerschnittstelle und Ergebnisdarstellung, für die Logik Algorithmik, Ablaufsteuerung und Modularisierung bereitzustellen. Diese Aufgaben werden wie folgt von den einzelnen Paketen des Plug-ins übernommen. Die Pakete de.uni_hohenheim.im.dm und de.uni_hohenheim.im.et enthalten die eigenständigen Methoden des DM beziehungsweise WUM und ET, die bei der Verdichtung und Auswertung angewendet werden. Die beiden Pakete gehören zur Logikschicht und steuern die Algorithmik bei. Die Namen beziehen sich auf den Ursprung der implementierten Methoden, nicht auf ihre Verwendung. So beinhaltet dm auch Cluster-Algorithmen, die Bestandteil der Auswertung der ET-Daten sind. Dies sind die aus dem Weka-Framework adaptierten, dichtebasierten Cluster-Verfahren DBSCAN [siehe Ester u. a. (1996)] und OPTICS [siehe Ankerst u. a. (1999)] im Unterpaket denclus. Daneben enthält dm im Unterpaket clospan den Sequenzalgorithmus CloSpan [siehe Yan u. a. (2003)], dessen Implementierung aus dem DM-Framework IlliMine übernommen wurde. Im Paket et liegen alle Klassen, die Methoden des ET implementieren. Die grafischen ET-Diagramme Heat Map, Gaze Map und Gaze Plot werden von der Klasse HotSpotImage erzeugt, die dadurch gleichzeitig zur Algorithmik und Ergebnisdarstellung gehört. CoordinateMap und deren Subklassen stellen verschiedene Formen von Datensammlungen für Blickpunkte und Fixationen bereit, die zur Verarbeitung der ET-Daten benötigt werden. Die Klasse HeatMapClusterer implementiert einen selbst entwickelten Algorithmus zum Clustern von Fixationen, der im nächsten Abschnitt vorgestellt wird.

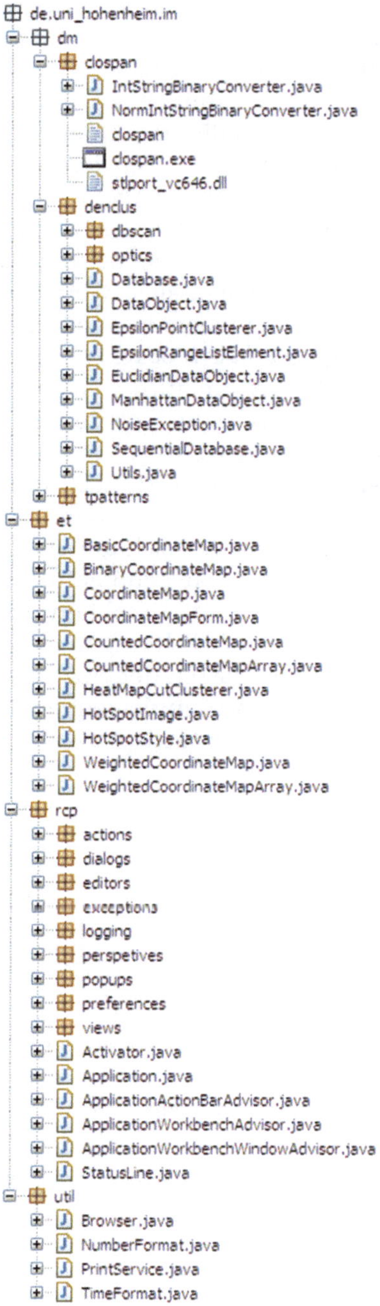

Abbildung 4.8: Struktur des Core-Plug-ins

Neben dm und et gibt es auf der Hauptebene des Plug-ins noch die Pakete de.uni_hohenheim.im.rcp und de.uni_hohenheim.im.util, die die gleichen Funktionen wie im Model-Plug-in erfüllen. In util liegen Hilfsklassen wie NumberFormat zur formatierten Ausgabe von Gleitkommazahlen. Das Paket rcp umfasst alle Klassen, die auf der Eclipse RCP basieren und ist sehr umfangreich, da es die Benutzerschnittstelle (GUI) beinhaltet. Auf der Hauptebene des Plug-ins befinden sich die Klassen, die standardmäßig von grafischen Plug-ins zur Konfiguration der Oberfläche benötigt werden. Sie regeln die initiale Zusammenstellung von Fenstern sowie den Aufbau von Menü, Symbol- und Statusleisten. Die übrigen Komponenten der GUI sind auf acht Unterpakete verteilt. Das Paket actions beinhaltet je eine Klasse für alle vom Benutzer ausführbaren Aktionen und regelt die Ablaufsteuerung des Programms. Je nach Aktion werden Daten importiert, verdichtet, ausgewertet oder Ergebnisse angezeigt. Zum Abfragen von Eingaben des Benutzers in Verbindung mit den einzelnen Aktionen werden Dialoge benötigt, die in dialogs abgelegt sind. Voreinstellungen, die dauerhaft gelten und zwischen Programmaufrufen erhalten bleiben, werden mit den Klassen aus preferences verwaltet. Aktionen werden in Menüs angezeigt, die vom ApplicationActionBarAdvisor definiert werden, oder in Kontextmenüs verwendet, die in popups zusammengefasst sind. Die Hauptkomponenten einer Eclipse RCP-Anwendung – Editoren und Sichten – liegen in den gleichnamigen Unterpaketen editors beziehungsweise views. Es handelt sich um Unterfenster, die innerhalb des Programmfensters angeordnet werden. Sie gehören nicht nur zur Benutzerschnittstelle sondern übernehmen gemeinsam die Funktion der Ergebnisdarstellung. Da Aussehen und Funktion der einzelnen GUI-Komponenten im Kapitel 4.3 vorgestellt werden, werden an dieser Stelle die Klassen der einzelnen Pakete, die die verschiedenen Editor-, View- oder Dialog-Typen implementieren, nicht näher beschrieben. Die Verarbeitung von Fehlern und die textuelle Ausgabe von Meldungen regeln die Pakete exceptions und logging.

4.2 Algorithmische Sicht

Nachdem der vorherige Abschnitt die statische Struktur des IM auf verschiedenen Ebenen vorgestellt hat, wird im folgenden eine dynamische Sicht auf das Programm präsentiert. Diese erfolgt nicht auf Ebene der OO mit Objekt-, Zustands- oder Sequenzdiagrammen, da diese alle Einzelheiten der Programmierung beschreiben und zu detailliert für einen Einblick sind. Statt dessen wird eine weniger detaillierte Sicht auf das Verhalten des IM eingenommen, indem die Algorithmen vorgestellt werden, die zur Implementierung der verwendeten Methoden ausgewählt wurden. Die Umsetzung in Quelltext ergibt sich nach den Regeln der OO und wird deshalb hier nicht thematisiert. Die Ausführungen sind gegliedert nach den beteiligten Verfahren WUM, ET, EP und IUM. Diese Strukturierung entspricht grob dem Vorgehen bei Anwendung des IUM. Eine vollständige prozessorientierte Darstellung erfolgt im nächsten Abschnitt aus Anwendungssicht.

4.2.1 WUM

Im WUM werden die Web Logs vor der Analyse zunächst aufbereitet. Dieser Abschnitt fasst die dafür erforderlichen Schritte zusammen und erklärt, wie sie im IM umgesetzt werden.

Webseitenfilter

Web Logs protokollieren alle Zugriffe, die auf den Web Server stattfinden. Für einen Seitenaufruf sind in der Regel mehrere Zugriffe erforderlich, da nicht nur der HTML-Quelltext selbst, sondern auch Bilder, Stylesheets und Skripte benötigt werden, um die Webseite komplett darstellen zu können. Ein Web Log enthält daher deutlich mehr Einträge, als zur Auswertung benötigt werden. Relevant sind nur die logischen Zugriffe [vgl. Hippner u. a. (2002c), S. 17]. Außerdem werden die Zugriffe aller Clients gespeichert. Ein Teil der Clients sind allerdings keine Browser, die von einem menschlichen Nutzer bedient werden, sondern Programme, die das Web autonom durchsuchen, sogenannte (Ro)Bots, Crawler oder Spider. Sie werden zum Beispiel von Suchmaschinenbetreibern eingesetzt, um die Inhalte des Webs zu indizieren. Alle Zugriffe, die nicht von realen Nutzern stammen, dürfen bei der Auswertung nicht berücksichtigt werden, da sie nicht von der zu untersuchenden Zielgruppe stammen und die Ergebnisse verzerren würden [vgl. Hippner u. a. (2002c), S. 18].

Im IM werden die nicht benötigten und unerwünschten Zugriffe direkt beim Import eines Web Logs herausgefiltert. Dazu werden nacheinander zwei Filter angewendet. Direkt nach dem Einlesen einer Zeile prüft der Bot-Filter das `Agent`-Attribut auf Signaturen der bekannten Bots und Crawler. Wird ein Zugriff eines Bots gefunden, wird die Verarbeitung der Zeile abgebrochen und bei der nächsten Zeile fortgesetzt. Derzeit sind im IM über achtzig Signaturen hinterlegt. Der Benutzer kann die Liste pflegen, um auch künftig neue Crawler ausschließen zu können. Unbekannte oder böswillige Bots, deren Signaturen nicht veröffentlicht sind, können leider nicht herausgefiltert werden. Dies ist jedoch kein IM-spezifisches, sondern ein allgemeines Problem, das auf das HTTP-Protokoll zurückzuführen ist. Da jeder Zugreifende selbst bestimmen kann, wie er sich ausgibt, kann nicht mit absoluter Sicherheit zwischen menschlichen und maschinellen Zugriffen unterschieden werden. Bots lassen sich leicht so tarnen, dass sie nicht als solche identifiziert werden können.

Wenn die Bot-Prüfung negativ ist, wird als nächstes der URL-Filter angewandt. Dieser prüft, auf welchen Dateityp der Zugriff erfolgte. Da in die Auswertung für jeden Seitenaufruf (Page View) nur ein Zugriff eingehen darf, werden lediglich die Zugriffe auf Basisdokumente berücksichtigt. Zusätzliche Zugriffe auf Dateien zur Komplettierung der Webseite werden herausgefiltert. Basisdokumente sind statische oder dynamisch generierte HTML-Seiten sowie PDF-Dokumente. Unerwünscht sind alle anderen Zugriffe auf Bilder, Skripte und Stylesheets. Damit im Einzelfall zusätzliche oder andere Typen von Basisdokumenten berücksichtigt werden können, können die Filtereinstellungen verändert werden.

Nachdem Bot- und URL-Filter angewendet wurden, sind die verbleibenden Zugriffe technisch einwandfrei und können in die Datenbank aufgenommen werden. Um darüber hinaus benutzerdefinierte Eingriffe zu ermöglichen, wird eine dritte Filterstufe vorgesehen. Diese kann für eine inhaltliche Filterung nach beliebigen Kriterien genutzt werden. Die Attribute des Web Log-Eintrags werden über eine Schnittstelle zur Verfügung gestellt. Der benutzerdefinierte Filter entscheidet nach eigenen Kriterien darüber, ob der Zugriff akzeptiert oder herausgefiltert wird. Dieser Filter wird später bei Anwendung des IM im nächsten Kapitel dazu genutzt, nur Zugriffe auf eine bestimmte Domain zuzulassen und alle anderen zu entfernen, die nicht ausgewertet werden sollen.

Sitzungsidentifizierung

Zur Auswertung der Web Log-Daten ist es erforderlich, diejenigen Zugriffe zu identifizieren, die im Zusammenhang und vom selben Nutzer erfolgt sind. Eine solche zeitlich zusammenhängende Zugriffsserie eines Nutzers wird als Sitzung bezeichnet. Diese zu ermitteln, ist Aufgabe der Sitzungsidentifizierung [vgl. Cooley u. a. (1999a), Kap. 5.3]. Ohne eine Strukturierung dieser Form können keine Muster gefunden werden, weil alle Daten ohne Bezug zueinander in derselben Menge liegen. Die DM-Methoden benötigen dagegen wiederkehrende, gleich strukturierte Transaktionen, in denen sie nach Mustern suchen können. Im WUM stellt die Sitzungsidentifizierung die erforderliche Gruppierung bereit; die Sitzungen bilden die Transaktionen.

Zur Ermittlung der Sitzungen wird vom IM ein verbreitetes, heuristisches Vorgehen basierend auf einer zeitlichen Abgrenzung implementiert [siehe Bensberg (2001), S. 138 ff.]. Um Nutzer präzise identifizieren und unterscheiden zu können, wird die Kombination der Attribute `IP` und `Agent` verwendet. Alle aufeinander folgenden Zugriffe des gleichen Nutzers werden zur selben Sitzung gezählt, sofern sie innerhalb einer bestimmten Zeitspanne erfolgt sind. Der Grenzwert ist vom Analysten zu definieren, da er je nach Typ des Webauftritts und Zielgruppe unterschiedlich sein kann. Sinnvolle Werte liegen zwischen mehreren Minuten und wenigen Stunden. Ein Wert von 30 min gilt als angemessen [vgl. Cooley u. a. (1999a), S. 15]. Der zeitliche Grenzwert wird relativ auf jeden Zugriff des Nutzers angewendet und misst somit den Abstand zwischen je zwei Zugriffen. Es wird kein absoluter Grenzwert in Form einer maximalen Gesamtdauer verwendet, nach der eine Sitzung als beendet definiert wird [siehe Spiliopoulou, Pohle (2001), Kap. 4.1.1]. Dieser führt zu falschen Ergebnissen, weil das Kriterium der Gesamtdauer starr ist und das Zugriffsverhalten unzureichend berücksichtigt. Die Sitzungsidentifizierung des IM kann Schwankungen der Sitzungslänge ohne Fehler verarbeiten. Der relative Schwellenwert ist verständlicher und besser begründbar als der absolute.

4.2.2 ET

Ein ET-Log umfasst je nach ET-System zwischen fünfzig und zweihundert Einträge je Sekunde. Diese stellen weit mehr Informationen zur Verfügung, als in die Auswertung eingehen. Relevant für die meisten ET-Anwendungen sind die Fixationen und für das IUM zusätzlich die Cluster der Fixationen. Um diese korrekt ermitteln zu können, sind hochauflösende Logs erforderlich, die in mehreren Schritten verdichtet werden. Im folgenden wird das dabei angewendete Vorgehen erläutert.

Sample-Filter

Analog zu Web Logs werden beim Import der ET-Logs Filter angewandt, um unerwünschte Samples herauszufiltern und nicht in die Datenbank zu schreiben. Jedes Sample wird zuerst auf seine Korrektheit geprüft. Da ein Eye Tracker ein messtechnisches System ist, sind Messabweichungen nicht vermeidbar. Die in dieser Arbeit verwendeten Tracker der Firma Tobii geben auf Wunsch im Attribut `Validity` je Sample an, wie gut beziehungsweise verlässlich die Messung ist. Die Qualität der Messung schwankt regelmässig aufgrund des Lidschlags oder Bewegungen des Benutzers, bei denen die Verfolgung der Augen kurzfristig abreißt. Zudem können unabhängig von der Korrektheit der Messung Blickpunkte außerhalb des Stimulus liegen. Diese sind für die Auswertung nicht interessant und werden ebenfalls verworfen. Der Benutzer kann für den Gültigkeitswert sowie die horizontale und vertikale Abweichung einen Grenzwert definieren. Wenn das vorliegende Sample außerhalb der Toleranz liegt, wird es verworfen und mit der nächsten Zeile des ET-Logs fortgefahren.

Wenn das eingelesene Sample technisch einwandfrei ist, wird wie beim Import von Web Logs ein zweiter benutzerdefinierter Filter angewandt. Dieser ermöglicht es dem Anwender, Samples nach beliebigen Kriterien auf inhaltlicher Ebene auszusortieren. Die Funktionsweise entspricht der des benutzerdefinierten Web Log-Filters. Bei der Anwendung des IM im nächsten Kapitel wird ein benutzerdefinierter Filter dazu verwendet, nur einen Teil der ET-Logs zu importieren und alle weiteren Samples zu verwerfen. Dies ist im vorliegenden Fall erforderlich, weil die ET-Logs Daten von einem anderen Webauftritt enthalten, die die Probanden im Anschluss an den untersuchten Webauftritt für ein anderes Experiment besucht haben. Diese Samples stehen nicht in Zusammenhang mit dem untersuchten Webauftritt und müssen daher herausgefiltert werden.

Fixationsfilter

Nachdem die ET-Samples in die Datenbank importiert wurden, müssen sie für die weitere Auswertung verdichtet werden. Zunächst sind aus den Rohdaten Fixationen zu ermitteln. Sie bilden die Basis für alle ET-Anwendungen, die wie das IUM auf der Eye-Mind-Hypothese basieren. Hierfür implementiert der IM einen klassischen Fixationsfilter basierend auf Verweildauer und Streuung (Dispersion-Threshold Identification), der auf die ET-Samples angewendet wird und Fixationen generiert [siehe Salvucci, Goldberg (2000), Kap. 3.2.1 und Duchowski (2007), Kap. 12.2]. Dazu prüft der Filter die Einträge des ET-Logs zeilenweise mit einem Sliding Window. Beginnend beim ersten Sample werden so lange weitere Samples eingelesen und zu einer potentiellen Fixation gruppiert, bis deren Dauer größer oder gleich der minimalen Verweildauer ist. Liegen alle gesammelten Koordinaten innerhalb des maximal erlaubten Radius, handelt es sich um eine gültige Fixation. Dieser werden nach und nach weitere Samples hinzugefügt, so lange die Streuung der Fixation innerhalb des definierten Radius bleibt. Wenn die Fixation nicht mehr erweitert werden kann, wird sie abgespeichert. Die Koordinaten einer Fixation entsprechen dem Mittelpunkt des kleinsten Kreises, der gerade alle Punkte der Fixation umschließt. Das Verfahren wird mit dem nächsten außerhalb der letzten Fixation liegenden Sample fortgesetzt. Erneut werden so lange weitere Samples eingelesen und zu einer potentiellen Fixation gruppiert, bis deren Dauer größer oder gleich der minimalen Verweildauer ist. Ist die Streuung der gesammelten Koordinaten größer als der erlaubte Radius, stellen die gruppierten Samples keine Fixation dar. Dann wird das erste Sample der Gruppe verworfen und mit dem zweiten fortgefahren. Ausgehend von diesem Sample wird nach dem gleichen Verfahren geprüft, ob eine Fixation vorliegt.

Die Parameter werden vom Benutzer des IM festgelegt. Als minimale Verweildauer wird üblicherweise ein Wert zwischen 100 und 200 ms gewählt [vgl. Salvucci, Goldberg (2000), S. 74 und Duchowski (2007), S. 47]. Der Radius einer Fixation errechnet sich aus dem Abstand zum Stimulus. Die Foveola, das Zentrum der Fovea, mit dem fixiert wird, erfasst einen Gesichtswinkel von 1° [vgl. Salvucci, Goldberg (2000), S. 74]. Unter Berücksichtigung der Mikrobewegungen, die während einer Fixation ausgeführt werden, sowie der Bewegung des Kopfes kann sich der Gesichtswinkel einer Fixation auf bis zu 5° vergrößern, wobei die Stabilität der Fixation viel mehr von der Stabilität des Kopfes abhängt als von den Mikrobewegungen [vgl. Carpenter (1988), S. 137 ff. und Carpenter (1988), S. 105]. Dieser Wert entspricht gleichzei-

Die Weite w des Objekts, das unter dem Gesichtswinkel α aus der Distanz d auf der Netzhaut abgebildet wird, ergibt sich über

$$\tan\frac{\alpha}{2} = \frac{w}{2d} \qquad \text{zu} \qquad w = 2d * \tan\frac{\alpha}{2}$$

Für das Verhältnis von Bildschirmdiagonale q zur Auflösung $b \times h$ gilt

$$q = \sqrt{b^2 + h^2}$$

Damit errechnet sich der Radius r einer Fixation auf einem Tobii T120-Eye Tracker mit Diagonale $q = 17\,''$ und Auflösung $b \times h = 1280 \times 1024$ px aus einer Distanz von $d = 45$ cm und einem Gesichtswinkel von $\alpha = 3°$ zu

$$r = \frac{w}{2}\,\frac{\sqrt{b^2 + h^2}}{q} = \frac{45 * \tan 1{,}5° * \sqrt{1280^2 + 1024^2}}{17 * 2{,}54}\,\text{px} = 45\,\text{px}$$

Abbildung 4.9: Größe einer Fixation

Mit einem Durchmesser von 1500 μm erfasst die Fovea einen visuellen Winkel von $\alpha = 5°$ [vgl. Duchowski (2007), S. 29 f.]. Beim Betrachten eines Stimulus aus einer sehr geringen Distanz von $d = 35$ cm ergibt sich die Weite w des mit der Fovea erfassbaren Bereichs über

$$\tan\frac{\alpha}{2} = \frac{w}{2\,d} \qquad \text{zu} \qquad w = 70\,\text{cm} * \tan 2{,}5° = 3{,}1\,\text{cm}$$

Der Durchmesser v einer großen Fixation mit Radius $r = 50$ px ist auf einem kleinen Monitor mit Diagonale $q = 15''$ und Auflösung $b \times h = 1024 \times 768$ px

$$v = \frac{2\,r\,q}{\sqrt{b^2 + h^2}} = \frac{100 * (15 * 2{,}54)}{\sqrt{1024^2 + 768^2}}\,\text{cm} = 3{,}0\,\text{cm}$$

Da $v < w$ werden Fixationen vollständig mit der Fovea erfasst. Im Normalfall wird d nicht kleiner, r nicht größer und q, b sowie h nicht kleiner gewählt, so dass dieses Verhältnis bestehen bleibt und noch markanter wird.

Abbildung 4.10: Foveale Abdeckung einer Fixation

tig dem mit der Fovea erfassbarem visuellem Winkel. Zudem besitzen ET-Systeme einen Messfehler in dieser Größenordnung, der allerdings mit der technischen Weiterentwicklung zunehmend geringer wird. Der eingesetzte T120 der Firma Tobii besitzt beispielsweise bereits eine Genauigkeit von 0,5° bei einem Drift von weniger als 0,3° [vgl. Tobii Technology (2009b)]. Sinnvolle Werte für den für eine Fixation relevanten Gesichtswinkel liegen demnach zwischen 1° und 5°. Abbildung 4.9 demonstriert, wie der Gesichtswinkel abhängig von Bildschirmabstand und -auflösung korrekt in den Fixationsradius umzurechnen ist, der dann als Parameter für den Fixationsfilter verwendet wird. In der Literatur finden sich Werte zwischen 20 px und 50 px, die allerdings häufig nicht berechnet, sondern definiert oder geschätzt werden [siehe zum Beispiel Pan u. a. (2004), S. 149 oder Zülich, Stowasser (2003), S. 551 f.]. Dass die fixierte Fläche bei diesen Werten auch im Extremfall vollständig innerhalb der Fovea abgebildet wird, wird in Abbildung 4.10 gezeigt. Der Radius darf nicht so groß gewählt werden, dass die potentielle Fixationsfläche nicht mehr foveal erfasst worden sein konnte, weil dadurch die Eye-Mind-Hypothese verletzt wäre. Optimale Präzision wird erreicht, wenn der Fixationsradius für jeden Probanden getrennt ermittelt wird [vgl. Goldberg u. a. (1999), S. 431]. Dies kann bei Verwendung eines Remote Eye Trackers empfehlenswert sein, der dem Probanden einen gewissen Bewegungsspielraum erlaubt. Hier kann sich die Größe des fixierten Bereichs nicht nur zwischen Probanden sondern auch während des Trackings ändern. Es bleibt zu prüfen, ob der erhebliche Mehraufwand dieser dynamischen Parametrisierung im Verhältnis zum Nutzen präziserer Fixationsdaten steht.

Fixation Map-Berechnung

Fixationen sind Grundlage aller klassischen ET-Auswertungen. Auf ihnen werden Metriken berechnet, und sie werden benötigt, um die ET-Diagramme zu erstellen. Im IM werden sie darüber hinaus für das IUM weiter zu Clustern verdichtet. Der IM kann daneben auch die ET-Diagramme Heat Map, Gaze Map und Gaze Plot generieren, um ergänzend reine ET-Auswertungen durchzuführen, wie dies Auswer-

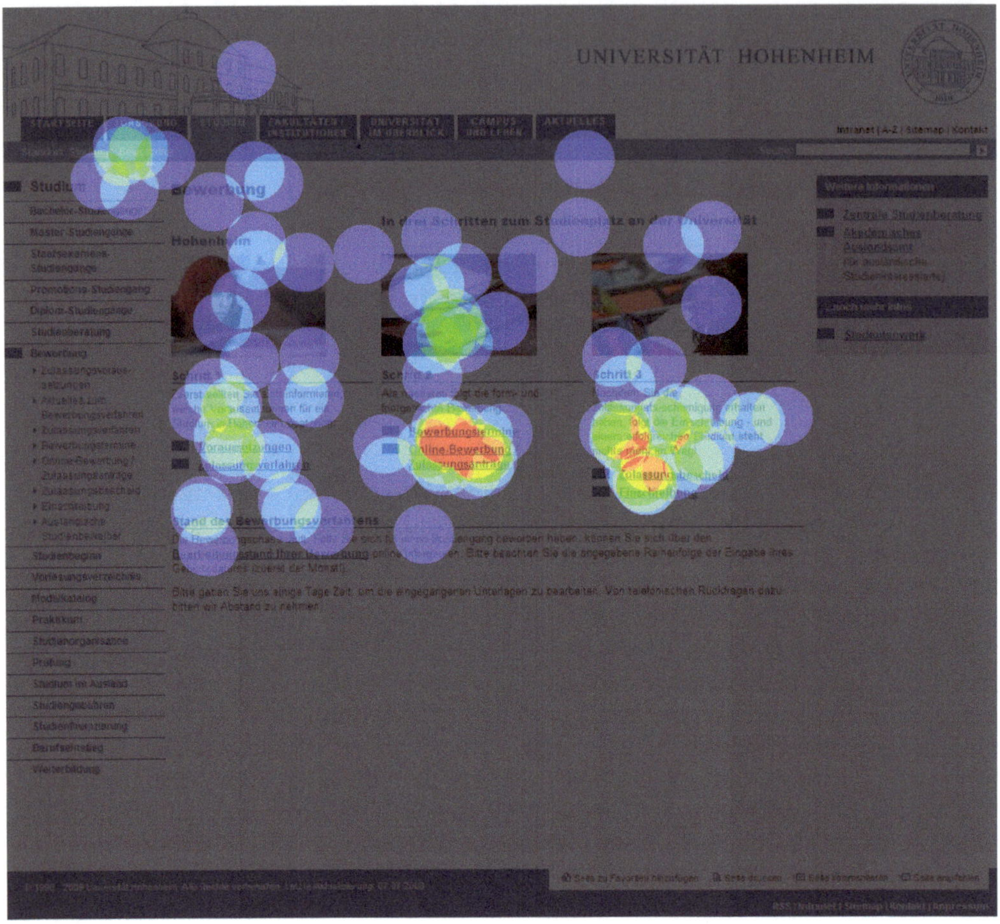

Abbildung 4.11: Heat Map, erstellt aus `CountedCoordinateMap`

tungsschritt vier des Integrationsmodells vorsieht. Hierfür ist es erforderlich, aus den Fixationen auf geeignete Weise einen grafischen Layer zu errechnen, der die Verteilung der Fixationen farblich visualisiert und unterschiedlich stark deckende beziehungsweise transparente Bereiche besitzt. Eine Heat Map beziehungsweise Gaze Map wird erzeugt, indem dieser Layer über ein Bild des Stimulus gelegt wird, auf dem dadurch die Fixationen visualisiert werden.

Unabhängig von der grafischen Darstellung müssen die Fixationen zunächst gesammelt und geeignet im Speicher repräsentiert werden. Dazu verwendet der IM eine dreidimensionale Speicherstruktur, deren Grundfläche der des Stimulus entspricht und die an jeder Koordinate die Anzahl Fixationen speichert, die auf diese entfallen. Über das Interface `CoordinateMap` werden Fixationen an Koordinaten hinzugefügt und abgefragt. Die Klasse `CoordinateFactory` stellt sicher, dass für jede Koordinate anwendungsweit nur ein Objekt erzeugt wird, um effiziente Instanzvergleiche statt Objektvergleichen durchführen zu können und den Speicherverbrauch zu minimieren. Um eine Heat Map zu erstellen, wird zuerst eine neue `CoordinateMap` erzeugt. Nachdem alle relevanten Fixationen ermittelt und in die `CoordinateMap` eingetragen wurden, wird der Fixationswert pro Pixel abgefragt und in einen Farb- sowie Transparenzwert übersetzt. Diese werden auf einem Screenshot der Webseite eingezeichnet, so dass eine Heat Map entsteht.

Der IM umfasst verschiedene Implementierungen des Interfaces, die die Fixationen unterschiedlich verdichten und unterschiedliche grafische Ergebnisse produzieren. Die Klasse `BinaryCoordinateMap` speichert jede Fixation nur einmal und ist für Auswertungen vorgesehen, bei denen ausschließlich die Existenz von Fixationen relevant ist. In der `CountedCoordinateMap` werden Fixationen gezählt, wobei jede Fixation gleichförmig auf allen Pixeln registriert wird, die in ihrem Radius liegen. Da die Augen nicht stillstehen und die Fixation bereits eine Verdichtung minimaler Augenbewegungen im Radius der Fixation ist, wird so eine akkurate Darstellung erzeugt. Ohne Daten über die Augenbewegungen während der Fixation kann nicht gesagt werden, welche Bereiche im Radius der Fixation stärker oder weniger stark betrachtet wurden. Dies erscheint zudem nicht relevant, da die Lage der Fixation gerade durch die Zusammensetzung der Mikrobewegungen definiert wird. Da die fixierte Fläche vollständig auf der Fovea und nicht im peripheren Umfeld liegt, wird sie komplett und mit größter Sehschärfe wahrgenommen. Aus diesen Gründen eignet sich die `CountedCoordinateMap`, Heat Maps fehler- und verzerrungsfrei zu erzeugen. Ein Beispiel ist Abbildung 4.11 dargestellt. Der IM markiert wenig fixierte, »kalte« Bereiche blau, während rot die interessanten, »heißen« Ausschnitte zeigt.

Die theoretisch einwandfrei erzeugten Diagramme auf Basis einer `CountedCoordinateMap` können allerdings zu optisch unerwarteten Ergebnissen führen. Da Fixationen selten deckungsgleich sind und sich häufig nur im Randbereich überlappen, ist der Bereich hoher Fixationswerte oft unerwartet geformt, nicht zusammenhängend und kann aus einzelnen alleinstehenden Pixeln bestehen, was schwierig zu erklären ist. In Theorie und Praxis finden sich daher ausschließlich geglättete Diagramme, deren verschiedene Intensitätsbereiche schalenartig zusammenhängen. Diese entstehen durch eine andere Form der Kumulierung von Fixationen. Unter der Prämisse, dass die Aufmerksamkeit im Zentrum des fixierten Bereichs am höchsten ist und stetig nach außen hin abfällt, werden die Fixationen als Gaußglocken in einer Fixation Map aufsummiert [vgl. Wooding (2002)]. Hierdurch wird eine geglättete Landschaft erzeugt, die zu einer intuitiven, leichter erfassbaren Darstellung führt. Der IM unterstützt diese Form der Gewichtung von Fixationen über die Klasse `WeightedCoordinateMap`. Ein Beispiel wird in Abbildung 4.12 gegeben. Der Analyst muss im konkreten Anwendungsfall und nach Zielgruppe entscheiden, welche Diagrammform geeignet ist.

Neben der Anzahl an Fixationen können die ET-Diagramme auch für andere Kriterien wie Zeitpunkt oder Dauer der Fixationen erstellt werden. Die Darstellungen unterscheiden sich hinsichtlich Bedeutung und Aussage wenig von den Darstellungen, die mit der Fixationsanzahl arbeiten, und sind genauso zu interpretieren. Ein kleiner Unterschied ergibt sich, wenn nicht absolute, sondern relative Werte eingezeichnet werden, weil die Darstellungen dabei anhand des Maximalwerts normiert werden und andere Formen von Aussagen möglich sind. Zudem kann von der idealisierten

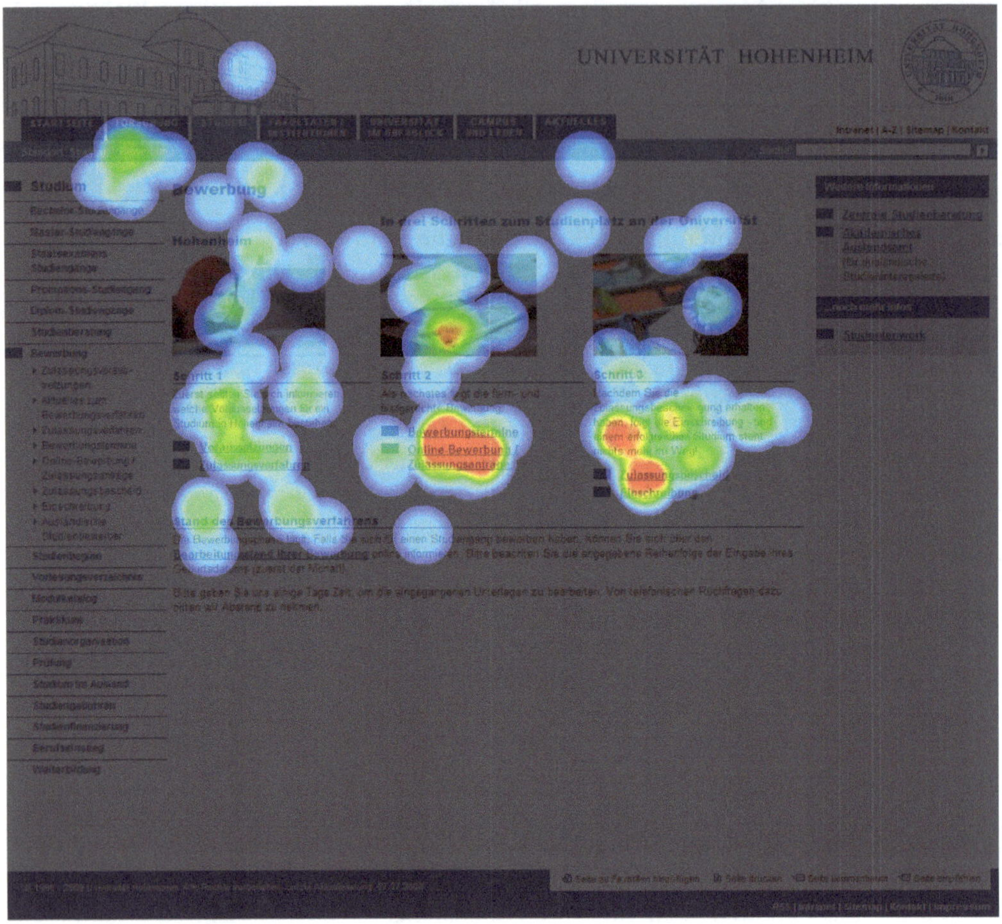

Abbildung 4.12: Heat Map, erstellt aus `WeightedCoordinateMap`

Darstellung einer Fixation als Kreis abgesehen werden, indem die Fixationspunkte unverdichtet eingezeichnet werden. Dann entsteht eine Contour Map, die die Verteilung einer oder mehrerer Fixationen visualisiert. In Verbindung mit dem Kriterium relative Verweildauer wird dann beispielsweise markiert, wie viel Prozent der Zeit einer Fixation auf welchen Bereich des Stimulus entfallen ist [siehe Carpenter (1988), S. 135]. Für alle Varianten der ET-Diagramme können die bestehenden Implementierungen von `CoordinateMap` genutzt und durch Erstellen einer Subklasse für die Verarbeitung eines anderen Attributs erweitert werden.

Cluster-Identifizierung

Um das Vorgehen eines Nutzers auf einer Webseite zu beschreiben, sind Fixationen noch zu detailliert. Ihre zeitliche und räumliche Ausdehnung ist zu gering, so dass sehr viele auf inhaltlich zusammengehörige Punkte entfallen. Durch Clusterung der Fixationen werden diese in zusammengehörige Bereiche gruppiert. Dann kann der Pfad eines Nutzer verdichtet werden, indem alle aufeinander folgenden Fixationen im selben Cluster zu einem Besuch dieses Bereichs verdichtet werden. Die Pfade der Nutzer werden verständlicher und zudem vergleichbar, weil die Bereiche der Webseite im Gegensatz zu den exakten Positionen der Fixationen für alle Nutzer identisch sind.

Die Clusteranalyse wird separat pro Webseite durchgeführt, weil nur Cluster auf Webseiten und nicht seitenübergreifend gesucht sind. Dazu werden die Fixationen aller zugrunde liegenden Nutzer je Webseite geladen und mit einem Clusteralgorithmus verarbeitet. Die gefundenen Cluster erhalten eine automatisch generierte Nummer sowie Zuordnungen zu den enthaltenen Fixationen und werden in der Datenbank gespeichert. Alle Fixationen, die keinem Cluster zugeordnet werden konnten, werden in einem Noise-Cluster gruppiert. Der Analyst kann zusätzlich jedem Cluster eine sprechende Bezeichnung geben, damit später die Pfade und Muster, in denen das Cluster vorkommt, verständlicher sind.

Bei der Wahl des Clusteralgorithmus scheiden klassische Algorithmen aus, bei denen die Clusteranzahl als Parameter vorgegeben werden muss. Anzahl und Zusammensetzung der Cluster müssen so explorativ wie möglich ermittelt werden. Der Algorithmus muss zudem speziell für die Spezifika der vorliegenden Daten geeignet sein. Der IM implementiert daher die dichtebasierten Algorithmen DBSCAN [siehe Ester u. a. (1996)] und OPTICS [siehe Ankerst u. a. (1999)], die auf die Verarbeitung räumlicher Daten optimiert sind. Sie sind in der Lage, Cluster beliebiger Form zu entdecken, da sie die Dichte der Fixationen auf der Fläche der Webseite analysieren. Cluster werden gebildet, indem dicht besetzte Regionen von Bereichen niedriger Dichte, die Rauschen darstellen, getrennt werden [vgl. Han, Kamber (2006), S. 418 ff.]. Als Distanzfunktion zur Messung des Abstands der zweidimensionalen Fixationspunkte wird die euklidische Distanz verwendet. Über Parameter wird die geforderte Dichte der Cluster beziehungsweise der Zusammenhalt seiner Elemente spezifiziert, der mindestens erfüllt sein muss.

Für DBSCAN ist die Mindestanzahl *MinPts* an Punkten anzugeben, die in einer maximalen Entfernung ϵ eines Referenzpunkts liegen müssen, damit dieser ein Cluster definiert. Iterativ werden dem Cluster dann die Punkte hinzugefügt, in deren ϵ-Nachbarschaft ebenfalls mindestens *MinPts* Punkte liegen, wodurch Cluster gegebenenfalls verschmelzen können. OPTICS arbeitet nach dem gleichen Prinzip, erzeugt jedoch keine Clusterung, sondern berechnet die Clusterstruktur, die die Daten unabhängig von den gewählten Parametern kennzeichnet. OPTICS ist nicht anfällig für Änderungen der Parameter ϵ und *MinPts*, solange sie ausreichend groß gewählt werden. Das Ergebnis kann unter anderem genutzt werden, um Cluster abzuleiten, wobei allerdings wiederum Parameter benötigt werden. Bei der ξ-Clusterung werden iterativ auf mehreren Leveln Clustergrenzen ermittelt, indem ein Grenzwert ξ für das Distanzverhältnis zweier geordneter Punkte vorgegeben wird.

Obwohl für den Einsatz von DBSCAN und OPTICS im Gegensatz zu hierarchischen und partitionierenden Algorithmen keine konkrete Vorstellungen oder Vorgaben

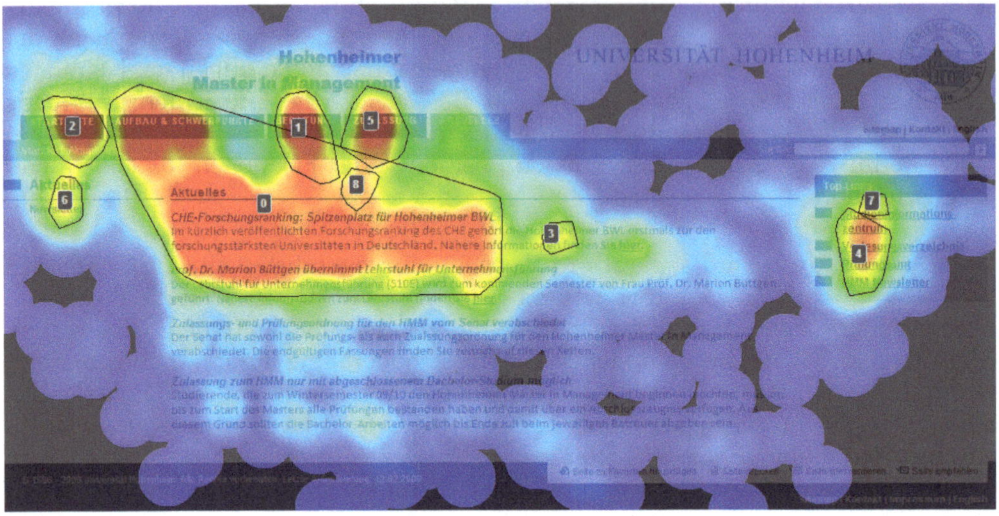

Abbildung 4.13: DBSCAN-Clusterung mit $\epsilon = 0.015$ und $MinPts = 20$

über das Ergebnis wie zum Beispiel die Clusteranzahl vorliegen müssen, sind dennoch Parameterwerte zu bestimmen, die sich nicht intuitiv aus dem Anwendungskontext ableiten lassen. Der Analyst muss die Parameter so wählen, dass sie zu akzeptablen Clustern führen. Der manuelle Eingriff und die Kontrolle des Ergebnisses sind aufwendig und behindern die Automatisierung des gesamten IUM-Prozesses. In der Praxis zeigt sich, dass DBSCAN zu guten Ergebnissen führt, wenn die Parameter sorgfältig gewählt werden. Aufgrund der unterschiedlichen Mengen und Verteilungen von Fixationen auf den verschiedenen Webseiten müssen pro Webseite allerdings andere Parameter gesucht werden. Zudem finden sich Konstellationen, bei denen eine Mischung der Ergebnisse zweier Parametersätze benötigt werden würde, um das offensichtlich beste Ergebnis zu erzeugen. Ein Beispiel wird in den Abbildungen 4.13 und 4.14 gegeben. Beide Clusterungen erfolgten anhand der Fixationen von 343 Probanden auf der Seite »Aktuelles« des HMM. Die intensivste Rotfärbung wird ab einem Wert von 40 gewichteten Fixationen verwendet. In Abbildung 4.13 ist zu erkennen, dass das Menü »Aufbau & Schwerpunkte« und die erste Meldung unter »Aktuelles« ein Cluster bilden, obwohl sie inhaltlich nicht zusammen gehören. Durch sukzessives Erhöhen von *MinPts* wird in Abbildung 4.14 eine Konstellation erreicht, die beide Elemente unterscheidet, dafür jedoch auch unerwünschte Splittergruppen erzeugt (3, 9, 10, 11, 12).[15] Auch der universelle Ansatz von OPTICS kann diesbezüglich keine Lösung bieten, weil die beiden Verfahren im Kern ähnlich arbeiten. Um in den betreffenden Fällen alle Cluster zu finden, ist der ξ-Wert niedrig zu wählen, wodurch allerdings auch bestehende Cluster anderer Level gesplittet werden. Automatisiert können die geeigneten Cluster verschiedener Level einer ξ-Clusterung jedoch nicht ausgewählt werden.

Um die geschilderten Probleme zu umgehen, wird ein alternativer Clusteralgorithmus vorgeschlagen, der speziell auf Fixationen zugeschnitten ist und vollständig

[15] Die Einzeichnung der Cluster wird im nächsten Abschnitt besprochen.

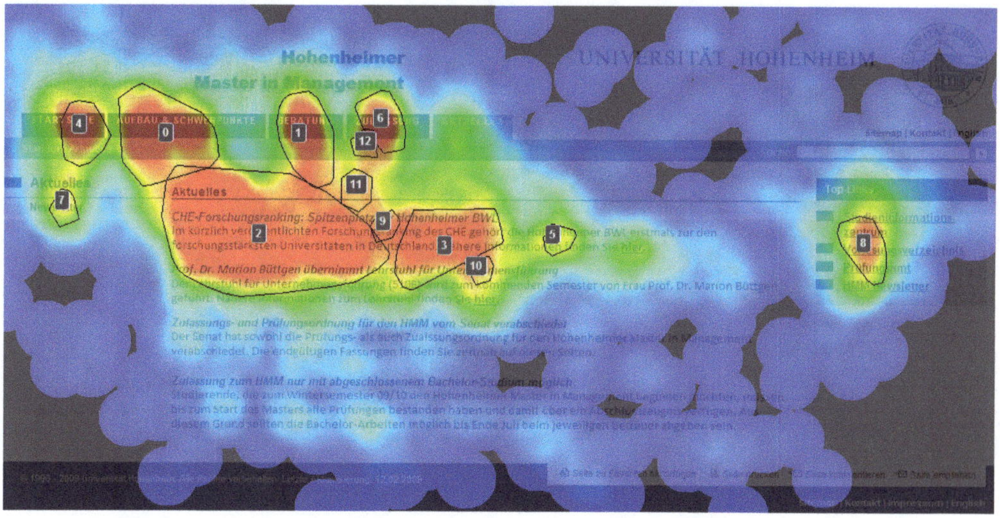

Abbildung 4.14: DBSCAN-Clusterung mit $\epsilon = 0.015$ und $MinPts = 22$

automatisiert ausgeführt werden kann. Dabei werden die Cluster anhand der verdichteten `CoordinateMap` einer Heat Map ermittelt. Das Verfahren orientiert sich daran, wie ein Analyst Cluster auf einer Heat Map identifizieren würde. Jeder zusammenhängende Bereich, der eine Mindestfärbung, also eine Mindestanzahl sich überdeckender Fixationen pro Pixel besitzt, bildet ein Cluster. Das Ergebnis entspricht einem horizontalem Schnitt durch die Fixationslandschaft der `CoordinateMap`, wobei alle verbleibenden Berge als Cluster auf die Grundfläche projiziert werden. Damit dies sauber und ohne kleine Splitter-Cluster funktioniert, wird eine `WeightedCoordinateMap` verwendet, die im Gegensatz zu den anderen Subtypen von `CoordinateMap` fließende Übergänge besitzt. Der Algorithmus wird in Anlehnung an seine Funktionsweise als »Heat Map Cut« bezeichnet. Das Vorgehen entspricht dem Fluten einer Fixation Map zur Identifizierung von AOI [vgl. Wooding (2002), S. 34].

Dieser Ansatz ist objektiv, weil er auf der explorativ erstellten `CoordinateMap` arbeitet. Der Analyst entscheidet nicht über das Aussehen der Cluster, sondern definiert lediglich einen Parameter als Anforderung, die sich inhaltlich festlegen und sachlich begründen lässt. Es ist zu spezifizieren, wie viele Fixationen an einem Punkt der Webseite mindestens vorliegen müssen, damit dieser wichtig ist und in ein Cluster eingehen kann. Somit wird die Höhe des Schnittes durch die Fixationslandschaft bestimmt. Dieser Parameter ist anschaulich und kann intuitiv gewählt werden. Die Implementierung des Algorithmus im IM unterstützt es, die Mindestanzahl Fixationen absolut (*MinFix*) und relativ (*MinFixRel*) bezogen auf das Maximum pro Punkt der Webseite einzugeben. Die Kombination beider Angaben ist möglich, dann greift pro Webseite jeweils der größere absolute Wert. Da die Fixationsanzahl je Webseite schwankt, empfiehlt es sich, die relative Angabe zu verwenden. Dieses Kriterium ist unanfällig, ermöglicht vergleichbare Ergebnisse und lässt sich inhaltlich besser begründen. So kann plausibel definiert werden, einen Bereich als wichtig anzusehen, wenn auf ihn mehr als die Hälfte der erfolgten Fixationen je Bildpunkt entfallen.

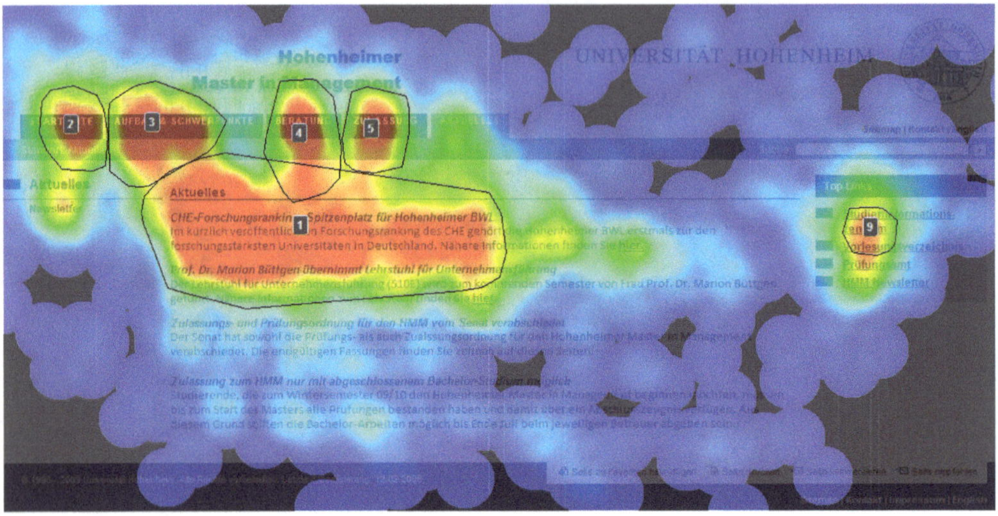

Abbildung 4.15: Clusterung durch Heat Map Cut bei *MinFixRel* = 0,33

Der Analyst stellt in dem Fall den Parameter *MinFixRel* auf 0,5 ein. Es ist zu beachten, dass bei diesem Wert im Schnitt die Hälfte aller Fixationen unberücksichtigt bleibt. Dadurch könnten zu viele Daten verworfen werden, so dass je nach Anwendungsfall niedrigere Werte zu empfehlen sind. Je niedriger der Parameter gewählt wird, desto größer werden die einzelnen Cluster, da auch Randbereiche berücksichtigt werden, auf die weniger Fixationen entfallen. Gleichzeitig können Cluster aus Bereichen erstellt werden, auf die weniger Aufmerksamkeit entfallen ist, die aber dennoch relevant sind. In der Praxis konnten harmonische Ergebnisse mit $MinFixRel = 0{,}\bar{3}$ erzeugt werden. Abbildung 4.15 demonstriert, dass mit dem Heat Map Cut auch dann gute Ergebnisse erzielt werden können, wenn DBSCAN keine geeignete Clusterung erzeugen kann.

Zu beachten ist, dass der Parameter *MinFix(Rel)* allein aus inhaltlichen Überlegungen zu wählen ist. Es ist nicht zielführend, ihn aus einer Heat Map abzuleiten, denn der Betrachter orientiert sich hierbei intuitiv an den rot eingefärbten Bereichen. Diese sind nicht automatisch objektiv, sondern ausschließlich Ergebnis des eingestellten Grenzwerts, der das Aussehen einer Heat Map essentiell beeinflusst. Abbildung 4.16 zeigt, wie die Einfärbung einer Heat Map täuschen kann. Die Abbildung enthält die Heat Map zur Seite »Zulassung« des HMM mit den Grenzwerten 145, 240, 360 und 550, die 20 %, 33 %, 50 % und 75 % des Maximums an Fixationen pro Bildpunkt entsprechen. Auch wenn eine Legende beigefügt wird, lässt sich die Aussage des Diagramms durch die Wahl des Grenzwerts gezielt beeinflussen. Relevant ist es daher, den Grenzwert objektiv und begründet zu wählen. Dies führt inhaltlich zum selben Problem wie bei *MinFix(Rel)*, denn der Heat Map-Grenzwert ist nichts anderes als eine Mindestanzahl an Fixationen. Während diese bei der Heat Map die Rotfärbung bestimmt, determiniert sie beim Heat Map Cut die Clusterung.

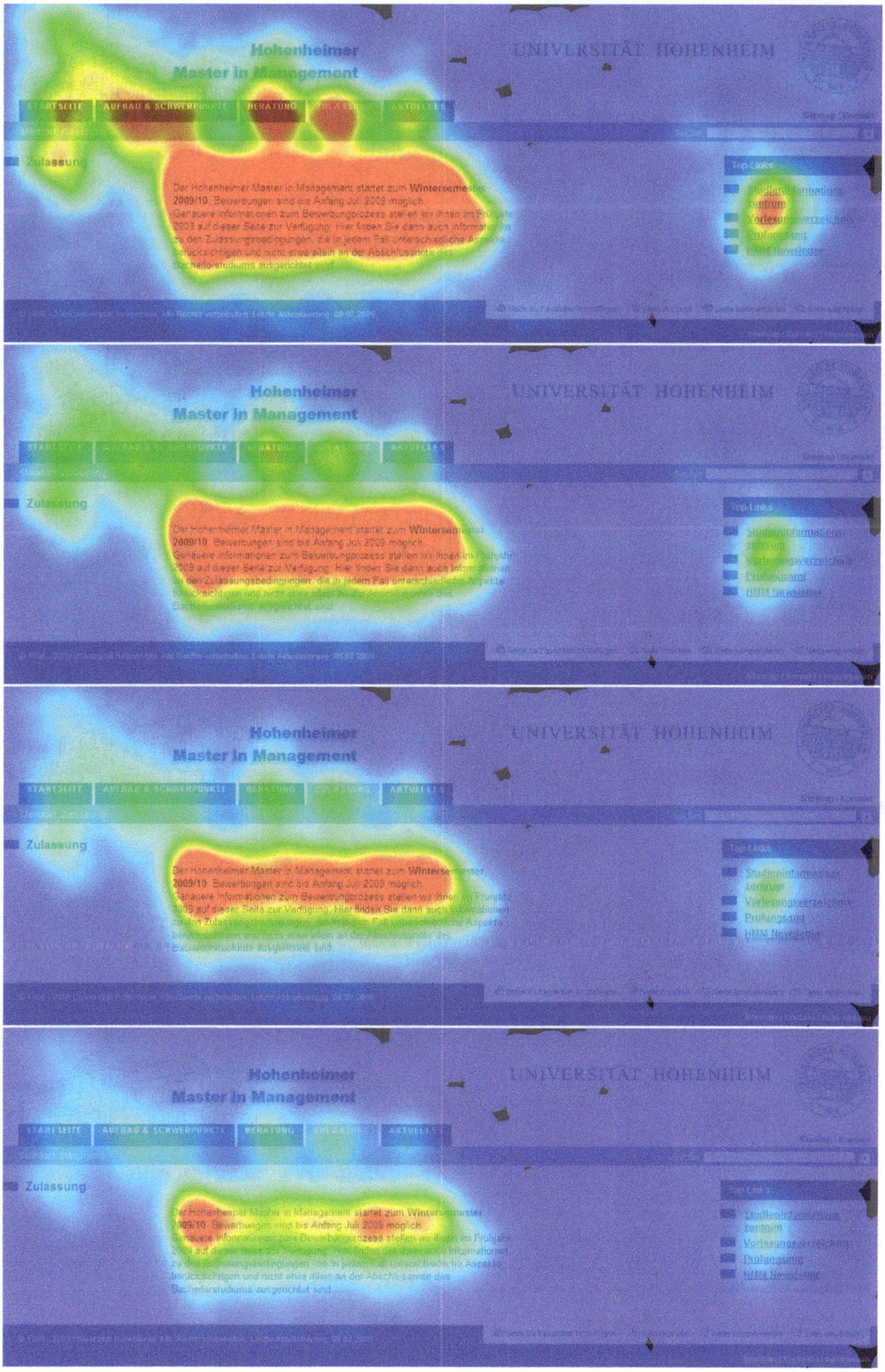

Abbildung 4.16: Heat Map der gleichen Webseite mit unterschiedlichen Grenzwerten

Cluster-Umrisse

Bei der Cluster-Identifizierung werden Fixationen zu Clustern gruppiert. Um die Cluster in ET-Diagrammen einzeichnen zu können, muss ein Verfahren zur Ermittlung der Cluster-Umrisse gewählt werden. Als Umriss eines Clusters wird die konvexe Hülle des Polygons verwendet, dass seine Fixationen bilden. Auf diese Weise wird der Umriss leicht geglättet, weil konkave Ecken überbrückt werden. Ohne diese Vereinfachung des Umrisses können allerdings sehr komplexe, schwer erfassbare und missverständliche Formen entstehen. Konkave Ecken entstehen dagegen nur, wenn auf die Randbereiche nicht genügend Fixationen entfallen, so dass diese nicht flächendeckend besetzt sind. Ein Beispiel dafür findet sich in Abbildung 4.13. Hier scheint es, als überlagere Cluster 0 die angrenzenden Cluster 1, 5 und 8. Dieser Eindruck entsteht in seltenen Fällen durch die gewählte Form des Cluster-Umrisses. Die Fixationen der Cluster 1, 5 und 8 können nicht gleichzeitig im Cluster 0 enthalten sein. Daher ist es offensichtlich, dass die Überschneidung auf die Überbrückung einer konkaven Ecke zurückzuführen ist, die ungefähr dort liegt, wo die Beschriftung »0« eingezeichnet ist. Ursache ist die L-förmige Struktur des Clusters 0. Ein weiterer Hinweis auf die konkave Ecke ist die lange Gerade zwischen oberen und rechtem Ende des »L«. Diese Eigenschaft der Darstellung tritt nur in bestimmten Konstellationen auf und lässt sich eindeutig identifizieren, so dass Fehlinterpretationen ausgeschlossen sind. Im Normalfall werden die Grenzen auch bei dicht aneinander liegenden Clustern überschneidungsfrei abgebildet, wie am Beispiel aus Abbildung 4.17 zu sehen ist.

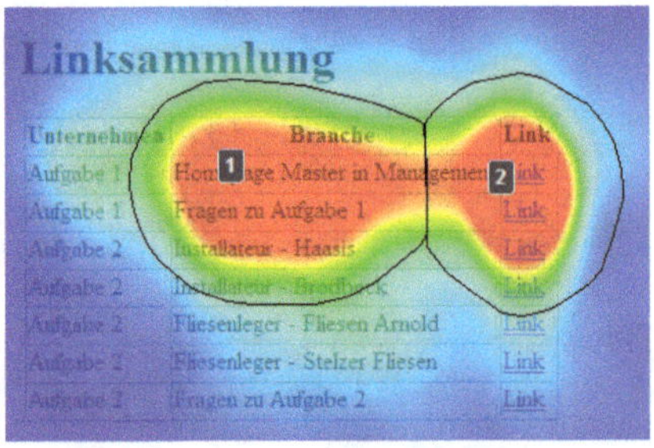

Abbildung 4.17: Heat Map mit eingezeichneten Clustern

Zur Berechnung der konvexen Hülle gibt es eine Reihe von Algorithmen, die für die vorliegenden Zwecke gleichermaßen geeignet sind. Die Komplexität der Algorithmen ist weniger relevant, weil die zu verarbeitende Anzahl an Fixationen deutlich unter den Punktemengen liegt, die noch effizient mit den Algorithmen verarbeitet werden können. Als Algorithmus wird der Graham Scan ausgewählt [siehe Graham (1972)]. Die Komplexität dieses Algorithmus ist im Vergleich zu anderen Verfahren weder von der Zusammensetzung der Daten noch vom Zufall abhängig. Der Graham Scan ist im `util.geom`-Paket des Model-Plug-ins implementiert und wird in der Entity `Cluster` genutzt, um die eigene Hülle von der Methode `getClusterHull` berechnen zu lassen.

4.2.3 EP

Da die ET-Systeme des Herstellers Tobii Tastatureingaben und Mausklicks protokollieren können [vgl. Tobii Technology (2008), Anhang I], wird für die EP keine eigene Importkomponente benötigt. Die Daten werden automatisch über den Import der ET-Logs eingelesen. Verarbeitet werden die Tastenanschläge. Die Mausklicks werden als Hilfsmittel zur Aufbereitung benutzt, gehen aber selbst nicht in das IUM ein. Im folgenden bezieht sich die Bezeichnung EP daher ausschließlich auf die Verarbeitung von Tastatureingaben.

EP-Daten liegen in Rohform hochauflösend vor, denn jeder Tastenanschlag wird einzeln zusammen mit dem Zeitpunkt seines Auftretens aufgezeichnet. In dieser Form stellen die Daten eine Menge von Buchstaben dar. Es ist nicht ersichtlich, in welcher Gruppierung zu Wörtern und Sätzen sie eingegeben wurden. Fehler und deren Korrekturen sind unverändert als Kette von Tastaturanschlägen enthalten und müssen aufgelöst werden. Der EP-Mechanismus von Tobii protokolliert zudem bei Tastenkombinationen nicht deren Ergebnis sondern die Einzelanschläge, so dass diese kombiniert und übersetzt werden müssen. `Umsch + ß` ist zum Beispiel zu `?` aufzulösen. Ferner muss eine Zuordnung zur Webseite erfolgen, auf der die Eingaben vorgenommen wurden. Eingaben auf der gleichen Webseite sind zu trennen, wenn sie auf unterschiedliche Elemente entfallen. Nachdem die ET-Logs importiert wurden, ist es daher erforderlich, einen weiteren Filter anzuwenden, um die EP-Daten aufzubereiten und zu verdichten.

Der EP-Filter liest alle Zeilen eines ET-Logs ein, die einen EP-Protokolleintrag darstellen, und erstellt je Webseite eine Liste der Tastenanschläge. Eine Eingabe muss sich immer auf ein Element auf einer Webseite beziehen und kann sich nicht über mehrere Webseiten erstrecken. Die Listen der Tastenanschläge werden dann aufbereitet, indem Tastenkombinationen übersetzt und Korrekturen aufgelöst werden. Die Eingabefolge `T, e, s, s, Backspace, t` wird beispielsweise zu `Test`. Die bereinigten Anschläge werden dann zu Wörtern und Sätzen verkettet. Bevor die Eingaben als Zeichenketten in der Datenbank gespeichert werden, werden sie in inhaltlich zusammengehörende Gruppen eingeteilt, die später als Events in das IUM eingehen. Dazu werden die Eingaben, die in unterschiedlichen Bereichen der Webseite vorgenommen wurden, voneinander getrennt. Da keine Informationen darüber vorliegen, in welches Steuerelement eine Eingabe getätigt wurde, wird eine Heuristik angewendet. Eine Trennung erfolgt demnach, wenn die `Tab`-Taste oder linke Maustaste gedrückt wurde, denn durch diese wird der Cursor zwischen Steuerelementen verschoben. Zusätzlich kann vom Benutzer ein Grenzwert für die Zeitspanne definiert werden, die maximal zwischen zwei Eingaben liegen darf, damit diese als zusammengehörig eingestuft werden. Wird der Grenzwert überschritten, wird ebenfalls eine Trennung eingefügt. Eine Trennung wird auch dann vorgenommen, wenn Navigationstasten eingesetzt wurden, deren Auswirkung nicht nachvollzogen werden kann. Dies sind beispielsweise `Pos1`, `Ende` oder die Cursor-Tasten. An welche Stelle die nachfolgenden Eingaben einzufügen sind, kann nicht entschieden werden, weil keine Informationen über Größe und Breite der Eingabebereiche in der Darstellung des Browsers vorliegen. In diesem Fall ist es besser, die folgenden Eingaben in eine neue Gruppe und damit ein neues Event aufzunehmen als sie an der falschen Stelle einzufügen.

4.2.4 IUM

Im Bereich IUM sind zwei Schritte algorithmisch vorzustellen. Zuerst werden die in den einzelnen Disziplinen verdichteten Daten zu einem Trace Log zusammengeführt. Danach kann dieses per Sequenzanalyse ausgewertet werden.

Trace Log-Erstellung

Gemäß Datenmodell basiert ein `TraceLog` auf einer `Gruppe`, einem `ClusterSet` und einem `InputSet`. Durch diese Beziehungen wird definiert, welche Sitzungen des WUM, welche Nutzer und Cluster des ET sowie welche Eingaben der EP im Trace Log integriert sind. Beim Generieren eines Trace Logs wird für jede Aktion eines Nutzers ein Eintrag erzeugt. Dies erfolgt separat für die WUM-, ET- und EP-Daten. Für jeden Nutzer, von dem ET-Daten vorliegen, wird ein Eintrag über jeden Aufruf einer Webseite erstellt. Seine Fixationen auf der Webseite werden geordnet und in Besuche der Cluster auf der Webseite übersetzt, wobei für jeden Besuch ein Eintrag im Trace Log erstellt wird. Die Eingaben, die der Nutzer getätigt hat, werden gleichermaßen mit Zuordnung zum Nutzer und zur Webseite ins Trace Log integriert. Für jede Sitzung eines Nutzers, über den WUM-Daten vorliegen, wird wie bei einem ET-Nutzer ein Eintrag über jeden Aufruf einer Webseite erstellt. Da hier weitere Detaildaten fehlen, kann eine Ergänzung anhand der Nutzer erfolgen, von denen ET- und EP-Daten vorliegen.

Zur Ergänzung der WUM-Daten mit ET- und EP-Daten wird der Webseitenpfad jedes WUM- und ET-Nutzers gebildet. Für jeden WUM-Nutzer werden dann die ET- und EP-Daten des ET-Nutzers ins Trace Log geschrieben, der den gleichen Webseitenpfad durchlaufen hat. Wenn mehrere WUM- und ET-Nutzer den gleichen Webseitenpfad besitzen, werden die Detaildaten zu gleichen Teilen von allen in Frage kommenden ET-Nutzern genommen. Sollte es keine Übereinstimmung geben, kann für die betreffenden WUM-Nutzer keine Ergänzung vorgenommen werden.

Es sei daran erinnert, dass die Datenanreicherung heuristisch ist und umso besser funktioniert, je größer und repräsentativer die Stichprobe der Nutzer ist, von denen im Labor Detaildaten erhoben werden [vgl. S. 74]. Selbst bei gleichem Webseitenpfad muss das Detailverhalten zweier Nutzer nicht zwangsläufig übereinstimmen. Da im Einzelfall abgewogen werden muss, ob eine Ergänzung der Auswertung dient oder schadet, ist diese Funktion im IM optional. Darüberhinaus kann eine teilweise Ergänzung bei Nutzern mit einmaligem Webseitenpfad nicht vertreten werden und wird vom IM daher nicht unterstützt.

Ein Trace Log und eine Auswertung müssen sich nicht auf den gesamten Datenbestand beziehen. Der IM unterstützt es, Teilmengen zu bilden, die separat ausgewertet werden können, um individuelle Fragestellung beantworten zu können. Da jede Auswertung genau auf einem Trace Log durchgeführt wird und ein Trace Log genau für eine Gruppe erstellt wird, kann über die Zusammensetzung der Gruppe bestimmt werden, welche Nutzer im Trace Log vorkommen und analysiert werden. Um gezielt das Verhalten von Nutzern mit einem bestimmten Kontext auszuwerten, kann bei der Erstellung einer Gruppe angegeben werden, welche Nutzer aufzunehmen sind. Durch einen regulären Ausdruck wird dazu der Kontext in Form des Webseitenpfads spezifiziert, so dass nur Sitzungen des WUM und Gaze Logs des ET in die Gruppe aufgenommen werden, die den geforderten Kontext erfüllen. Auf diese Weise sind Vergleiche der Auswirkungen verschiedener Kontexte auf das weitere Vorgehen der Nutzer möglich.

Sequenzanalyse

Als Transaktionen für die Sequenzanalyse werden die Sitzungen des WUM beziehungsweise Gaze Logs des ET verwendet, ergänzt um die jeweiligen EP-Daten. Eine Transaktion wird also durch alle zusammenhängenden Aktionen eines Nutzers gebildet. Das Trace Log enthält demnach eine lose und unter Umständen sich zeitlich überschneidende Aneinanderreihung von Transaktionen. Eine Transaktion lässt sich eindeutig anhand der Fremdschlüssel `Session` und `GazeLog` aller `TraceLogEntry`-Einträge identifizieren. Die Sequenzanalyse wird wie im WUM üblich innerhalb von Sitzungen, also intra-transaktionell eingesetzt, um typische Navigationspfade zu finden [vgl. Kap. 2.2.3].

Klassische Algorithmen der Assoziations- und Sequenzanalyse basieren auf dem Apriori-Algorithmus, bei dem Kandidaten eines (längeren) häufigen Musters generiert und getestet werden. Dieser Ansatz ist sehr aufwendig, da viele potentielle Muster überprüft und wieder verworfen werden müssen [vgl. hierzu und im folgenden Han, Kamber (2006), Kap. 8.3]. Neuere Ansätze basieren auf dem Pattern Growth-Verfahren, das ohne die Generierung von Kandidaten auskommt und dazu eine spezielle, als FP-Tree bezeichnete Speicherstruktur verwendet. Methoden des Pattern Growth sind deutlich performanter als Apriori-basierte Ansätze und somit vorzuziehen. Die Sequenzanalyse lässt sich weiter optimieren, indem nicht *alle* häufigen Sequenzen untersucht werden, weil hierdurch eine riesige Menge an Teilmustern erzeugt wird. Dies liegt daran, dass alle kombinatorischen Zerlegungen einer häufigen Sequenz ebenfalls häufig sind, so dass viele Subsequenzen untersucht und in die Ergebnismenge aufgenommen werden, die im vorliegenden Fall gar nicht interessant sind. Die Optimierung besteht darin, ausschließlich geschlossene Sequenzen zu suchen – das sind solche, die in keiner längeren Supersequenz mit gleichem Support vorkommen. Da das IUM nur an Mustern maximaler Länge interessiert ist, ist ein Verfahren zum Auffinden der geschlossenen Sequenzen ideal. Hierfür wird der Algorithmus CloSpan eingesetzt, der eine effiziente Suche der geschlossenen Sequenzen ermöglichst und um eine Größenordnung schneller als herkömmliche Algorithmen ist [vgl. Yan u. a. (2003)]. CloSpan kann zudem sehr lange Sequenzen verarbeiten, was ebenfalls sehr gut auf den vorliegenden Anwendungsfall passt, da die Transaktionen durch die Integration von WUM-, ET-, und EP-Daten sehr lang werden. Die Implementierung von CloSpan wird nicht neu erstellt, sondern aus dem Paket IlliMine [siehe University of Illinois (2009)] verwendet.

4.3 Anwendungssicht

In diesem Abschnitt wird der IM aus anwendungsorientierter Sicht vorgestellt, die die Software beim Gebrauch durch den Analysten betrachtet. Dazu werden Aufgabe und Aussehen der wichtigsten Bestandteile beschrieben, aus denen die Benutzerschnittstelle (GUI) aufgebaut ist. Abbildung 4.18 zeigt einen Screenshot der Oberfläche, Abbildung 4.19 gibt einen Überblick über die wichtigsten Befehle. Die folgende Vorstellung ist prozessorientiert und erfolgt anhand des Ablaufs eines Auswertungsschritts von Datenimport bis Ergebnispräsentation. Dabei werden alle erforderlichen Komponenten der drei Verfahren WUM, ET und EP für eine vollständig integrierte

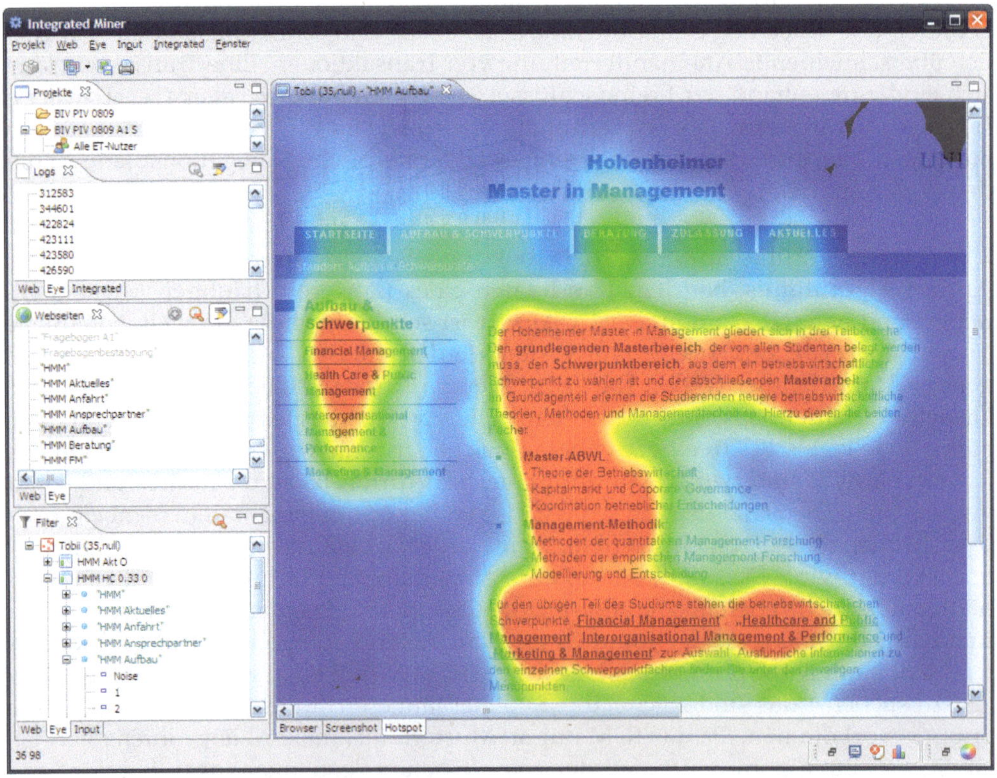

Abbildung 4.18: Oberfläche des IM

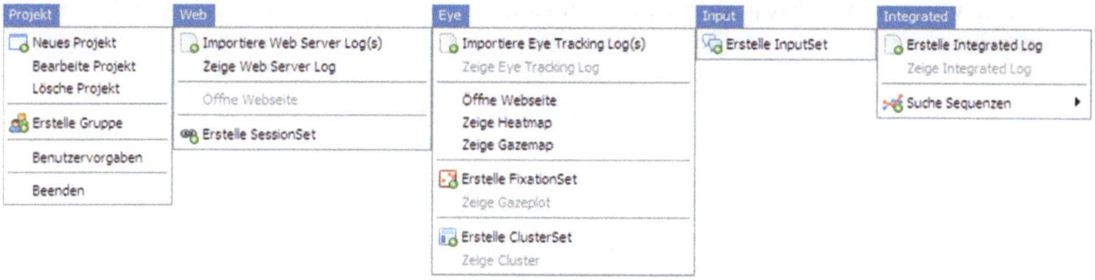

Abbildung 4.19: Menüs des IM

Auswertung berücksichtigt. Der Ablauf ist wie folgt:

1. **Projektdefinition**: Anlegen eines Projekts zum Kapseln von Daten und Ergebnissen
2. **Datenimport**: Hinzufügen der zu analysierenden Logs zum Projekt
3. **Filteranwendung**: Filterung der Logs zwecks Verdichtung
4. **Datenintegration**: Integration der aufbereiteten Daten in ein Trace Log
5. **Auswertung**: Integrierte Auswertung des Trace Logs mit Sequenzanalyse

4.3.1 Projektdefinition

Daten und Ergebnisse werden nach Projekten strukturiert abgelegt. Um eine neue Auswertung beginnen zu können, ist daher zunächst ein neues Projekt zu definieren. Alle projektspezifischen Befehle und projektübergreifende Einstellungen sind über das Menü »Projekt« zugänglich. Eine Liste der in der Datenbank definierten Projekte wird in der View »Projekte« angezeigt, in der stets maximal ein Projekt als aktiv markiert sein kann (Abbildung 4.20). Alle Operationen beziehen sich immer auf das aktive Projekt, der Inhalt anderer Views ändert sich dynamisch bei Aktivierung eines anderen Projekts. Ein Editor ändert seinen Inhalt dagegen ohne direkte Manipulation durch den Anwender nicht. Dieses Konzept ist konform zur Eclipse

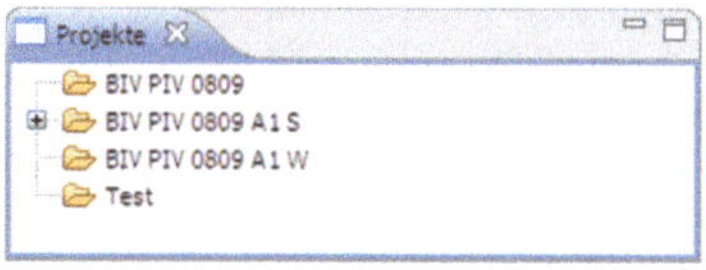

Abbildung 4.20: Projekt-View

RCP und wird neben Projekten auch bei den GUI-Komponenten anderer Entitäten verwendet.

4.3.2 Datenimport

Zum Importieren von Web Logs und ET-Logs sind die entsprechenden Befehle der Menüs »Web« oder »Eye« aufzurufen. Die Dateien werden zeilenweise eingelesen, geprüft, in die Strukturen des Datenmodells konvertiert und in der Datenbank abgelegt. Der Anwender erhält in der View »Konsole« eine Meldung über nicht lesbare oder inkonsistente Einträge. Alle ins aktive Projekt importierte Logs werden in der gleichnamigen View aufgelistet und können dort selektiert werden, um abhängige Aktionen auszuführen (Abbildung 4.21). Die Darstellung erfolgt nach Typ getrennt

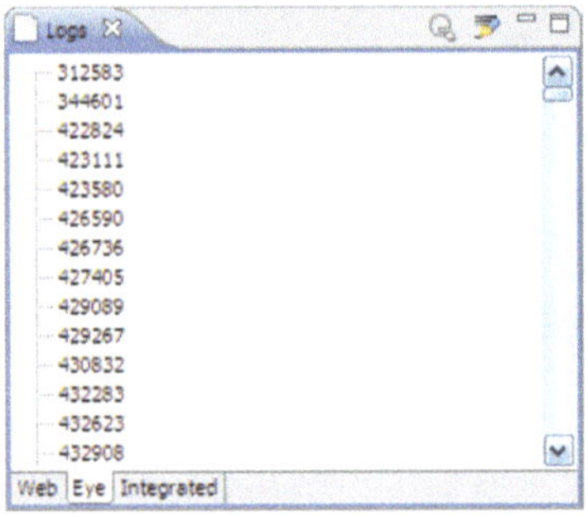

Abbildung 4.21: Log-View

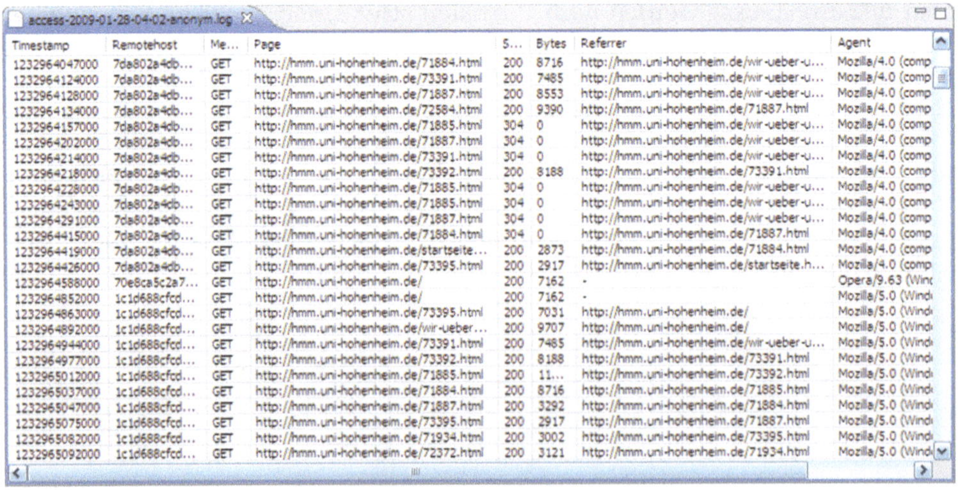

Abbildung 4.22: Web Log-Editor

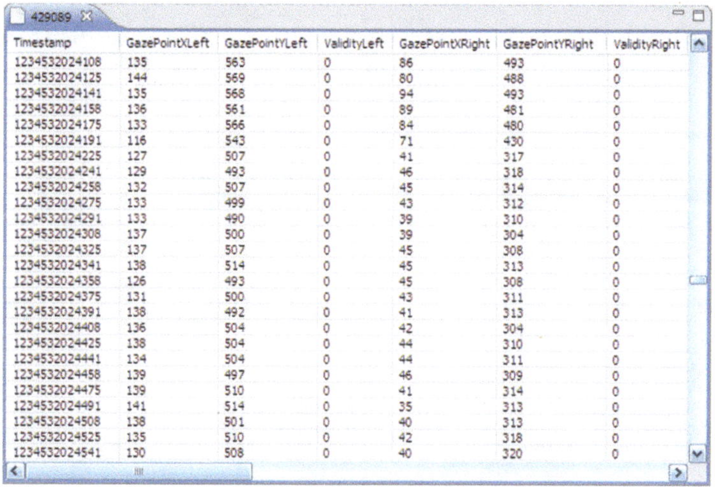

Timestamp	GazePointXLeft	GazePointYLeft	ValidityLeft	GazePointXRight	GazePointYRight	ValidityRight
1234532024108	135	563	0	86	493	0
1234532024125	144	569	0	80	488	0
1234532024141	135	568	0	94	493	0
1234532024158	136	561	0	89	481	0
1234532024175	133	566	0	84	480	0
1234532024191	116	543	0	71	430	0
1234532024225	127	507	0	41	317	0
1234532024241	129	493	0	46	318	0
1234532024258	132	507	0	45	314	0
1234532024275	133	499	0	43	312	0
1234532024291	133	490	0	39	310	0
1234532024308	137	500	0	39	304	0
1234532024325	137	507	0	45	308	0
1234532024341	138	514	0	45	313	0
1234532024358	126	493	0	45	308	0
1234532024375	131	500	0	43	311	0
1234532024391	138	492	0	41	313	0
1234532024408	136	504	0	42	304	0
1234532024425	138	504	0	44	310	0
1234532024441	134	504	0	44	311	0
1234532024458	139	497	0	46	309	0
1234532024475	139	510	0	41	314	0
1234532024491	141	514	0	35	313	0
1234532024508	138	501	0	40	313	0
1234532024525	135	510	0	42	318	0
1234532024541	130	508	0	40	320	0

Abbildung 4.23: Editor für ET-Logs

in eigenen Registern. Für jeden Log-Typ ist ein Editor implementiert, so dass der Inhalt jedes Logs visualisiert werden kann (Abbildung 4.22 und 4.23).

Im Web Log und auch bei der Protokollierung im Labor werden die Webseiten aufgezeichnet, die ein Nutzer betrachtet hat. Da sie essentiell für die Analyse sind, werden sie in einer eigenen View aufgelistet (Abbildung 4.24). Über diese können die abgerufenen Webseiten nach Projekten, Logs und Nutzern eingesehen und für wei-

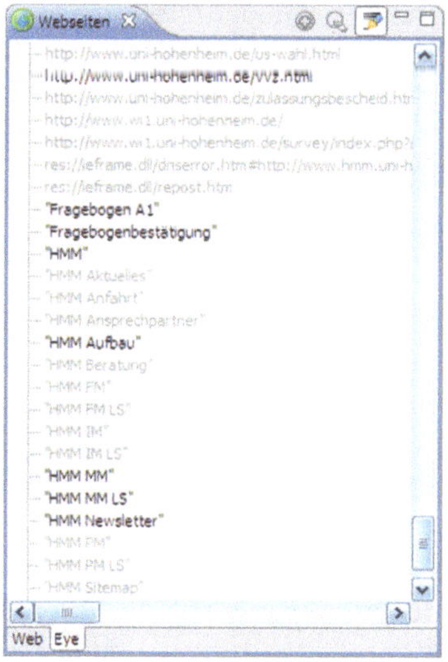

Abbildung 4.24: Webseiten-View

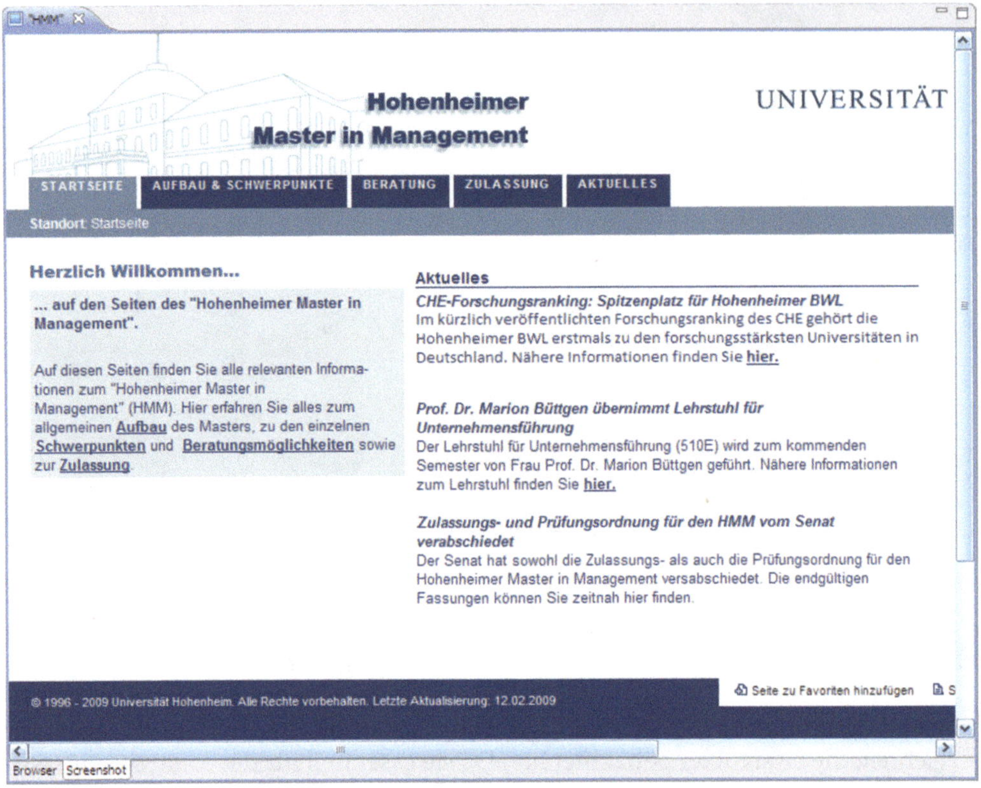

Abbildung 4.25: Webseiten-Editor

tere Operationen selektiert werden. Die Darstellung erfolgt wiederum nach Log getrennt, um die Daten des WUM und ET vergleichen zu können. Es besteht ferner die Möglichkeit, eine Webseite zu visualisieren. Hierfür stehen ein Browser, der die aktuelle Version der Webseite abruft, oder der Screenshot der Webseite zum Zeitpunkt der Aufzeichnung zur Verfügung (Abbildung 4.25).

4.3.3 Filteranwendung

Um die Daten integriert auswerten zu können, sind sie zunächst geeignet aufzubereiten. Dies erfolgt durch Anwendung verschiedener Filter, die die Datensätze gruppieren und verdichten. Der Aufruf erfolgt je nach Filtertyp über eines der Menüs »Web«, »Eye« oder »Input«. Die Ergebnisse werden in der View »Filter« angezeigt (Abbildung 4.26), die für die drei Bereiche je ein eigenes Register besitzt. Im Bereich WUM muss eine Sitzungsidentifizierung auf den Web Logs durchgeführt werden, um zu ermitteln, welche Seitenaufrufe zum gleichen Nutzer gehören. Alle identifizierten Sitzungen werden gemäß Datenmodell zu einem `SessionSet` gruppiert, das in der View im Register »Web«angezeigt wird.

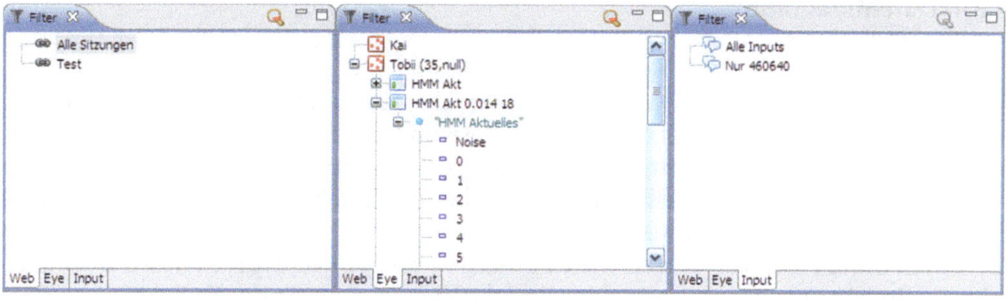

Abbildung 4.26: Drei Register der Filter-View

Die ET-Daten werden in zwei Schritten verdichtet. Zuerst wird ein Fixationsfilter auf die ET-Samples angewendet, um die Fixationen zu identifizieren. Diese werden zu einem `FixationSet` gruppiert, das auf der ersten Ebene im Register »Eye« der Filter-View angezeigt wird. Die Fixationen werden im nächsten Schritt bei der Clusteranalyse zu Clustern verdichtet und nach `ClusterSet` gruppiert unterhalb des zugehörigen `FixationSet` angezeigt. Da ein `ClusterSet` seitenübergreifend ist, ist die Darstellung nach Webseiten gegliedert. Bei Anzeige einer Webseite im Editor können die Umrisse der ermittelten Cluster eingeblendet werden.

Im Bereich EP ist es nicht erforderlich, eigene Logs zu importieren, da die Protokollierung vom eingesetzten Tobii ET-System übernommen und in die ET-Logs integriert wird. Der gesammelten Eingabedaten müssen dennoch durch einen Filter verdichtet werden, um nicht benötigte Mausdaten herauszufiltern und die einzelnen Tastenanschläge zu logischen Einheiten zu gruppieren. Die einzelnen Eingaben einer Anwendung des Eingabefilters werden zu einem `InputSet` gruppiert und im letzten Reiter der Filter-View angezeigt. Die ermittelten Eingaben selbst können bei Selektion des gewünschten `InputSet` über die gleichnamige View gruppiert nach Nutzer und Webseite eingesehen werden (Abbildung 4.27).

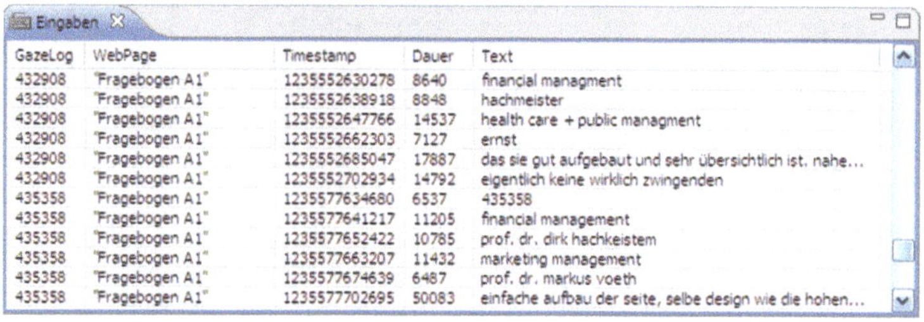
Eingaben

GazeLog	WebPage	Timestamp	Dauer	Text
432908	"Fragebogen A1"	1235552630278	8640	financial managment
432908	"Fragebogen A1"	1235552638918	8848	hachmeister
432908	"Fragebogen A1"	1235552647766	14537	health care + public managment
432908	"Fragebogen A1"	1235552662303	7127	ernst
432908	"Fragebogen A1"	1235552685047	17887	das sie gut aufgebaut und sehr übersichtlich ist. nahe...
432908	"Fragebogen A1"	1235552702934	14792	eigentlich keine wirklich zwingenden
435358	"Fragebogen A1"	1235577634680	6537	435358
435358	"Fragebogen A1"	1235577641217	11205	financial management
435358	"Fragebogen A1"	1235577652422	10785	prof. dr. dirk hachkeistem
435358	"Fragebogen A1"	1235577663207	11432	marketing management
435358	"Fragebogen A1"	1235577674639	6487	prof. dr. markus voeth
435358	"Fragebogen A1"	1235577702695	50083	einfache aufbau der seite, selbe design wie die hohen...

Abbildung 4.27: Input-View

4.3.4 Datenintegration

Die getrennt aufbereiteten Daten müssen vor der Auswertung zu einem Trace Log integriert werden. Trace Logs werden laut Datenmodell auf der Gruppe von Nutzern definiert, deren Verhalten analysiert werden soll. Hierfür ist zunächst eine Gruppe anzulegen, die alle gewünschten Nutzer aus den Bereichen WUM und ET enthält. Im WUM werden die Aktionen eines Nutzers durch eine Sitzung repräsentiert, im ET durch das ET-Log des Nutzers. Diese werden über den entsprechenden Befehl im Menü »Projekt« gruppiert und in der Projekt-View unterhalb des Projekts angezeigt (Abbildung 4.28).

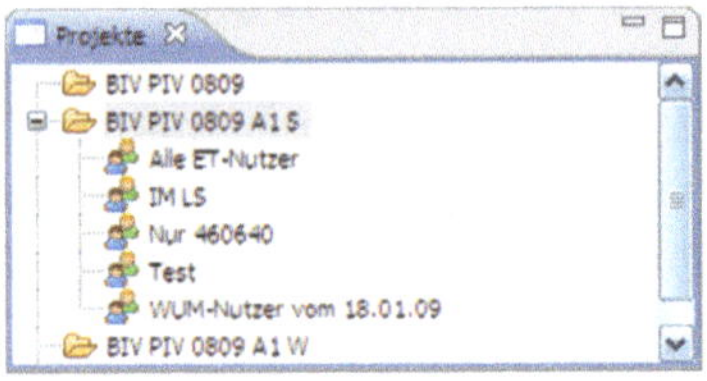

Abbildung 4.28: Gruppen in Projekt-View

Abhängig von `Gruppe`, `ClusterSet` und `InputSet` können die Daten aller Bereiche über das Menü »Integrated« zu einem Trace Log generiert werden. Das erstellte Trace Log wird in der Log-View im dritten Register »Integrated« angezeigt. Sein Inhalt kann über einen Editor eingesehen werden (Abbildung 4.29).

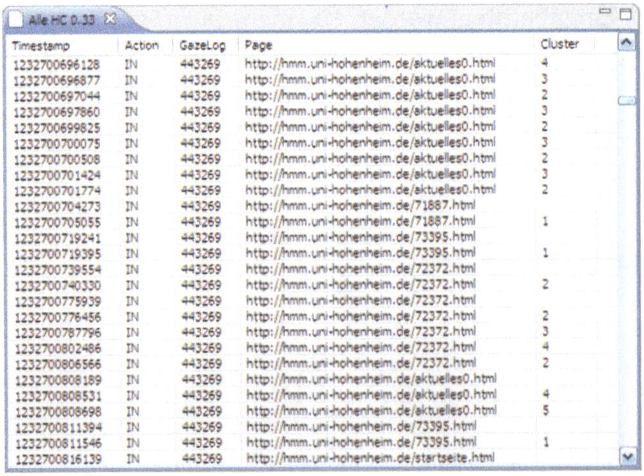

Abbildung 4.29: Trace Log-Editor

4.3.5 Auswertung

Die Auswertung arbeitet auf den integrierten Daten des Trace Logs. Gemäß Entwurf des IUM stellt der IM hierfür die Sequenzanalyse bereit, die über das Menü »Integrated« gestartet wird. Durch die Wahl der Zusammensetzung des Trace Logs bestimmt der Analyst den Teil der Daten, der gemeinsam in einem Durchlauf der Sequenzanalyse ausgewertet werden soll. Das Ergebnis ist eine Menge von Sequenzen, die im Datenmodell zu einem `SequenzSet` gruppiert werden, das in der View »Ergebnisse« angezeigt wird. Die einzelnen Sequenzen selbst werden in einem Editor angezeigt, der eine textuelle, tabellarische und grafische Darstellung bietet (Abbildung 4.30). Die Teile einer oder verschiedener Sequenzen, die sich auf dieselbe Webseite beziehen, können auf der Webseite visualisiert werden.

Zur Erklärung der Ergebnisse können ET-Diagramme für alle oder ausgewählte Nutzer erzeugt werden. Der Webseiten-Editor zeigt im Register »Hot Spot« auf einer Webseite wahlweise eine Heat Map, Gaze Map und einen Gaze Plot mit und ohne Cluster-Umrisse an (Abbildung 4.31).

4.4 Erweiterungsmöglichkeiten

Nachdem der IM aus verschiedenen Perspektiven vorgestellt wurde, wird abschließend auf seine Erweiterungsmöglichkeiten eingegangen. Dabei wird zunächst zusammengestellt, welche Typen von Erweiterungen inhaltlich möglich sind. Anschließend werden die technischen Möglichkeiten vorgestellt, Erweiterungen vorzunehmen.

Typen von Erweiterungen

Erweiterungen des IM können aus verschiedenen Gründen erforderlich sein. Sie lassen sich grob unterteilen in Anpassungen, die den Funktionsumfang erweitern, und solche, die diesen nicht ändern. Zu letzteren gehören alle Formen von Optimierungen des Programmablaufs oder Anpassungen auf andere Systemumgebungen. Die Wartbarkeit des IM stellt sicher, dass er auf veränderte, künftige Anforderungen angepasst werden kann und funktionsfähig bleibt. Zudem kann bei Software generell kaum ausgeschlossen werden, dass im künftigen Betrieb Fehler gefunden werden, die korrigiert werden müssen, oder Performanzprobleme bei bisher nicht bekannten Konstellationen auftreten, die gelöst werden müssen.[16]

[16] Formale Beweise ermöglichen es zwar, Fehlerfreiheit sicherzustellen. Der Aufwand dieser Methode steht im vorliegendem Anwendungsfall jedoch in keinem Verhältnis zum Nutzen und den Kosten einer späteren Fehlerbeseitigung.

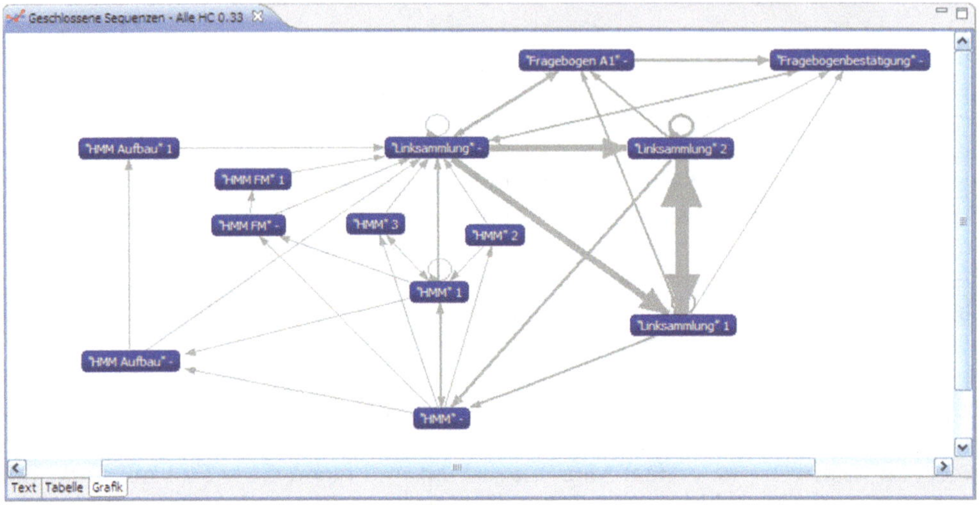

Abbildung 4.30: Grafische Ansicht des Sequenz-Editors

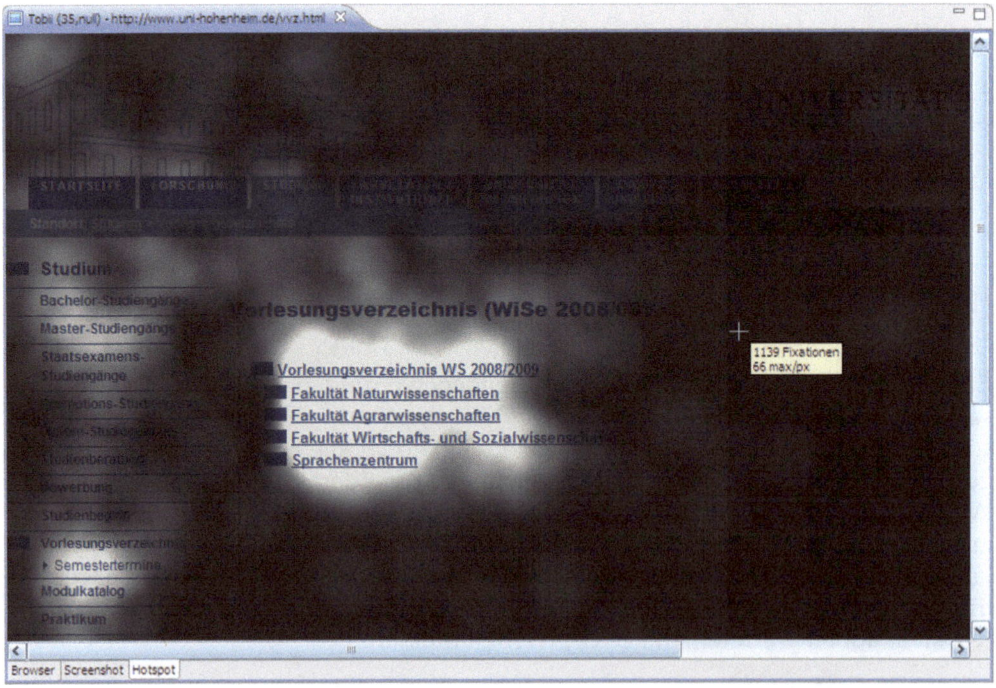

Abbildung 4.31: Hot Spot-Register des Webseiten-Editors

Änderungen der Systemumgebung erfordern ebenfalls eine Anpassung des IM. Dies betrifft weniger die Lauffähigkeit der Software selbst. Da der IM auf Java und Eclipse basiert, ist der Code ohne Änderungen auf einer Vielzahl von Systemen lauffähig. Vielmehr erfordern Änderungen der beteiligten Systeme Anpassungen am Quelltext des IM. So kann es erforderlich werden, die Datenschicht zu verändern, wenn die verwendete JPA-Implementierung Hibernate die vorliegende Datenbank nicht unterstützt oder eine ganz andere Form der Datenhaltung wie zum Beispiel XML erforderlich ist. Ebenso sind Anpassungen nötig, wenn ein anderes Web Log-Format oder ein anderes ET-System benutzt werden soll. Wenn sich die Logs nicht im Inhalt sondern nur in der Strukturierung der Attribute unterscheiden, muss der Anwender nur einige Einstellungen ändern. Andere Dateiformate oder Inhalte erfordern dagegen Anpassungen am Quelltext.

Die zweite Gruppe von Erweiterungen betrifft die Funktionalität des IM. Es ist möglich, die Arbeitsweise einzelner Verdichtungs- und Auswertungsschritte zu verändern, indem neue Algorithmen anstelle der bisher verwendeten eingesetzt werden. Beispielsweise könnten ein neuer Fixationsfilter oder ein anderer Sequenzalgorithmus implementiert werden. Für die Clusteranalyse der Fixationen sind bereits drei Verfahren – DBScan, OPTICS und die Eigenentwicklung Heat Map Cut – verfügbar. Die unterstützten Auswertungsschritte bleiben in diesem Fall unverändert. Andererseits ist es möglich, funktionell neue Filter oder Auswertungsmethoden zu ergänzen, um einzelne Bereiche gezielt für die Lösung konkreter Fragestellungen oder Probleme anzupassen. In diesem Fall können Auswertungsschritte für die Auswertung konkreter Projekte verändert werden. Schließlich kann der IM modifiziert werden, um Änderungen der Methode IUM zu übernehmen. Dies kann erforderlich sein, wenn andere Varianten des IUM praktisch angewendet werden sollen oder die ausgewählte Variante weiterentwickelt wird.

Technische Umsetzung

Erweiterungen können auf Ebene der Implementierung umgesetzt werden, indem die vorhandenen Plug-ins ausgetauscht, verändert oder um weitere ergänzt werden. Der Austausch ganzer Plug-ins erscheint nur bezogen auf die Datenschicht sinnvoll, weshalb diese auch als eigenständiges Plug-in realisiert wurde. Wenn es erforderlich ist, dass der IM mit einer Datenhaltung arbeiten muss, die nicht von der JPA unterstützt wird oder nicht relational ist, muss nur ein anderes Model-Plug-in implementiert werden. Änderungen an anderen Teilen des Quelltextes sind nicht erforderlich. Das Core-Plug-in kann dann je nach Systemumgebung ohne Anpassungen mit einem der beiden Model-Plug-ins ausgeführt werden. Auf den anderen Ebenen der Logik und Präsentation ist ein kompletter Austausch der Schicht nicht zweckmässig, weil der Inhalt des Core-Plug-ins das Wesen des IM immanent bestimmt. Die Präsentation ist unter Eclipse RCP nur sinnvoll mit SWT und JFace möglich; die Logik definiert sich durch das IUM, das sich nicht grundlegend ändert. Ein Austausch dieser Schichten erübrigt sich, weil die Änderungen den Typ der Anwendung so stark verändern würden, dass dies Auswirkungen auf System- und Software-Architektur sowie das RCP- beziehungsweise Plug-in-Konzept selbst hat. Änderungen auf diesen Schichten werden daher innerhalb des Plug-ins vorgenommen.

Änderungen an bestehenden Plug-ins können sich auf die Konfiguration des Plug-ins für die RCP oder den Quelltext beziehen. Im ersten Fall haben die Anpassungen keine Auswirkungen auf den Quelltext, so dass dieser nicht neu übersetzt werden muss. Beispielsweise kann im Model-Plug-in die JPA-Implementierung durch Austausch der Bibliotheken unkompliziert von Hibernate auf einen anderen Persistenzmanager geändert werden. Aber auch Änderungen am Quelltext durch Anpassungen bestehender oder Hinzufügen neuer Dateien sind aufgrund der OO lokal möglich. Die OO-Prinzipien der Vererbung und Abstraktion ermöglichen es, Erweiterungen an wenigen Stellen gezielt zu platzieren, ohne dass andere Teile des Quelltextes davon beeinflusst werden. Der massive Einsatz dieser Techniken sorgt dafür, dass der IM leicht und modular gewartet werden kann. Abstraktion mit Interfaces wird zum Beispiel an allen Stellen eingesetzt, deren Ablauf nicht ausnahmslos eindeutig ist, sondern sich in anderen Anwendungskontexten ändern könnte. Dies betrifft zum Beispiel den Log-Import, für den benutzerdefinierte Filter definiert werden können, um Zeilen auszuschließen, die für die Auswertung nicht relevant sind. Ein anderen Beispiel stellt die Darstellung von Heat und Gaze Maps dar. Durch Einsatz von Vererbung ist es darüber hinaus möglich, an nahezu allen Stellen modular eine Abwandlung oder Ergänzung vorzunehmen. So kann beispielsweise der Log-Import erweitert werden, um andere Dateiformate verarbeiten zu können. Wird eine Erweiterung erforderlich, lässt sich diese in beiden Fällen durch eine oder mehrere neue Subklassen realisieren. Der bestehende Quelltext muss je nach Umfang der Erweiterung an nur einer oder wenigen Zeilen geändert werden, um die neuen Klassen einzubinden. Der konsequente Einsatz der OO resultiert darin, dass die Abhängigkeiten innerhalb des Quelltextes minimiert werden.

Schließlich können bestimmte Erweiterungen auch als zusätzliche Plug-ins zur Verfügung gestellt werden. Der Vorteil dieser Form der Kapselung besteht darin, dass der neue Quelltext vollständig unabhängig vom bestehenden entwickelt werden kann. Eclipse RCP erlaubt es, verschiedene Sätze von Plug-ins beliebig zu kombinieren. Zur Laufzeit stehen dann jeweils die Funktionalitäten zur Verfügung, die von den geladenen Plug-ins bereitgestellt werden. Auf diese Weise lässt sich der Funktionsumfang eines Programms ohne Anpassungen von Dateien dynamisch und flexibel konfigurieren. Damit dies funktioniert, muss die Funktionalität der erweiternden Plug-ins zur Laufzeit ermittelt und eingebunden werden. Dies kann mit der Eclipse RCP umgesetzt werden, indem erweiterbare Plug-ins sogenannte Extension Points definieren, für die erweiternde Plug-ins dann Extensions bereitstellen können [vgl. Clayberg, Rubel (2009), Kap. 17]. Die Schnittstellen werden im erweiterbarem Plug-in mit XML Schema [siehe Fallside, Walmsley (2004), Thompson u. a. (2004) und Biron, Malhotra (2004)] definiert und über einen Service der RCP abgefragt. Das erweiternde Plug-in muss lediglich schnittstellenkonforme Klassen beinhalten. Im IM wird dieses Prinzip beim Zugriff auf Filter und DM-Methoden verwendet. Alternative Cluster- und Sequenzalgorithmen können so in separaten Plug-ins angeboten werden und werden vom Core in die Anwendung integriert.

Das Prinzip der Extension Points kann je nach künftigem Bedarf auch an anderen Stellen eingesetzt werden. Es ist zu beachten, dass diese Form der Modularisierung mit Einschränkungen bezüglich der Datenschicht verbunden ist. Da jedes Plug-in seinen eigenen Class Loader besitzt und der Entity Manager der JPA nur die Entities verwalten kann, die von seinem Class Loader geladen werden, kann es zu Komplikationen bei der Entwicklung von Plug-ins kommen, die Erweiterungen an der Datenschicht vornehmen. Die bestehenden Entities des Model-Plug-ins bilden eine Persistence Unit, die von einem Entity Manager verwaltet wird und sich nicht über mehrere Plug-ins erstrecken kann, da der Entity Manager ohne Anpassungen am Model keinen Zugriff auf die Entities der anderen Plug-ins erhielte. Erweiterungen der Datenschicht können in einem zusätzlichen Plug-in abgelegt werden, wenn sie keine Auswirkungen auf die bestehende Datenschicht haben. In diesem Fall definieren sie eine eigene Persistence Unit und werden von einem eigenen Entity Manager verwaltet. Dies kann allerdings zu Inkonsistenzen führen, wenn referenzierte Objekte aus dem Verantwortungsbereich eines anderen Plug-ins verändert oder gelöscht werden. Wenn die Erweiterungen dagegen Auswirkungen auf die bestehenden Entities haben, ist es unumgänglich, auch das Model-Plug-in anzupassen. Bei dieser Variante, Änderungen auf Ebene der Daten umzusetzen, bleibt die Datenschicht zentral in einem Plug-in. Nachteil des Verfahrens ist, dass das Model die Obermenge der Entities aller Plug-ins bereitstellen muss und nicht unabhängig von der Entwicklung bestimmter Typen neuer Plug-ins ist. Unter den gegebenen Rahmenbedingungen stellt dies allerdings die einzige Möglichkeit, eine konsistente Datenverarbeitung zu gewährleisten. Die Auslagerung der Datenschicht in ein separates Plug-in vermindert die Abhängigkeiten, die hierdurch eingegangen werden.

4.5 Zusammenfassung

Dieses Kapitel hat die zuvor ausgearbeitete Methode IUM softwaretechnisch umgesetzt, damit sie praktisch anwendbar ist. Dazu wurde der IM als Referenzimplementierung des IUM entwickelt. Nachdem das IUM implementiert wurde, kann der IM zur Auswertung konkreter Daten angewendet und seine Funktionsfähigkeit demonstriert werden. Bevor dies im nächsten Kapitel erfolgt, wird abschliessend noch beschrieben, wie dieses Kapitel zur Beantwortung von Themenblock vier des Forschungsvorhabens beigetragen hat.

Wie kann IUM softwaretechnisch abgebildet und automatisiert werden?

IUM wird durch den IM implementiert, der es ermöglicht, die Methode automatisiert anzuwenden. Die Software basiert auf Java und zahlreichen Standards, die einen verbreiteten Einsatz in diversen Systemumgebungen und Hardware-Architekturen ermöglichen. Dieses Kapitel hat das Programm aus verschiedenen Perspektiven besprochen. Zunächst wurde ein Überblick über die Programmstruktur gegeben. Darauf folgte eine Beschreibung der Algorithmen, die für die Umsetzung der einzelnen Berechnungsschritte und Methoden verwendet wurden. Aus Anwendungssicht wurde die Nutzung des IM gezeigt. Abschließend wurden die Erweiterungsmöglichkeiten des IM vorgestellt. Damit ist die Software zur Umsetzung des IUM umfassend beschrieben.

Wie ist der IM strukturell und algorithmisch aufgebaut?

Der Entwurf des IM folgt sowohl strukturell als auch algorithmisch einem modularen Design. Der Einsatz von OO-Prinzipien wie Kapselung, Vererbung, Abstraktion sowie das Plug-in-Konzept der Eclipse RCP ermöglichen es, Komponenten mit geringer Kopplung im Baukastensystem zusammenzufügen. Dabei wird eine Vielzahl unterschiedlicher Komponenten eingesetzt, so dass selbst eine kurze Beschreibung aller struktureller und algorithmischer Elemente für diese Zusammenfassung zu umfangreich wäre. Es wird auf die ersten beiden Abschnitte dieses Kapitels verwiesen. Die Struktur des IM wird durch System-Modell, Software-Architektur, Datenmodell und Software-Modell definiert und in Abschnitt 4.1 vorgestellt. Algorithmisch sind in den Bereichen WUM, ET, EP und IUM je Komponente mehrere Berechnungsschritte definiert, die Abschnitt 4.2 entnommen werden können.

Welche Anwendungsschritte sieht der IM vor?

Um IUM strukturiert anwenden zu können, werden in den Anwendung des IM folgende Schritte vorgesehen:

1. **Projektdefinition**: Anlegen eines Projekts zum Kapseln von Daten und Ergebnissen

2. **Datenimport**: Hinzufügen der zu analysierenden Logs zum Projekt

3. **Filteranwendung**: Filterung der Logs zwecks Verdichtung

4. **Datenintegration**: Integration der aufbereiteten Daten in ein Trace Log

5. **Auswertung**: Integrierte Auswertung des Trace Logs mit Sequenzanalyse

Während Projektdefinition und Datenimport in der Regel nur einmal ausgeführt werden, können die nachfolgenden Schritte beliebig häufig wiederholt werden. Dies ermöglicht, verschiedene und unterschiedlich parametrisierte Vorverdichtungen, Integrationen und Auswertungen durchzuführen. Änderungen an einem Schritt erfordern es, alle nachfolgenden Schritte erneut zu durchlaufen. Unterschiedliche Filtereinstellungen können nötig sein, um die Auswirkungen auf die Ergebnisse zu testen und die Wahl der Parameterwerte abzusichern. Bei der Datenintegration bietet sich die Möglichkeit, verschiedene Teilmengen zu bilden, um diese getrennt zu analysieren. Dieser Mechanismus ermöglicht es, bestimmte Kontexte gezielt zu untersuchen und deren Auswirkungen zu vergleichen. Mehrere Auswertungen ermöglichen es, durch verschiedene Parametereinstellungen unterschiedlich umfangreiche und detaillierte Ergebnisse zu produzieren – je nachdem, ob ein grober Überblick oder ein detaillierter Einblick gewünscht wird. Zudem ist es möglich, unterschiedliche Auswertungsmethoden auszuführen, sofern der IM neben der Sequenzanalyse künftig weitere Methoden unterstützt.

Welche Erweiterungsmöglichkeiten werden vom IM unterstützt?

Der IM kann modular angepasst werden. Es ist sowohl möglich, den Funktionsumfang zu erweitern, als auch bestehende Komponenten gegen neue, verbesserte auszutauschen. So kann der IM modifiziert werden, um Änderungen der Methode IUM zu übernehmen. Es ist möglich, die Arbeitsweise einzelner Verdichtungs- und Auswertungsschritte zu verändern, indem neue Algorithmen anstelle der bisher verwendeten eingesetzt werden. Andererseits können auch funktionell neue Filter oder Auswertungsmethoden ergänzt werden, um einzelne Bereiche gezielt für die Lösung konkreter Fragestellungen oder Probleme anzupassen. Ferner kann der IM auf Änderungen in der Systemumgebung bezüglich Web Server, Datenbank-Server oder Eye Tracker angepasst werden. Dies kann je nach Umfang durch Konfigurationseinstellungen oder Anpassungen am Quelltext erfolgen.

Technisch können Erweiterungen umgesetzt werden, indem die vorhandenen Plug-ins ausgetauscht, verändert oder um weitere ergänzt werden. Änderungen an einer Schicht des IM wirken sich immer auf nur ein Plug-in aus. Änderungen an bestehenden Plug-ins können sich auf die Konfiguration des Plug-ins für die RCP oder den Quelltext beziehen. Der Einsatz von OO-Techniken wie Vererbung und Abstraktion ermöglicht es, den Quelltext des IM leicht und modular zu warten. Der bestehende Quelltext muss je nach Umfang der Erweiterung an nur einer oder wenigen Zeilen geändert werden, um die neuen Klassen einzubinden. Der konsequente Einsatz der OO resultiert darin, dass die Abhängigkeiten innerhalb des Quelltextes minimiert werden. Für Erweiterungen in Form separater Plug-ins können Extension Points genutzt werden. Der Vorteil dieses Verfahrens liegt darin, dass der neue Quelltext vollständig unabhängig vom bestehendem entwickelt werden kann. Derzeit wird dieses Prinzip für Filter und DM-Methoden verwendet. Je nach künftigen Bedarf kann es auch an beliebigen anderen Stellen eingesetzt werden.

5 Anwendung des Integrated Usage Mining (IUM) mit dem Integrated Miner (IM)

Nachdem das IUM konzipiert und implementiert wurde, kann es nun praktisch angewendet werden. In diesem Kapitel wird die Durchführung einer Studie beschrieben, mit der die vom IUM benötigten Daten aufgezeichnet wurden. Die gesammelten Daten werden mit Hilfe des IM ausgewertet, und es erfolgt eine Diskussion der Ergebnisse. Dabei wird gezeigt, dass IUM nicht weniger, sondern mindestens die gleichen Muster findet, die ohne Integration gefunden werden könnten. Anhand des Vergleichs wird auch deutlich, inwiefern die Ergebnisse des IUM detaillierter sind.

5.1 Studie

Im Eye Tracking werden typischerweise Experimente durchgeführt, bei denen der Einfluss einer oder mehrerer unabhängiger Variablen auf eine abhängige Variable untersucht wird. Ziel ist es, in einer künstlichen Laborumgebung alle anderen Parameter konstant zu halten, um so die Wirkung der unabhängigen auf die abhängige Variable zu testen. Zugrunde liegt eine Hypothese, die es zu widerlegen oder bestärken gilt. Es gibt verschiedene Ausgestaltungsmöglichkeiten des Versuchsplans hinsichtlich der Aufteilung von Treatments auf Probanden [siehe Duchowski (2007), Kap. 13]. Aufgrund ihrer speziellen Eigenschaften und der abweichenden Herangehensweise eignen sich Experimente nicht für das IUM.

Für das IUM wird daher kein klassisches Experiment durchgeführt. Es wird im Vorfeld keine Hypothese generiert, die mit Hilfe von unabhängigen und abhängigen Variablen zu evaluieren ist. Die Studie wird dagegen zum Sammeln von Daten für eine explorative Analyse verwendet, aus der Erkenntnisse gewonnen werden und Hypothesen entstehen können. Das Vorgehen ist somit hinsichtlich der Form des Ergebnisses offen, es wird nicht durch eine konkrete inhaltliche Vorstellung gesteuert. Diese Form der Studie wird im Gegensatz zu einem Experiment als Beobachtungsstudie bezeichnet [vgl. Duchowski (2007), S. 159 und 169].

Eine Beobachtungsstudie ist nicht automatisch an eine Laborumgebung gebunden, sondern kann auch als Feldforschung durchgeführt werden. Im IUM sollen die Nutzer nach Möglichkeit in ihrer natürlichen Arbeitsumgebung untersucht werden, so dass das Labor gar nicht gebraucht wird, um unerwünschte Einflussfaktoren auszuschalten. Dennoch müssen die ET-Aufnahmen aus logistischen Gründen im Labor durchgeführt werden, weil es zu aufwendig wäre, das ET-System bei jedem Nutzer vor Ort aufzubauen. Studien im IUM lassen sich ferner als nomothetisch charakterisieren. Es werden nicht etwa individuelle Einzelbeobachtungen durchgeführt, sondern es sollen gesetzmäßige Zusammenhänge aufgedeckt werden, die sich auf eine große Gruppe von Nutzern beziehen und generalisierbar sind. Dazu wird eine Stichprobe aus der Grundgesamtheit aller Nutzer ausgewählt, die die Teilnehmer der Studie bilden. Sofern die Auswahl repräsentativ ist, lassen sich die Ergebnisse auf alle Nutzer übertragen.

Im folgenden wird die Studie beschrieben, die im Rahmen dieser Arbeit zur Anwendung des IUM durchgeführt wurde. Gegenstand der Studie ist der Webauftritt des Hohenheimer Master in Management (HMM), der Informationen rund um den neuen Studiengang zu Aufbau, Schwerpunkten, Studienordnung und Bewerbung bereitstellt [vgl. Universität Hohenheim (2009)]. Dieser Studiengang startete im Wintersemester 2009/10, die Studie wurde über einen Zeitraum von einem Monat Anfang des Jahres 2009 durchgeführt. In diesem Zeitraum war das ET-Labor täglich ausgelastet. Es haben 645 Probanden teilgenommen, die zu dem Zeitpunkt in einem Bachelor-Studiengang der wirtschaftswissenschaftlichen Fakultät studierten. Ihre Aufgabe war es, sich auf dem Webauftritt über den neuen Studiengang zu informieren.

Die Aufgabenstellung ist so allgemein wie möglich gehalten, damit die Nutzer nicht beeinflusst werden und sich möglichst so verhalten, als würden sie aus eigenem Interesse den Webauftritt besuchen. Mögliche Verzerrungen aus inhaltlichem Desinteresse können allgemein nicht ausgeschlossen werden. Dagegen spricht jedoch, dass die Teilnahme auf freiwilliger Basis erfolgte. Um sicherzustellen, dass sich die Teilnehmer ernsthaft mit dem Webauftritt auseinandersetzten, wurde auf einen Fragebogen verwiesen, den jeder Teilnehmer am Ende ausfüllen sollte. Wenn der Fragebogen ausgefüllt wurde, erhielt der Teilnehmer einige Bonuspunkte in der nächsten Klausur. Die Fragen und deren Typ waren vorher nicht bekannt, so dass die Aufmerksamkeit nicht gezielt auf einen bestimmten Bereich gelenkt wurde. Der Fragebogen selbst ist für diese Studie nicht relevant; er bestand aus subjektiven und inhaltlichen Fragen, wobei letztere einfach waren und zu 95,8 % vollständig und korrekt beantwortet wurden. Dies zeigt, dass sich die Probanden inhaltlich mit dem Webauftritt beschäftigt haben. Es kann ausgeschlossen werden, dass sich die Teilnehmer ungewöhnlich intensiv mit dem Webauftritt befasst haben, weil die Beantwortung des Fragebogens nicht offiziell hinsichtlich Korrektheit bewertet wurde. Zum Erhalt der Bonuspunkte musste der Fragebogen lediglich vollständig ausgefüllt werden. Es war bekannt, dass keine Leistungsmessung erfolgt und keine Form von Sieger festgestellt wird. Darüberhinaus gab es keine vorgeschriebene Mindest- und Maximaldauer; die Teilnehmer durften so lange surfen, wie sie wollten.

Die Stichprobe der Probanden, die an den ET-Aufnahmen im Labor teilgenommen haben, ist repräsentativ, weil die gewählten Studenten die Zielgruppe bilden. Als Bachelor-Studenten sind sie potentielle Kandidaten für ein Master-Studium an der Universität. Wenngleich die beiden Mengen nicht deckungsgleich sind, setzen doch viele Studenten ihr Studium an der Universität Hohenheim fort. Auch Studenten, die im Anschluss an ihren Bachelor-Abschluss kein Master-Studium antreten oder nicht den HMM wählen, gehören dennoch zur Zielgruppe, denn der HMM wirbt unter allen Bachelor-Studenten. Studenten anderer Universitäten, die Interesse am HMM haben, können dagegen nicht im ET berücksichtigt werden, da sie ex ante nicht bekannt sind. Erst durch ihren Besuch des Webauftritts können sie identifiziert werden. Danach erübrigt es sich, sie in das Labor für ET-Aufnahmen einzuladen, weil die Interaktion, die aufgezeichnet werden soll, bereits erfolgt ist.

Um zu vermeiden, dass der Webauftritt unter den Teilnehmern bereits bekannt ist, wurde die Studie zu einem Zeitpunkt durchgeführt, zu dem der Webauftritt gerade aufgebaut war. Über den neuen HMM war zu dieser Zeit ebenfalls noch nichts bekannt, die Informationen mussten über den Webauftritt bezogen werden. Auf diese Weise hatten alle Probanden die gleichen Voraussetzungen, und Verzerrungen durch unterschiedliche Vorkenntnisse können weitgehend ausgeschlossen werden. Die Studie fällt in einen Zeitraum, der auch von anderen und externen Interessenten, die nicht an der Studie teilgenommen haben, genutzt wurde, um sich über den HMM zu informieren. Dies ist wichtig, um zusätzliche WUM-Daten aufzeichnen zu können, die nicht von den Teilnehmern der Studie stammen. Daher startete die Sammlung der WUM-Daten früher und erfolgte insgesamt einen Monat länger, als für die ET-Aufzeichnungen benötigt wurde.

5.2 Durchführung

Während die Aufzeichnung der WUM-Daten automatisch durch den Web Server erfolgt und keinerlei manuellen Eingriff erfordert, ist die Erhebung der ET-Daten personell zu begleiten. Damit dies für alle Probanden identisch und verzerrungsfrei erfolgt, wurde das Vorgehen genau festgeschrieben und in einem Pretest validiert. Es wurde ein kleines Team an Mitarbeitern zusammengestellt, das alle Probanden gleich angeleitet hat.

Vor dem Start einer Aufnahme wurden alle Caches und die History des Browsers gelöscht, damit der Proband nicht vom Verhalten des vorherigen Teilnehmers beeinflusst werden konnte. Nach der Begrüßung des Probanden hat dieser zunächst eine Einverständniserklärung unterschrieben, durch die er dem Lehrstuhl für Wirtschaftsinformatik I erlaubt, die erhobenen Daten zu Forschungszwecken zu verwenden. Danach erfolgte eine kurze Einweisung bezüglich des Eye Trackers. Da ein Remote Eye Tracker eingesetzt wurde, der vom Benutzer nicht bemerkt wird, musste nur auf den Bewegungsspielraum und die Kalibrierung hingewiesen werden. Es ist obligatorisch, dass alle Nutzer sich nicht unangemessen vor dem Gerät positionieren beziehungsweise bewegen und die Kalibrierung korrekt durchführen. Ansonsten können Korrektheit und Qualität der ET-Daten nicht sichergestellt werden. Der Einsatz des Eye Trackers ist allerdings nicht mit Einschränkungen verbunden, da lediglich die übliche, aufrechte Arbeitshaltung einzunehmen ist. Abbildung 5.1 zeigt einen der beiden identisch gestalteten Arbeitsplätze, an denen die Aufzeichnungen durchgeführt wurden.

Abbildung 5.1: Arbeitsplatz im Eye Tracking-Labor

Nach dieser kurzen technischen Einführung erhielten die Probanden die Aufgabenstellung. Rückfragen wurden geklärt, und es erfolgte die Kalibrierung des Trackers auf den Probanden. Dazu musste der Proband einige Punkte auf dem Monitor anschauen, für die sich das ET-System die Positionen der Pupille und der Reflektion auf der Hornhaut merkt [zur Technik siehe Duchowski (2007), S. 54 ff.]. Die Einmessung wurde für einzelne Punkte wiederholt, wenn die betreffende Augenstellung nicht eindeutig erfasst werden konnte. Anhand der Kalibrierungsdaten kann das ET-System während der Aufnahme für jede Augenstellung präzise den auf dem Stimulus betrachteten Punkt ermitteln. Schließlich wurde die Aufnahme gestartet. Der Proband hat die Sitzung selbst beendet, durfte sich also so viel Zeit nehmen, wie er für nötig erachtete. Er saß allein im Arbeitsraum, so dass er ungestört arbeiten konnte. Die Aufsicht erfolgte aus einem Beobachtungsraum heraus, der von einem Einwegspiegel getrennt an die Arbeitsräume angrenzt.

Die Protokollierung der Daten erfolgte auf zwei verschiedenen Systemen. ET- und EP-Daten wurden für jeden Probanden direkt bei der Aufnahme durch die Software des ET-Systems »Tobii Studio« aufgezeichnet. Für die Auswertung durch den IM wurden alle Samples mit den gemäß Datenmodell benötigten Attributen in ET-Logs exportiert. Aufgrund einzelner Systemabstürze und Tracking-Problemen bei Kontaktlinsen, Brillen oder speziellen Augenproblemen wie Schielen können ein paar

Aufnahmen die Auswertung verfälschen und werden daher nicht berücksichtigt. Die WUM-Daten stammen von den Web Servern der Universität, die auch die Webseite des HMM betreiben. Sie wurden vor der Auswertung anonymisiert, um den Anforderungen des Datenschutzes genüge zu tragen und keine Rückschlüsse auf die Urheber der Zugriffe zu ermöglichen. Dies ist im Gegensatz zu den im Labor erhobenen Daten erforderlich, weil die WUM-Daten ursächlich für technische Zwecke erhoben werden und keine Einverständniserklärung der Nutzer für eine Weiterverarbeitung vorliegt.

5.3 Auswertung und Ergebnisse

Im folgenden wird beschrieben, wie die Ausführung der Daten mit Hilfe des IM durchgeführt wird. Dabei wird den vier Auswertungsschritten des Integrationsmodells [siehe Kap. 3.3] gefolgt, die in Abbildung 5.2 dargestellt sind. Die Ergebnisse werden je Schritt vorgestellt und bewertet. Eine vergleichende, kritische Diskussion der Ergebnisse erfolgt im nächsten Abschnitt. Einen Überblick über die im Rahmen der Auswertung verarbeiteten und erzeugten Datenmengen gibt Tabelle 5.1. Die Aufstellung zeigt, dass die Daten von der Erhebung der Logs bis zur Erstellung des Trace-Logs für die Sequenzanalyse um mehrere Faktoren verdichtet werden.

Damit eine Auswertung im IM vorgenommen werden kann, muss zunächst ein neues Projekt erzeugt werden (»BIV PIV A1«), in das die erhobenen Daten zu importieren sind. Es werden alle Web Server- und ET-Logs verwendet, die im Untersuchungszeitraum aufgezeichnet wurden. Die vordefinierten Filter-Einstellungen für den Log-Import in den Benutzervorgaben werden unverändert übernommen, so dass keine ungültigen Samples aus ET-Logs und keine unerwünschten Zugriffe aus Web Server-Logs importiert werden. Zusätzlich wird der benutzerdefinierte Filter »BivPivTask1« angewendet. Dieser stellt sicher, dass nur Seitenaufrufe und Samples des untersuchten Webauftritts vom HMM verwendet werden. Der Filter ist erfor-

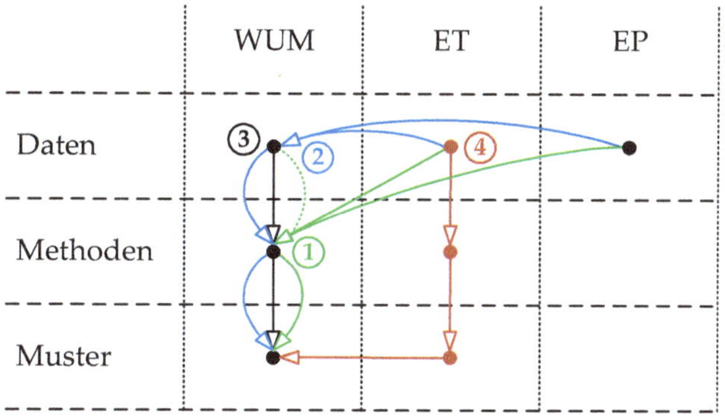

Abbildung 5.2: Durchgeführte Auswertungsschritte

Objekt	Anzahl	Speicher
Web Logs	50	8,74 GB
ET-Logs	680	5,19 GB
Datenbank-Einträge	33.780.257	3,9 GB
Importierte Web Log-Einträge	51.927	20,7 MB
Importierte ET-Samples	13.485.316	2,0 GB
Sessions	3848	–
ET-Nutzer	631	–
Webseiten	23	–
Fixationen	526.019	–
Cluster	272	–
Trace Log-Einträge »Nur ET (1)«	45.044	6,2 MB
Trace Log-Einträge »Integriert (2)«	63.988	8,8 MB
Trace Log »Nur Web, klassisch (3)«	34.637	4,8 MB

Tabelle 5.1: Datenumfang

derlich, weil die Teilnehmer im Rahmen der Untersuchung noch andere Aufgaben durchgeführt haben und dafür weitere Webauftritte besucht haben. Informationen darüber sind ebenfalls in den ET-Logs enthalten, sollen aber nicht in die Auswertung einfließen. Ebenso enthalten die Web Server-Logs Zugriffe auf alle Webseiten der Universität Hohenheim. Es sollen jedoch nur diejenigen auf den Bereich HMM ausgewertet werden.

Nachdem der Import aller Logs abgeschlossen ist, werden die Daten in Log- und Webseiten-View angezeigt. Diese importierten Daten und alle während der folgenden Auswertung in anderen Views verdichteten und erzeugten Daten sind in Abbildung 5.3 zusammengestellt. Um eine Grundlage für die Auswertung zu schaffen, müssen die importierten Daten verdichtet werden. Dies erfolgt durch Anwendung verschiedener Filter in den Bereichen WUM, ET und EP. Für das WUM werden Sitzungen benötigt, die durch Erstellung eines Session Sets ermittelt werden. Für die Auswertung wird je ein Session Set mit und ohne ET-Nutzer benötigt (»Alle mit ET« und »Alle ohne ET«). Als Grenzwert für die Sitzungsidentifizierung wird 15 min verwendet. Dieser Wert entspricht der durchschnittlichen Dauer eines Besuchs des HMM-Webauftritts aller im Labor beobachteten Probanden. Ein höherer Grenzwert für die Zeit zwischen zwei Seitenaufrufen als die durchschnittliche Gesamtdauer der Besuche erscheint nicht sinnvoll. Zudem ist der Wert von 15 min erforderlich, um sicherzustellen, dass nachfolgende Zugriffe verschiedener Nutzer von der gleichen IP-Adresse nicht zu einer Sitzung gruppiert werden. Wird der Grenzwert höher gewählt, verschmelzen die Zugriffe, da in dem Untersuchungszeitraum viele Zugriffe unterschiedlicher Nutzer von den gleichen Labor- und Pool-Rechnern erfolgten.

Im Bereich ET ist eine Verdichtung der Samples zu Fixationen und Clustern erforderlich. Dazu wird zunächst ein Fixation Set erstellt (»Custom (40,125)«). Als Parameter für den Fixationsfilter wird eine Mindestdauer von 125 ms und ein Radius von 40 px verwendet. Diese Werte ergeben sich aus dem Mix von Suchen und Lesen, den die Nutzer durchzuführen hatten und dem Abstand von 40 cm[17], den die Probanden vom Monitor entfernt waren [vgl. Kap. 4.2.2 und Abb. 4.9]. Die ermittelten Fixationen sind zu clustern, indem ein Cluster Set auf dem Fixation Set erstellt wird (»HC 0.33«). Als Methode wird Heat Map Cut mit einem Parameter *MinFixRel* von 0,33 verwendet. Dieser erzeugt eine angemessene Anzahl harmonischer Cluster aus den Bereichen, auf die mindestens ein Drittel der maximal beobachteten Fixationen pro Webseite entfallen [vgl. Kap. 4.2.2 und Abb. 4.15]. Wird der Wert höher gewählt, werden zu kleine Cluster erzeugt, so dass zu viele Fixationen als Noise aussortiert werden. Wird er tiefer gewählt, verschmelzen Cluster, so dass keine ausreichende Differenzierung mehr möglich ist.

Zur Aufbereitung der Daten für die EP wird ein Input Set erstellt (»Alle Inputs«). Dabei werden alle Tastatureingaben gefiltert und die zusammenhängenden Eingaben identifiziert. Auf die Ergebnisse aller Filter aus den Bereichen WUM, ET und EP wird im folgenden in den vier Auswertungsschritten zurückgegriffen. Es sei an-

[17] Die Stühle an den Arbeitsplätzen besitzen keine Rollen und sind fixiert.

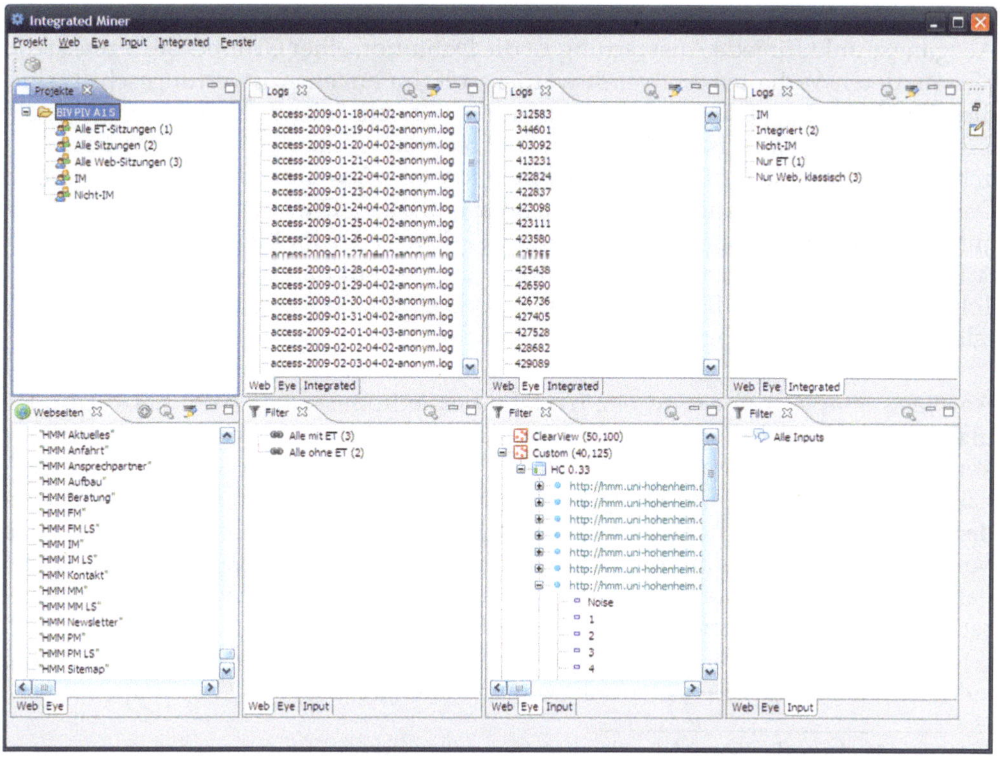

Abbildung 5.3: Daten der Auswertung

gemerkt, dass die Wahl der Filtereinstellungen die Auswertungsergebnisse beeinflussen kann. Daher wurden die Parameter begründet und für den untersuchten Webauftritt sinnvoll gewählt, so dass die Daten verwendet werden können, um die Funktionsfähigkeit und den Mehrwert des IUM zu zeigen. Es ist nicht beabsichtigt, durch Feintuning der Parameter eine Optimierung der Auswertungsergebnisse zu erzielen.

5.3.1 Auswertungsschritt 1

Im ersten Auswertungsschritt werden nur die Nutzer betrachtet, für die sowohl WUM- als auch ET- und EP-Daten vorliegen. Hierdurch soll die Funktionsfähigkeit zunächst auf einer kleinen Datenmenge verifiziert werden (grüner Pfad in Abb. 5.2). Von den WUM-Daten werden nur die zu den ET-Daten gehörenden Beobachtungen übernommen (angedeutet durch den gestrichelten Pfeil). Dies ermöglicht es, nach Abschluss aller Auswertungen die im Labor gewonnenen Daten und Ergebnisse mit denen aus der realen Umgebung zu vergleichen.

Durchführung

Ausgangspunkt für jede Auswertung ist die Definition einer Gruppe. Sie umfasst die Nutzer, deren Verhalten analysiert werden soll. Im ersten Auswertungsschritt sind dies alle ET-Nutzer. Daher wird eine neue Gruppe aus allen ET-Logs erzeugt (»Alle ET-Sitzungen (1)«). Es ist nicht erforderlich, explizit Sitzungen des WUM oder Eingaben der EP in die Gruppe aufzunehmen, da die verwendeten ET-Logs von Tobii Daten über Webseitenzugriffe und Eingaben enthalten. Die erzeugte Gruppe enthält automatisch indirekt alle WUM-, ET- und EP-Daten der Probanden, von denen ET-Aufzeichnungen im Labor erstellt wurden. Dies ist auf den Inhalt der ET-Logs von Tobii zurückzuführen. Bei Verwendung von Logs anderer Hersteller ist gegebenenfalls eine andere Gruppenbildung erforderlich.

Auf Basis einer Gruppe wird ein Trace Log erstellt, dass alle Daten aus WUM, ET und EP integriert. Im vorliegenden Fall stammen diese nur aus den ET-Logs, bei Verwendung von Sitzungen wird auch auf Web Server-Logs zurückgegriffen. Unabhängig vom Ursprung der Daten besteht die Integration darin, Informationen aus den drei Bereichen auf dem gleichen Detailgrad zusammenzuführen. Dazu wird das Vorgehen jedes Nutzers aus der Gruppe in Ereignisse über den Abruf von Webseiten, das Betrachten von Seitenbereichen (Clustern) und die Eingabe von Begriffen übersetzt. Zur Erstellung eines Trace Logs sind daher die Gruppe (»Alle ET-Sitzungen (1)«), das Cluster Set (»HC 0.33«) und das Input Set (»Alle Inputs«) zu markieren, aus denen die integrierte Datenbasis zu generieren ist (»Nur ET (1)«).[18]

[18] In der Oberfläche des IM wird der Begriff »Integrated Log« verwendet.

Auf dem Trace Log wird schließlich eine Sequenzanalyse mit CloSpan durchgeführt. Als Parameter wird beispielhaft ein Support von 0,7 verwendet. Das bedeutet, dass jedes gefundene Muster von mindestens 70 % der untersuchten Nutzer erfüllt wird. Über den Parameter können Anzahl und Aussagekraft der Muster gesteuert werden. Im WUM wird der Support üblicherweise niedrig zwischen 0,1 und 0,2 gewählt, um seltene und neue Zusammenhänge zu finden. Zu beachten ist allerdings, dass die Anzahl Beobachtungen im WUM deutlich größer als im vorliegenden Fall ist, so dass ein Support von 10 % in einer klassischen WUM-Auswertung absolut immer noch mehr als 70 % im vorliegenden Fall mit wenigen ET-Beobachtungen ist.

Ergebnis

Die Sequenzanalyse erzeugt 59 Sequenzen, die vollständig in den Tabellen B.1 und B.2 in Anhang B.3 aufgeführt sind. Zur leichteren Erfassung zeigt der IM zusätzlich eine grafische Visualisierung der gefundenen Sequenzen an. Diese ist für Auswertungsschritt eins in Abbildung 5.4 dargestellt. Die Grafik wird erstellt, indem alle gefundenen Sequenzen übereinander gelegt werden. Dies resultiert in einem Graph, der jedes vorkommende Ereignis genau einmal als Knoten und die Sequenzübergänge als Kanten umfasst. Jede Kante erhält den größten Support von allen Sequenzen, die den Übergang beinhalten. Die Strichstärke ist proportional zum Support, das heißt der niedrigste Support wird mit einer einfachen, dünnen Kante markiert, für einen doppelt so großen Support wird ein doppelt so breiter Strich verwendet. Im vorliegenden Ergebnis liegt der absolute Support aller Sequenzen nah beieinander im Bereich zwischen 500 und 600. Die Beschriftung der Knoten besteht aus dem Titel der Webseite (in Anführungsstrichen) gefolgt von der Eingabe (in Anführungsstrichen) oder der Bezeichnung des Clusters (ohne Anführungsstriche).

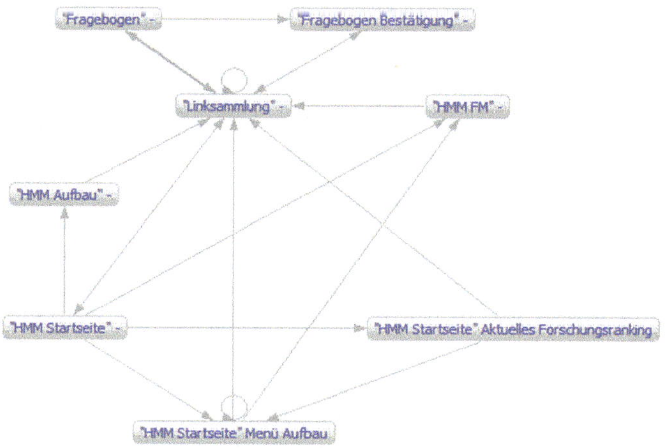

Abbildung 5.4: Sequenzgraph der Testanalyse mit Support 0,7

Zu beachten ist, dass der Graph wie auch die gefundenen Sequenzen nur einen Ausschnitt der tatsächlich erfolgten Vorgehensweisen darstellt. Zwischenschritte mit zu geringem Support fehlen, weil nur die Teile in den Graph aufgenommen werden, die den nötigen Support erreichen. Das Verschmelzen zu einem Graph ist möglich, da die verschiedenen gefundenen Sequenzen nicht überschneidungsfrei sind, sondern von überwiegend den gleichen Nutzern unterstützt werden. Während dies bei der textuellen Betrachtung von Mustern leicht vergessen werden kann, wird Fehlinterpretationen durch die verwendete Form der grafischen Darstellung entgegengewirkt.

Ferner ist darauf hinzuweisen, dass sich im Ergebnis – wie bei der Sequenzanalyse üblich – immer noch einige sehr ähnliche Sequenzen finden lassen, obwohl ein Algorithmus zur Suche geschlossener Sequenzen verwendet wird. Die Ursache liegt darin, dass gemäß Definition eine in einer Supersequenz enthaltene kürzere Sequenz nur bei gleichem Support herausgefiltert wird [vgl. Kap. 4.2.4]. Subsequenzen haben in der Regel jedoch einen höheren Support, weil sie kürzer und damit leichter zu erfüllen sind. Folglich können sie nicht verworfen werden, weil sie eine stärkere Aussagekraft als mögliche Supersequenzen mit niedrigerem Support besitzen. Dennoch ist die Anzahl von CloSpan erzeugten Sequenzen deutlich niedriger und überschaubarer als bei klassischem Sequenzalgorithmen. Zudem wird dieses Problem durch die grafische Darstellung gemindert, da diese bei vielen ähnlichen Mustern überschaubarer bleibt. Allerdings führen kürzere Varianten längerer Muster zu zusätzlichen Kanten, die sich wie Abkürzungen durch den Graph ziehen, so dass viele ähnliche Sequenzen ein weniger markantes Spinnennetz erzeugen.

Bewertung

Die Ergebnisse zeigen, dass die integrierte Auswertung funktioniert. In den Mustern sind sowohl Webseitenaufrufe als auch Clusterbesuche enthalten. Allerdings kommen nur zwei ET-Ereignisse und keine EP-Ereignisse im Ergebnis vor. Zudem wurden nur einfache Zusammenhänge gefunden; die längste Sequenz umfasst nur sieben Ereignisse. Die Ursache für diese Beobachtungen liegt in der Spezifizität des Verhaltens. Wenig Knoten und kurze Sequenzen sind Ausdruck eines hohen Supports. Es wurde gefordert, dass die gefundenen Muster von mindestens 70 % der Nutzer erfüllt werden müssen. Der Support ist zu senken, um aussagekräftigere Muster zu erhalten. Je nach Datenlage muss dies allerdings nicht zwingend zu anderen Ergebnissen führen. Wenn sich nur wenige oder keine spezifischen Muster bei niedrigerem Support finden lassen, ist das Vorgehen der Nutzer im Detail sehr variantenreich.[19]

Dies gilt im vorliegenden Fall für das Eingabeverhalten der Nutzer. Die Analyse der getätigten Eingaben in den Tabellen 5.2 und 5.3 zeigt, dass insgesamt nur 33 Nut-

[19] Eine ET-Auswertung mit geringerem Support wird zum Vergleich beim nächsten Auswertungsschritt durchgeführt.

Anzahl	
Nutzer	**Eingaben**
27	1
4	2
2	3

Tabelle 5.2: Getätigte Eingaben

Häufigkeit	Suchbegriff
6	beginn
4	master
3	master in management
2	beginn master
2	master in managment
2	profilverantwortliche
1	bwl
1	fächer
1	ab wann hohenheimer master
1	beginn master in management
1	hoheneheimer master
1	hohenheimer master
1	management performance
1	maser in management
1	mast in management
1	master beginn
1	master in management termine
1	master management
1	masterbeginn
1	masterstudiengänge
1	masterzeitpunkt
1	profilverantworlichet
1	profilverantwortlicher
1	schwerpunkte
1	schwerpunktfach
1	schwerpunktfächer
1	schwerpunktfächermaster in management
1	studiengänge

Tabelle 5.3: Verwendete Suchbegriffe

zer die Suchfunktion genutzt und Tastatureingaben getätigt haben.[20] Bei insgesamt 41 Eingaben in das Suchfeld wurden 28 unterschiedliche Suchbegriffe verwendet. Da nur wenig Eingaben vorgenommen wurden und sich diese stark unterscheiden, schlagen sie sich nicht in den Ergebnissen nieder. Der absolute Support des häufigsten Suchbegriffs ist 6 und entspricht bei der Analyse aller 631 ET-Nutzer einem viel zu geringem Wert von 0,01. Der Support der Eingaben wird in den weiteren Auswertungsschritten tendenziell noch schlechter, wenn zusätzlich weitere Daten wie Sitzungen aus dem WUM berücksichtigt werden, so dass die Anzahl der untersuchten Nutzer steigt. Daher werden sich Eingaben in der vorliegenden Untersuchung nie in den Mustern niederschlagen. Generell könnte dem entgegengewirkt werden, indem die Suchanfragen in einzelne Begriffe zerlegt und Rechtschreibfehler korrigiert werden, so dass höhere Support-Werte durch eine bessere und auch teilweise Übereinstimmung verschiedener Suchanfragen erreicht werden. Im vorliegenden Fall reichen die getätigten Eingaben jedoch selbst dafür nicht.

Es sei darauf hingewiesen, dass ausschließlich HMM-Seiten untersucht werden, da nur diese allen Nutzern zugänglich sind. Der Fragebogen, den die Teilnehmer im Labor am Ende der Untersuchung zur Kontrolle ausfüllen sollten, wird hinsichtlich ET und EP nicht mehr untersucht. Zugriffe auf den Fragebogen sind nur deshalb in den Mustern enthalten, weil sie technisch als Ende von Pfaden und Sequenzen dienen. Gleiches gilt für die Linksammlung, die zum Startpunkt der Aufgaben und zum Aufruf des Fragebogens verwendet wurde. Daher wurde von verschiedenen Webseiten auf die Linksammlung zurückgekehrt. Die Linksammlung ist in fast allen Mustern der ET-Nutzer enthalten, weil sie auf alle Fälle am Ende aufgerufen wurde, bevor der Fragebogen ausgefüllt wurde. Neben diesen Elementen sind als häufige Ereignisse Zugriffe auf die Startseite (Menü »Aufbau und Schwerpunkte« und News-Meldung zum Forschungsranking) sowie die Seiten zum Aufbau des HMM und zum Schwerpunkt Financial Management (HMM FM) zu verzeichnen. Diese fünf Bereiche stellen demnach die wichtigsten dar. Interessant ist, dass neben Financial Management keiner der drei anderen Schwerpunkte gleich häufig besucht wurde. Daraus ist zu folgern, dass Financial Management interessanter beziehungsweise wichtiger als die anderen Schwerpunkte ist. Andererseits könnte dies auch darauf zurückzuführen sein, dass dieser Schwerpunkt als erster im Bereich Aufbau und Schwerpunkte aufgeführt ist.

Neben diesen Beobachtungen ist festzustellen, dass viele der Ereignisse beziehungsweise Knoten untereinander verbunden sind. Die Struktur des Graphen wirkt daher wie ein Spinnennetz. Dies ist nicht verwunderlich, da die Ergebnismenge 59 verschiedene Sequenzen bei nur 8 verschiedenen Ereignissen umfasst. Die Ursache liegt – wie bereits erläutert – in der Funktionsweise der Sequenzanalyse, die wie im vorliegenden Fall viele ähnliche Sequenzen erzeugen kann. Eine Lösung dieses Problems könnte darin bestehen, Subsequenzen, die echte Teilmengen von Supersequenzen sind, auch dann zu filtern, wenn der Support (bis zu einem bestimmten Anteil) höher ist. Dadurch würde die Mustermenge wieder übersichtlicher.

---

[20] Die Suchanfragen werden aus Gründen der Vergleichbarkeit vom Eingabefilter in Kleinbuchstaben konvertiert.

5.3.2 Auswertungsschritt 2

Im ersten Auswertungsschritt bleiben wertvolle Daten von WUM-Seite unberücksichtigt. Daher ist es im zweiten Auswertungsschritt vorgesehen, auf dem gesamten Datenbestand zu arbeiten, um die bestmöglichen Ergebnisse zu ermitteln (blauer Pfad in Abb. 5.2). In diesem Auswertungsschritt wird das IUM vollständig angewendet.

Durchführung

Die Auswertung beginnt mit dem Anlegen einer neuen Gruppe, die alle Web Log-Sitzungen und alle ET-Logs umfasst (»Alle Sitzungen (2)«). Es ist zu beachten, dass die WUM-Zugriffe der Labor-Nutzer sowohl in den ET-Logs als auch in den Web Logs protokolliert sind und in die Auswertung nicht doppelt eingehen dürfen. Daher wird das Session Set »Alle ohne ET (2)« verwendet, das nur die Sitzungen der WUM-Nutzer beinhaltet.

Für die neue Gruppe wird wie im Auswertungsschritt eins ein Trace Log erstellt (»Integriert (2)«). Nun sind allerdings zusätzliche Daten aus den Web Logs zu verarbeiten, für die keine ET- oder EP-Daten vorliegen. Um das volle Potential der Integration zu nutzen, wird bei der Erstellung des Trace Log eine Anreicherung der WUM-Daten um ET- und EP-Daten durchgeführt. Dies erfolgt, indem entsprechende Ereignisse von ET-Nutzern auf WUM-Nutzer mit gleichem Webseitenpfad projiziert werden [siehe Kap. 4.2.4]. Im vorliegenden Anwendungsfall zeigt sich, dass die Webseitenpfade der verschiedenen Nutzer sehr unterschiedlich sind, da 89 % der Webseitenpfade einmalig sind. Keine der 3172 WUM-Sitzungen besitzt einen zu einem Labor-Nutzer identischen Pfad, so dass keine Datenanreicherung durchgeführt werden kann. Bei der Auswertung des integrierten Datenbestands werden ET-Ereignisse in den Mustern weniger ausgeprägt enthalten sein, da sie relativ einen geringeren Support als die WUM-Ereignisse besitzen. Ursache für das Problem kann die Länge der Webseitenpfade sein, denn unterschiedlich lange Pfade lassen sich nicht vergleichen und mit zunehmender Länge steigen Variantenvielfalt und Individualität. Bei einer Erweiterung des IUM könnte dem mit einer heuristischen Anreicherung begegnet werden, bei der Teilpfade abgeglichen werden. Es ist allerdings fraglich, ob dadurch die Auswertungsergebnisse verbessert werden können.

Nachdem alle Daten integriert wurden, werden sie mit der Sequenzanalyse ausgewertet. Es werden zwei Auswertungen mit gängigen Support-Werten von 0,2 und 0,1 durchgeführt. Es sei angemerkt, dass der relative Support für den Vergleich von Auswertungen unterschiedlicher Datenmengen jeweils neu zu berechnen ist. Relevant ist der absolute Support, der unabhängig von der Gesamtanzahl von Beobachtungen beizubehalten ist, damit vergleichbare und gleiche Muster gefunden werden können. Ein Support von 0,1 in einer integrierten Auswertung mit 3172 WUM- und 676 ET-Sitzungen entspricht zum Beispiel einem Support von 0,57 in einer reinen ET-Auswertung. Ein Support von 0,2 (absolut 770) lässt sich in dem Fall im ET-Teil

Abbildung 5.5: Sequenzgraph der IUM-Analyse mit Support 0,2

gar nicht realisieren. Zu beachten ist, dass auch bei korrekt umgerechneten Support andere Faktoren Einfluss auf die Ergebnisse haben. Ist die Zusammensetzung der Nutzer unterschiedlich wie beim Vergleich der Ergebnisse von Auswertungsschritt eins und zwei, können Abweichungen in den Daten selbst begründet sein. Im Beispiel bestünde die Lösung darin, nur die ET-Nutzer a) mit den reinen WUM-Daten und b) den IUM-Daten auswerten.

Ergebnis

Die Ergebnisse der beiden Sequenzanalysen sind in den Abbildungen 5.5 (Support 0,2) und 5.6 (Support 0,1) dargestellt. Im ersten Fall werden 17 Sequenzen erzeugt, im zweiten 357 Sequenzen. Sie können den Tabellen B.3 und B.4 bis B.11 in Anhang B.3 entnommen werden. Ereignisse beziehungsweise Knoten, die ausschließlich den Anfang von Mustern darstellen, sind im Graph rot dargestellt. Alle Knoten, die ausschließlich am Ende von Mustern vorkommen, sind grün gefärbt. Alle blauen Ereignisse stehen an beliebigen Positionen von Sequenzen, davon bei mindestens einer Sequenz zwischen Beginn und Ende.

Bewertung

Aus den Muster mit Mindest-Support 0,2 lassen sich ähnliche Aussagen ableiten, wie aus den Ergebnissen von Auswertungsschritt eins. Die häufigsten Übergänge und damit die wichtigsten Ereignisse sind zwischen Startseite sowie den Seiten zu Zulassung und Aufbau zu finden. Aufgrund der deutlich größeren Anzahl an Be-

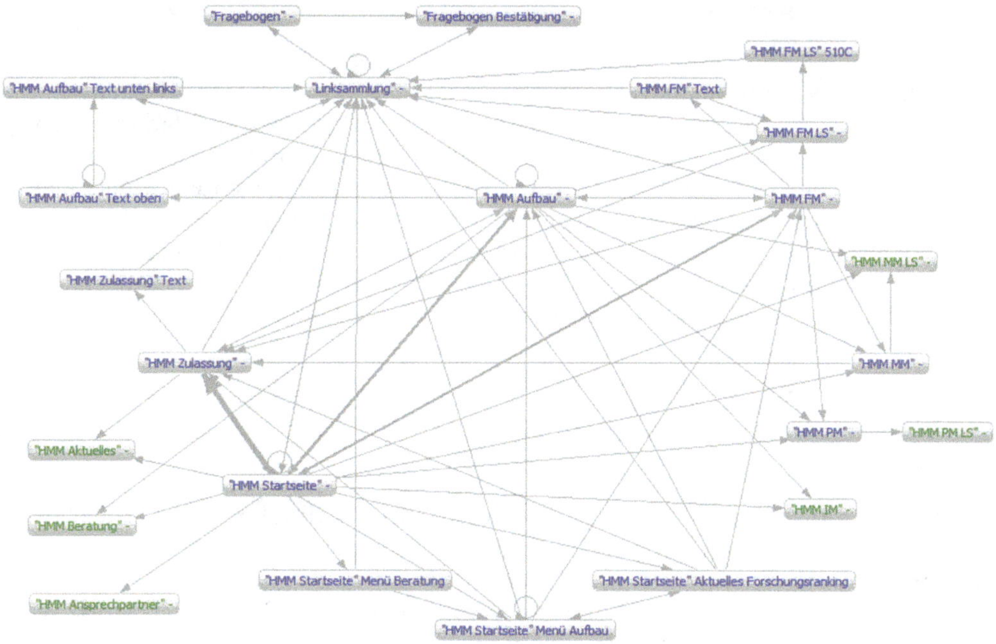

Abbildung 5.6: Sequenzgraph der IUM-Analyse mit Support 0,1

obachtungen sind die Ergebnisse von Auswertungsschritt zwei umfassender als im vorherigen Schritt, bei dem nur Labor-Nutzer ausgewertet wurden. Neben der Startseite sowie den Seiten zum Aufbau und dem Schwerpunkt Financial Management sind die Seiten zur Zulassung und dem Schwerpunkt Marketing & Management vertreten. Die Struktur der Muster und des Graphen ist einfacher, weil der absolute Support mit 770 deutlich höher liegt als im Auswertungsschritt eins mit 474. In den Mustern sind keine ET-Ereignisse enthalten, da der absolute Support größer ist als die Menge der Nutzer, von denen ET-Daten erhoben wurde.

Die Auswertung mit Mindest-Support 0,1 bestätigt und verfeinert die Ergebnisse. Die stärksten Pfade sind zwischen Startseite, Zulassung, Aufbau und Financial Management zu finden. Der Graph ist um einige innere Knoten für sowohl Webseitenzugriffe als auch Clusterbesuche gewachsen. Zu den Bereichen mit dem geringsten Support gehören die neu hinzugekommenen Seiten zu den Schwerpunkten Interorganisational Management und Public Management sowie die Seiten Aktuelles, Beratung und Ansprechpartner. Dies lässt sich auch daran erkennen, dass die zugehörigen Ereignisse das Ende von Mustern darstellen (grüner Knoten). Das Vorgehen der Nutzer auf diesen Seiten ist so heterogen, dass der geforderte Support von 0,1 nicht mehr erreicht wird, so dass Muster über diese Seiten hinaus nicht mehr fortgesetzt werden können. Gleiches kann auch beim Vergleich der Abbildungen 5.5 und 5.6 festgestellt werden. Knoten, die vorher das Ende von Mustern markierten, werden durch das Senken des Supports von 0,2 auf 0,1 zu inneren Knoten.

5.3.3 Auswertungsschritt 3

Gegenstand des dritten Auswertungsschritts ist eine klassische WUM-Analyse, die auf dem reinen WUM-Datenbestand durchgeführt wird (schwarzer Pfad in Abb. 5.2). Anhand dieser Analyse wird gezeigt, dass das IUM strukturell die gleichen Ergebnisse – allerdings detaillierter – liefert, also insbesondere gegenüber einer klassischen WUM-Auswertung keine Muster fehlen. Der Vergleich mit einer WUM-Auswertung ist erforderlich, weil zur Auswertung eine WUM-Methode verwendet wird. Mit einer reinen ET-Auswertung können die IUM-Ergebnisse nicht verglichen werden, weil das ET keine Analyse der Seitenübergänge erlaubt.

Durchführung

Die Auswertung wird wie in den vorherigen Schritten durchgeführt. Zunächst ist eine Gruppe zu erstellen (»Alle Web-Sitzungen (3)«), die aus allen WUM-Sitzungen besteht, also auch den Sitzungen, die zu Labor-Nutzern gehören (»Alle mit ET (3)«). In die Gruppe werden keine ET-Logs aufgenommen. Auf Basis der Gruppe wird das Trace Log erstellt (»Nur Web, klassisch (3)«), das somit nur Webseitenzugriffe enthält. Dadurch ist sichergestellt, dass eine reine WUM-Auswertung durchgeführt wird. Diese wird durch den Aufruf der Sequenzanalyse gestartet. Als Parameter für den Mindest-Support wird zum Vergleich mit den Ergebnissen des vorherigen Auswertungsschritts 0,2 und 0,1 verwendet. Eine Korrektur dieser Werte zum Abgleich des absoluten Supports ist nicht erforderlich, weil in beiden Fällen alle 3848 Nutzer analysiert werden.

Ergebnis

Die Ergebnis-Graphen der beiden Sequenzanalysen sind in den Abbildungen 5.7 (Support 0,2) und 5.8 (Support 0,1) dargestellt. Im ersten Fall wurden 17 häufige Sequenzen gefunden, im zweiten 137 Muster. Eine komplette Aufstellung kann den Tabellen B.12 und B.13 bis B.15 in Anhang B.3 entnommen werden.

Bewertung

Bei Betrachtung der Ergebnisse mit Mindest-Support von 0,2 fällt sofort auf, dass diese denen der IUM-Auswertung aus Schritt zwei entsprechen [vgl. Abb. 5.7 mit Abb. 5.5 sowie Tab. B.12 mit Tab. B.3]. Dies resultiert daraus, dass die Ergebnisse der betreffenden IUM-Auswertung keine ET-Daten enthalten, da der absolute Support größer ist als die Menge der Nutzer, von denen ET-Daten erhoben wurde. Dies veranschaulicht, dass die Ergebnisse einer IUM-Auswertung im schlechtesten Fall

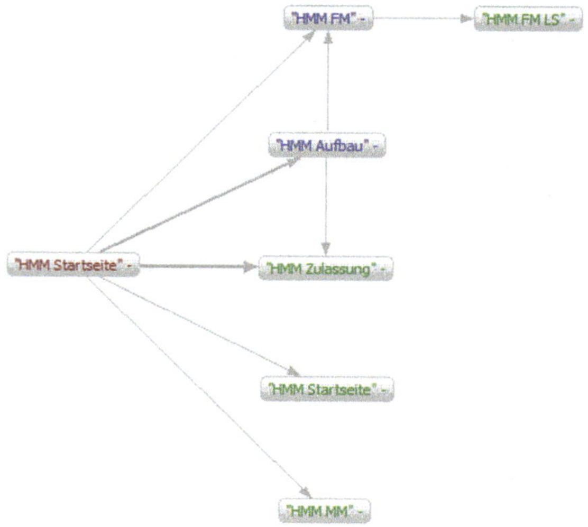

Abbildung 5.7: Sequenzgraph der WUM-Analyse mit Support 0,2

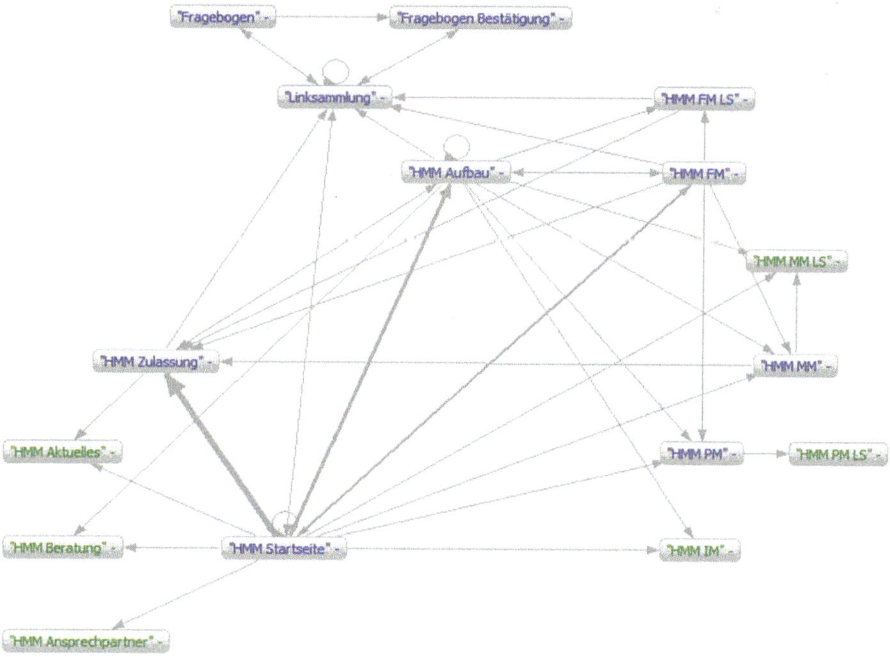

Abbildung 5.8: Sequenzgraph der WUM-Analyse mit Support 0,1

denen einer WUM-Auswertung entsprechen, wenn zu wenig ET- und EP-Daten vorhanden sind.

Deutlich bessere Ergebnisse liefert die IUM-Auswertung mit Mindest-Support von 0,1 in Schritt zwei. Der Vergleich mit der entsprechenden WUM-Auswertung aus diesem Schritt zeigt auch hier, dass in den Ergebnissen des IUM alle Muster einer klassischen WUM-Auswertung enthalten sind. Im konkreten Fall findet sich jedes der 137 WUM-Muster in mindestens einem der 357 IUM-Muster wieder [siehe Tab. B.16 bis B.18 in Anh. B.3]. Gleichzeitig ist zu erkennen, dass das IUM bei besserer Datenlage viel detailliertere Muster liefern kann als eine klassische WUM-Auswertung. Dies zeigt sowohl die textuelle als auch die graphische Repräsentation der Sequenzen [vgl. Abb. 5.8 mit Abb. 5.6 sowie Tab. B.13 bis B.15 mit Tab. B.4 bis B.11]. Das IUM liefert längere und mehr Sequenzmuster als das WUM. WUM wertet weniger Ereignisse aus und kann daher nur weniger und kürzere Muster entdecken. Der Graph der WUM-Sequenzen enthält folglich weniger Knoten und ist eine Untermenge des Graphen der IUM-Sequenzen.

Die Ergebnisse von Auswertungsschritt drei belegen, dass das IUM korrekte und vollständige Ergebnisse liefert, die verglichen mit klassischen WUM-Analysen detaillierter und aussagekräftiger sind.

5.3.4 Auswertungsschritt 4

Der vierte Auswertungsschritt ist dafür vorgesehen, ausgesuchte Muster der IUM-Auswertung von Schritt zwei mit Visualisierungen des ET zu erklären. Hierfür ist eine klassische ET-Auswertung erforderlich (roter Pfad in Abb. 5.2).

Durchführung

Da keine integrierte Auswertung durchgeführt wird, sind weder eine Gruppe noch ein Trace Log zu erstellen. Stattdessen wird auf das Fixation Set und das Cluster Set aufgesetzt, die bereits im Rahmen der Vorverdichtung erstellt und in den vorherigen Auswertungsschritten verwendet wurden. Sofern die Auswertung nicht alle ET-Nutzer einschließen soll, können die ET-Logs ausgewählt werden, deren Daten verwendet werden sollen. Aus diesen Daten werden je nach Erklärungsbedarf der zuvor gefundenen Muster für ausgewählte Webseiten ET-Diagramme erstellt.

In der vorliegenden Auswertung soll dies anhand eines Beispiels verdeutlicht werden. Bei Betrachtung der Muster, die in den vorherigen Schritten gefunden wurden, lässt sich feststellen, dass der Schwerpunktbereich »Financial Management« (FM) mit deutlich höherem Support als die übrigen Bereiche vertreten ist. Bei einem Support von 0,1 ist es der einzige Schwerpunktbereich, aus dem Cluster in den Mustern vorkommen [siehe Abb. 5.6]. Daher werden Heat Maps für die Webseite »Aufbau &

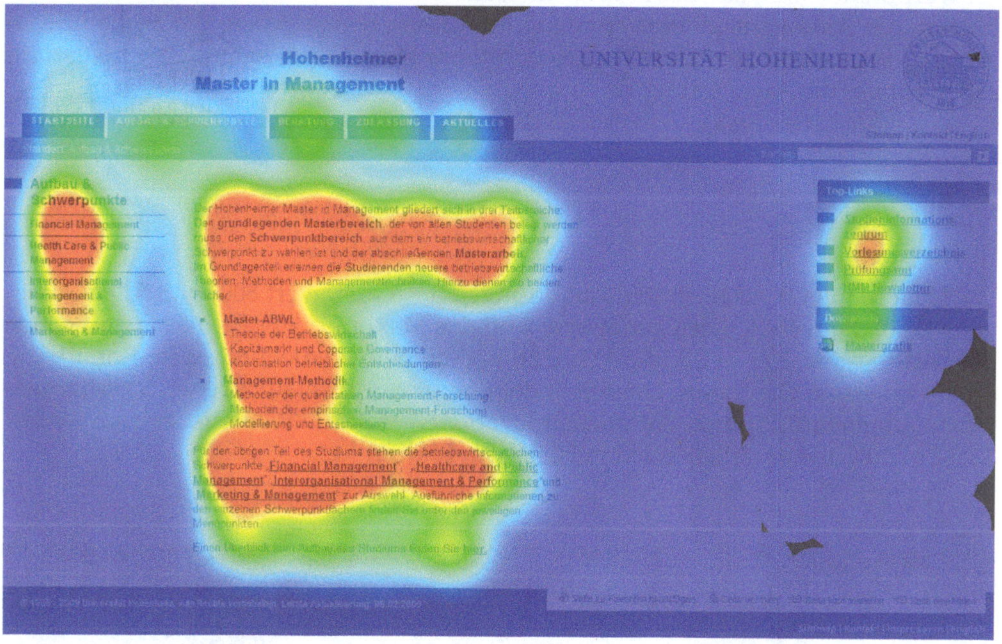

Abbildung 5.9: Heat Map von »Aufbau & Schwerpunkte« (Grenzwert 800)

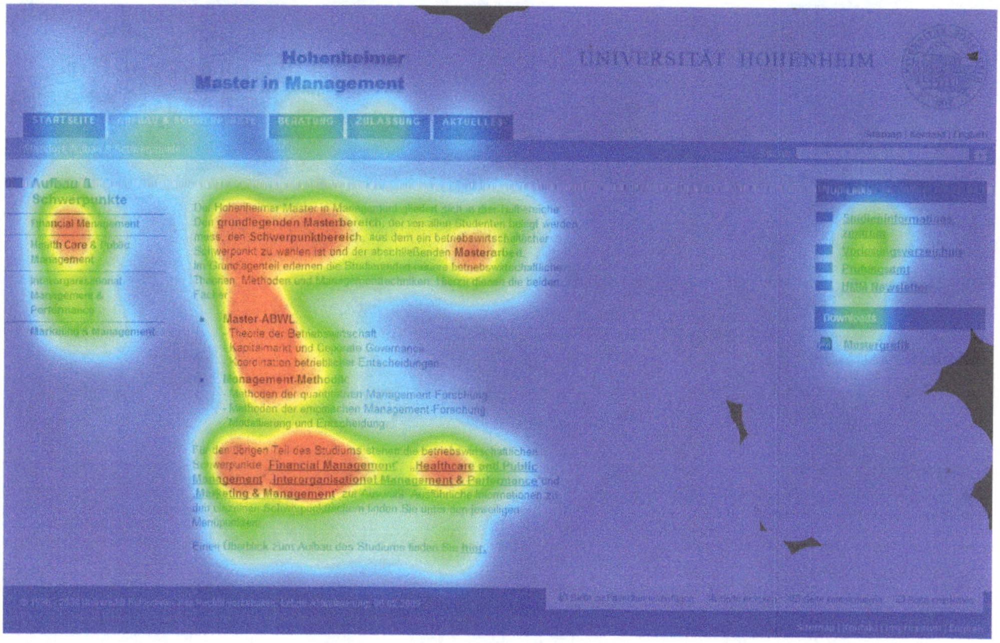

Abbildung 5.10: Heat Map von »Aufbau & Schwerpunkte« (Grenzwert 1200)

Schwerpunkte« (AS) sowie die Lehrstuhlseite von FM erstellt. Sie sollen einen Einblick in die Aufmerksamkeitsverteilung auf diesen Seiten geben, die zu den Beobachtungen geführt haben. Ein Vergleich mit den Heat Maps der anderen Lehrstuhlseiten rundet die Auswertung ab.

Ergebnis

Die Heat Map von AS ist in den Abbildungen 5.9 (Grenzwert 800) und 5.10 (Grenzwert 1200) dargestellt. Die Grenzwerte sind das Maximum der Farbskala und geben die Fixationsanzahl pro Bildpunkt an, ab der ein Bereich die intensivste Rotfärbung erhält. Im ersten Diagramm entspricht der Grenzwert 33 %, im zweiten 50 % der maximal auf einen Bildpunkt entfallenen Fixationen. Auf die Webseite sind insgesamt 53512 Fixationen entfallen, maximal 2403 pro Bildpunkt.

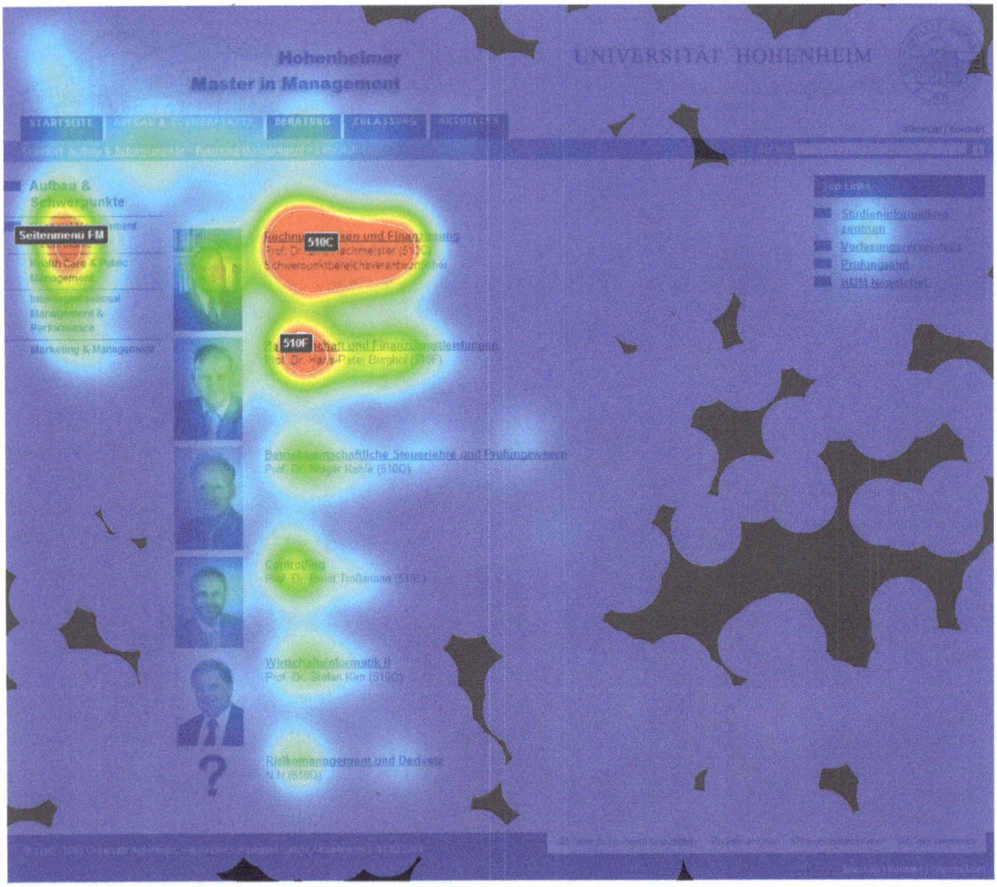

Abbildung 5.11: Heat Map mit Clustern von »Financial Management«

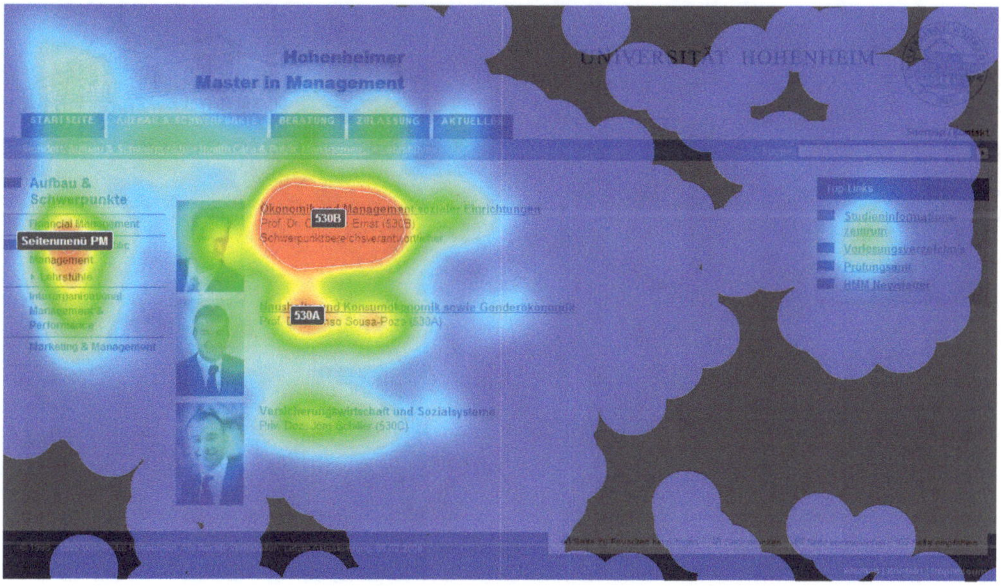

Abbildung 5.12: Heat Map mit Clustern von »Health Care & Public Management«

Die Heat Map zur Lehrstuhlseite von FM zeigt Abbildung 5.11. Um nachvollziehen zu können, wie die Bereiche der Seite geclustert wurden, werden zusätzlich die Clusterumrisse eingezeichnet. Als Grenzwert wird 33 % verwendet, da dieser Wert für die Clusterung genutzt wurde. Zum Vergleich werden die ebenso erstellen Diagramme für die Lehrstuhlwebseiten der Schwerpunktbereiche »Health Care & Public Management« (Abbildung 5.12), »Interorganisational Management & Performance« (Abbildung 5.13) und »Marketing & Management« (Abbildung 5.14) angegeben. Tabelle 5.4 gibt einen Überblick über die Fixationsverteilung auf diesen Seiten.

Schwerpunkt	**Abb.**	**Anzahl Fixationen**		
		Grenzwert	**Maximum/px**	**Insgesamt**
Financial Management	5.11	700	2.087	24.042
Health Care & Public Management	5.12	270	806	9.071
Interorganisational Management & Performance	5.13	90	260	3.263
Marketing & Management	5.14	240	715	10.072

Tabelle 5.4: Fixationen auf Lehrstuhlseiten

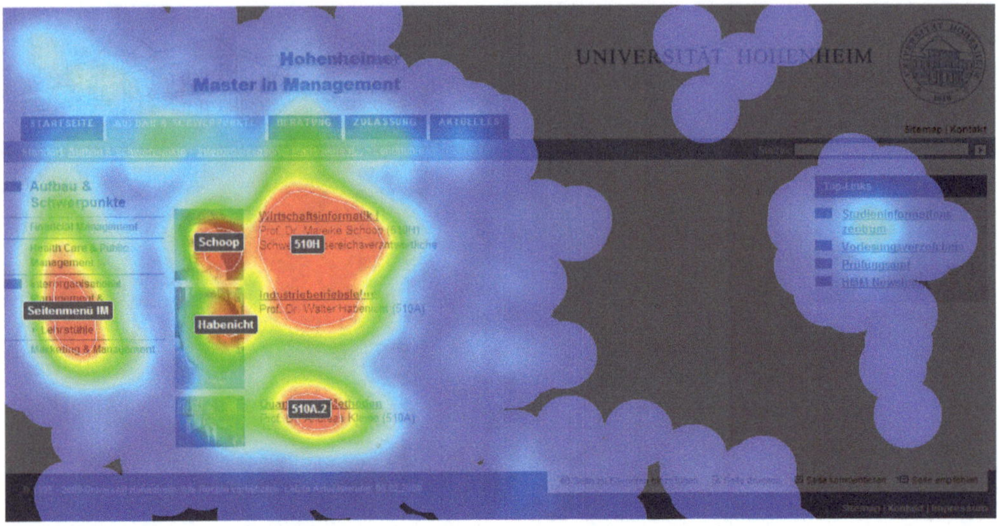

Abbildung 5.13: Heat Map mit Clustern von »Interorganisational Management & Performance«

Bewertung

Die Aufmerksamkeitsverteilung auf dem Menü von AS zeigt deutlich, dass auf den Bereich FM mehr Fixationen entfallen und es damit für die Nutzer wichtiger ist als die anderen Bereiche [siehe Abb. 5.9 und 5.10]. Die Fixationsanzahl auf dem Menü nimmt von oben nach unten ab. Bei einem höheren Grenzwert ist nur noch der obere Teil des Menüs rot.

Ein ähnlicher Zusammenhang lässt sich auf der Lehrstuhlseite von FM feststellen [siehe Abb. 5.11]. Je tiefer ein Lehrstuhl auf der Seite positioniert ist, desto weniger häufig wurde er wahrgenommen beziehungsweise betrachtet. Auf die Lehrstühle 510 C und 510 F ist mehr als ein Drittel der maximalen Fixationen pro Bildpunkt entfallen, so dass für diese Bereiche ein Cluster erstellt wurde. Das Cluster von 510 F ist jedoch deutlich kleiner, weil der Lehrstuhl bereits an zweiter Stelle steht. Alle noch tiefer aufgeführten Lehrstühle erhielten noch weniger Aufmerksamkeit beziehungsweise zu wenig Fixationen für ein Cluster. Ähnliche Beobachtungen lassen sich für die Lehrstuhlseiten der anderen Schwerpunktbereiche festhalten.

Für diese Feststellungen lassen sich zwei Begründungen finden:

- Auf die betreffenden Bereiche entfallen mehr Fixationen, weil sie für den Nutzer inhaltlich wichtiger oder interessanter als die anderen Bereiche sind.
- Die Bereiche erhalten mehr Aufmerksamkeit, weil sie oben stehen. Je tiefer ein Bereich auf der Seite positioniert ist, desto weniger wird er wahrgenommen.

Eine exakte Bestimmung der Einflussfaktoren für das beobachtete Verhalten ist allein mit ET-Diagrammen nicht möglich. Hierfür sind Experimente durchzuführen, die die Zusammenhänge gezielt untersuchen. Dennoch gibt es einige Indizien, die darauf hindeuten, dass die Positionierung ausschlaggebend ist. Es ist unwahrscheinlich, dass die Inhalte aller betroffenen Seiten exakt nach den Interessen der Nutzer positioniert sind, so dass die erste Begründung zutreffen könnte. An der Universität Hohenheim ist Marketing ein sehr beliebter Studienschwerpunkt. Im Menü von AS ist dieser jedoch gar nicht rötlich gefärbt. Das spricht dafür, dass er weniger wahrgenommen wurde, weil er ganz unten positioniert ist. Die Beobachtungen sind dem-

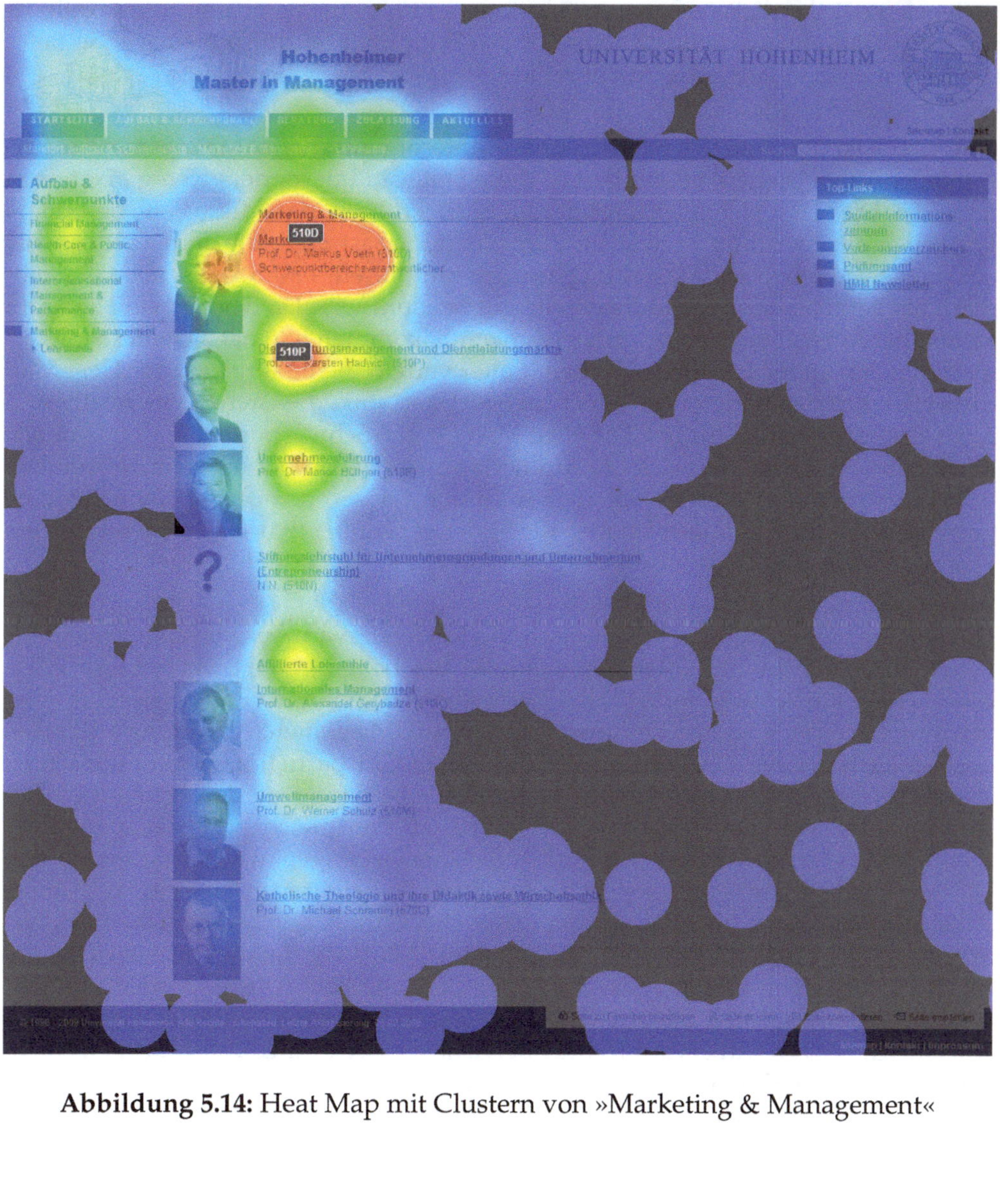

Abbildung 5.14: Heat Map mit Clustern von »Marketing & Management«

nach auf die Vorgehensweise der Nutzer zurückzuführen. Die Nutzer scheinen den Bereich AS dem Menü nach sequentiell von oben nach unten abzuarbeiten, wobei jeweils auf die Lehrstuhlseiten verzweigt wird. An unterschiedlichen Tiefen brechen sie ab. Dies drückt sich in der über alle Lehrstuhlseiten nach unten wandernden Rotfärbung im Seitenmenü aus. Bei der Seite von »Marketing & Management« entfällt auf das Seitenmenü keine überdurchschnittliche Aufmerksamkeit mehr, weil die Nutzer bei einer sequentiellen Vorgehensweise am Ende des Bereichs AS angekommen sind. Sie kennen das Menü und wissen, dass es keine weiteren Seiten mehr gibt. Dies wird auch an der Anzahl an Fixationen deutlich, die auf die einzelnen Lehrstuhlseiten entfallen [siehe Tab. 5.4]. Bei sequentieller Vorgehensweise und unterschiedlichen Abbruchzeitpunkten entfällt auf die unteren Seiten beziehungsweise Seitenelement deutlich weniger Aufmerksamkeit als auf die oberen. Die Fixationsanzahl beziehungsweise das Maximum pro Bildpunkt ist umso niedriger, je tiefer die Seite im Menü von AS aufgeführt sind.

Ausnahme ist die Seite des Schwerpunkts »Interorganisational Management & Performance« (IM) [siehe Abb. 5.13]. Auf diese Seite sind besonders wenig Fixationen entfallen. Dies lässt sich allerdings darauf zurückführen, dass diese Seite besonders kurz angesehen worden ist, weil sie zum einen kurz ist und zum anderen der sonst am intensivsten betrachtete erste Lehrstuhl – in diesem Fall 510 H – allen Teilnehmern als Veranstalter der Studie bereits gut bekannt war. Da der oberste Lehrstuhl keine überdurchschnittliche Aufmerksamkeit bekommen hat, hat sich diese im Vergleich zu den anderen Lehrstuhlseiten breiter verteilt. Beim Vergleich der Heat Map dieser Seite zu den anderen ist jedoch zu bedenken, dass die Grenzwerte relativ und nicht absolut gewählt wurden. Die Heat Map für den Schwerpunkt IM gibt demnach einen Hinweis darauf, wie sich die Aufmerksamkeit bei besonders wenig Fixationen verteilt. Während in diesem Fall auch noch den Bildern der Lehrstuhlinhaber eine gewisse Bedeutung zukommt, haben die Bilder gegenüber den Texten bei sehr vielen Fixationen wie zum Beispiel auf der Seite von FM keine Bedeutung mehr.

Die Ausführungen haben exemplarisch die Relevanz von Auswertungsschritt vier demonstriert. Er kann im Rahmen des IUM flexibel eingesetzt werden, um interessante Aspekte detaillierter zu beleuchten. Aus den konkreten Ergebnissen der Auswertung lassen sich zudem Verbesserungen des IUM ableiten. Abbildung 5.13 zeigt, dass es auch bei der Clusterrung mit Heat Map Cut partiell zum unerwünschten Verschmelzen von Clustern kommen kann. Die Fixationen auf den Lehrstuhl 510 A sind zusammen mit denen auf den Lehrstuhl 510 H dem gleichen Cluster zugeordnet worden. Dies hat im vorliegenden Fall keine Auswirkungen, weil die Seite und ihre Cluster einen zu geringen Support besitzen, um Teil eines Musters sein zu können. Falls dies häufiger zu beobachten ist, leitet sich daraus der Bedarf für eine Überarbeitung des Clusteralgorithmus ab. Die Heat Maps der Lehrstuhlseiten wie Abbildung 5.14 zeigen zudem, dass für einige Bereiche kein Cluster definiert wurde, obwohl diese verglichen mit ihrer Umgebung durchaus als Cluster anzusehen sind. Die Ursache liegt darin, dass auf diese Bereiche eine zu geringe, absolute Anzahl an Fixatinen entfällt. Der verwendete Clusteralgorithmus könnte demnach so erweitert werden, dass die Cluster nicht nur aufgrund der absoluten, globalen Maxima, sondern auch relativen, lokalen Maxima in der Fixationslandschaft ermittelt werden.

5.4 Kritische Diskussion

Die praktische Anwendung des IUM hat die Funktionsfähigkeit dieser Methode demonstriert. Es wurde gezeigt, dass IUM verglichen mit WUM die gleichen Ergebnisse – allerdings detaillierter – liefert, insbesondere also keine Muster fehlen [vgl. Ergebnisse der Auswertungsschritte zwei und drei]. Die Güte der Muster des IUM entspricht folglich denen des DM und WM. Dass die Sequenzanalyse viele ähnliche Sequenzen erzeugt, kann nicht gänzlich verhindert werden, wurde jedoch durch Verwendung geschlossener Sequenzen, eine grafische Darstellung und Vorschläge für weitere Filterungen gemindert.

Verglichen mit ET zeigt sich, dass IUM auch hier einen Mehrwert liefert. Zum einen können mit ET allein keine Sequenzanalysen oder seitenübergreifende Auswertungen durchgeführt werden. Zum anderen erzeugt IUM mit allen Nutzern auch dann ein umfassenderes Ergebnis, wenn nicht von allen Nutzern ET- und EP-Daten vorliegen. Dies zeigt ein Vergleich der vollständig integrierten Auswertung mit Support von 0,1 aus Auswertungsschritt zwei [vgl. Abb. 5.6] mit einer teilweise integrierten Auswertung gleichen absoluten Supports (relativ 0,57), die nur die Nutzer berücksichtigt, von denen alle Daten vorhanden sind [vgl. Abb. 5.15]. Der Mehrwert von IUM basiert einerseits darauf, dass detailliertere Daten als im WUM verwendet werden, und andererseits, dass mehr Nutzer als im ET verwendet werden.

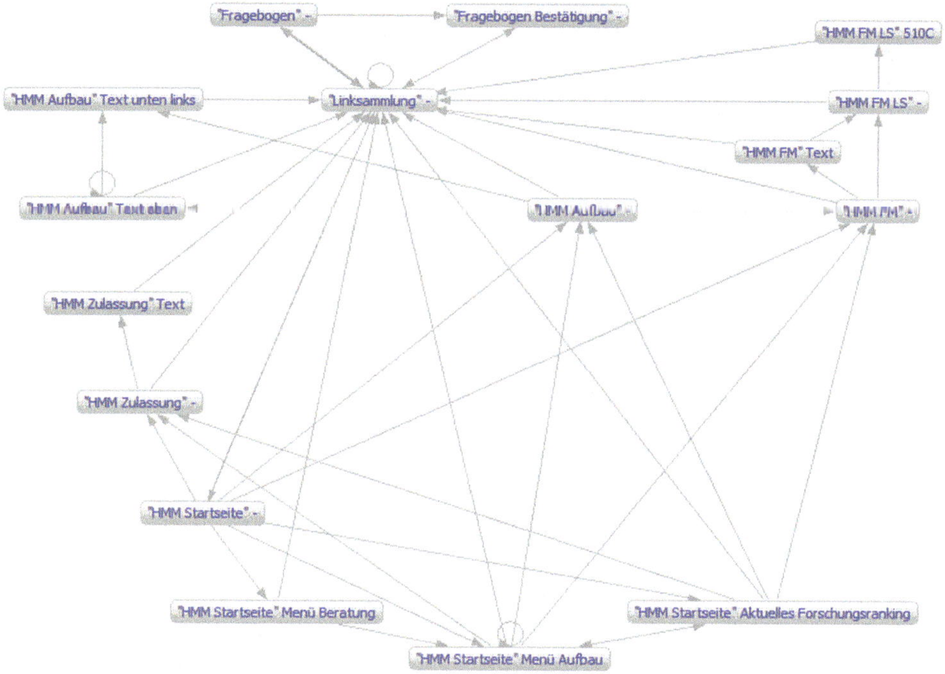

Abbildung 5.15: Sequenzgraph der Vergleichsanalyse mit Support 0,57

Zudem unterstützt IUM mit einer objektiv aufbereiteten, integrierten Datenbasis die Möglichkeit, einzelne Webseiten mit ET-Auswertungen zu beleuchten [vgl. Auswertungsschritt vier] und individuelle Analysen mit konkreten Fragestellungen durchzuführen. Der IM bietet dazu die Möglichkeit, Nutzergruppen anhand ihres Vorgehens beziehungsweise Kontextes zu bilden, um diese getrennt voneinander untersuchen zu können. Damit können auf der integrierten Datenbasis je nach Bedarf die Auswirkungen bestimmter Ereignisse wie in Experimenten untersucht werden.

Zusammengefasst lässt sich IUM mit folgenden Eigenschaften charakterisieren:

- **Vergleichbarkeit**: IUM dient zur Beantwortung der gleichen Fragestellungen wie WUM oder ET. Die Ergebnisse sind strukturell und inhaltlich vergleichbar.
- **Vollständigkeit**: IUM beinhaltet alle relevanten Teile von WUM und ET. Die Ergebnisse enthalten die Muster, die mit WUM gefunden werden können.
- **Mehrwert**: Die Ergebnisse sind besser als bei dem alleinigen Einsatz einer der beteiligten Methoden. Die Berechnungen erfolgen automatisiert, sind mit weniger manuellen Eingriffen verbunden und dadurch schneller sowie weniger fehleranfällig.
- **Individualität**: Auf der objektiv aufbereiteten, integrierten Datenbasis können beliebige individuelle Analysen durchgeführt werden. Dies umfasst alle ET-Auswertungen und spezielle Untersuchungen zur Auswirkung bestimmter Nutzungskontexte.

5.5 Zusammenfassung

Dieses Kapitel hat die praktische Anwendung des IUM mit IM beschrieben. Dazu wurden zunächst Aufbau und Durchführung einer konkreten Studie beschrieben, deren Daten zur Demonstration des IUM verwendet wurden. Es wurde gezeigt, wie die Daten mit Hilfe des IM ausgewertet werden, und es erfolgte eine Interpretation der Ergebnisse. Die Relevanz des IUM wurde kritisch diskutiert, indem die Ergebnisse denen gegenübergestellt wurden, die bisher ohne eine integrierte Methodik möglich waren. Dabei wurde gezeigt, dass IUM nicht weniger, sondern mindestens die gleichen Muster findet, die ohne Integration gefunden werden können. Mit diesem Kapitel wurde der letzte Themenblock des Forschungsvorhabens bearbeitet.

Wie wird IUM mit Hilfe des IM angewendet?

Ausgangspunkt jeder Analyse ist die Definition eines neuen Projekts, in das die auszuwertenden Web Server Logs und ET-Logs zu importieren sind. Zur Aufbereitung der WUM-Daten ist ein Session Set zu erstellen, für die ET-Daten werden Fixation Set und Cluster Set benötigt. Die Daten für eine Auswertung werden durch Definition einer Gruppe selektiert und zu einem Trace Log integriert. Dieses wird dann mit dem Sequenzalgorithmus CloSpan analysiert. Das Vorgehen wird schrittweise in Abschnitt 5.3 beschrieben.

Warum sind die Ergebnisse umfassender und präziser als ohne integrierte Methodik?

IUM basiert auf der Integration von WUM und ET. Zum Einsatz kommen etablierte Methoden und Auswertungstechniken dieser beiden Verfahren. Der Mehrwert von IUM resultiert daraus, dass durch die Integration detailliertere Daten als im WUM genutzt und eine größere Anzahl Nutzer als im ET analysiert werden. Details können Abschnitt 5.4 sowie den Bewertungen der Ergebnisse der einzelnen Auswertungsschritte in Abschnitt 5.3 entnommen werden.

6 Zusammenfassung und Ausblick

Abschließend werden das Vorgehen der Arbeit kurz zusammengefasst, die Vorteile der entwickelten Methode festgehalten sowie Verbesserungs- und Erweiterungsmöglichkeiten zusammengestellt.

6.1 Zusammenfassung

Diese Arbeit hat die Frage untersucht, wie das Verhalten der Nutzer von Webauftritten umfassender und präziser als bisher sowie automatisiert analysiert werden kann. Dazu wurde ein neuer integrierter Ansatz namens IUM entwickelt, der auf den etablierten Methoden WUM und ET basiert. Es wurde dargelegt, dass ein integrierter Ansatz erforderlich ist, um das Forschungsvorhaben umsetzen zu können. Die Integration von WUM und ET ist innovativ, da sie aufgrund unterschiedlicher Vorgehensweisen bei Datenerhebung und -auswertung auf den ersten Blick nicht nahe liegt. Es wurde gezeigt, dass die beteiligten Methoden wichtige Gemeinsamkeiten besitzen und ihre Vor- und Nachteile durch geeignete Integration ausgeglichen werden können.

Um Bausteine für eine integrierte Methodik fundiert auswählen zu können, wurden Grundlagen, Vorgehen und Methoden der Forschungsbereiche betrachtet. Es wurde ein Forschungsüberblick gegeben, bei dem bestehende Arbeiten des WUM und ET analysiert wurden. Es wurde kritisch bewertet, inwieweit diese Ansätze zur Beantwortung der Forschungsfrage beitragen können. Dabei zeigte sich, dass es bisher keine integrierten Ansätze gibt, die existierenden Forschungsarbeiten aus WUM und ET spezielle Fragestellungen adressieren und allein nicht genügen, um die Forschungsfrage dieser Arbeit zu beantworten.

Auf die Vorstellung der Bausteine aufbauend wurden unterschiedliche Integrationspotentiale identifiziert und bewertet. Aus den Alternativen wurde ein Integrationsverfahren für das IUM zusammengestellt und in Form eines Integrationsmodells ausgearbeitet, das obligatorische und optionale Komponenten sowie Erweiterungsmöglichkeiten umfasst. Potenziale und Einschränkungen des Modells wurden kritisch bewertet. Damit IUM automatisiert und effizient angewendet werden kann, wurde das Verfahren softwaretechnisch in Form des IM implementiert. Der IM wurde aus struktureller, algorithmischer und anwendungsorientierter Sicht vorgestellt, und es wurden Erweiterungsmöglichkeiten beschrieben.

Zuletzt wurde IUM mit IM im Rahmen eines konkreten Versuchs angewendet, um die Funktionalität und den Mehrwert des Verfahrens zu demonstrieren. Die Relevanz von IUM wurde kritisch diskutiert, indem die Ergebnisse des IUM denen gegenübergestellt wurden, die bisher ohne eine integrierte Methodik möglich waren. Die Ergebnisse belegen, dass das IUM korrekte und vollständige Ergebnisse liefert, die verglichen mit klassischen WUM-Analysen detaillierter und aussagekräftiger sind.

6.2 Bewertung

IUM ermöglicht es, detailliert und repräsentativ nachzuvollziehen, wie die Nutzer eines Webauftritts vorgehen. Es kann objektiv und explorativ überprüft werden, ob bestimmte Funktionalitäten genutzt werden und die Bedürfnisse der Nutzer erfüllt werden. Die Berechnungen erfolgen automatisiert, sind mit weniger manuellen Eingriffen verbunden und dadurch schneller sowie weniger fehleranfällig.

IUM liefert detailliertere Ergebnisse als WUM. Die Güte der Muster des IUM entspricht der des DM und WM. Durch Verwendung geschlossener Sequenzen und eine speziell entwickelte grafische Darstellung können die Ergebnisse leichter erfasst und interpretiert werden. Gegenüber ET können mit IUM seitenübergreifende Auswertungen durchgeführt werden. IUM liefert auch dann ein umfassenderes Ergebnis, wenn nicht von allen Nutzern ET- und EP-Daten vorliegen. Der Mehrwert von IUM basiert einerseits darauf, dass detailliertere Daten als im WUM verwendet werden, und andererseits, dass mehr Nutzer als im ET berücksichtigt werden.

Durch die objektiv aufbereitete, integrierte Datenbasis bietet IUM die Möglichkeit, einzelne Webseiten mit ET-Auswertungen zu beleuchten und individuelle Analysen mit konkreten Fragestellungen durchzuführen. Mit dem IM können dafür Nutzergruppen anhand gewisser Kriterien ihres Vorgehens gebildet und unabhängig untersucht werden. Somit ist die Methode auch für den Einsatz in Experimenten geeignet, da sich je nach Bedarf die Auswirkungen bestimmter Ereignisse auf das weitere Verhalten der Nutzer analysieren lassen.

Damit die Ergebnisse nicht durch die Auswertung beeinflusst werden, wird IUM in einem explorativen Vorgehen ohne Hypothesen angewendet. So können die Daten ohne Einflussnahme eines Analysten unbefangen verdichtet und nach Zusammenhängen durchsucht werden, um objektive und allgemeingültige Vorgehensmuster zu identifizieren, die uneingeschränkt in weiteren Analysen ausgewertet oder zur Prüfung bestimmter Thesen herangezogen werden können.

IUM ist modular aufgebaut. Das Integrationsmodell demonstriert, wie flexibel das Verfahren konfiguriert werden kann. Dies ermöglicht es zum einen, IUM auf andere Anwendungen der HCI zu übertragen. Zum anderen sind auf Muster-, Methoden- und Datenebene eine Reihe von Modifikationen möglich, um beispielsweise Zusatzinformationen einzubinden, andere Typen von Mustern zu ermitteln, oder eine andere Form der Integration umzusetzen.

Mit dem IM kann IUM einfach und automatisiert angewendet werden. Da Integration und Auswertung der Daten ohne manuelle Verarbeitungsschritte automatisch und performant durch den IM durchgeführt werden, bleiben die personellen Kosten eines Projekts niedrig. Zusätzlich können Laborkosten gesenkt werden, weil keine Beobachtung der Nutzer erforderlich ist.

Der IM basiert auf Java und zahlreichen Standards, die einen verbreiteten Einsatz in diversen Systemumgebungen und Hardware-Architekturen ermöglichen. Der Entwurf des IM folgt strukturell und algorithmisch einem modularen Design. Der Einsatz von OO-Prinzipien wie Kapselung, Vererbung, Abstraktion sowie das Plug-in-Konzept der Eclipse RCP ermöglichen es, Komponenten mit geringer Kopplung im Baukastensystem zusammenzufügen. Weil dadurch die Abhängigkeiten innerhalb des Quelltextes minimiert werden, lässt sich der IM leicht und modular warten.

Der IM kann flexibel verändert werden. Es ist sowohl möglich, den Funktionsumfang zu erweitern, als auch bestehende Komponenten gegen neue, verbesserte auszutauschen. So kann einerseits die Arbeitsweise einzelner Verdichtungs- und Auswertungsschritte verändert werden, indem neue Algorithmen eingesetzt werden. Andererseits können funktionell neue Filter oder Auswertungsmethoden ergänzt werden sowie Änderungen in der Systemumgebung bezüglich Web Server, Datenbank-Server oder Eye Tracker adaptiert werden.

Zusammengefasst erfüllt IUM angewendet mit dem IM die eingangs formulierten Kriterien einer geeigneten Analysemethode [siehe Kap. 1.1.2]:

IUM

- ist nutzerorientiert,
- berücksichtigt alle Nutzer (WUM) beziehungsweise eine möglichst umfangreiche, repräsentative Stichprobe (ET),
- arbeitet objektiv ohne Störung oder Beeinflussung des Nutzers,
- erhebt und analysiert die Datensätze detailliert, vergleichbar und unverzerrt,
- wertet die Daten explorativ ohne Hypothese aus,
- findet allgemeingültige Muster und
- ist softwaretechnisch automatisiert (IM).

6.3 Ausblick

Die vorliegende Arbeit verfolgt einen innovativen, experimentellen Ansatz, bei dessen Erarbeitung der Lösungsweg und das Ergebnis nicht von Anfang an feststehen oder beurteilt werden können. Zu vielen Zeitpunkten gibt es verschiedene Entscheidungs- und Ausgestaltungsmöglichkeiten. Das Ziel der Arbeit ist es nicht, alle Alternativen zu ergründen, sondern sinnvolle Optionen auszuwählen, um innerhalb einer Arbeit eine Variante eines Integrationsverfahrens vollständig auszuarbeiten sowie praktisch umzusetzen und anzuwenden. Daher ergeben sich aufbauend auf diese Arbeit Möglichkeiten für Änderungen und Erweiterungen.

Aus der praktischen Anwendung im vorherigen Kapitel ergeben sich einige Erweiterungsmöglichkeiten für die bestehende Form des IUM. Um die Daten der EP besser abgleichen zu können und auch teilweise Zusammenhänge entdecken zu können, sollten die vom Eingabefilter ermittelten Eingaben weiter zu Wörtern unterteilt und auf Wortstämme reduziert werden. Für die Datenanreicherung von WUM-Sitzungen wird eine Heuristik benötigt, die nicht ausschließlich auf vollständigen Webseitenpfaden, sondern auch partiell arbeitet. Der zum Clustern der Fixationen entwickelte Algorithmus Heat Map Cut sollte erweitert werden, damit er kontextsensitiver arbeitet und mehr sowie schwächere Cluster entdecken kann. Cluster sind nicht nur aufgrund der absoluten, globalen Maxima, sondern auch relativen, lokalen Maxima in der Fixationslandschaft zu ermitteln. Die Aufbereitung der ET-Daten könnte zudem verbessert werden, indem der Fixationsfilter dynamisch parametrisiert wird, das heißt statt einen für alle Nutzer identischen, geschätzten maximalen Fixationsradius zu definieren, bestimmt der Abstand des Probanden zum Monitor dynamisch zu jedem Zeitpunkt den exakten Radius der Fixation. Als benutzerdefinierter Parameter verbleibt nur noch die Mindestdauer einer Fixation. Es ist zu prüfen, ob die Clusterung der Fixationen davon profitieren kann, wenn neben der Existenz weitere Attribute einer Fixation wie ihre Dauer einfließen. Die Ergebnisdarstellung bietet ebenfalls Optimierungsmöglichkeiten. Sowohl die textuelle Darstellung der Sequenzen als auch der entwickelte Sequenzgraph sind unübersichtlich. Obwohl CloSpan nur geschlossene Sequenzen findet und damit deutlich weniger als klassische Algorithmen liefert, kann die Musteranzahl hoch und unüberschaubar werden. Daher ist ein geeignetes Pruning erforderlich, um uninteressante Muster herauszufiltern. Dies sollte mit einer interaktiven, navigierbaren Darstellung der Sequenzen geeignet unterstützt werden.

Auch auf technischer Ebene bieten sich eine Reihe von Erweiterungsmöglichkeiten. IUM wurde in dieser Arbeit zunächst für einfache, seitenbasierte Webauftritte umgesetzt. Um die Methode auf allen Typen von Webauftritten anwenden zu können, sind Erweiterungen erforderlich. Diese müssen einerseits dynamische Aspekte der Programmierung wie DHTML, JavaScript oder AJAX adressieren und andererseits interaktive Seitenelemente wie Drop Combo-Boxen beziehungsweise Down-Felder, Listen, Menüs, Popups oder auch animierte Bilder und Videos angemessen verarbeiten können.

Die entwickelte Form des IUM stellt nur eine Integrationsmöglichkeit dar. Es wurden genau eine Auswertungsmethode (Sequenzanalyse) und ein Algorithmus (CloSpan) eingesetzt. Da eine ausbaufähige Implementierung erarbeitet wurde, kann diese nun verwendet werden, um Einsatzpotential und Ergebnisqualität anderer Algorithmen und Methoden wie der Assoziationsanalyse zu erforschen. Es sind die verschiedenen Erweiterungsmöglichkeiten zu untersuchen, die bei Erarbeitung des IUM festgehalten wurden [siehe Kap. 3.4]. Alternativ können auch andere Möglichkeiten der Integration erarbeitet werden, die auf einem bereits identifiziertem Integrationspotenzial [siehe Kap. 3.2] oder neuen Ideen basieren. Denkbar ist auch ein methodischer Ausbau zur automatischen Extraktion von Kontexten und Analyse ihrer Auswirkung auf das weitere Vorgehen. Dafür könnte der Auswertung eine Vorstrukturierung der Daten vorgeschaltet werden, indem zunächst automatisch Cluster von Nutzern gebildet werden, die dann getrennt voneinander analysiert und verglichen werden.

Unabhängig von der verwendeten Auswertungsmethode gibt es verschiedene Möglichkeiten, die Auswertung noch detaillierter durchzuführen. Diese basieren darauf, zusätzliche Daten über das Verhalten der Nutzer zu erheben und in die Datenbasis zu integrieren. Vonseiten des ET können Metriken über das Blickverhalten wie die Aufenthaltsdauer in bestimmten Bereichen berechnet und integriert werden. Vielversprechend erscheint, Verfahren zur Analyse des Leseverhaltens zu integrieren, wie sie zum Beispiel im WebGazeAnalyzer umgesetzt sind. Dann kann automatisch bewertet werden, ob ein Nutzer etwas gelesen, nur gescannt hat oder vielleicht verwirrt war. Es ist denkbar, Ausprägungen des physischen Verhaltens der Benutzer wie Mimik und Gestik zu protokollieren und als EP-Bausteine zu integrieren. Solche Zusatzinformationen würden automatisch in die Muster einfließen und diese präzisieren. Aus dem WUM kann die Annotation der Daten mit Metainformationen adaptiert werden, so dass hierarchische Muster entdeckt werden können.

Literaturverzeichnis

Agrawal, Rakesh; Srikant, Ramakrishnan: Mining Sequential Patterns. In: Eleventh International Conference on Data Engineering. Hrsg.: Philip S. Yu, Arbee S. P. Chen. Washington: IEEE Computer Society Press 1995, S. 3–14.

Ankerst, Mihael; Breunig, Markus M.; Kriegel, Hans-Peter; Sander, Jörg: OPTICS: Ordering Points To Identify the Clustering Structure. In: Proceedings of the 1999 ACM SIGMOD International Conference on Management of Data, 1999, S. 49–60.

Antoniou, Grigoris; Harmelen, Frank van: A Semantic Web Primer. 2. Auflage, MIT Press 2008.

Balzert, Helmut: Lehrbuch der Software-Technik. Software-Management, Software-Qualitätssicherung, Unternehmensmodellierung. Heidelberg: Spektrum Akademischer Verlag 1998.

Bensberg, Frank: Web Log Mining als Instrument der Marketingforschung. Ein systemgestaltender Ansatz für internetbasierte Märkte. Wiesbaden: Deutscher Universitäts-Verlag 2001.

Berendt, Bettina; Spiliopoulou, Myra: Assoziations- und Pfadanalyse – Entdeckung von Abhängigkeiten. In: Handbuch Web Mining im Marketing. Konzepte, Systeme, Fallstudien. Hrsg.: Hajo Hippner, Melanie Merzenich, Klaus D. Wilde. Braunschweig: Vieweg 2002, S. 143–161.

Beymer, David; Russell, Daniel M.: WebGazeAnalyzer: A System for Capturing and Analyzing Web Reading Behavior Using Eye Gaze. In: CHI '05 Extended Abstracts on Human Factors in Computing Systems. New York: ACM Press 2005, S. 1913–1916.

Biron, Paul V.; Malhotra, Ashok: XML Schema Part 2: Datatypes Second Edition. W3C Recommendation, 2004. `http://www.w3.org/TR/xmlschema-2/`. Abrufdatum 2009-10-31.

Bortz, Jürgen; Döring, Nicola: Forschungsmethoden und Evaluation für Human- und Sozialwissenschaftler. Springer 2006.

Burke, Bill; Monson-Haefel, Richard: Enterprise JavaBeans 3.0. 5. Auflage, Sebastopol: O'Reilly 2006.

Carpenter, R. H. S.: Movement of the Eyes. 2. Auflage, London: Pion 1988.

Chi, Ed H.; Rosien, Adam S.; Heer, Jeffrey: LumberJack: Intelligent Discovery and Analysis of Web User Traffic Composition. In: Proceedings of the ACM-SIGKDD Workshop on Web Mining for Usage Patterns and User Profiles (WebKDD 2002), ACM Press 2002, S. 1–16.

Choo, Chun W.; Detlor, Brian; Turnbull, Don: Working The Web: An Empirical Model of Web Use. In: Proceedings of the 33rd Hawaii International Conference on System Sciences. Washington: IEEE Computer Society 2000, S. 7064.

Clayberg, Eric; Rubel, Dan: Eclipse Plug-ins. 3. Auflage, Boston: Addison-Wesley 2009.

COGAIN: Open source gaze tracking, freeware and low cost eye tracking, 2009. http://www.cogain.org/eyetrackers/low-cost-eye-trackers. Abrufdatum 2009-12-10.

Cooley, Robert; Mobasher, Bamshad; Srivastava, Jaideep: Web Mining: Information and Pattern Discovery on the World Wide Web. In: Proceedings of the 9th IEEE International Conference on Tools with Artificial Intelligence (ICTAI), IEEE Computer Society 1997, S. 558–567.

Cooley, Robert; Mobasher, Bamshad; Srivastava, Jaideep: Data Preparation for Mining World Wide Web Browsing Patterns. In: Knowledge and Information Systems, 1 (1999a) 1, S. 5–32.

Cooley, Robert; Tan, Pang-Ning; Srivastava, Jaideep: Discovery of Interesting Usage Patterns from Web Data. In: Advances in Web Usage Analysis and User Profiling, Springer 1999b, S. 163–182.

Duchowski, Andrew T.: Eye Tracking Methodology. Theory and Practice. 2. Auflage, London: Springer 2007.

Eclipse Foundation: AspectJ Project, 2009a. http://www.eclipse.org/aspectj/. Abrufdatum 2009-12-10.

Eclipse Foundation: Projects, 2009b. http://www.eclipse.org/projects/. Abrufdatum 2009-12-10.

Eclipse Foundation: Rich Client Platform, 2009c. http://www.eclipse.org/home/categories/rcp.php. Abrufdatum 2009-12-10.

Eclipse Foundation: SWT: The Standard Widget Toolkit, 2009d. http://www.eclipse.org/swt/. Abrufdatum 2009-12-10.

Edmonds, Andy: Lucidity Project, 2001. http://sourceforge.net/projects/lucidity/. Abrufdatum 2009-12-09.

Ester, Martin; Kriegel, Hans-Peter; Sander, Jörg; Xu, Xiaowei: A Denstity-Based Algorithm for Discovering Clusters in Large Spatial Databases with Noise. In: Proceedings of the 2nd International Conference on Knowledge Discovery and Data Mining (KDD'96), 1996, S. 226–231.

Etgen, Michael; Cantor, Judy: What does getting WET (Web Event-logging Tool) Mean for Web Usability? In: Proceedings of the 5th Conference on Human Factors and the Web, 1999. http://zing.ncsl.nist.gov/hfweb/proceedings/etgen-cantor/index.html. Abrufdatum 2009-12-09.

Eye Square: Methoden, 2009a. http://eye-square.com/deutsch/methods-de.htm. Abrufdatum 2009-12-10.

Eye Square: Visualisierung von Navigationspfaden in Pathfinder, 2009b. http://eye-square.com/pictures/Pathf_1gr.jpg. Abrufdatum 2009-12-10.

Eyetools, 2009. http://eyetools.com/. Abrufdatum 2009-12-14.

Fallside, David C.; Walmsley, Priscilla: XML Schema Part 0: Primer Second Edition. W3C Recommendation, 2004. http://www.w3.org/TR/xmlschema-0/. Abrufdatum 2009-10-31.

Fayyad, Usama; Piatetsky-Shapiro, Gregory; Smyth, Padhraic: From Data Mining to Knowledge Discovery in Databases. In: AI Magazine, 17 (1996) 3, S. 37–54.

Gamma, Erich; Helm, Richard; Johnson, Ralph; Vlissides, John: Design Patterns. Elements of Reusable Object-Oriented Software. Reading: Addison-Wesley 1995.

Goldberg, Joseph H.; Kotval, Xerces P.: Computer Interface Evaluation Using Eye Movements: Methods and Constructs. In: International Journal of Industrial Ergonomics, 24 (1999), S. 631–645.

Goldberg, Joseph H.; Probart, Cluadia K.; Zak, Robert E.: Visual Search of Food Nutrition Labels. In: Human Factors, 41 (1999) 3, S. 425–437.

Goldberg, Joseph H.; Stimson, Mark J.; Lewenstein, Marion; Scott, Neil; Wichansky, Anna M.: Eye Tracking in Web Search Tasks: Design Implications. In: ETRA '02: Proceedings of the 2002 Symposium on Eye Tracking Research & Applications. New York: ACM Press 2002, S. 51–58.

Goldberg, Joseph H.; Wichansky, Anna M.: Eye Tracking in Usability Evaluation: A Practitioner's Guide. In: The Mind's Eye: Cognitive and Applied Aspects of Eye Movement Research. Hrsg.: Jukka Hyönä, Ralph Radach, Heiner Deubel. Amsterdam: Elsevier 2003, Kap. 23, S. 493–516.

Graham, Ronald L.: An Efficient Algorithm for Determining the Convex Hull of a Finite Planar Set. In: Information Processing Letters, 1 (1972), S. 132–133.

Hall, Mark; Frank, Eibe; Holmes, Geoffrey; Pfahringer, Bernhard; Reutemann, Peter; Witten, Ian H.: The WEKA Data Mining Software: An Update. In: SIGKDD Explorations, 11 (2009) 1, S. 10–18.

Han, Jiawei; Kamber, Micheline: Data Mining: Concepts and Techniques. 2. Auflage, San Francisco: Morgan Kaufmann 2006.

Han, Jiawei; Pei, Yian; Yiwen, Yin: Mining Frequent Patterns Without Candidate Generation. In: Proceedings of the 2000 ACM SIGMOD International Conference on Management of Data, 2000, S. 1–12.

Harris, Robert; Warner, Rob: The Definitive Guide to SWT and JFace. Berkeley: APress 2004.

Heminghous, John; Duchowski, Andrew T.: iComp: A Tool for Scanpath Visualization and Comparison. In: Proceedings of the 3rd Symposium on Applied Perception in Graphics and Visualization. New York: ACM Press 2006 (ACM International Conference Proceeding Series 153), S. 152.

Hippner, Hajo; Merzenich, Melanie; Wilde, Klaus D.: Grundlagen des Web Mining – Prozess, Methoden und praktischer Einsatz. In: Handbuch Web Mining im Marketing. Konzepte, Systeme, Fallstudien. Hrsg.: Hajo Hippner, Melanie Merzenich, Klaus D. Wilde. Braunschweig: Vieweg 2002a, S. 3–31.

Hippner, Hajo; Merzenich, Melanie; Wilde, Klaus D.: Handbuch Web Mining im Marketing. Konzepte, Systeme, Fallstudien. Braunschweig: Vieweg 2002b.

Hippner, Hajo; Merzenich, Melanie; Wilde, Klaus D.: Web Mining – den Internet-Usern auf der Spur. In: Web Mining. Informationen für das E-Business. Hrsg.: Klaus D. Wilde, Hajo Hippner. Düsseldorf 2002c, S. 9–28.

Hong, Jason I.; Heer, Jeffrey; Waterson, Sarah; Landay, James A.: WebQuilt: A Proxy-based Approach to Remote Web Usability Testing. In: ACM Transactions on Information Systems, 19 (2001) 3, S. 263–285.

Honsel, Kai: Konzeption einer Anfragesprache für das Web Mining. Entwicklung und Validierung. Diplomarbeit, Westfälische Wilhelms-Universität, Münster Juli 2004.

Honsel, Kai; Schneider, Bernd: Towards an XML-based Framework for Web Usage Mining. In: Service-Oriented Electronic Commerce, Proceedings zur Konferenz im Rahmen der MKWI 2006. Hrsg.: Mareike Schoop, Christian Huemer, Michael Rebstock, Martin Bichler, 2006 (Lecture Notes in Informatics 80), S. 41–55.

Hyönä, Jukka; Radach, Ralph; Deubel, Heiner: The Mind's Eye: Cognitive and Applied Aspects of Eye Movement Research. Amsterdam: Elsevier 2003.

Jacob, Robert J. K.; Karn, Keith S.: Eye Tracking in Human-Computer Interaction and Usability Research: Ready to Deliver the Promises. In: The Mind's Eye: Cognitive and Applied Aspects of Eye Movement Research. Hrsg.: Jukka Hyönä, Ralph Radach, Heiner Deubel. Amsterdam: Elsevier 2003, S. 573–605.

Josephson, Sheree; Holmes, Michael E.: Visual Attention to Repeated Internet Images: Testing the Scanpath Theory on the World Wide Web. In: ETRA '02: Proceedings of the 2002 Symposium on Eye Tracking Research & Applications. New York: ACM Press 2002, S. 43–49.

Just, Marcel A.; Carpenter, Patricia A.: Eye Fixations and Cognitive Processes. In: Cognitive Psychology, 8 (1976), S. 441–480.

Kohavi, Ron: Mining E-Commerce Data: The Good, the Bad, and the Ugly. In: Proceedings of the Seventh ACM SIGKDD International Conference on Knowledge Discovery and Data Mining (KDD), ACM Press 2001, S. 8–13.

Lankford, Chris: Gazetracker: Software Designed to Facilitate Eye Movement Analysis. In: ETRA '00: Proceedings of the 2000 Symposium on Eye Tracking Research & Applications. New York: ACM Press 2000, S. 51–55.

McAffer, Jeff; Lemieux, Jean-Michel: Eclipse Rich Client Platform. Designing, Coding, and Packaging Java Applications. Upper Saddle River: Addison-Wesley 2006.

Mierswa, Ingo; Wurst, Michael; Klinkenberg, Ralf; Scholz, Martin; Euler, Timm: YALE: Rapid Prototyping for Complex Data Mining Tasks. In: Proceedings of the 12th ACM SIGKDD International Conference on Knowledge Discovery and Data Mining (KDD'06). Hrsg.: Lyle Ungar, Mark Craven, Dimitrios Gunopulos, Tina Eliassi-Rad. New York: ACM Press 2006, S. 935–940.

Mobasher, Bamshad: Web Usage Mining. In: Web Data Mining. Exploring Hyperlinks, Contents, and Usage Data. Hrsg.: Bing Liu. Springer 2008, Kap. 12, S. 449–483.

Mobasher, Bamshad; Jain, Namit; Han, Eui-Hong (Sam); Srivastava, Jaideep: Web Mining: Pattern Discovery from World Wide Web Transactions. Forschungsbericht, Nr. TR-96050. Department of Computer Science, University of Minnesota, Minneapolis 1996. `http://citeseer.ist.psu.edu/mobasher96web.html`. Abrufdatum 2009-05-11.

Nielsen, Jakob: Usability Engineering. Morgan Kaufmann 1993.

Nielsen, Jakob; Loranger, Hoa: Prioritizing Web Usability. Berkeley: New Riders Press 2006.

Nielsen, Jakob; Pernice, Kara: Eyetracking Web Usability. Berkeley: New Riders Press 2010.

Nigro, Héctor O.; Císaro, Sandra Elizabeth G.; Xodo, Daniel H.: Data Mining with Ontologies: Implementations, Findings, and Frameworks. Hershey: Information Science Reference 2008.

Noton, D.; Stark, L.: Scanpaths in Saccadic Eye Movements while Viewing and Recognizing Patterns. In: Vision Research, 11 (1970), S. 929–942.

Pan, Bing; Hembrooke, Helene A.; Gay, Geri K.; Granka, Laura A.; Feusner, Matthew K.; Newman, Jill K.: The Determinants of Web Page Viewing Behavior: An Eye-Tracking Study. In: ETRA '04: Proceedings of the 2004 Symposium on Eye Tracking Research & Applications. New York: ACM Press 2004, S. 147–154.

Pernice, Kara; Nielsen, Jakob: Eyetracking Methodology. Forschungsbericht Nielsen Norman Group, Fremont 2009. http://www.useit.com/eyetracking/methodology. Abrufdatum 2009-10-31.

Phaydon, 2009. http://www.phaydon.de/. Abrufdatum 2009-12-14.

Poole, Alex; Ball, Linden J.: Eye Tracking in Human-Computer Interaction and Usability Research: Current Status and Future Projects. In: Encyclopedia of Human Computer Interaction. Hrsg.: Claude Ghaoui. Information Science Reference 2006, S. 211–219. http://www.alexpoole.info/academic/Poole%26Ball%20EyeTracking.pdf. Abrufdatum 2007-03-12.

Privitera, Claudio M.; Stark, Lawrence W.: Algorithms for Defining Visual Regions-of-Interest: Comparison with Eye Fixations. In: IEEE Transactions on Pattern Analysis and Machine Intelligence, 22 (2000), S. 970–982.

Red Hat: Hibernate. Relational Persistence for Java and .NET, 2009. https://www.hibernate.org/. Abrufdatum 2009-12-10.

Reeder, Robert W.; Pirolli, Peter; Card, Stuart K.: WebLogger: A Data Collection Tool for Web-use Studies. Forschungsbericht, Nr. UIR-R-2000-06. Xerox Research Center, Palo Alto 2000. http://www2.parc.com/istl/projects/uir/publications/items/UIR-2000-06-Reeder-TechReport-WebLogger.pdf. Abrufdatum 2006-06-22.

Reeder, Robert W.; Pirolli, Peter; Card, Stuart K.: WebEyeMapper and WebLogger: Tools for Analyzing Eye Tracking Data Collected in Web-use Studies. In: CHI '01 Extended Abstracts on Human Factors in Computing Systems. New York: ACM Press 2001, S. 19–20.

Richter, Tobias; Naumann, Johannes; Noller, Stephan: LOGPAT: A Semi-Automatic Way to Analyze Hypertext Navigation Behavior. In: Swiss Journal of Psychology, 62 (2003) 2, S. 113–120.

Saake, Gunter; Sattler, Kai-Uwe: Datenbanken und Java. 2. Auflage, Heidelberg: dpunkt 2003.

Salvucci, D. D.; Anderson, J. R.: Tracing Eye Movement Protocols with Cognitive Process Models. In: Proceedings of the Twentieth Annual Conference of the Cognitive Science Society. Hillsdale: Erlbaum 1998, S. 923–928.

Salvucci, D. D.; Anderson, J. R.: Automated Eye-Movement Protocol Analysis. In: Human-Computer Interaction, 16 (2001) 1, S. 39–86.

Salvucci, Dario D.: Mapping Eye Movements to Cognitive Processes. Dissertation, Department of Computer Science, Carnegie Mellon University, Pittsburgh May 1999.

Salvucci, Dario D.: An Interactive Model-Based Environment for Eye-Movement Protocol Analysis and Visualization. In: ETRA '00: Proceedings of the 2000 Symposium on Eye Tracking Research & Applications. New York: ACM Press 2000, S. 57–63.

Salvucci, Dario D.; Goldberg, Joseph H.: Identifying Fixations and Saccades in Eye-Tracking Protocols. In: ETRA '00: Proceedings of the 2000 Symposium on Eye Tracking Research & Applications. New York: ACM Press 2000, S. 71–78.

Santella, Anthony; DeCarlo, Doug: Robust Clustering of Eye Movement Recordings for Quantification of Visual Interest. In: ETRA '04: Proceedings of the 2004 Symposium on Eye Tracking Research & Applications. New York: ACM Press 2004, S. 27–34.

Schmidt-Thieme, Lars; Gaul, Wolfgang: Aufzeichnung des Nutzerverhaltens – Erhebungstechniken und Datenformate. In: Handbuch Web Mining im Marketing. Konzepte, Systeme, Fallstudien. Hrsg.: Hajo Hippner, Melanie Merzenich, Klaus D. Wilde. Braunschweig: Vieweg 2002, S. 35–52.

Schoop, Mareike; Moor, Aldo de; Dietz, Jan L.: The Pragmatic Web: a Manifesto. In: Communications of the ACM, 49 (2006) 5, S. 75–76.

Spiliopoulou, Myra; Faulstich, Lukas C.: WUM: A Web Utilization Miner. In: International Workshop on the Web and Databases (WebDB). Valencia, Spanien 1998, S. 184–203. `http://citeseer.ist.psu.edu/spiliopoulou98wum.html`. Abrufdatum 2009-12-02.

Spiliopoulou, Myra; Pohle, Carsten: Data Mining to Measure and Improve the Success of Web Sites. In: Journal of Data Mining and Knowledge Discovery. Special Issue on Applications of Data Mining to Electronic Commerce, 5 (2001) 1–2, S. 85–114.

Srivastava, Jaideep; Cooley, Robert; Deshpande, Mukund; Tan, Pang-Ning: Web

Usage Mining: Discovery and Applications of Usage Patterns from Web Data. In: SIGKDD Explorations, 1 (2000) 2, S. 12–23.

Stark, Thomas: Java EE 5. München: Addison-Wesley 2007.

Stumme, Gerd; Hotho, Andreas; Berendt, Bettina: Semantic Web Mining: State of the Art and Future Directions. In: Web Semantics: Science, Services and Agents on the World Wide Web. Elsevier 2006, S. 124–143.

Sumathi, Sai; Sivanandam, S. N.: Introduction to Data Mining and its Applications. Berlin: Springer 2006.

Sun Microsystems: Developer Resources for Java Technology, 2009a. http://java.sun.com/. Abrufdatum 2009-12-10.

Sun Microsystems: Java Persistence API, 2009b. http://java.sun.com/javaee/technologies/persistence.jsp. Abrufdatum 2009-12-10.

Sun Microsystems: Java SE Technologies – Database, 2009c. http://java.sun.com/javase/technologies/database/. Abrufdatum 2009-12-10.

Thompson, Henry S.; Beech, David; Maloney, Murray; Mendelsohn, Noah: XML Schema Part 1: Structures Second Edition. W3C Recommendation, 2004. http://www.w3.org/TR/xmlschema-1/. Abrufdatum 2009-10-31.

Tobii Technology: Tobii Studio User Manual. 1. Auflage. Danderyd, Oktober 2008.

Tobii Technology, 2009a. http://www.tobii.com/. Abrufdatum 2009-12-09.

Tobii Technology: Tobii T60 & T120 Eye Trackers, 2009b. http://www.tobii.com/scientific_research/products_services/eye_tracking_hardware/tobii_t60_t120_eye_trackers.aspx. Abrufdatum 2009-12-10.

Totz, Carsten; Riemer, Kai; Klein, Stefan: Web Evaluation. In: The E-Business Handbook. Hrsg.: Paul B. Lowry, J. O. Cherrington, Ronald R. Watson. Boca Raton 2001, S. 45–66.

Universität Hohenheim: Hohenheimer Master in Management, 2009. https://hmm.uni-hohenheim.de/. Abrufdatum 2009-12-10.

University of Illinois: IlliMine, 2009. http://illimine.cs.uiuc.edu/. Abrufdatum 2009-12-10.

Waterson, Sarah; Hong, Jason I.; Sohn, Tim; Heer, Jeffrey; Matthews, Tara; Landay, James A.: What Did They Do? Understanding Clickstreams with the WebQuilt Visualization System. In: Proceedings of the Working Conference on Advanced Visual Interfaces, 2002, S. 94–102.

West, Julia M.; Haake, Anne R.; Rozanski, Evelyn P.; Karn, Keith S.: eyePatterns: Software for Identifying Patterns and Similarities Across Fixation Sequences. In: ETRA '06: Proceedings of the 2006 Symposium on Eye Tracking Research & Applications. New York: ACM Press 2006, S. 149–154.

Witten, Ian H.; Frank, Eibe: Data Mining: Practical Machine Learning Tools and Techniques. 2. Auflage, San Francisco: Morgan Kaufmann 2005.

Wooding, David S.: Fixation Maps: Quantifying Eye-movement Traces. In: ETRA '02: Proceedings of the 2002 Symposium on Eye Tracking Research & Applications. New York: ACM Press 2002, S. 31–36.

Yan, Xifeng; Han, Jiawei; Afshar, Ramin: CloSpan: Mining Closed Sequential Patterns in Large Datasets. In: Proceedings of the 2003 SIAM International Conference on Data Mining (SDM-03), 2003, S. 166–177.

Yarbus, Alfred L.: Eye Movements and Vision. New York: Plenum Press 1967.

Youssefi, Amir H.; Duke, David J.; Zaki, Mohammed J.: Visual Web Mining. In: WWW Alt. '04: Proceedings of the 13th international World Wide Web Conference on Alternate Track Papers & Posters. New York: ACM Press 2004, S. 394–395.

Zülich, Gert; Stowasser, Sascha: Eye Tracking for Evaluating Industrial Human-Computer Interfaces. In: The Mind's Eye: Cognitive and Applied Aspects of Eye Movement Research. Hrsg.: Jukka Hyönä, Ralph Radach, Heiner Deubel. Amsterdam: Elsevier 2003, Kap. 25, S. 531–553.

A Programmdokumentation

Dieses Kapitel stellt Details der softwaretechnischen Realisierung des IM vor. Es enthält Modelle zu Daten, Paketen und Klassen. Die UML-Diagramme können aufgrund des Programmumfangs jedoch nicht vollständig wiedergegeben werden, sondern dokumentieren exemplarisch wesentliche Bestandteile des Programms. Die Gliederung erfolgt anhand der Schichten Datenhaltung, Model- und Core-Plug-in.

A.1 Datenhaltung

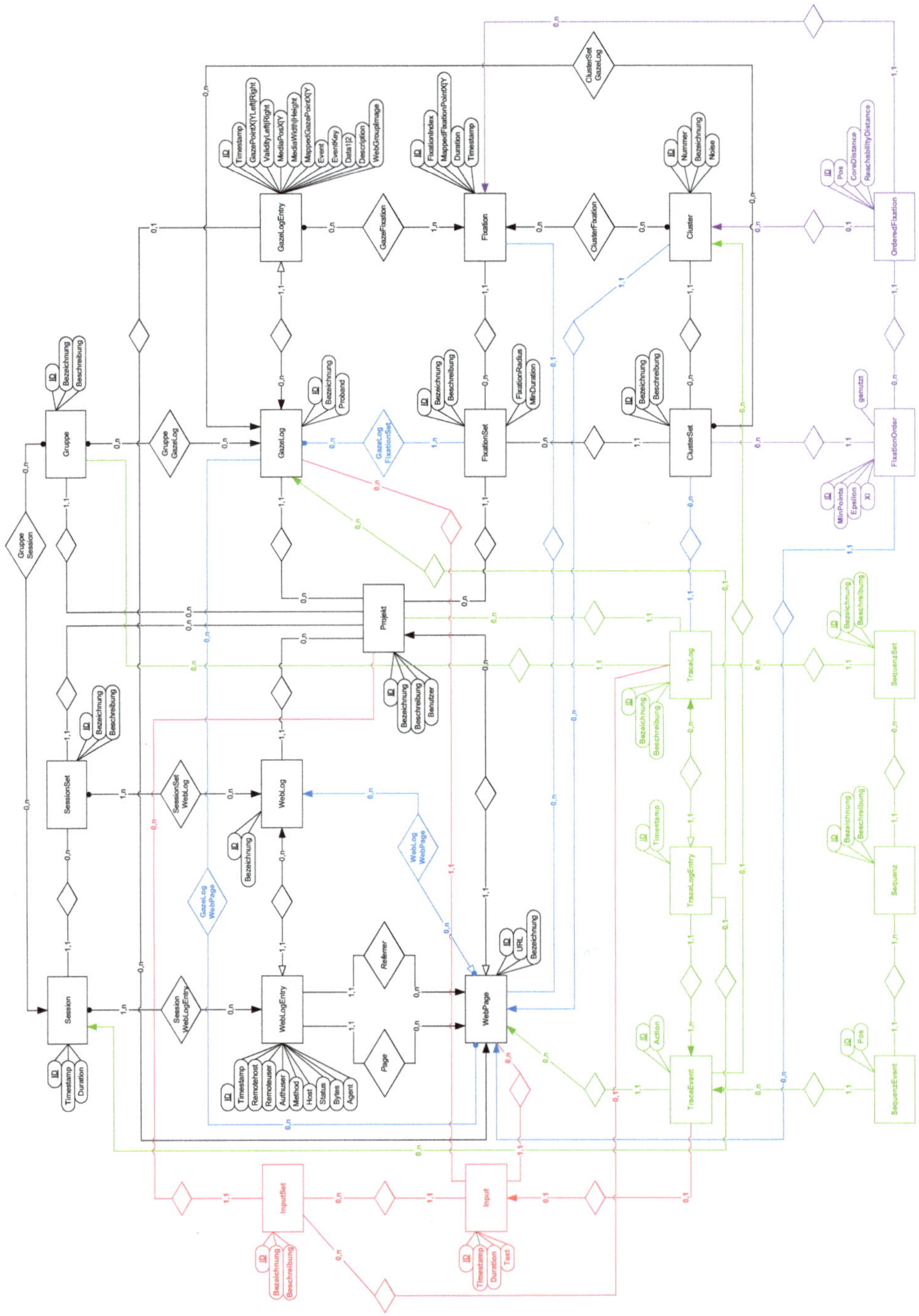

Abbildung A.1: Datenmodell

A.2 Model-Plug-in

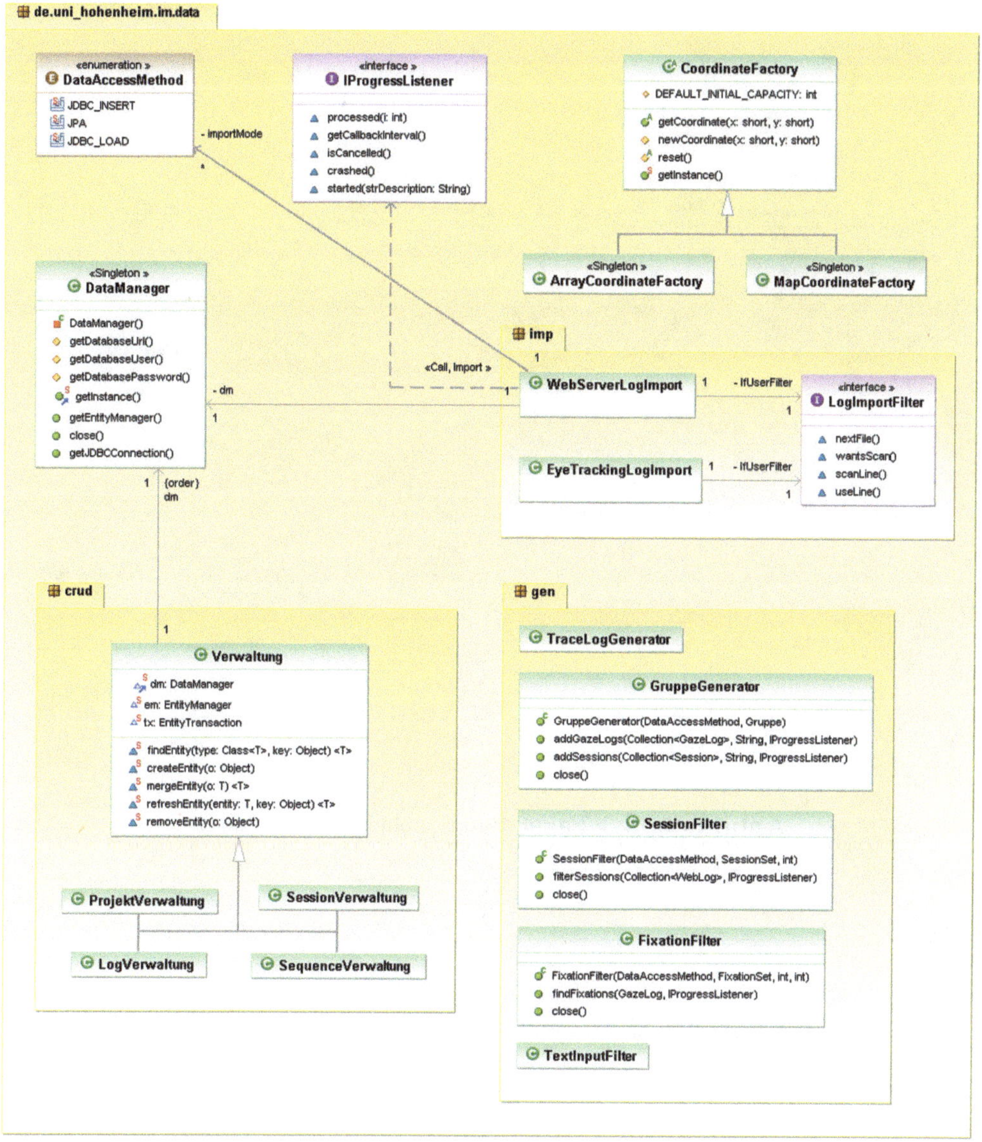

Abbildung A.2: Paket `de.uni_hohenheim.im.data`

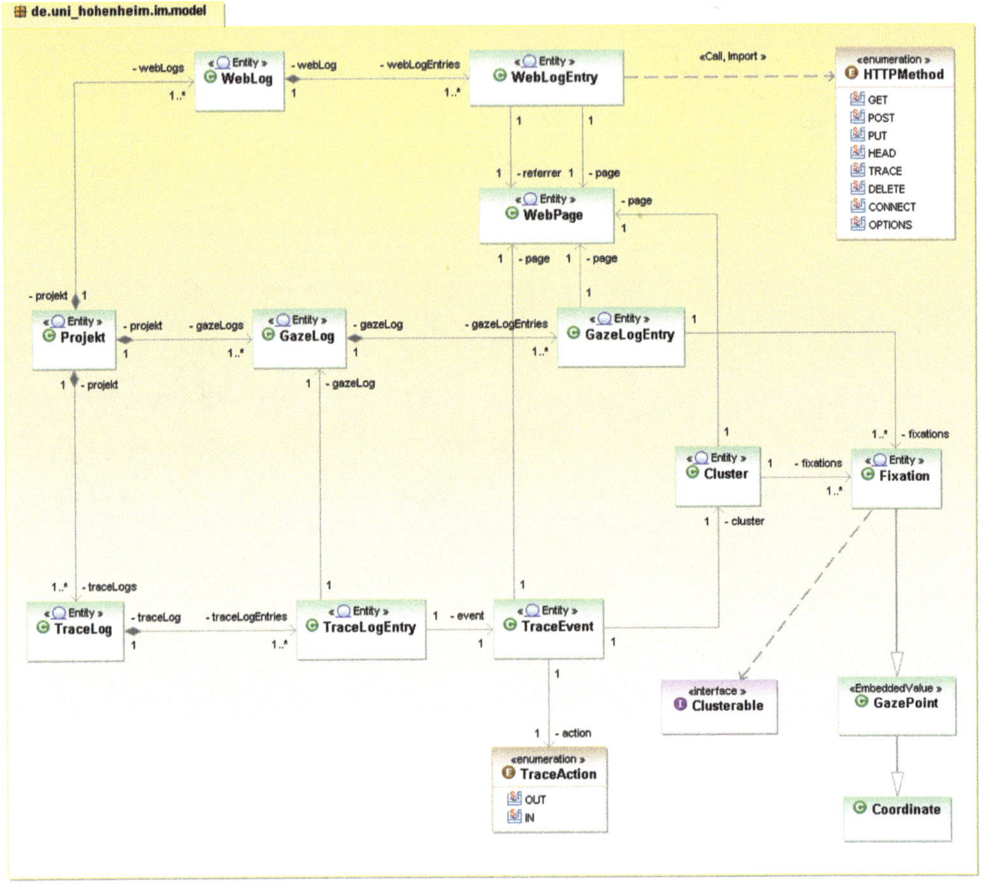

Abbildung A.3: Paket `de.uni_hohenheim.im.model`

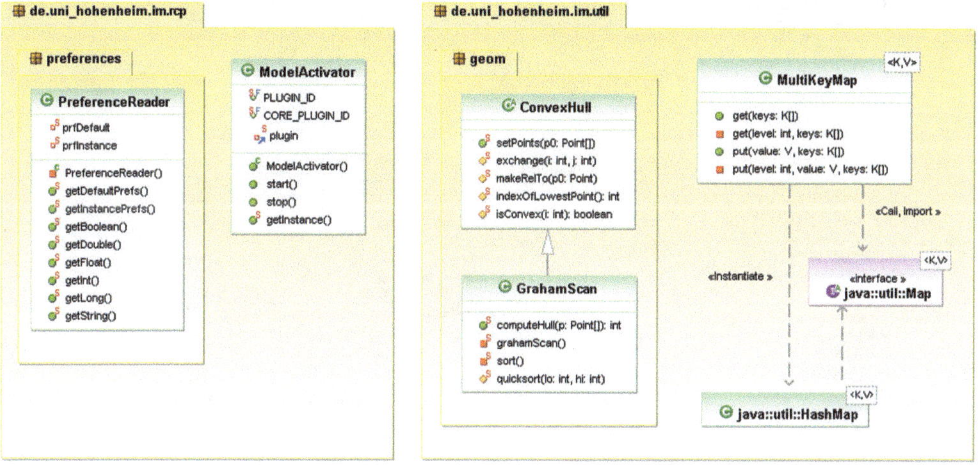

Abbildung A.4: Pakete de.uni_hohenheim.im.rcp und de.uni_hohenheim.im.util

A.3 Core-Plug-in

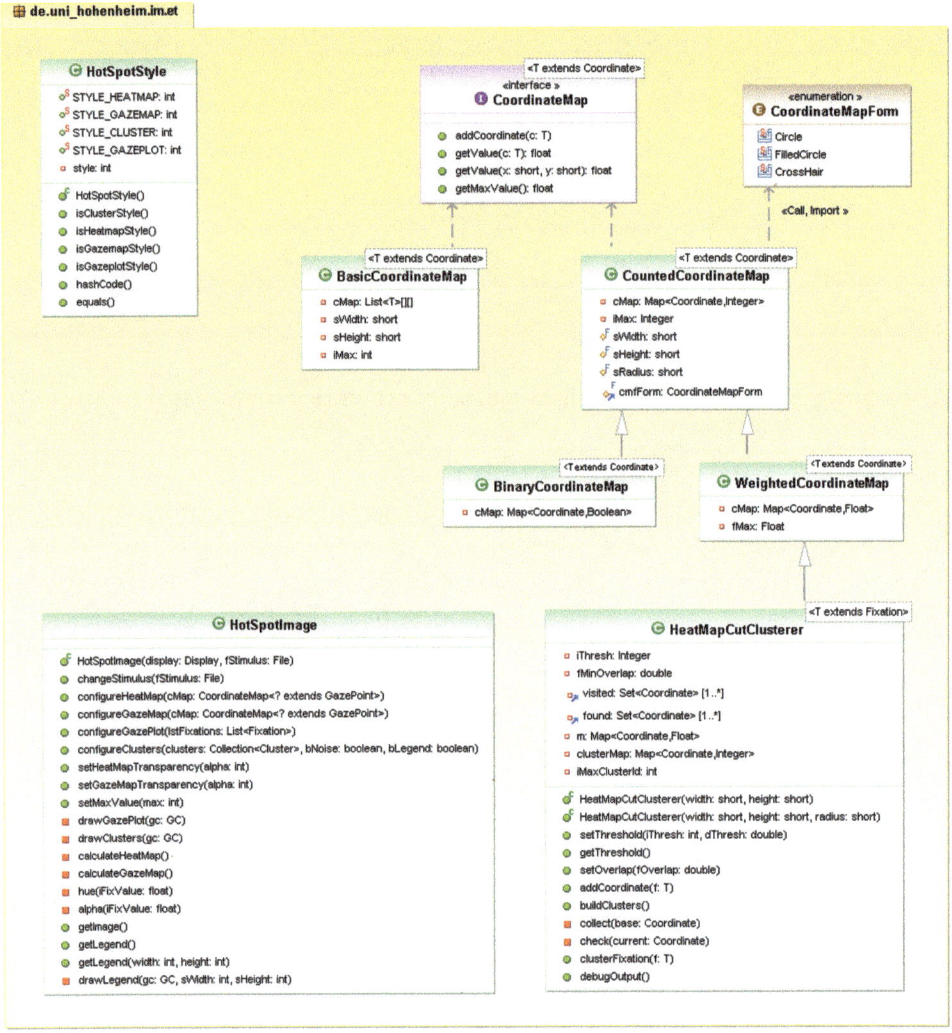

Abbildung A.5: Paket `de.uni_hohenheim.im.et`

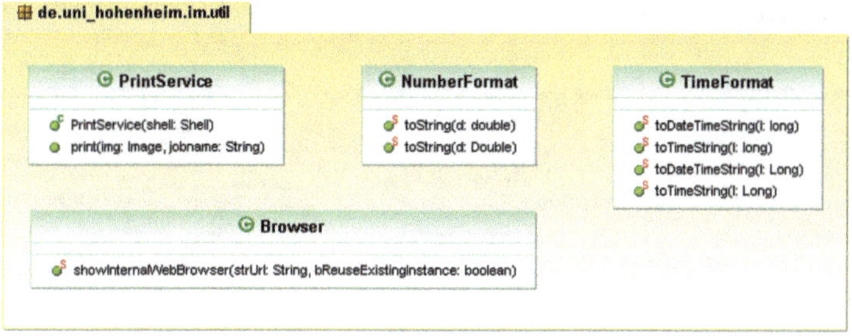

Abbildung A.6: Paket `de.uni_hohenheim.im.util`

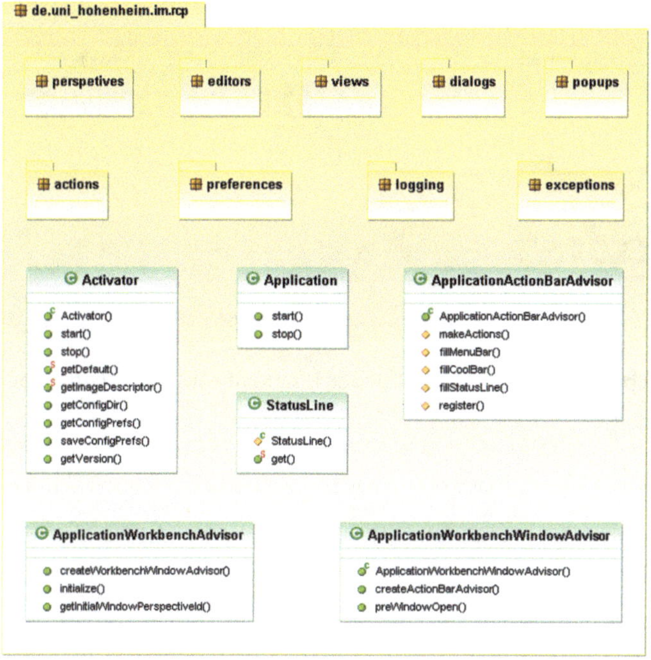

Abbildung A.7: Paket `de.uni_hohenheim.im.rcp`

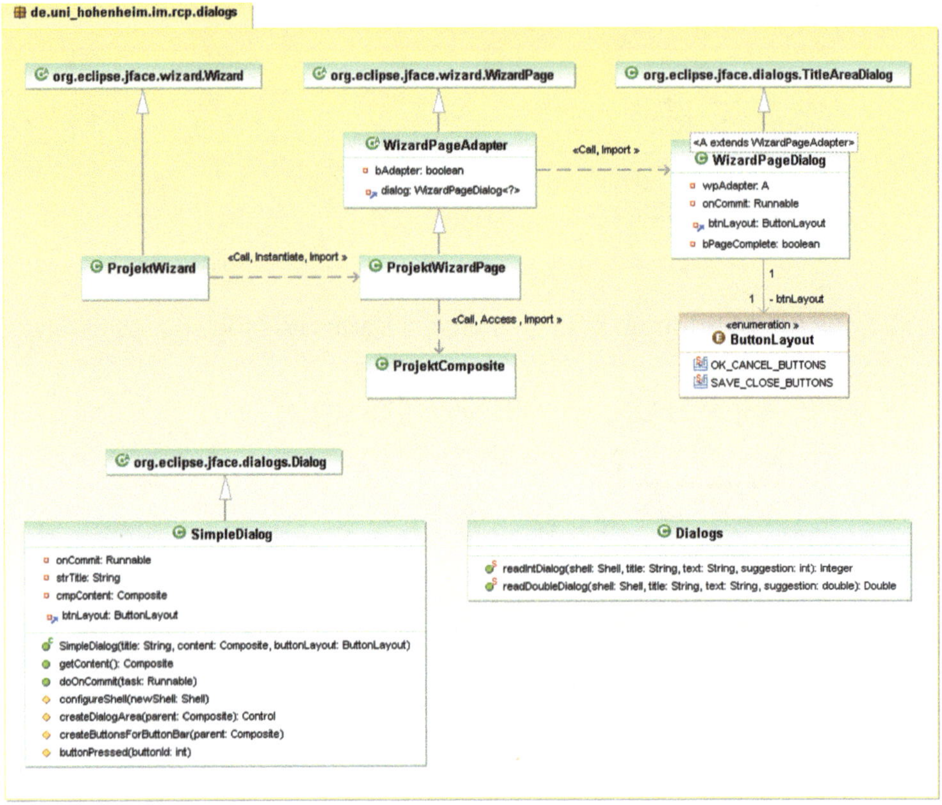

Abbildung A.8: Paket `de.uni_hohenheim.im.rcp.dialogs`

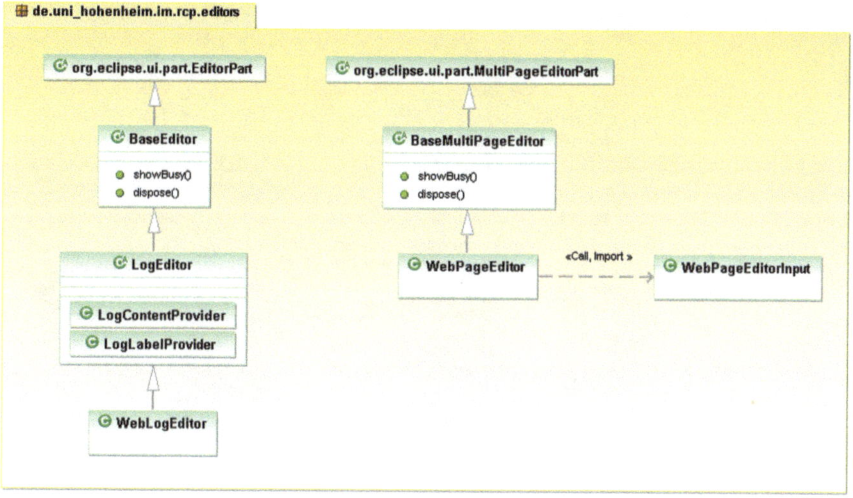

Abbildung A.9: Paket de.uni_hohenheim.im.rcp.editors

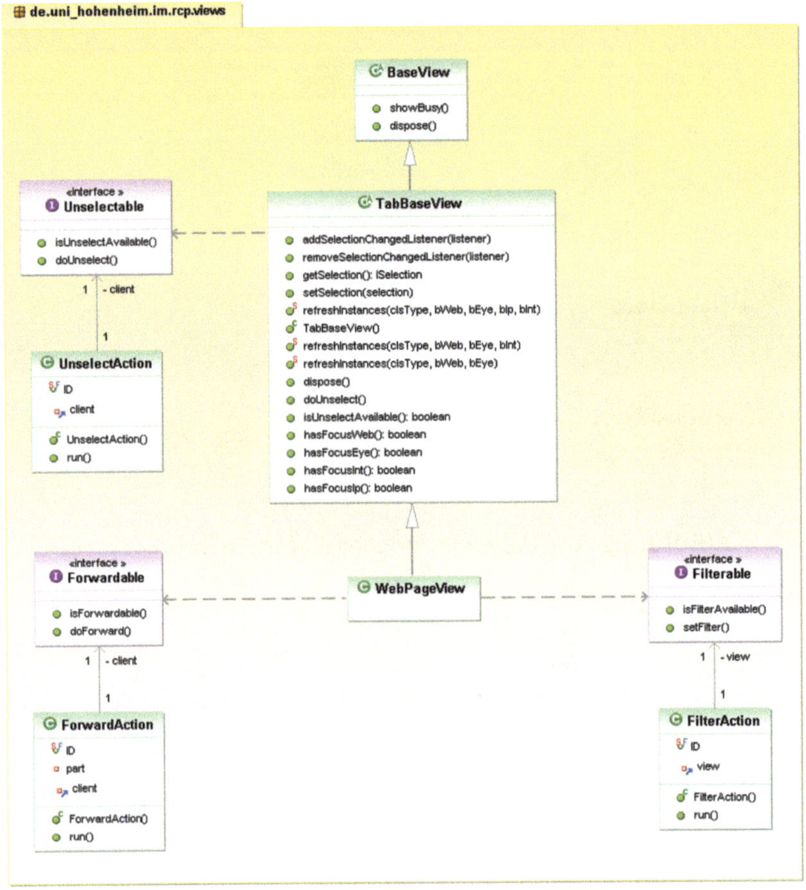

Abbildung A.10: Paket `de.uni_hohenheim.im.rcp.views`

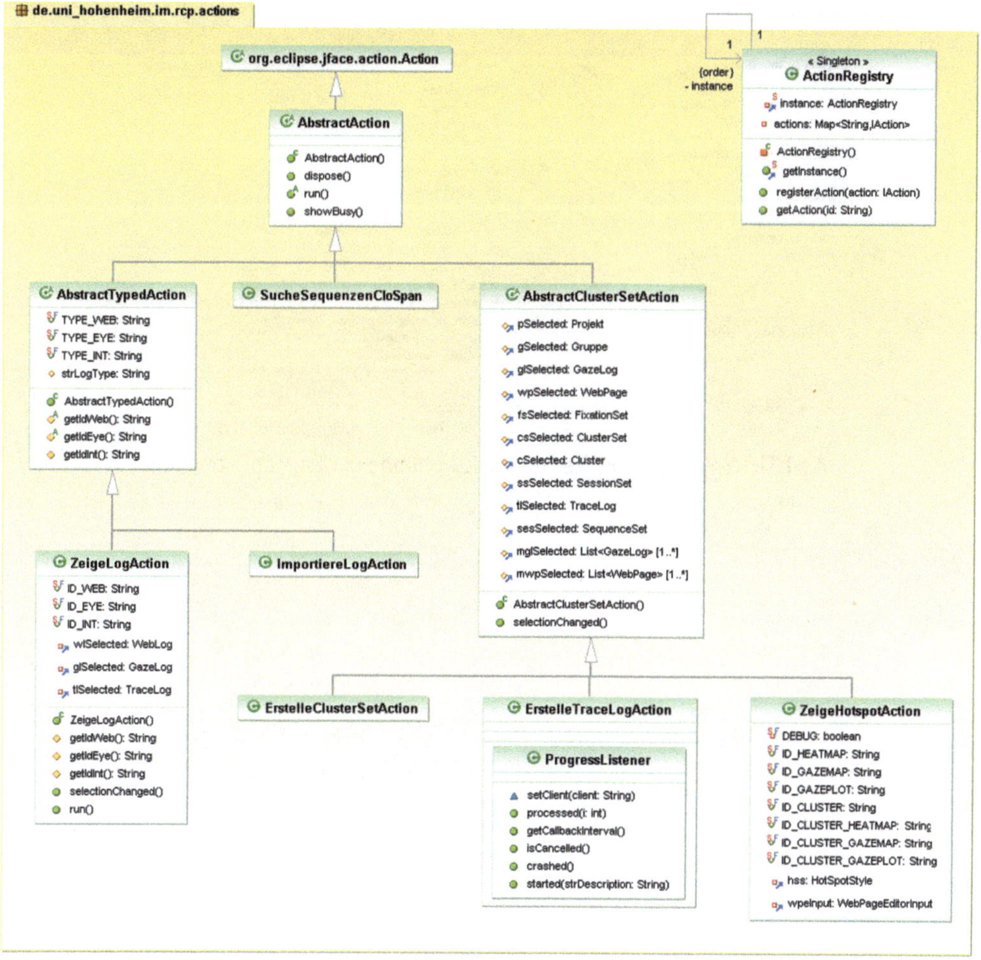

Abbildung A.11: Paket `de.uni_hohenheim.im.rcp.actions`

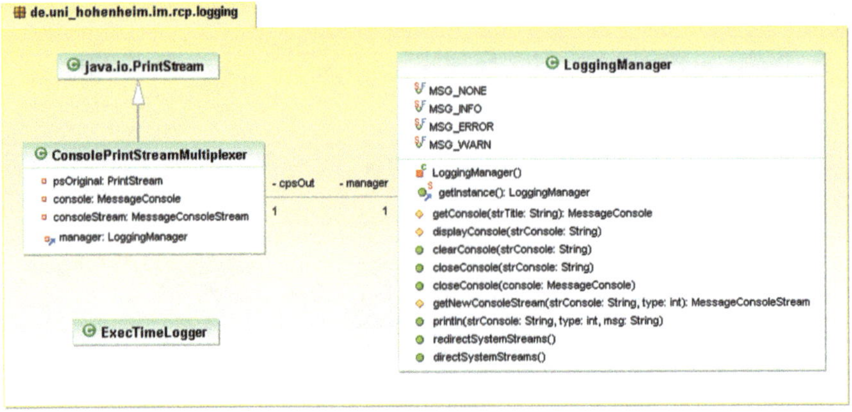

Abbildung A.12: Paket `de.uni_hohenheim.im.rcp.logging`

B Anwendungsdokumentation

In folgenden sind ergänzende Informationen zur Anwendung des IM aus Kapitel 5 aufgeführt. Dazu zählen insbesondere vollständige Auflistungen der in den einzelnen Auswertungsschritten gefundenen Sequenzmuster. Die Legenden zu den Heat Maps finden sich im Kapitel C.

B.1 Aufgabenstellung

In Kürze wird in Hohenheim ein "Master in Management" angeboten. Bitte informieren Sie sich auf der Homepage `http://www.hmm.uni-hohenheim.de/` über das Angebot. Insbesondere sollten Sie herausfinden, welche Professoren Schwerpunktverantwortung tragen und welche weiteren Professoren in den Profilen vertreten sind.

B.2 Kontrollfragen

- Nennen Sie zwei Schwerpunktfächer mit Profilverantwortlichen.
- Ab wann beginnt der Hohenheimer Master?
- Wie bewerten Sie den Webauftritt?
- Was hat Ihnen an der Seite besonders gut gefallen?
- Welche Informationen fehlen?

B.3 Auswertungsergebnisse

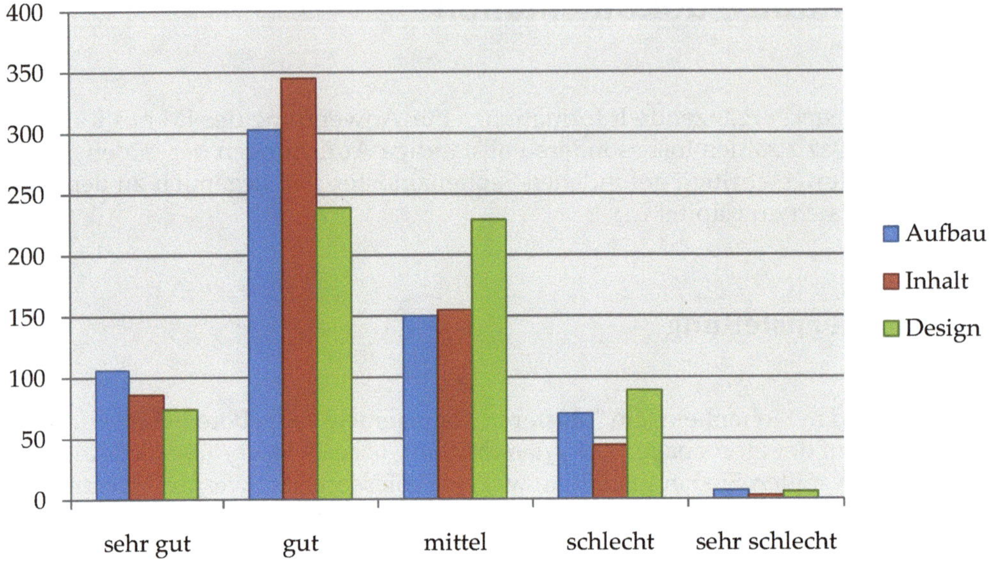

Abbildung B.1: Bewertung des Webauftritts durch die Teilnehmer

Nr	Sup	Sequenz
1	589	("Linksammlung" -) ("Linksammlung" -) ("Linksammlung" -)
2	587	("Linksammlung" -) ("Linksammlung" -) ("Fragebogen" -) ("Linksammlung" -)
3	568	("Linksammlung" -) ("Linksammlung" -) ("Fragebogen" -) ("Fragebogen Bestätigung" -) ("Linksammlung" -)
4	594	("Linksammlung" -) ("Linksammlung" -) ("Fragebogen" -) ("Fragebogen Bestätigung" -)
5	604	("Linksammlung" -) ("Linksammlung" -) ("Fragebogen" -)
6	569	("Linksammlung" -) ("Linksammlung" -) ("Fragebogen Bestätigung" -) ("Linksammlung" -)
7	595	("Linksammlung" -) ("Linksammlung" -) ("Fragebogen Bestätigung" -)
8	610	("Linksammlung" -) ("Linksammlung" -)
9	586	("Linksammlung" -) ("HMM Startseite" -) ("Linksammlung" -) ("Linksammlung" -)
10	585	("Linksammlung" -) ("HMM Startseite" -) ("Linksammlung" -) ("Fragebogen" -) ("Linksammlung" -)
11	567	("Linksammlung" -) ("HMM Startseite" -) ("Linksammlung" -) ("Fragebogen" -) ("Fragebogen Bestätigung" -) ("Linksammlung" -)
12	592	("Linksammlung" -) ("HMM Startseite" -) ("Linksammlung" -) ("Fragebogen" -) ("Fragebogen Bestätigung" -)
13	601	("Linksammlung" -) ("HMM Startseite" -) ("Linksammlung" -) ("Fragebogen" -)
14	568	("Linksammlung" -) ("HMM Startseite" -) ("Linksammlung" -) ("Fragebogen Bestätigung" -) ("Linksammlung" -)
15	593	("Linksammlung" -) ("HMM Startseite" -) ("Linksammlung" -) ("Fragebogen Bestätigung" -)
16	542	("Linksammlung" -) ("HMM Startseite" -) ("HMM Startseite" Menü Aufbau) ("Linksammlung" -) ("Linksammlung" -)
17	541	("Linksammlung" -) ("HMM Startseite" -) ("HMM Startseite" Menü Aufbau) ("Linksammlung" -) ("Fragebogen" -) ("Linksammlung" -)
18	526	("Linksammlung" -) ("HMM Startseite" -) ("HMM Startseite" Menü Aufbau) ("Linksammlung" -) ("Fragebogen" -) ("Fragebogen Bestätigung" -) ("Linksammlung" -)
19	548	("Linksammlung" -) ("HMM Startseite" -) ("HMM Startseite" Menü Aufbau) ("Linksammlung" -) ("Fragebogen" -) ("Fragebogen Bestätigung" -)
20	555	("Linksammlung" -) ("HMM Startseite" -) ("HMM Startseite" Menü Aufbau) ("Linksammlung" -) ("Fragebogen" -)
21	527	("Linksammlung" -) ("HMM Startseite" -) ("HMM Startseite" Menü Aufbau) ("Linksammlung" -) ("Fragebogen Bestätigung" -) ("Linksammlung" -)
22	549	("Linksammlung" -) ("HMM Startseite" -) ("HMM Startseite" Menü Aufbau) ("Linksammlung" -) ("Fragebogen Bestätigung" -)
23	475	("Linksammlung" -) ("HMM Startseite" -) ("HMM Startseite" Menü Aufbau) ("HMM Startseite" Menü Aufbau) ("Linksammlung" -) ("Linksammlung" -)
24	474	("Linksammlung" -) ("HMM Startseite" -) ("HMM Startseite" Menü Aufbau) ("HMM Startseite" Menü Aufbau) ("Linksammlung" -) ("Fragebogen" -) ("Linksammlung" -)
25	480	("Linksammlung" -) ("HMM Startseite" -) ("HMM Startseite" Menü Aufbau) ("HMM Startseite" Menü Aufbau) ("Linksammlung" -) ("Fragebogen" -) ("Fragebogen Bestätigung" -)
26	486	("Linksammlung" -) ("HMM Startseite" -) ("HMM Startseite" Menü Aufbau) ("HMM Startseite" Menü Aufbau) ("Linksammlung" -) ("Fragebogen" -)
27	481	("Linksammlung" -) ("HMM Startseite" -) ("HMM Startseite" Menü Aufbau) ("HMM Startseite" Menü Aufbau) ("Linksammlung" -) ("Fragebogen Bestätigung" -)
28	474	("Linksammlung" -) ("HMM Startseite" -) ("HMM Startseite" Menü Aufbau) ("HMM FM" -) ("Linksammlung" -) ("Fragebogen" -)

Tabelle B.1: Muster der Testanalyse aus Schritt 1 mit Support 0,7 (Teil 1)

Nr	Sup	Sequenz
29	507	("Linksammlung" -) ("HMM Startseite" -) ("HMM Startseite" Aktuelles Forschungsranking) ("Linksammlung" -) ("Linksammlung" -)
30	506	("Linksammlung" -) ("HMM Startseite" -) ("HMM Startseite" Aktuelles Forschungsranking) ("Linksammlung" -) ("Fragebogen" -) ("Linksammlung" -)
31	492	("Linksammlung" -) ("HMM Startseite" -) ("HMM Startseite" Aktuelles Forschungsranking) ("Linksammlung" -) ("Fragebogen" -) ("Fragebogen Bestätigung" -) ("Linksammlung" -)
32	513	("Linksammlung" -) ("HMM Startseite" -) ("HMM Startseite" Aktuelles Forschungsranking) ("Linksammlung" -) ("Fragebogen" -) ("Fragebogen Bestätigung" -)
33	519	("Linksammlung" -) ("HMM Startseite" -) ("HMM Startseite" Aktuelles Forschungsranking) ("Linksammlung" -) ("Fragebogen" -)
34	493	("Linksammlung" -) ("HMM Startseite" -) ("HMM Startseite" Aktuelles Forschungsranking) ("Linksammlung" -) ("Fragebogen Bestätigung" -) ("Linksammlung" -)
35	514	("Linksammlung" -) ("HMM Startseite" -) ("HMM Startseite" Aktuelles Forschungsranking) ("Linksammlung" -) ("Fragebogen Bestätigung" -)
36	488	("Linksammlung" -) ("HMM Startseite" -) ("HMM Startseite" Aktuelles Forschungsranking) ("HMM Startseite" Menü Aufbau) ("Linksammlung" -) ("Linksammlung" -)
37	487	("Linksammlung" -) ("HMM Startseite" -) ("HMM Startseite" Aktuelles Forschungsranking) ("HMM Startseite" Menü Aufbau) ("Linksammlung" -) ("Fragebogen" -) ("Linksammlung" -)
38	494	("Linksammlung" -) ("HMM Startseite" -) ("HMM Startseite" Aktuelles Forschungsranking) ("HMM Startseite" Menü Aufbau) ("Linksammlung" -) ("Fragebogen" -) ("Fragebogen Bestätigung" -)
39	500	("Linksammlung" -) ("HMM Startseite" -) ("HMM Startseite" Aktuelles Forschungsranking) ("HMM Startseite" Menü Aufbau) ("Linksammlung" -) ("Fragebogen" -)
40	474	("Linksammlung" -) ("HMM Startseite" -) ("HMM Startseite" Aktuelles Forschungsranking) ("HMM Startseite" Menü Aufbau) ("Linksammlung" -) ("Fragebogen Bestätigung" -) ("Linksammlung" -)
41	495	("Linksammlung" -) ("HMM Startseite" -) ("HMM Startseite" Aktuelles Forschungsranking) ("HMM Startseite" Menü Aufbau) ("Linksammlung" -) ("Fragebogen Bestätigung" -)
42	492	("Linksammlung" -) ("HMM Startseite" -) ("HMM FM" -) ("Linksammlung" -) ("Linksammlung" -)
43	491	("Linksammlung" -) ("HMM Startseite" -) ("HMM FM" -) ("Linksammlung" -) ("Fragebogen" -) ("Linksammlung" -)
44	476	("Linksammlung" -) ("HMM Startseite" -) ("HMM FM" -) ("Linksammlung" -) ("Fragebogen" -) ("Fragebogen Bestätigung" -) ("Linksammlung" -)
45	498	("Linksammlung" -) ("HMM Startseite" -) ("HMM FM" -) ("Linksammlung" -) ("Fragebogen" -) ("Fragebogen Bestätigung" -)
46	506	("Linksammlung" -) ("HMM Startseite" -) ("HMM FM" -) ("Linksammlung" -) ("Fragebogen" -)
47	477	("Linksammlung" -) ("HMM Startseite" -) ("HMM FM" -) ("Linksammlung" -) ("Fragebogen Bestätigung" -) ("Linksammlung" -)
48	499	("Linksammlung" -) ("HMM Startseite" -) ("HMM FM" -) ("Linksammlung" -) ("Fragebogen Bestätigung" -)
49	484	("Linksammlung" -) ("HMM Startseite" -) ("HMM Aufbau" -) ("Linksammlung" -) ("Fragebogen" -) ("Linksammlung" -)
50	489	("Linksammlung" -) ("HMM Startseite" -) ("HMM Aufbau" -) ("Linksammlung" -) ("Fragebogen" -) ("Fragebogen Bestätigung" -)
51	495	("Linksammlung" -) ("HMM Startseite" -) ("HMM Aufbau" -) ("Linksammlung" -) ("Fragebogen" -)
52	490	("Linksammlung" -) ("HMM Startseite" -) ("HMM Aufbau" -) ("Linksammlung" -) ("Fragebogen Bestätigung" -)
53	594	("Linksammlung" -) ("Fragebogen" -) ("Linksammlung" -)
54	574	("Linksammlung" -) ("Fragebogen" -) ("Fragebogen Bestätigung" -) ("Linksammlung" -)
55	601	("Linksammlung" -) ("Fragebogen" -) ("Fragebogen Bestätigung" -)
56	612	("Linksammlung" -) ("Fragebogen" -)
57	576	("Linksammlung" -) ("Fragebogen Bestätigung" -) ("Linksammlung" -)
58	603	("Linksammlung" -) ("Fragebogen Bestätigung" -)
59	676	("Linksammlung" -)

Tabelle B.2: Muster der Testanalyse aus Schritt 1 mit Support 0,7 (Teil 2)

Nr	Sup	Sequenz
1	786	("HMM Startseite" -) ("HMM Aufbau" -) ("HMM FM" -)
2	1450	("HMM Startseite" -) ("HMM Aufbau" -)
3	903	("HMM Startseite" -) ("HMM MM" -)
4	839	("HMM Startseite" -) ("HMM Startseite" -)
5	1762	("HMM Startseite" -) ("HMM Zulassung" -)
6	792	("HMM Startseite" -) ("HMM FM" -) ("HMM FM LS" -)
7	1149	("HMM Startseite" -) ("HMM FM" -)
8	3324	("HMM Startseite" -)
9	780	("HMM Aufbau" -) ("HMM Zulassung" -)
10	803	("HMM Aufbau" -) ("HMM FM" -)
11	1519	("HMM Aufbau" -)
12	980	("HMM MM" -)
13	968	("HMM Startseite" -)
14	1899	("HMM Zulassung" -)
15	816	("HMM FM" -) ("HMM FM LS" -)
16	1210	("HMM FM" -)
17	819	("HMM FM LS" -)

Tabelle B.3: Muster der Hauptanalyse aus Schritt 2 mit Support 0,2

Nr	Sup	Sequenz
1	445	("HMM Startseite" -) ("HMM Startseite" -)
2	437	("HMM Startseite" -) ("HMM Aufbau" -) ("HMM Aufbau" -)
3	397	("HMM Startseite" -) ("HMM Aufbau" -) ("HMM MM" -) ("HMM MM LS" -)
4	591	("HMM Startseite" -) ("HMM Aufbau" -) ("HMM MM" -)
5	408	("HMM Startseite" -) ("HMM Aufbau" -) ("HMM IM" -)
6	458	("HMM Startseite" -) ("HMM Aufbau" -) ("HMM PM" -)
7	560	("HMM Startseite" -) ("HMM Aufbau" -) ("HMM Startseite" -)
8	763	("HMM Startseite" -) ("HMM Aufbau" -) ("HMM Zulassung" -)
9	405	("HMM Startseite" -) ("HMM Aufbau" -) ("HMM Beratung" -)
10	418	("HMM Startseite" -) ("HMM Aufbau" -) ("HMM FM" -) ("HMM Zulassung" -)
11	551	("HMM Startseite" -) ("HMM Aufbau" -) ("HMM FM" -) ("HMM FM LS" -)
12	786	("HMM Startseite" -) ("HMM Aufbau" -) ("HMM FM" -)
13	401	("HMM Startseite" -) ("HMM Aufbau" -) ("HMM MM LS" -)
14	554	("HMM Startseite" -) ("HMM Aufbau" -) ("HMM FM LS" -)
15	1450	("HMM Startseite" -) ("HMM Aufbau" -)
16	429	("HMM Startseite" -) ("HMM MM" -) ("HMM Zulassung" -)
17	608	("HMM Startseite" -) ("HMM MM" -) ("HMM MM LS" -)
18	903	("HMM Startseite" -) ("HMM MM" -)
19	583	("HMM Startseite" -) ("HMM IM" -)
20	426	("HMM Startseite" -) ("HMM PM" -) ("HMM PM LS" -)
21	647	("HMM Startseite" -) ("HMM PM" -)
22	396	("HMM Startseite" -) ("HMM Startseite" -) ("HMM Zulassung" -)
23	839	("HMM Startseite" -) ("HMM Startseite" -)
24	424	("HMM Startseite" -) ("HMM Zulassung" -) ("HMM Aufbau" -)
25	528	("HMM Startseite" -) ("HMM Zulassung" -) ("HMM Startseite" -)
26	495	("HMM Startseite" -) ("HMM Zulassung" -) ("HMM Aktuelles" -)
27	1762	("HMM Startseite" -) ("HMM Zulassung" -)
28	595	("HMM Startseite" -) ("HMM Beratung" -)
29	658	("HMM Startseite" -) ("HMM Aktuelles" -)
30	430	("HMM Startseite" -) ("HMM FM" -) ("HMM MM" -)
31	488	("HMM Startseite" -) ("HMM FM" -) ("HMM PM" -)
32	507	("HMM Startseite" -) ("HMM FM" -) ("HMM Startseite" -)
33	626	("HMM Startseite" -) ("HMM FM" -) ("HMM Zulassung" -)
34	442	("HMM Startseite" -) ("HMM FM" -) ("HMM FM LS" -) ("HMM Zulassung" -)
35	792	("HMM Startseite" -) ("HMM FM" -) ("HMM FM LS" -)
36	1149	("HMM Startseite" -) ("HMM FM" -)
37	609	("HMM Startseite" -) ("HMM MM LS" -)
38	401	("HMM Startseite" -) ("HMM Ansprechpartner")
39	3324	("HMM Startseite" -)
40	441	("HMM Aufbau" -) ("HMM Aufbau" -)
41	406	("HMM Aufbau" -) ("HMM MM" -) ("HMM MM LS" -)
42	610	("HMM Aufbau" -) ("HMM MM" -)
43	423	("HMM Aufbau" -) ("HMM IM" -)
44	470	("HMM Aufbau" -) ("HMM PM" -)
45	565	("HMM Aufbau" -) ("HMM Startseite" -)

Tabelle B.4: Muster der Hauptanalyse aus Schritt 2 mit Support 0,1 (Teil 1)

Nr	Sup	Sequenz
46	780	("HMM Aufbau" -) ("HMM Zulassung" -)
47	417	("HMM Aufbau" -) ("HMM Beratung" -)
48	424	("HMM Aufbau" -) ("HMM FM" -) ("HMM Zulassung" -)
49	559	("HMM Aufbau" -) ("HMM FM" -) ("HMM FM LS" -)
50	803	("HMM Aufbau" -) ("HMM FM" -)
51	411	("HMM Aufbau" -) ("HMM MM LS" -)
52	562	("HMM Aufbau" -) ("HMM FM LS" -)
53	1519	("HMM Aufbau" -)
54	452	("HMM MM" -) ("HMM Zulassung" -)
55	633	("HMM MM" -) ("HMM MM LS" -)
56	980	("HMM MM" -)
57	618	("HMM IM" -)
58	436	("HMM PM" -) ("HMM PM LS" -)
59	691	("HMM PM" -)
60	437	("HMM Startseite" -) ("HMM Zulassung" -)
61	968	("HMM Startseite" -)
62	434	("HMM Zulassung" -) ("HMM Aufbau" -)
63	547	("HMM Zulassung" -) ("HMM Startseite" -)
64	525	("HMM Zulassung" -) ("HMM Aktuelles" -)
65	1899	("HMM Zulassung" -)
66	638	("HMM Beratung" -)
67	743	("HMM Aktuelles" -)
68	484	("Linksammlung" -) ("HMM Startseite" -) ("HMM Aufbau" -) ("Linksammlung" -) ("Fragebogen" -) ("Linksammlung" -)
69	468	("Linksammlung" -) ("HMM Startseite" -) ("HMM Aufbau" -) ("Linksammlung" -) ("Fragebogen" -) ("Fragebogen Bestätigung" -) ("Linksammlung" -)
70	489	("Linksammlung" -) ("HMM Startseite" -) ("HMM Aufbau" -) ("Linksammlung" -) ("Fragebogen" -) ("Fragebogen Bestätigung" -)
71	495	("Linksammlung" -) ("HMM Startseite" -) ("HMM Aufbau" -) ("Linksammlung" -) ("Fragebogen" -)
72	469	("Linksammlung" -) ("HMM Startseite" -) ("HMM Aufbau" -) ("Linksammlung" -) ("Fragebogen Bestätigung" -) ("Linksammlung" -)
73	490	("Linksammlung" -) ("HMM Startseite" -) ("HMM Aufbau" -) ("Linksammlung" -) ("Fragebogen Bestätigung" -)
74	452	("Linksammlung" -) ("HMM Startseite" -) ("HMM Aufbau" -) ("HMM Aufbau" Text oben) ("Linksammlung" -) ("Fragebogen" -) ("Linksammlung" -)
75	440	("Linksammlung" -) ("HMM Startseite" -) ("HMM Aufbau" -) ("HMM Aufbau" Text oben) ("Linksammlung" -) ("Fragebogen" -) ("Fragebogen Bestätigung" -) ("Linksammlung" -)
76	457	("Linksammlung" -) ("HMM Startseite" -) ("HMM Aufbau" -) ("HMM Aufbau" Text oben) ("Linksammlung" -) ("Fragebogen" -) ("Fragebogen Bestätigung" -)
77	461	("Linksammlung" -) ("HMM Startseite" -) ("HMM Aufbau" -) ("HMM Aufbau" Text oben) ("Linksammlung" -) ("Fragebogen" -)
78	441	("Linksammlung" -) ("HMM Startseite" -) ("HMM Aufbau" -) ("HMM Aufbau" Text oben) ("Linksammlung" -) ("Fragebogen Bestätigung" -) ("Linksammlung" -)
79	458	("Linksammlung" -) ("HMM Startseite" -) ("HMM Aufbau" -) ("HMM Aufbau" Text oben) ("Linksammlung" -) ("Fragebogen Bestätigung" -)
80	393	("Linksammlung" -) ("HMM Startseite" -) ("HMM Aufbau" -) ("HMM Aufbau" Text oben) ("HMM Aufbau" Text oben) ("Linksammlung" -) ("Fragebogen" -) ("Linksammlung" -)
81	398	("Linksammlung" -) ("HMM Startseite" -) ("HMM Aufbau" -) ("HMM Aufbau" Text oben) ("HMM Aufbau" Text oben) ("Linksammlung" -) ("Fragebogen" -) ("Fragebogen Bestätigung" -)
82	402	("Linksammlung" -) ("HMM Startseite" -) ("HMM Aufbau" -) ("HMM Aufbau" Text oben) ("HMM Aufbau" Text oben) ("Linksammlung" -) ("Fragebogen" -)
83	399	("Linksammlung" -) ("HMM Startseite" -) ("HMM Aufbau" -) ("HMM Aufbau" Text oben) ("HMM Aufbau" Text oben) ("Linksammlung" -) ("Fragebogen Bestätigung" -)
84	399	("Linksammlung" -) ("HMM Startseite" -) ("HMM Aufbau" -) ("HMM Aufbau" Text oben) ("HMM Aufbau" Text unten links) ("Linksammlung" -) ("Fragebogen" -) ("Linksammlung" -)
85	388	("Linksammlung" -) ("HMM Startseite" -) ("HMM Aufbau" -) ("HMM Aufbau" Text oben) ("HMM Aufbau" Text unten links) ("Linksammlung" -) ("Fragebogen" -) ("Fragebogen Bestätigung" -) ("Linksammlung" -)
86	403	("Linksammlung" -) ("HMM Startseite" -) ("HMM Aufbau" -) ("HMM Aufbau" Text oben) ("HMM Aufbau" Text unten links) ("Linksammlung" -) ("Fragebogen" -) ("Fragebogen Bestätigung" -)
87	406	("Linksammlung" -) ("HMM Startseite" -) ("HMM Aufbau" -) ("HMM Aufbau" Text oben) ("HMM Aufbau" Text unten links) ("Linksammlung" -) ("Fragebogen" -)
88	389	("Linksammlung" -) ("HMM Startseite" -) ("HMM Aufbau" -) ("HMM Aufbau" Text oben) ("HMM Aufbau" Text unten links) ("Linksammlung" -) ("Fragebogen Bestätigung" -) ("Linksammlung" -)
89	404	("Linksammlung" -) ("HMM Startseite" -) ("HMM Aufbau" -) ("HMM Aufbau" Text oben) ("HMM Aufbau" Text unten links) ("Linksammlung" -) ("Fragebogen Bestätigung" -)
90	404	("Linksammlung" -) ("HMM Startseite" -) ("HMM Aufbau" -) ("HMM Aufbau" Text unten links) ("Linksammlung" -) ("Fragebogen" -) ("Linksammlung" -)

Tabelle B.5: Muster der Hauptanalyse aus Schritt 2 mit Support 0,1 (Teil 2)

Nr	Sup	Sequenz
91	392	("Linksammlung" -) ("HMM Startseite" -) ("HMM Aufbau" -) ("HMM Aufbau" Text unten links) ("Linksammlung" -) ("Fragebogen" -) ("Fragebogen Bestätigung" -) ("Linksammlung" -)
92	407	("Linksammlung" -) ("HMM Startseite" -) ("HMM Aufbau" -) ("HMM Aufbau" Text unten links) ("Linksammlung" -) ("Fragebogen" -) ("Fragebogen Bestätigung" -)
93	411	("Linksammlung" -) ("HMM Startseite" -) ("HMM Aufbau" -) ("HMM Aufbau" Text unten links) ("Linksammlung" -) ("Fragebogen" -)
94	393	("Linksammlung" -) ("HMM Startseite" -) ("HMM Aufbau" -) ("HMM Aufbau" Text unten links) ("Linksammlung" -) ("Fragebogen Bestätigung" -) ("Linksammlung" -)
95	408	("Linksammlung" -) ("HMM Startseite" -) ("HMM Aufbau" -) ("HMM Aufbau" Text unten links) ("Linksammlung" -) ("Fragebogen Bestätigung" -)
96	386	("Linksammlung" -) ("HMM Startseite" -) ("HMM Aufbau" -) ("HMM FM" -) ("Linksammlung" -) ("Fragebogen" -) ("Linksammlung" -)
97	389	("Linksammlung" -) ("HMM Startseite" -) ("HMM Aufbau" -) ("HMM FM" -) ("Linksammlung" -) ("Fragebogen" -) ("Fragebogen Bestätigung" -)
98	395	("Linksammlung" -) ("HMM Startseite" -) ("HMM Aufbau" -) ("HMM FM" -) ("Linksammlung" -) ("Fragebogen" -)
99	390	("Linksammlung" -) ("HMM Startseite" -) ("HMM Aufbau" -) ("HMM FM" -) ("Linksammlung" -) ("Fragebogen Bestätigung" -)
100	392	("Linksammlung" -) ("HMM Startseite" -) ("HMM Startseite" -) ("Linksammlung" -) ("Linksammlung" -)
101	391	("Linksammlung" -) ("HMM Startseite" -) ("HMM Startseite" -) ("Linksammlung" -) ("Fragebogen" -) ("Linksammlung" -)
102	399	("Linksammlung" -) ("HMM Startseite" -) ("HMM Startseite" -) ("Linksammlung" -) ("Fragebogen" -) ("Fragebogen Bestätigung" -)
103	406	("Linksammlung" -) ("HMM Startseite" -) ("HMM Startseite" -) ("Linksammlung" -) ("Fragebogen" -)
104	445	("Linksammlung" -) ("HMM Startseite" -) ("HMM Zulassung" -) ("Linksammlung" -) ("Linksammlung" -)
105	444	("Linksammlung" -) ("HMM Startseite" -) ("HMM Zulassung" -) ("Linksammlung" -) ("Fragebogen" -) ("Linksammlung" -)
106	431	("Linksammlung" -) ("HMM Startseite" -) ("HMM Zulassung" -) ("Linksammlung" -) ("Fragebogen" -) ("Fragebogen Bestätigung" -) ("Linksammlung" -)
107	451	("Linksammlung" -) ("HMM Startseite" -) ("HMM Zulassung" -) ("Linksammlung" -) ("Fragebogen" -) ("Fragebogen Bestätigung" -)
108	459	("Linksammlung" -) ("HMM Startseite" -) ("HMM Zulassung" -) ("Linksammlung" -) ("Fragebogen" -)
109	432	("Linksammlung" -) ("HMM Startseite" -) ("HMM Zulassung" -) ("Linksammlung" -) ("Fragebogen Bestätigung" -) ("Linksammlung" -)
110	452	("Linksammlung" -) ("HMM Startseite" -) ("HMM Zulassung" -) ("Linksammlung" -) ("Fragebogen Bestätigung" -)
111	394	("Linksammlung" -) ("HMM Startseite" -) ("HMM Zulassung" -) ("HMM Zulassung" Text) ("Linksammlung" -) ("Fragebogen" -) ("Linksammlung" -)
112	402	("Linksammlung" -) ("HMM Startseite" -) ("HMM Zulassung" -) ("HMM Zulassung" Text) ("Linksammlung" -) ("Fragebogen" -) ("Fragebogen Bestätigung" -)
113	406	("Linksammlung" -) ("HMM Startseite" -) ("HMM Zulassung" -) ("HMM Zulassung" Text) ("Linksammlung" -) ("Fragebogen" -)
114	385	("Linksammlung" -) ("HMM Startseite" -) ("HMM Zulassung" -) ("HMM Zulassung" Text) ("Linksammlung" -) ("Fragebogen Bestätigung" -) ("Linksammlung" -)
115	403	("Linksammlung" -) ("HMM Startseite" -) ("HMM Zulassung" -) ("HMM Zulassung" Text) ("Linksammlung" -) ("Fragebogen Bestätigung" -)
116	586	("Linksammlung" -) ("HMM Startseite" -) ("Linksammlung" -) ("Linksammlung" -)
117	585	("Linksammlung" -) ("HMM Startseite" -) ("Linksammlung" -) ("Fragebogen" -) ("Linksammlung" -)
118	567	("Linksammlung" -) ("HMM Startseite" -) ("Linksammlung" -) ("Fragebogen" -) ("Fragebogen Bestätigung" -) ("Linksammlung" -)
119	592	("Linksammlung" -) ("HMM Startseite" -) ("Linksammlung" -) ("Fragebogen" -) ("Fragebogen Bestätigung" -)
120	601	("Linksammlung" -) ("HMM Startseite" -) ("Linksammlung" -) ("Fragebogen" -)
121	568	("Linksammlung" -) ("HMM Startseite" -) ("Linksammlung" -) ("Fragebogen Bestätigung" -) ("Linksammlung" -)
122	593	("Linksammlung" -) ("HMM Startseite" -) ("Linksammlung" -) ("Fragebogen Bestätigung" -)
123	446	("Linksammlung" -) ("HMM Startseite" -) ("HMM Startseite" Menü Beratung) ("Linksammlung" -) ("Fragebogen" -) ("Linksammlung" -)
124	435	("Linksammlung" -) ("HMM Startseite" -) ("HMM Startseite" Menü Beratung) ("Linksammlung" -) ("Fragebogen" -) ("Fragebogen Bestätigung" -) ("Linksammlung" -)
125	452	("Linksammlung" -) ("HMM Startseite" -) ("HMM Startseite" Menü Beratung) ("Linksammlung" -) ("Fragebogen" -) ("Fragebogen Bestätigung" -)
126	456	("Linksammlung" -) ("HMM Startseite" -) ("HMM Startseite" Menü Beratung) ("Linksammlung" -) ("Fragebogen" -)
127	428	("Linksammlung" -) ("HMM Startseite" -) ("HMM Startseite" Menü Beratung) ("HMM Startseite" Menü Aufbau) ("Linksammlung" -) ("Fragebogen" -) ("Linksammlung" -)
128	417	("Linksammlung" -) ("HMM Startseite" -) ("HMM Startseite" Menü Beratung) ("HMM Startseite" Menü Aufbau) ("Linksammlung" -) ("Fragebogen" -) ("Fragebogen Bestätigung" -) ("Linksammlung" -)
129	434	("Linksammlung" -) ("HMM Startseite" -) ("HMM Startseite" Menü Beratung) ("HMM Startseite" Menü Aufbau) ("Linksammlung" -) ("Fragebogen" -) ("Fragebogen Bestätigung" -)
130	438	("Linksammlung" -) ("HMM Startseite" -) ("HMM Startseite" Menü Beratung) ("HMM Startseite" Menü Aufbau) ("Linksammlung" -) ("Fragebogen" -)
131	492	("Linksammlung" -) ("HMM Startseite" -) ("HMM FM" -) ("Linksammlung" -) ("Linksammlung" -)
132	491	("Linksammlung" -) ("HMM Startseite" -) ("HMM FM" -) ("Linksammlung" -) ("Fragebogen" -) ("Linksammlung" -)
133	476	("Linksammlung" -) ("HMM Startseite" -) ("HMM FM" -) ("Linksammlung" -) ("Fragebogen" -) ("Fragebogen Bestätigung" -) ("Linksammlung" -)
134	498	("Linksammlung" -) ("HMM Startseite" -) ("HMM FM" -) ("Linksammlung" -) ("Fragebogen" -) ("Fragebogen Bestätigung" -)
135	506	("Linksammlung" -) ("HMM Startseite" -) ("HMM FM" -) ("Linksammlung" -) ("Fragebogen" -)

Tabelle B.6: Muster der Hauptanalyse aus Schritt 2 mit Support 0,1 (Teil 3)

Nr	Sup	Sequenz
136	477	("Linksammlung" -) ("HMM Startseite" -) ("HMM FM" -) ("Linksammlung" -) ("Fragebogen Bestätigung" -) ("Linksammlung" -)
137	499	("Linksammlung" -) ("HMM Startseite" -) ("HMM FM" -) ("Linksammlung" -) ("Fragebogen Bestätigung" -)
138	449	("Linksammlung" -) ("HMM Startseite" -) ("HMM FM" -) ("HMM FM" Text) ("Linksammlung" -) ("Linksammlung" -)
139	448	("Linksammlung" -) ("HMM Startseite" -) ("HMM FM" -) ("HMM FM" Text) ("Linksammlung" -) ("Fragebogen" -) ("Linksammlung" -)
140	437	("Linksammlung" -) ("HMM Startseite" -) ("HMM FM" -) ("HMM FM" Text) ("Linksammlung" -) ("Fragebogen" -) ("Fragebogen Bestätigung" -) ("Linksammlung" -)
141	455	("Linksammlung" -) ("HMM Startseite" -) ("HMM FM" -) ("HMM FM" Text) ("Linksammlung" -) ("Fragebogen" -) ("Fragebogen Bestätigung" -)
142	460	("Linksammlung" -) ("HMM Startseite" -) ("HMM FM" -) ("HMM FM" Text) ("Linksammlung" -) ("Fragebogen" -)
143	438	("Linksammlung" -) ("HMM Startseite" -) ("HMM FM" -) ("HMM FM" Text) ("Linksammlung" -) ("Fragebogen Bestätigung" -) ("Linksammlung" -)
144	456	("Linksammlung" -) ("HMM Startseite" -) ("HMM FM" -) ("HMM FM" Text) ("Linksammlung" -) ("Fragebogen Bestätigung" -)
145	395	("Linksammlung" -) ("HMM Startseite" -) ("HMM FM" -) ("HMM FM" Text) ("HMM FM LS" -) ("Linksammlung" -) ("Linksammlung" -)
146	394	("Linksammlung" -) ("HMM Startseite" -) ("HMM FM" -) ("HMM FM" Text) ("HMM FM LS" -) ("Linksammlung" -) ("Fragebogen" -) ("Linksammlung" -)
147	398	("Linksammlung" -) ("HMM Startseite" -) ("HMM FM" -) ("HMM FM" Text) ("HMM FM LS" -) ("Linksammlung" -) ("Fragebogen" -) ("Fragebogen Bestätigung" -)
148	403	("Linksammlung" -) ("HMM Startseite" -) ("HMM FM" -) ("HMM FM" Text) ("HMM FM LS" -) ("Linksammlung" -) ("Fragebogen" -)
149	385	("Linksammlung" -) ("HMM Startseite" -) ("HMM FM" -) ("HMM FM" Text) ("HMM FM LS" -) ("Linksammlung" -) ("Fragebogen Bestätigung" -) ("Linksammlung" -)
150	399	("Linksammlung" -) ("HMM Startseite" -) ("HMM FM" -) ("HMM FM" Text) ("HMM FM LS" -) ("Linksammlung" -) ("Fragebogen Bestätigung" -)
151	385	("Linksammlung" -) ("HMM Startseite" -) ("HMM FM" -) ("HMM FM" Text) ("HMM FM LS" -) ("HMM FM LS" 510C) ("Linksammlung" -) ("Fragebogen" -)
152	433	("Linksammlung" -) ("HMM Startseite" -) ("HMM FM" -) ("HMM FM LS" -) ("Linksammlung" -) ("Linksammlung" -)
153	432	("Linksammlung" -) ("HMM Startseite" -) ("HMM FM" -) ("HMM FM LS" -) ("Linksammlung" -) ("Fragebogen" -) ("Linksammlung" -)
154	418	("Linksammlung" -) ("HMM Startseite" -) ("HMM FM" -) ("HMM FM LS" -) ("Linksammlung" -) ("Fragebogen" -) ("Fragebogen Bestätigung" -) ("Linksammlung" -)
155	438	("Linksammlung" -) ("HMM Startseite" -) ("HMM FM" -) ("HMM FM LS" -) ("Linksammlung" -) ("Fragebogen" -) ("Fragebogen Bestätigung" -)
156	446	("Linksammlung" -) ("HMM Startseite" -) ("HMM FM" -) ("HMM FM LS" -) ("Linksammlung" -) ("Fragebogen" -)
157	419	("Linksammlung" -) ("HMM Startseite" -) ("HMM FM" -) ("HMM FM LS" -) ("Linksammlung" -) ("Fragebogen Bestätigung" -) ("Linksammlung" -)
158	439	("Linksammlung" -) ("HMM Startseite" -) ("HMM FM" -) ("HMM FM LS" -) ("Linksammlung" -) ("Fragebogen Bestätigung" -)
159	390	("Linksammlung" -) ("HMM Startseite" -) ("HMM FM" -) ("HMM FM LS" -) ("HMM FM LS" 510C) ("Linksammlung" -) ("Linksammlung" -)
160	389	("Linksammlung" -) ("HMM Startseite" -) ("HMM FM" -) ("HMM FM LS" -) ("HMM FM LS" 510C) ("Linksammlung" -) ("Fragebogen" -) ("Linksammlung" -)
161	395	("Linksammlung" -) ("HMM Startseite" -) ("HMM FM" -) ("HMM FM LS" -) ("HMM FM LS" 510C) ("Linksammlung" -) ("Fragebogen" -) ("Fragebogen Bestätigung" -)
162	399	("Linksammlung" -) ("HMM Startseite" -) ("HMM FM" -) ("HMM FM LS" -) ("HMM FM LS" 510C) ("Linksammlung" -) ("Fragebogen" -)
163	446	("Linksammlung" -) ("HMM Startseite" -) ("HMM Startseite" Menü Aufbau) ("HMM Aufbau" -) ("Linksammlung" -) ("Fragebogen" -) ("Linksammlung" -)
164	432	("Linksammlung" -) ("HMM Startseite" -) ("HMM Startseite" Menü Aufbau) ("HMM Aufbau" -) ("Linksammlung" -) ("Fragebogen" -) ("Fragebogen Bestätigung" -) ("Linksammlung" -)
165	450	("Linksammlung" -) ("HMM Startseite" -) ("HMM Startseite" Menü Aufbau) ("HMM Aufbau" -) ("Linksammlung" -) ("Fragebogen" -) ("Fragebogen Bestätigung" -)
166	455	("Linksammlung" -) ("HMM Startseite" -) ("HMM Startseite" Menü Aufbau) ("HMM Aufbau" -) ("Linksammlung" -) ("Fragebogen" -)
167	433	("Linksammlung" -) ("HMM Startseite" -) ("HMM Startseite" Menü Aufbau) ("HMM Aufbau" -) ("Linksammlung" -) ("Fragebogen Bestätigung" -) ("Linksammlung" -)
168	451	("Linksammlung" -) ("HMM Startseite" -) ("HMM Startseite" Menü Aufbau) ("HMM Aufbau" -) ("Linksammlung" -) ("Fragebogen Bestätigung" -)
169	428	("Linksammlung" -) ("HMM Startseite" -) ("HMM Startseite" Menü Aufbau) ("HMM Aufbau" -) ("HMM Aufbau" Text oben) ("Linksammlung" -) ("Fragebogen" -) ("Linksammlung" -)
170	416	("Linksammlung" -) ("HMM Startseite" -) ("HMM Startseite" Menü Aufbau) ("HMM Aufbau" -) ("HMM Aufbau" Text oben) ("Linksammlung" -) ("Fragebogen" -) ("Fragebogen Bestätigung" -) ("Linksammlung" -)
171	432	("Linksammlung" -) ("HMM Startseite" -) ("HMM Startseite" Menü Aufbau) ("HMM Aufbau" -) ("HMM Aufbau" Text oben) ("Linksammlung" -) ("Fragebogen" -) ("Fragebogen Bestätigung" -)
172	436	("Linksammlung" -) ("HMM Startseite" -) ("HMM Startseite" Menü Aufbau) ("HMM Aufbau" -) ("HMM Aufbau" Text oben) ("Linksammlung" -) ("Fragebogen" -)
173	417	("Linksammlung" -) ("HMM Startseite" -) ("HMM Startseite" Menü Aufbau) ("HMM Aufbau" -) ("HMM Aufbau" Text oben) ("Linksammlung" -) ("Fragebogen Bestätigung" -) ("Linksammlung" -)
174	433	("Linksammlung" -) ("HMM Startseite" -) ("HMM Startseite" Menü Aufbau) ("HMM Aufbau" -) ("HMM Aufbau" Text oben) ("Linksammlung" -) ("Fragebogen Bestätigung" -)
175	388	("Linksammlung" -) ("HMM Startseite" -) ("HMM Startseite" Menü Aufbau) ("HMM Aufbau" -) ("HMM Aufbau" Text oben) ("HMM Aufbau" Text oben) ("Linksammlung" -) ("Fragebogen" -)
176	385	("Linksammlung" -) ("HMM Startseite" -) ("HMM Startseite" Menü Aufbau) ("HMM Aufbau" -) ("HMM Aufbau" Text oben) ("HMM Aufbau" Text oben) ("Linksammlung" -) ("Fragebogen Bestätigung" -)
177	385	("Linksammlung" -) ("HMM Startseite" -) ("HMM Startseite" Menü Aufbau) ("HMM Aufbau" -) ("HMM Aufbau" Text oben) ("HMM Aufbau" Text unten links) ("Linksammlung" -) ("Fragebogen" -) ("Fragebogen Bestätigung" -)
178	388	("Linksammlung" -) ("HMM Startseite" -) ("HMM Startseite" Menü Aufbau) ("HMM Aufbau" -) ("HMM Aufbau" Text oben) ("HMM Aufbau" Text unten links) ("Linksammlung" -) ("Fragebogen" -)
179	386	("Linksammlung" -) ("HMM Startseite" -) ("HMM Startseite" Menü Aufbau) ("HMM Aufbau" -) ("HMM Aufbau" Text oben) ("HMM Aufbau" Text unten links) ("Linksammlung" -) ("Fragebogen Bestätigung" -)
180	387	("Linksammlung" -) ("HMM Startseite" -) ("HMM Startseite" Menü Aufbau) ("HMM Aufbau" -) ("HMM Aufbau" Text unten links) ("Linksammlung" -) ("Fragebogen" -) ("Linksammlung" -)

Tabelle B.7: Muster der Hauptanalyse aus Schritt 2 mit Support 0,1 (Teil 4)

Nr	Sup	Sequenz
181	390	("Linksammlung" -) ("HMM Startseite" -) ("HMM Startseite" Menü Aufbau) ("HMM Aufbau" -) ("HMM Aufbau" Text unten links) ("Linksammlung" -) ("Fragebogen" -) ("Fragebogen Bestätigung" -)
182	394	("Linksammlung" -) ("HMM Startseite" -) ("HMM Startseite" Menü Aufbau) ("HMM Aufbau" -) ("HMM Aufbau" Text unten links) ("Linksammlung" -) ("Fragebogen" -)
183	391	("Linksammlung" -) ("HMM Startseite" -) ("HMM Startseite" Menü Aufbau) ("HMM Aufbau" -) ("HMM Aufbau" Text unten links) ("Linksammlung" -) ("Fragebogen Bestätigung" -)
184	416	("Linksammlung" -) ("HMM Startseite" -) ("HMM Startseite" Menü Aufbau) ("HMM Zulassung" -) ("Linksammlung" -) ("Linksammlung" -)
185	415	("Linksammlung" -) ("HMM Startseite" -) ("HMM Startseite" Menü Aufbau) ("HMM Zulassung" -) ("Linksammlung" -) ("Fragebogen" -) ("Linksammlung" -)
186	404	("Linksammlung" -) ("HMM Startseite" -) ("HMM Startseite" Menü Aufbau) ("HMM Zulassung" -) ("Linksammlung" -) ("Fragebogen" -) ("Fragebogen Bestätigung" -) ("Linksammlung" -)
187	422	("Linksammlung" -) ("HMM Startseite" -) ("HMM Startseite" Menü Aufbau) ("HMM Zulassung" -) ("Linksammlung" -) ("Fragebogen" -) ("Fragebogen Bestätigung" -)
188	428	("Linksammlung" -) ("HMM Startseite" -) ("HMM Startseite" Menü Aufbau) ("HMM Zulassung" -) ("Linksammlung" -) ("Fragebogen" -)
189	405	("Linksammlung" -) ("HMM Startseite" -) ("HMM Startseite" Menü Aufbau) ("HMM Zulassung" -) ("Linksammlung" -) ("Fragebogen Bestätigung" -) ("Linksammlung" -)
190	423	("Linksammlung" -) ("HMM Startseite" -) ("HMM Startseite" Menü Aufbau) ("HMM Zulassung" -) ("Linksammlung" -) ("Fragebogen Bestätigung" -)
191	388	("Linksammlung" -) ("HMM Startseite" -) ("HMM Startseite" Menü Aufbau) ("HMM Zulassung" -) ("HMM Zulassung" Text) ("Linksammlung" -) ("Fragebogen" -) ("Fragebogen Bestätigung" -)
192	392	("Linksammlung" -) ("HMM Startseite" -) ("HMM Startseite" Menü Aufbau) ("HMM Zulassung" -) ("HMM Zulassung" Text) ("Linksammlung" -) ("Fragebogen" -)
193	389	("Linksammlung" -) ("HMM Startseite" -) ("HMM Startseite" Menü Aufbau) ("HMM Zulassung" -) ("HMM Zulassung" Text) ("Linksammlung" -) ("Fragebogen Bestätigung" -)
194	542	("Linksammlung" -) ("HMM Startseite" -) ("HMM Startseite" Menü Aufbau) ("Linksammlung" -) ("Linksammlung" -)
195	541	("Linksammlung" -) ("HMM Startseite" -) ("HMM Startseite" Menü Aufbau) ("Linksammlung" -) ("Fragebogen" -) ("Linksammlung" -)
196	526	("Linksammlung" -) ("HMM Startseite" -) ("HMM Startseite" Menü Aufbau) ("Linksammlung" -) ("Fragebogen" -) ("Fragebogen Bestätigung" -) ("Linksammlung" -)
197	548	("Linksammlung" -) ("HMM Startseite" -) ("HMM Startseite" Menü Aufbau) ("Linksammlung" -) ("Fragebogen" -) ("Fragebogen Bestätigung" -)
198	555	("Linksammlung" -) ("HMM Startseite" -) ("HMM Startseite" Menü Aufbau) ("Linksammlung" -) ("Fragebogen" -)
199	527	("Linksammlung" -) ("HMM Startseite" -) ("HMM Startseite" Menü Aufbau) ("Linksammlung" -) ("Fragebogen Bestätigung" -) ("Linksammlung" -)
200	549	("Linksammlung" -) ("HMM Startseite" -) ("HMM Startseite" Menü Aufbau) ("Linksammlung" -) ("Fragebogen Bestätigung" -)
201	462	("Linksammlung" -) ("HMM Startseite" -) ("HMM Startseite" Menü Aufbau) ("HMM FM" -) ("Linksammlung" -) ("Linksammlung" -)
202	461	("Linksammlung" -) ("HMM Startseite" -) ("HMM Startseite" Menü Aufbau) ("HMM FM" -) ("Linksammlung" -) ("Fragebogen" -) ("Linksammlung" -)
203	448	("Linksammlung" -) ("HMM Startseite" -) ("HMM Startseite" Menü Aufbau) ("HMM FM" -) ("Linksammlung" -) ("Fragebogen" -) ("Fragebogen Bestätigung" -) ("Linksammlung" -)
204	467	("Linksammlung" -) ("HMM Startseite" -) ("HMM Startseite" Menü Aufbau) ("HMM FM" -) ("Linksammlung" -) ("Fragebogen" -) ("Fragebogen Bestätigung" -)
205	474	("Linksammlung" -) ("HMM Startseite" -) ("HMM Startseite" Menü Aufbau) ("HMM FM" -) ("Linksammlung" -) ("Fragebogen" -)
206	449	("Linksammlung" -) ("HMM Startseite" -) ("HMM Startseite" Menü Aufbau) ("HMM FM" -) ("Linksammlung" -) ("Fragebogen Bestätigung" -) ("Linksammlung" -)
207	468	("Linksammlung" -) ("HMM Startseite" -) ("HMM Startseite" Menü Aufbau) ("HMM FM" -) ("Linksammlung" -) ("Fragebogen Bestätigung" -)
208	437	("Linksammlung" -) ("HMM Startseite" -) ("HMM Startseite" Menü Aufbau) ("HMM FM" -) ("HMM FM" Text) ("Linksammlung" -) ("Linksammlung" -)
209	436	("Linksammlung" -) ("HMM Startseite" -) ("HMM Startseite" Menü Aufbau) ("HMM FM" -) ("HMM FM" Text) ("Linksammlung" -) ("Fragebogen" -) ("Linksammlung" -)
210	425	("Linksammlung" -) ("HMM Startseite" -) ("HMM Startseite" Menü Aufbau) ("HMM FM" -) ("HMM FM" Text) ("Linksammlung" -) ("Fragebogen" -) ("Fragebogen Bestätigung" -) ("Linksammlung" -)
211	443	("Linksammlung" -) ("HMM Startseite" -) ("HMM Startseite" Menü Aufbau) ("HMM FM" -) ("HMM FM" Text) ("Linksammlung" -) ("Fragebogen" -) ("Fragebogen Bestätigung" -)
212	448	("Linksammlung" -) ("HMM Startseite" -) ("HMM Startseite" Menü Aufbau) ("HMM FM" -) ("HMM FM" Text) ("Linksammlung" -) ("Fragebogen" -)
213	426	("Linksammlung" -) ("HMM Startseite" -) ("HMM Startseite" Menü Aufbau) ("HMM FM" -) ("HMM FM" Text) ("Linksammlung" -) ("Fragebogen Bestätigung" -) ("Linksammlung" -)
214	444	("Linksammlung" -) ("HMM Startseite" -) ("HMM Startseite" Menü Aufbau) ("HMM FM" -) ("HMM FM" Text) ("Linksammlung" -) ("Fragebogen Bestätigung" -)
215	386	("Linksammlung" -) ("HMM Startseite" -) ("HMM Startseite" Menü Aufbau) ("HMM FM" -) ("HMM FM" Text) ("HMM FM LS" -) ("Linksammlung" -) ("Linksammlung" -)
216	385	("Linksammlung" -) ("HMM Startseite" -) ("HMM Startseite" Menü Aufbau) ("HMM FM" -) ("HMM FM" Text) ("HMM FM LS" -) ("Linksammlung" -) ("Fragebogen" -) ("Linksammlung" -)
217	389	("Linksammlung" -) ("HMM Startseite" -) ("HMM Startseite" Menü Aufbau) ("HMM FM" -) ("HMM FM" Text) ("HMM FM LS" -) ("Linksammlung" -) ("Fragebogen" -) ("Fragebogen Bestätigung" -)
218	394	("Linksammlung" -) ("HMM Startseite" -) ("HMM Startseite" Menü Aufbau) ("HMM FM" -) ("HMM FM" Text) ("HMM FM LS" -) ("Linksammlung" -) ("Fragebogen" -)
219	390	("Linksammlung" -) ("HMM Startseite" -) ("HMM Startseite" Menü Aufbau) ("HMM FM" -) ("HMM FM" Text) ("HMM FM LS" -) ("Linksammlung" -) ("Fragebogen Bestätigung" -)
220	408	("Linksammlung" -) ("HMM Startseite" -) ("HMM Startseite" Menü Aufbau) ("HMM FM" -) ("HMM FM LS" -) ("Linksammlung" -) ("Linksammlung" -)
221	407	("Linksammlung" -) ("HMM Startseite" -) ("HMM Startseite" Menü Aufbau) ("HMM FM" -) ("HMM FM LS" -) ("Linksammlung" -) ("Fragebogen" -) ("Linksammlung" -)
222	395	("Linksammlung" -) ("HMM Startseite" -) ("HMM Startseite" Menü Aufbau) ("HMM FM" -) ("HMM FM LS" -) ("Linksammlung" -) ("Fragebogen" -) ("Fragebogen Bestätigung" -) ("Linksammlung" -)
223	411	("Linksammlung" -) ("HMM Startseite" -) ("HMM Startseite" Menü Aufbau) ("HMM FM" -) ("HMM FM LS" -) ("Linksammlung" -) ("Fragebogen" -) ("Fragebogen Bestätigung" -)
224	418	("Linksammlung" -) ("HMM Startseite" -) ("HMM Startseite" Menü Aufbau) ("HMM FM" -) ("HMM FM LS" -) ("Linksammlung" -) ("Fragebogen" -)
225	396	("Linksammlung" -) ("HMM Startseite" -) ("HMM Startseite" Menü Aufbau) ("HMM FM" -) ("HMM FM LS" -) ("Linksammlung" -) ("Fragebogen Bestätigung" -) ("Linksammlung" -)

Tabelle B.8: Muster der Hauptanalyse aus Schritt 2 mit Support 0,1 (Teil 5)

Nr	Sup	Sequenz
226	412	("Linksammlung" -) ("HMM Startseite" -) ("HMM Startseite" Menü Aufbau) ("HMM FM" -) ("HMM FM LS" -) ("Linksammlung" -) ("Fragebogen Bestätigung" -)
227	388	("Linksammlung" -) ("HMM Startseite" -) ("HMM Startseite" Menü Aufbau) ("HMM FM" -) ("HMM FM LS" -) ("HMM FM LS" 510C) ("Linksammlung" -) ("Fragebogen" -)
228	386	("Linksammlung" -) ("HMM Startseite" -) ("HMM Startseite" Menü Aufbau) ("HMM Startseite" Menü Aufbau) ("HMM Aufbau" -) ("Linksammlung" -) ("Fragebogen" -)
229	475	("Linksammlung" -) ("HMM Startseite" -) ("HMM Startseite" Menü Aufbau) ("HMM Startseite" Menü Aufbau) ("Linksammlung" -) ("Linksammlung" -)
230	474	("Linksammlung" -) ("HMM Startseite" -) ("HMM Startseite" Menü Aufbau) ("HMM Startseite" Menü Aufbau) ("Linksammlung" -) ("Fragebogen" -) ("Linksammlung" -)
231	459	("Linksammlung" -) ("HMM Startseite" -) ("HMM Startseite" Menü Aufbau) ("HMM Startseite" Menü Aufbau) ("Linksammlung" -) ("Fragebogen" -) ("Fragebogen Bestätigung" -) ("Linksammlung" -)
232	480	("Linksammlung" -) ("HMM Startseite" -) ("HMM Startseite" Menü Aufbau) ("HMM Startseite" Menü Aufbau) ("Linksammlung" -) ("Fragebogen" -) ("Fragebogen Bestätigung" -)
233	486	("Linksammlung" -) ("HMM Startseite" -) ("HMM Startseite" Menü Aufbau) ("HMM Startseite" Menü Aufbau) ("Linksammlung" -) ("Fragebogen" -)
234	460	("Linksammlung" -) ("HMM Startseite" -) ("HMM Startseite" Menü Aufbau) ("HMM Startseite" Menü Aufbau) ("Linksammlung" -) ("Fragebogen Bestätigung" -) ("Linksammlung" -)
235	481	("Linksammlung" -) ("HMM Startseite" -) ("HMM Startseite" Menü Aufbau) ("HMM Startseite" Menü Aufbau) ("Linksammlung" -) ("Fragebogen Bestätigung" -)
236	398	("Linksammlung" -) ("HMM Startseite" -) ("HMM Startseite" Menü Aufbau) ("HMM Startseite" Menü Aufbau) ("HMM FM" -) ("Linksammlung" -) ("Linksammlung" -)
237	397	("Linksammlung" -) ("HMM Startseite" -) ("HMM Startseite" Menü Aufbau) ("HMM Startseite" Menü Aufbau) ("HMM FM" -) ("Linksammlung" -) ("Fragebogen" -) ("Linksammlung" -)
238	385	("Linksammlung" -) ("HMM Startseite" -) ("HMM Startseite" Menü Aufbau) ("HMM Startseite" Menü Aufbau) ("HMM FM" -) ("Linksammlung" -) ("Fragebogen" -) ("Fragebogen Bestätigung" -) ("Linksammlung" -)
239	403	("Linksammlung" -) ("HMM Startseite" -) ("HMM Startseite" Menü Aufbau) ("HMM Startseite" Menü Aufbau) ("HMM FM" -) ("Linksammlung" -) ("Fragebogen" -) ("Fragebogen Bestätigung" -)
240	408	("Linksammlung" -) ("HMM Startseite" -) ("HMM Startseite" Menü Aufbau) ("HMM Startseite" Menü Aufbau) ("HMM FM" -) ("Linksammlung" -) ("Fragebogen" -)
241	388	("Linksammlung" -) ("HMM Startseite" -) ("HMM Startseite" Menü Aufbau) ("HMM Startseite" Menü Aufbau) ("HMM FM" -) ("HMM FM" Text) ("Linksammlung" -) ("Fragebogen" -) ("Fragebogen Bestätigung" -)
242	392	("Linksammlung" -) ("HMM Startseite" -) ("HMM Startseite" Menü Aufbau) ("HMM Startseite" Menü Aufbau) ("HMM FM" -) ("HMM FM" Text) ("Linksammlung" -) ("Fragebogen" -)
243	416	("Linksammlung" -) ("HMM Startseite" -) ("HMM Startseite" Menü Aufbau) ("HMM Startseite" Aktuelles Forschungsranking) ("Linksammlung" -) ("Linksammlung" -)
244	415	("Linksammlung" -) ("HMM Startseite" -) ("HMM Startseite" Menü Aufbau) ("HMM Startseite" Aktuelles Forschungsranking) ("Linksammlung" -) ("Fragebogen" -) ("Linksammlung" -)
245	401	("Linksammlung" -) ("HMM Startseite" -) ("HMM Startseite" Menü Aufbau) ("HMM Startseite" Aktuelles Forschungsranking) ("Linksammlung" -) ("Fragebogen" -) ("Fragebogen Bestätigung" -) ("Linksammlung" -)
246	419	("Linksammlung" -) ("HMM Startseite" -) ("HMM Startseite" Menü Aufbau) ("HMM Startseite" Aktuelles Forschungsranking) ("Linksammlung" -) ("Fragebogen" -) ("Fragebogen Bestätigung" -)
247	425	("Linksammlung" -) ("HMM Startseite" -) ("HMM Startseite" Menü Aufbau) ("HMM Startseite" Aktuelles Forschungsranking) ("Linksammlung" -) ("Fragebogen" -)
248	402	("Linksammlung" -) ("HMM Startseite" -) ("HMM Startseite" Menü Aufbau) ("HMM Startseite" Aktuelles Forschungsranking) ("Linksammlung" -) ("Fragebogen Bestätigung" -) ("Linksammlung" -)
249	420	("Linksammlung" -) ("HMM Startseite" -) ("HMM Startseite" Menü Aufbau) ("HMM Startseite" Aktuelles Forschungsranking) ("Linksammlung" -) ("Fragebogen Bestätigung" -)
250	405	("Linksammlung" -) ("HMM Startseite" -) ("HMM Startseite" Menü Aufbau) ("HMM Startseite" Aktuelles Forschungsranking) ("HMM Startseite" Menü Aufbau) ("Linksammlung" -) ("Linksammlung" -)
251	404	("Linksammlung" -) ("HMM Startseite" -) ("HMM Startseite" Menü Aufbau) ("HMM Startseite" Aktuelles Forschungsranking) ("HMM Startseite" Menü Aufbau) ("Linksammlung" -) ("Fragebogen" -) ("Linksammlung" -)
252	390	("Linksammlung" -) ("HMM Startseite" -) ("HMM Startseite" Menü Aufbau) ("HMM Startseite" Aktuelles Forschungsranking) ("HMM Startseite" Menü Aufbau) ("Linksammlung" -) ("Fragebogen" -) ("Fragebogen Bestätigung" -) ("Linksammlung" -)
253	408	("Linksammlung" -) ("HMM Startseite" -) ("HMM Startseite" Menü Aufbau) ("HMM Startseite" Aktuelles Forschungsranking) ("HMM Startseite" Menü Aufbau) ("Linksammlung" -) ("Fragebogen" -) ("Fragebogen Bestätigung" -)
254	414	("Linksammlung" -) ("HMM Startseite" -) ("HMM Startseite" Menü Aufbau) ("HMM Startseite" Aktuelles Forschungsranking) ("HMM Startseite" Menü Aufbau) ("Linksammlung" -) ("Fragebogen" -)
255	391	("Linksammlung" -) ("HMM Startseite" -) ("HMM Startseite" Menü Aufbau) ("HMM Startseite" Aktuelles Forschungsranking) ("HMM Startseite" Menü Aufbau) ("Linksammlung" -) ("Fragebogen Bestätigung" -) ("Linksammlung" -)
256	409	("Linksammlung" -) ("HMM Startseite" -) ("HMM Startseite" Menü Aufbau) ("HMM Startseite" Aktuelles Forschungsranking) ("HMM Startseite" Menü Aufbau) ("Linksammlung" -) ("Fragebogen Bestätigung" -)
257	418	("Linksammlung" -) ("HMM Startseite" -) ("HMM Startseite" Aktuelles Forschungsranking) ("HMM Aufbau" -) ("Linksammlung" -) ("Fragebogen" -) ("Linksammlung" -)
258	404	("Linksammlung" -) ("HMM Startseite" -) ("HMM Startseite" Aktuelles Forschungsranking) ("HMM Aufbau" -) ("Linksammlung" -) ("Fragebogen" -) ("Fragebogen Bestätigung" -) ("Linksammlung" -)
259	422	("Linksammlung" -) ("HMM Startseite" -) ("HMM Startseite" Aktuelles Forschungsranking) ("HMM Aufbau" -) ("Linksammlung" -) ("Fragebogen" -) ("Fragebogen Bestätigung" -)
260	427	("Linksammlung" -) ("HMM Startseite" -) ("HMM Startseite" Aktuelles Forschungsranking) ("HMM Aufbau" -) ("Linksammlung" -) ("Fragebogen" -)
261	405	("Linksammlung" -) ("HMM Startseite" -) ("HMM Startseite" Aktuelles Forschungsranking) ("HMM Aufbau" -) ("Linksammlung" -) ("Fragebogen Bestätigung" -) ("Linksammlung" -)
262	423	("Linksammlung" -) ("HMM Startseite" -) ("HMM Startseite" Aktuelles Forschungsranking) ("HMM Aufbau" -) ("Linksammlung" -) ("Fragebogen Bestätigung" -)
263	399	("Linksammlung" -) ("HMM Startseite" -) ("HMM Startseite" Aktuelles Forschungsranking) ("HMM Aufbau" -) ("HMM Aufbau" Text oben) ("Linksammlung" -) ("Fragebogen" -) ("Linksammlung" -)
264	387	("Linksammlung" -) ("HMM Startseite" -) ("HMM Startseite" Aktuelles Forschungsranking) ("HMM Aufbau" -) ("HMM Aufbau" Text oben) ("Linksammlung" -) ("Fragebogen" -) ("Fragebogen Bestätigung" -) ("Linksammlung" -)
265	403	("Linksammlung" -) ("HMM Startseite" -) ("HMM Startseite" Aktuelles Forschungsranking) ("HMM Aufbau" -) ("HMM Aufbau" Text oben) ("Linksammlung" -) ("Fragebogen" -) ("Fragebogen Bestätigung" -)
266	407	("Linksammlung" -) ("HMM Startseite" -) ("HMM Startseite" Aktuelles Forschungsranking) ("HMM Aufbau" -) ("HMM Aufbau" Text oben) ("Linksammlung" -) ("Fragebogen" -)
267	388	("Linksammlung" -) ("HMM Startseite" -) ("HMM Startseite" Aktuelles Forschungsranking) ("HMM Aufbau" -) ("HMM Aufbau" Text oben) ("Linksammlung" -) ("Fragebogen Bestätigung" -) ("Linksammlung" -)
268	404	("Linksammlung" -) ("HMM Startseite" -) ("HMM Startseite" Aktuelles Forschungsranking) ("HMM Aufbau" -) ("HMM Aufbau" Text oben) ("Linksammlung" -) ("Fragebogen Bestätigung" -)
269	386	("Linksammlung" -) ("HMM Startseite" -) ("HMM Startseite" Aktuelles Forschungsranking) ("HMM Zulassung" -) ("Linksammlung" -) ("Linksammlung" -)
270	385	("Linksammlung" -) ("HMM Startseite" -) ("HMM Startseite" Aktuelles Forschungsranking) ("HMM Zulassung" -) ("Linksammlung" -) ("Fragebogen" -) ("Linksammlung" -)

Tabelle B.9: Muster der Hauptanalyse aus Schritt 2 mit Support 0,1 (Teil 6)

Nr	Sup	Sequenz
271	391	("Linksammlung" -) ("HMM Startseite" -) ("HMM Startseite" Aktuelles Forschungsranking) ("HMM Zulassung" -) ("Linksammlung" -) ("Fragebogen" -) ("Fragebogen Bestätigung" -)
272	396	("Linksammlung" -) ("HMM Startseite" -) ("HMM Startseite" Aktuelles Forschungsranking) ("HMM Zulassung" -) ("Linksammlung" -) ("Fragebogen" -)
273	392	("Linksammlung" -) ("HMM Startseite" -) ("HMM Startseite" Aktuelles Forschungsranking) ("HMM Zulassung" -) ("Linksammlung" -) ("Fragebogen Bestätigung" -)
274	507	("Linksammlung" -) ("HMM Startseite" -) ("HMM Startseite" Aktuelles Forschungsranking) ("Linksammlung" -) ("Linksammlung" -)
275	506	("Linksammlung" -) ("HMM Startseite" -) ("HMM Startseite" Aktuelles Forschungsranking) ("Linksammlung" -) ("Fragebogen" -) ("Linksammlung" -)
276	492	("Linksammlung" -) ("HMM Startseite" -) ("HMM Startseite" Aktuelles Forschungsranking) ("Linksammlung" -) ("Fragebogen" -) ("Fragebogen Bestätigung" -) ("Linksammlung" -)
277	513	("Linksammlung" -) ("HMM Startseite" -) ("HMM Startseite" Aktuelles Forschungsranking) ("Linksammlung" -) ("Fragebogen" -) ("Fragebogen Bestätigung" -)
278	519	("Linksammlung" -) ("HMM Startseite" -) ("HMM Startseite" Aktuelles Forschungsranking) ("Linksammlung" -) ("Fragebogen" -)
279	493	("Linksammlung" -) ("HMM Startseite" -) ("HMM Startseite" Aktuelles Forschungsranking) ("Linksammlung" -) ("Fragebogen Bestätigung" -) ("Linksammlung" -)
280	514	("Linksammlung" -) ("HMM Startseite" -) ("HMM Startseite" Aktuelles Forschungsranking) ("Linksammlung" -) ("Fragebogen Bestätigung" -)
281	425	("Linksammlung" -) ("HMM Startseite" -) ("HMM Startseite" Aktuelles Forschungsranking) ("HMM FM" -) ("Linksammlung" -) ("Linksammlung" -)
282	424	("Linksammlung" -) ("HMM Startseite" -) ("HMM Startseite" Aktuelles Forschungsranking) ("HMM FM" -) ("Linksammlung" -) ("Fragebogen" -) ("Linksammlung" -)
283	412	("Linksammlung" -) ("HMM Startseite" -) ("HMM Startseite" Aktuelles Forschungsranking) ("HMM FM" -) ("Linksammlung" -) ("Fragebogen" -) ("Fragebogen Bestätigung" -) ("Linksammlung" -)
284	430	("Linksammlung" -) ("HMM Startseite" -) ("HMM Startseite" Aktuelles Forschungsranking) ("HMM FM" -) ("Linksammlung" -) ("Fragebogen" -) ("Fragebogen Bestätigung" -)
285	436	("Linksammlung" -) ("HMM Startseite" -) ("HMM Startseite" Aktuelles Forschungsranking) ("HMM FM" -) ("Linksammlung" -) ("Fragebogen" -)
286	413	("Linksammlung" -) ("HMM Startseite" -) ("HMM Startseite" Aktuelles Forschungsranking) ("HMM FM" -) ("Linksammlung" -) ("Fragebogen Bestätigung" -) ("Linksammlung" -)
287	431	("Linksammlung" -) ("HMM Startseite" -) ("HMM Startseite" Aktuelles Forschungsranking) ("HMM FM" -) ("Linksammlung" -) ("Fragebogen Bestätigung" -)
288	401	("Linksammlung" -) ("HMM Startseite" -) ("HMM Startseite" Aktuelles Forschungsranking) ("HMM FM" -) ("HMM FM" Text) ("Linksammlung" -) ("Linksammlung" -)
289	400	("Linksammlung" -) ("HMM Startseite" -) ("HMM Startseite" Aktuelles Forschungsranking) ("HMM FM" -) ("HMM FM" Text) ("Linksammlung" -) ("Fragebogen" -) ("Linksammlung" -)
290	390	("Linksammlung" -) ("HMM Startseite" -) ("HMM Startseite" Aktuelles Forschungsranking) ("HMM FM" -) ("HMM FM" Text) ("Linksammlung" -) ("Fragebogen" -) ("Fragebogen Bestätigung" -) ("Linksammlung" -)
291	407	("Linksammlung" -) ("HMM Startseite" -) ("HMM Startseite" Aktuelles Forschungsranking) ("HMM FM" -) ("HMM FM" Text) ("Linksammlung" -) ("Fragebogen" -) ("Fragebogen Bestätigung" -)
292	412	("Linksammlung" -) ("HMM Startseite" -) ("HMM Startseite" Aktuelles Forschungsranking) ("HMM FM" -) ("HMM FM" Text) ("Linksammlung" -) ("Fragebogen" -)
293	391	("Linksammlung" -) ("HMM Startseite" -) ("HMM Startseite" Aktuelles Forschungsranking) ("HMM FM" -) ("HMM FM" Text) ("Linksammlung" -) ("Fragebogen Bestätigung" -) ("Linksammlung" -)
294	408	("Linksammlung" -) ("HMM Startseite" -) ("HMM Startseite" Aktuelles Forschungsranking) ("HMM FM" -) ("HMM FM" Text) ("Linksammlung" -) ("Fragebogen Bestätigung" -)
295	405	("Linksammlung" -) ("HMM Startseite" -) ("HMM Startseite" Aktuelles Forschungsranking) ("HMM Startseite" Menü Aufbau) ("HMM Aufbau" -) ("Linksammlung" -) ("Fragebogen" -) ("Linksammlung" -)
296	391	("Linksammlung" -) ("HMM Startseite" -) ("HMM Startseite" Aktuelles Forschungsranking) ("HMM Startseite" Menü Aufbau) ("HMM Aufbau" -) ("Linksammlung" -) ("Fragebogen" -) ("Fragebogen Bestätigung" -) ("Linksammlung" -)
297	409	("Linksammlung" -) ("HMM Startseite" -) ("HMM Startseite" Aktuelles Forschungsranking) ("HMM Startseite" Menü Aufbau) ("HMM Aufbau" -) ("Linksammlung" -) ("Fragebogen" -) ("Fragebogen Bestätigung" -)
298	414	("Linksammlung" -) ("HMM Startseite" -) ("HMM Startseite" Aktuelles Forschungsranking) ("HMM Startseite" Menü Aufbau) ("HMM Aufbau" -) ("Linksammlung" -) ("Fragebogen" -)
299	392	("Linksammlung" -) ("HMM Startseite" -) ("HMM Startseite" Aktuelles Forschungsranking) ("HMM Startseite" Menü Aufbau) ("HMM Aufbau" -) ("Linksammlung" -) ("Fragebogen Bestätigung" -) ("Linksammlung" -)
300	410	("Linksammlung" -) ("HMM Startseite" -) ("HMM Startseite" Aktuelles Forschungsranking) ("HMM Startseite" Menü Aufbau) ("HMM Aufbau" -) ("Linksammlung" -) ("Fragebogen Bestätigung" -)
301	390	("Linksammlung" -) ("HMM Startseite" -) ("HMM Startseite" Aktuelles Forschungsranking) ("HMM Startseite" Menü Aufbau) ("HMM Aufbau" -) ("HMM Aufbau" Text oben) ("Linksammlung" -) ("Fragebogen" -) ("Linksammlung" -)
302	394	("Linksammlung" -) ("HMM Startseite" -) ("HMM Startseite" Aktuelles Forschungsranking) ("HMM Startseite" Menü Aufbau) ("HMM Aufbau" -) ("HMM Aufbau" Text oben) ("Linksammlung" -) ("Fragebogen" -) ("Fragebogen Bestätigung" -)
303	398	("Linksammlung" -) ("HMM Startseite" -) ("HMM Startseite" Aktuelles Forschungsranking) ("HMM Startseite" Menü Aufbau) ("HMM Aufbau" -) ("HMM Aufbau" Text oben) ("Linksammlung" -) ("Fragebogen" -)
304	395	("Linksammlung" -) ("HMM Startseite" -) ("HMM Startseite" Aktuelles Forschungsranking) ("HMM Startseite" Menü Aufbau) ("HMM Aufbau" -) ("HMM Aufbau" Text oben) ("Linksammlung" -) ("Fragebogen Bestätigung" -)
305	385	("Linksammlung" -) ("HMM Startseite" -) ("HMM Startseite" Aktuelles Forschungsranking) ("HMM Startseite" Menü Aufbau) ("HMM Zulassung" -) ("Linksammlung" -) ("Fragebogen" -)
306	488	("Linksammlung" -) ("HMM Startseite" -) ("HMM Startseite" Aktuelles Forschungsranking) ("HMM Startseite" Menü Aufbau) ("Linksammlung" -) ("Linksammlung" -)
307	487	("Linksammlung" -) ("HMM Startseite" -) ("HMM Startseite" Aktuelles Forschungsranking) ("HMM Startseite" Menü Aufbau) ("Linksammlung" -) ("Fragebogen" -) ("Linksammlung" -)
308	473	("Linksammlung" -) ("HMM Startseite" -) ("HMM Startseite" Aktuelles Forschungsranking) ("HMM Startseite" Menü Aufbau) ("Linksammlung" -) ("Fragebogen" -) ("Fragebogen Bestätigung" -) ("Linksammlung" -)
309	494	("Linksammlung" -) ("HMM Startseite" -) ("HMM Startseite" Aktuelles Forschungsranking) ("HMM Startseite" Menü Aufbau) ("Linksammlung" -) ("Fragebogen" -) ("Fragebogen Bestätigung" -)
310	500	("Linksammlung" -) ("HMM Startseite" -) ("HMM Startseite" Aktuelles Forschungsranking) ("HMM Startseite" Menü Aufbau) ("Linksammlung" -) ("Fragebogen" -)
311	474	("Linksammlung" -) ("HMM Startseite" -) ("HMM Startseite" Aktuelles Forschungsranking) ("HMM Startseite" Menü Aufbau) ("Linksammlung" -) ("Fragebogen Bestätigung" -) ("Linksammlung" -)
312	495	("Linksammlung" -) ("HMM Startseite" -) ("HMM Startseite" Aktuelles Forschungsranking) ("HMM Startseite" Menü Aufbau) ("Linksammlung" -) ("Fragebogen Bestätigung" -)
313	413	("Linksammlung" -) ("HMM Startseite" -) ("HMM Startseite" Aktuelles Forschungsranking) ("HMM Startseite" Menü Aufbau) ("HMM FM" -) ("Linksammlung" -) ("Linksammlung" -)
314	412	("Linksammlung" -) ("HMM Startseite" -) ("HMM Startseite" Aktuelles Forschungsranking) ("HMM Startseite" Menü Aufbau) ("HMM FM" -) ("Linksammlung" -) ("Fragebogen" -) ("Linksammlung" -)
315	400	("Linksammlung" -) ("HMM Startseite" -) ("HMM Startseite" Aktuelles Forschungsranking) ("HMM Startseite" Menü Aufbau) ("HMM FM" -) ("Linksammlung" -) ("Fragebogen" -) ("Fragebogen Bestätigung" -) ("Linksammlung" -)

Tabelle B.10: Muster der Hauptanalyse aus Schritt 2 mit Support 0,1 (Teil 7)

Nr	Sup	Sequenz
316	418	("Linksammlung" -) ("HMM Startseite" -) ("HMM Startseite" Aktuelles Forschungsranking) ("HMM Startseite" Menü Aufbau) ("HMM FM" -) ("Linksammlung" -) ("Fragebogen" -) ("Fragebogen Bestätigung" -)
317	424	("Linksammlung" -) ("HMM Startseite" -) ("HMM Startseite" Aktuelles Forschungsranking) ("HMM Startseite" Menü Aufbau) ("HMM FM" -) ("Linksammlung" -) ("Fragebogen" -)
318	401	("Linksammlung" -) ("HMM Startseite" -) ("HMM Startseite" Aktuelles Forschungsranking) ("HMM Startseite" Menü Aufbau) ("HMM FM" -) ("Linksammlung" -) ("Fragebogen Bestätigung" -) ("Linksammlung" -)
319	419	("Linksammlung" -) ("HMM Startseite" -) ("HMM Startseite" Aktuelles Forschungsranking) ("HMM Startseite" Menü Aufbau) ("HMM FM" -) ("Linksammlung" -) ("Fragebogen Bestätigung" -)
320	394	("Linksammlung" -) ("HMM Startseite" -) ("HMM Startseite" Aktuelles Forschungsranking) ("HMM Startseite" Menü Aufbau) ("HMM FM" -) ("HMM FM" Text) ("Linksammlung" -) ("Linksammlung" -)
321	393	("Linksammlung" -) ("HMM Startseite" -) ("HMM Startseite" Aktuelles Forschungsranking) ("HMM Startseite" Menü Aufbau) ("HMM FM" -) ("HMM FM" Text) ("Linksammlung" -) ("Fragebogen" -) ("Linksammlung" -)
322	400	("Linksammlung" -) ("HMM Startseite" -) ("HMM Startseite" Aktuelles Forschungsranking) ("HMM Startseite" Menü Aufbau) ("HMM FM" -) ("HMM FM" Text) ("Linksammlung" -) ("Fragebogen" -) ("Fragebogen Bestätigung" -)
323	405	("Linksammlung" -) ("HMM Startseite" -) ("HMM Startseite" Aktuelles Forschungsranking) ("HMM Startseite" Menü Aufbau) ("HMM FM" -) ("HMM FM" Text) ("Linksammlung" -) ("Fragebogen" -)
324	401	("Linksammlung" -) ("HMM Startseite" -) ("HMM Startseite" Aktuelles Forschungsranking) ("HMM Startseite" Menü Aufbau) ("HMM FM" -) ("HMM FM" Text) ("Linksammlung" -) ("Fragebogen Bestätigung" -)
325	417	("Linksammlung" -) ("HMM Startseite" -) ("HMM Startseite" Aktuelles Forschungsranking) ("HMM Startseite" Menü Aufbau) ("HMM Startseite" Menü Aufbau) ("Linksammlung" -) ("Linksammlung" -)
326	416	("Linksammlung" -) ("HMM Startseite" -) ("HMM Startseite" Aktuelles Forschungsranking) ("HMM Startseite" Menü Aufbau) ("HMM Startseite" Menü Aufbau) ("Linksammlung" -) ("Fragebogen" -) ("Linksammlung" -)
327	402	("Linksammlung" -) ("HMM Startseite" -) ("HMM Startseite" Aktuelles Forschungsranking) ("HMM Startseite" Menü Aufbau) ("HMM Startseite" Menü Aufbau) ("Linksammlung" -) ("Fragebogen" -) ("Fragebogen Bestätigung" -) ("Linksammlung" -)
328	420	("Linksammlung" -) ("HMM Startseite" -) ("HMM Startseite" Aktuelles Forschungsranking) ("HMM Startseite" Menü Aufbau) ("HMM Startseite" Menü Aufbau) ("Linksammlung" -) ("Fragebogen" -) ("Fragebogen Bestätigung" -)
329	426	("Linksammlung" -) ("HMM Startseite" -) ("HMM Startseite" Aktuelles Forschungsranking) ("HMM Startseite" Menü Aufbau) ("HMM Startseite" Menü Aufbau) ("Linksammlung" -) ("Fragebogen" -)
330	403	("Linksammlung" -) ("HMM Startseite" -) ("HMM Startseite" Aktuelles Forschungsranking) ("HMM Startseite" Menü Aufbau) ("HMM Startseite" Menü Aufbau) ("Linksammlung" -) ("Fragebogen Bestätigung" -) ("Linksammlung" -)
331	421	("Linksammlung" -) ("HMM Startseite" -) ("HMM Startseite" Aktuelles Forschungsranking) ("HMM Startseite" Menü Aufbau) ("HMM Startseite" Menü Aufbau) ("Linksammlung" -) ("Fragebogen Bestätigung" -)
332	589	("Linksammlung" -) ("Linksammlung" -) ("Linksammlung" -)
333	587	("Linksammlung" -) ("Linksammlung" -) ("Fragebogen" -) ("Linksammlung" -)
334	568	("Linksammlung" -) ("Linksammlung" -) ("Fragebogen" -) ("Fragebogen Bestätigung" -) ("Linksammlung" -)
335	594	("Linksammlung" -) ("Linksammlung" -) ("Fragebogen" -) ("Fragebogen Bestätigung" -)
336	604	("Linksammlung" -) ("Linksammlung" -) ("Fragebogen" -)
337	569	("Linksammlung" -) ("Linksammlung" -) ("Fragebogen Bestätigung" -) ("Linksammlung" -)
338	595	("Linksammlung" -) ("Linksammlung" -) ("Fragebogen Bestätigung" -)
339	610	("Linksammlung" -) ("Linksammlung" -)
340	594	("Linksammlung" -) ("Fragebogen" -) ("Linksammlung" -)
341	574	("Linksammlung" -) ("Fragebogen" -) ("Fragebogen Bestätigung" -) ("Linksammlung" -)
342	601	("Linksammlung" -) ("Fragebogen" -) ("Fragebogen Bestätigung" -)
343	612	("Linksammlung" -) ("Fragebogen" -)
344	576	("Linksammlung" -) ("Fragebogen Bestätigung" -) ("Linksammlung" -)
345	603	("Linksammlung" -) ("Fragebogen Bestätigung" -)
346	676	("Linksammlung" -)
347	386	("HMM FM" -) ("HMM Aufbau" -)
348	443	("HMM FM" -) ("HMM MM" -)
349	500	("HMM FM" -) ("HMM PM" -)
350	515	("HMM FM" -) ("HMM Startseite" -)
351	641	("HMM FM" -) ("HMM Zulassung" -)
352	448	("HMM FM" -) ("HMM FM LS" -) ("HMM Zulassung" -)
353	816	("HMM FM" -) ("HMM FM LS" -)
354	1210	("HMM FM" -)
355	439	("HMM PM LS" -)
356	651	("HMM MM LS" -)
357	449	("HMM FM LS" -) ("HMM Zulassung" -)
358	819	("HMM FM LS" -)
359	420	("HMM Ansprechpartner" -)

Tabelle B.11: Muster der Hauptanalyse aus Schritt 2 mit Support 0,1 (Teil 8)

Nr	Sup	Sequenz
1	786	("HMM Startseite" -) ("HMM Aufbau" -) ("HMM FM" -)
2	1450	("HMM Startseite" -) ("HMM Aufbau" -)
3	792	("HMM Startseite" -) ("HMM FM" -) ("HMM FM LS" -)
4	1149	("HMM Startseite" -) ("HMM FM" -)
5	903	("HMM Startseite" -) ("HMM MM" -)
6	1762	("HMM Startseite" -) ("HMM Zulassung" -)
7	839	("HMM Startseite" -) ("HMM Startseite" -)
8	3324	("HMM Startseite" -)
9	803	("HMM Aufbau" -) ("HMM FM" -)
10	780	("HMM Aufbau" -) ("HMM Zulassung" -)
11	1519	("HMM Aufbau" -)
12	816	("HMM FM" -) ("HMM FM LS" -)
13	1210	("HMM FM" -)
14	980	("HMM MM" -)
15	1899	("HMM Zulassung" -)
16	819	("HMM FM LS" -)
17	968	("HMM Startseite" -)

Tabelle B.12: Muster der Vergleichsanalyse aus Schritt 3 mit Support 0,2

Nr	Sup	Sequenz
1	589	("Linksammlung" -) ("Linksammlung" -) ("Linksammlung" -)
2	587	("Linksammlung" -) ("Linksammlung" -) ("Fragebogen" -) ("Linksammlung" -)
3	568	("Linksammlung" -) ("Linksammlung" -) ("Fragebogen" -) ("Fragebogen Bestätigung" -) ("Linksammlung" -)
4	594	("Linksammlung" -) ("Linksammlung" -) ("Fragebogen" -) ("Fragebogen Bestätigung" -)
5	604	("Linksammlung" -) ("Linksammlung" -) ("Fragebogen" -)
6	569	("Linksammlung" -) ("Linksammlung" -) ("Fragebogen Bestätigung" -) ("Linksammlung" -)
7	595	("Linksammlung" -) ("Linksammlung" -) ("Fragebogen Bestätigung" -)
8	610	("Linksammlung" -) ("Linksammlung" -)
9	586	("Linksammlung" -) ("HMM Startseite" -) ("Linksammlung" -) ("Linksammlung" -)
10	585	("Linksammlung" -) ("HMM Startseite" -) ("Linksammlung" -) ("Fragebogen" -) ("Linksammlung" -)
11	567	("Linksammlung" -) ("HMM Startseite" -) ("Linksammlung" -) ("Fragebogen" -) ("Fragebogen Bestätigung" -) ("Linksammlung" -)
12	592	("Linksammlung" -) ("HMM Startseite" -) ("Linksammlung" -) ("Fragebogen" -) ("Fragebogen Bestätigung" -)
13	601	("Linksammlung" -) ("HMM Startseite" -) ("Linksammlung" -) ("Fragebogen" -)
14	568	("Linksammlung" -) ("HMM Startseite" -) ("Linksammlung" -) ("Fragebogen Bestätigung" -) ("Linksammlung" -)
15	593	("Linksammlung" -) ("HMM Startseite" -) ("Linksammlung" -) ("Fragebogen Bestätigung" -)
16	492	("Linksammlung" -) ("HMM Startseite" -) ("HMM FM" -) ("Linksammlung" -) ("Linksammlung" -)
17	491	("Linksammlung" -) ("HMM Startseite" -) ("HMM FM" -) ("Linksammlung" -) ("Fragebogen" -) ("Linksammlung" -)
18	476	("Linksammlung" -) ("HMM Startseite" -) ("HMM FM" -) ("Linksammlung" -) ("Fragebogen" -) ("Fragebogen Bestätigung" -) ("Linksammlung" -)
19	498	("Linksammlung" -) ("HMM Startseite" -) ("HMM FM" -) ("Linksammlung" -) ("Fragebogen" -) ("Fragebogen Bestätigung" -)
20	506	("Linksammlung" -) ("HMM Startseite" -) ("HMM FM" -) ("Linksammlung" -) ("Fragebogen" -)
21	477	("Linksammlung" -) ("HMM Startseite" -) ("HMM FM" -) ("Linksammlung" -) ("Fragebogen Bestätigung" -) ("Linksammlung" -)
22	499	("Linksammlung" -) ("HMM Startseite" -) ("HMM FM" -) ("Linksammlung" -) ("Fragebogen Bestätigung" -)
23	433	("Linksammlung" -) ("HMM Startseite" -) ("HMM FM" -) ("HMM FM LS" -) ("Linksammlung" -) ("Linksammlung" -)
24	432	("Linksammlung" -) ("HMM Startseite" -) ("HMM FM" -) ("HMM FM LS" -) ("Linksammlung" -) ("Fragebogen" -) ("Linksammlung" -)
25	418	("Linksammlung" -) ("HMM Startseite" -) ("HMM FM" -) ("HMM FM LS" -) ("Linksammlung" -) ("Fragebogen" -) ("Fragebogen Bestätigung" -) ("Linksammlung" -)
26	438	("Linksammlung" -) ("HMM Startseite" -) ("HMM FM" -) ("HMM FM LS" -) ("Linksammlung" -) ("Fragebogen" -) ("Fragebogen Bestätigung" -)
27	446	("Linksammlung" -) ("HMM Startseite" -) ("HMM FM" -) ("HMM FM LS" -) ("Linksammlung" -) ("Fragebogen" -)
28	419	("Linksammlung" -) ("HMM Startseite" -) ("HMM FM" -) ("HMM FM LS" -) ("Linksammlung" -) ("Fragebogen Bestätigung" -) ("Linksammlung" -)
29	439	("Linksammlung" -) ("HMM Startseite" -) ("HMM FM" -) ("HMM FM LS" -) ("Linksammlung" -) ("Fragebogen Bestätigung" -)
30	392	("Linksammlung" -) ("HMM Startseite" -) ("HMM Startseite" -) ("Linksammlung" -) ("Linksammlung" -)
31	391	("Linksammlung" -) ("HMM Startseite" -) ("HMM Startseite" -) ("Linksammlung" -) ("Fragebogen" -) ("Linksammlung" -)
32	399	("Linksammlung" -) ("HMM Startseite" -) ("HMM Startseite" -) ("Linksammlung" -) ("Fragebogen" -) ("Fragebogen Bestätigung" -)
33	406	("Linksammlung" -) ("HMM Startseite" -) ("HMM Startseite" -) ("Linksammlung" -) ("Fragebogen" -)
34	484	("Linksammlung" -) ("HMM Startseite" -) ("HMM Aufbau" -) ("Linksammlung" -) ("Fragebogen" -) ("Linksammlung" -)
35	468	("Linksammlung" -) ("HMM Startseite" -) ("HMM Aufbau" -) ("Linksammlung" -) ("Fragebogen" -) ("Fragebogen Bestätigung" -) ("Linksammlung" -)
36	489	("Linksammlung" -) ("HMM Startseite" -) ("HMM Aufbau" -) ("Linksammlung" -) ("Fragebogen" -) ("Fragebogen Bestätigung" -)
37	495	("Linksammlung" -) ("HMM Startseite" -) ("HMM Aufbau" -) ("Linksammlung" -) ("Fragebogen" -)
38	469	("Linksammlung" -) ("HMM Startseite" -) ("HMM Aufbau" -) ("Linksammlung" -) ("Fragebogen Bestätigung" -) ("Linksammlung" -)
39	490	("Linksammlung" -) ("HMM Startseite" -) ("HMM Aufbau" -) ("Linksammlung" -) ("Fragebogen Bestätigung" -)
40	386	("Linksammlung" -) ("HMM Startseite" -) ("HMM Aufbau" -) ("HMM FM" -) ("Linksammlung" -) ("Fragebogen" -) ("Linksammlung" -)
41	389	("Linksammlung" -) ("HMM Startseite" -) ("HMM Aufbau" -) ("HMM FM" -) ("Linksammlung" -) ("Fragebogen" -) ("Fragebogen Bestätigung" -)
42	395	("Linksammlung" -) ("HMM Startseite" -) ("HMM Aufbau" -) ("HMM FM" -) ("Linksammlung" -) ("Fragebogen" -)
43	390	("Linksammlung" -) ("HMM Startseite" -) ("HMM Aufbau" -) ("HMM FM" -) ("Linksammlung" -) ("Fragebogen Bestätigung" -)
44	445	("Linksammlung" -) ("HMM Startseite" -) ("HMM Zulassung" -) ("Linksammlung" -) ("Linksammlung" -)
45	444	("Linksammlung" -) ("HMM Startseite" -) ("HMM Zulassung" -) ("Linksammlung" -) ("Fragebogen" -) ("Linksammlung" -)
46	431	("Linksammlung" -) ("HMM Startseite" -) ("HMM Zulassung" -) ("Linksammlung" -) ("Fragebogen" -) ("Fragebogen Bestätigung" -) ("Linksammlung" -)

Tabelle B.13: Muster der Vergleichsanalyse aus Schritt 3 mit Support 0,1 (Teil 1)

Nr	Sup	Sequenz
47	451	("Linksammlung" -) ("HMM Startseite" -) ("HMM Zulassung" -) ("Linksammlung" -) ("Fragebogen" -) ("Fragebogen Bestätigung" -)
48	459	("Linksammlung" -) ("HMM Startseite" -) ("HMM Zulassung" -) ("Linksammlung" -) ("Fragebogen" -)
49	432	("Linksammlung" -) ("HMM Startseite" -) ("HMM Zulassung" -) ("Linksammlung" -) ("Fragebogen Bestätigung" -) ("Linksammlung" -)
50	452	("Linksammlung" -) ("HMM Startseite" -) ("HMM Zulassung" -) ("Linksammlung" -) ("Fragebogen Bestätigung" -)
51	594	("Linksammlung" -) ("Fragebogen" -) ("Linksammlung" -)
52	574	("Linksammlung" -) ("Fragebogen" -) ("Fragebogen Bestätigung" -) ("Linksammlung" -)
53	601	("Linksammlung" -) ("Fragebogen" -) ("Fragebogen Bestätigung" -)
54	612	("Linksammlung" -) ("Fragebogen" -)
55	576	("Linksammlung" -) ("Fragebogen Bestätigung" -) ("Linksammlung" -)
56	603	("Linksammlung" -) ("Fragebogen Bestätigung" -)
57	676	("Linksammlung" -)
58	445	("HMM Startseite" -) ("HMM Startseite" -)
59	507	("HMM Startseite" -) ("HMM FM" -) ("HMM Startseite" -)
60	626	("HMM Startseite" -) ("HMM FM" -) ("HMM Zulassung" -)
61	442	("HMM Startseite" -) ("HMM FM" -) ("HMM FM LS" -) ("HMM Zulassung" -)
62	792	("HMM Startseite" -) ("HMM FM" -) ("HMM FM LS" -)
63	488	("HMM Startseite" -) ("HMM FM" -) ("HMM PM" -)
64	430	("HMM Startseite" -) ("HMM FM" -) ("HMM MM" -)
65	1149	("HMM Startseite" -) ("HMM FM" -)
66	396	("HMM Startseite" -) ("HMM Startseite" -) ("HMM Zulassung" -)
67	839	("HMM Startseite" -) ("HMM Startseite" -)
68	658	("HMM Startseite" -) ("HMM Aktuelles" -)
69	418	("HMM Startseite" -) ("HMM Aufbau" -) ("HMM FM" -) ("HMM Zulassung" -)
70	551	("HMM Startseite" -) ("HMM Aufbau" -) ("HMM FM" -) ("HMM FM LS" -)
71	786	("HMM Startseite" -) ("HMM Aufbau" -) ("HMM FM" -)
72	560	("HMM Startseite" -) ("HMM Aufbau" -) ("HMM Startseite" -)
73	437	("HMM Startseite" -) ("HMM Aufbau" -) ("HMM Aufbau" -)
74	405	("HMM Startseite" -) ("HMM Aufbau" -) ("HMM Beratung" -)
75	763	("HMM Startseite" -) ("HMM Aufbau" -) ("HMM Zulassung" -)
76	554	("HMM Startseite" -) ("HMM Aufbau" -) ("HMM FM LS" -)
77	458	("HMM Startseite" -) ("HMM Aufbau" -) ("HMM PM" -)
78	408	("HMM Startseite" -) ("HMM Aufbau" -) ("HMM IM" -)
79	397	("HMM Startseite" -) ("HMM Aufbau" -) ("HMM MM" -) ("HMM MM LS" -)
80	591	("HMM Startseite" -) ("HMM Aufbau" -) ("HMM MM" -)
81	401	("HMM Startseite" -) ("HMM Aufbau" -) ("HMM MM LS" -)
82	1450	("HMM Startseite" -) ("HMM Aufbau" -)
83	595	("HMM Startseite" -) ("HMM Beratung" -)
84	528	("HMM Startseite" -) ("HMM Zulassung" -) ("HMM Startseite" -)
85	495	("HMM Startseite" -) ("HMM Zulassung" -) ("HMM Aktuelles" -)
86	424	("HMM Startseite" -) ("HMM Zulassung" -) ("HMM Aufbau" -)
87	1762	("HMM Startseite" -) ("HMM Zulassung" -)
88	426	("HMM Startseite" -) ("HMM PM" -) ("HMM PM LS" -)
89	647	("HMM Startseite" -) ("HMM PM" -)
90	583	("HMM Startseite" -) ("HMM IM" -)
91	429	("HMM Startseite" -) ("HMM MM" -) ("HMM Zulassung" -)

Tabelle B.14: Muster der Vergleichsanalyse aus Schritt 3 mit Support 0,1 (Teil 2)

Nr	Sup	Sequenz
92	608	("HMM Startseite" -) ("HMM MM" -) ("HMM MM LS" -)
93	903	("HMM Startseite" -) ("HMM MM" -)
94	609	("HMM Startseite" -) ("HMM MM LS" -)
95	401	("HMM Startseite" -) ("HMM Ansprechpartner" -)
96	3324	("HMM Startseite" -)
97	515	("HMM FM" -) ("HMM Startseite" -)
98	386	("HMM FM" -) ("HMM Aufbau" -)
99	641	("HMM FM" -) ("HMM Zulassung" -)
100	448	("HMM FM" -) ("HMM FM LS" -) ("HMM Zulassung" -)
101	816	("HMM FM" -) ("HMM FM LS" -)
102	500	("HMM FM" -) ("HMM PM" -)
103	443	("HMM FM" -) ("HMM MM" -)
104	1210	("HMM FM" -)
105	437	("HMM Startseite" -) ("HMM Zulassung" -)
106	968	("HMM Startseite" -)
107	743	("HMM Aktuelles" -)
108	424	("HMM Aufbau" -) ("HMM FM" -) ("HMM Zulassung" -)
109	559	("HMM Aufbau" -) ("HMM FM" -) ("HMM FM LS" -)
110	803	("HMM Aufbau" -) ("HMM FM" -)
111	565	("HMM Aufbau" -) ("HMM Startseite" -)
112	441	("HMM Aufbau" -) ("HMM Aufbau" -)
113	417	("HMM Aufbau" -) ("HMM Beratung" -)
114	780	("HMM Aufbau" -) ("HMM Zulassung" -)
115	562	("HMM Aufbau" -) ("HMM FM LS" -)
116	470	("HMM Aufbau" -) ("HMM PM" -)
117	423	("HMM Aufbau" -) ("HMM IM" -)
118	406	("HMM Aufbau" -) ("HMM MM" -) ("HMM MM LS" -)
119	610	("HMM Aufbau" -) ("HMM MM" -)
120	411	("HMM Aufbau" -) ("HMM MM LS" -)
121	1519	("HMM Aufbau" -)
122	638	("HMM Beratung" -)
123	547	("HMM Zulassung" -) ("HMM Startseite" -)
124	525	("HMM Zulassung" -) ("HMM Aktuelles" -)
125	434	("HMM Zulassung" -) ("HMM Aufbau" -)
126	1899	("HMM Zulassung" -)
127	449	("HMM FM LS" -) ("HMM Zulassung" -)
128	819	("HMM FM LS" -)
129	436	("HMM PM" -) ("HMM PM LS" -)
130	691	("HMM PM" -)
131	439	("HMM PM LS" -)
132	618	("HMM IM" -)
133	452	("HMM MM" -) ("HMM Zulassung" -)
134	633	("HMM MM" -) ("HMM MM LS" -)
135	980	("HMM MM" -)
136	651	("HMM MM LS" -)
137	420	("HMM Ansprechpartner" -)

Tabelle B.15: Muster der Vergleichsanalyse aus Schritt 3 mit Support 0,1 (Teil 3)

WUM-/	IUM-Sequenz-Nummer(n)
1	68+69, 72, 74+75, 78, 80, 84+85, 88, 90+91, 94, 96, 100+101, 104–106, 109, 111, 114, 116–118, 121, 123+124, 127+128, 131–133, 136, 138–140, 143, 145+146, 149, 152–154, 157, 159+160, 163+164, 167, 169+170, 173, 180, 184–186, 189, 194–196, 199, 201–203, 206, 208–210, 213, 215+216, 220–222, 225, 229–231, 234, 236–238, 243–245, 248, 250–252, 255, 257+258, 261, 263+264, 267, 269+270, 274–276, 279, 281–283, 286, 288–290, 293, 295+296, 299, 301, 306–308, 311, 313–315, 318, 320+321, 325–327, 330, 332–334, 337
2	68+69, 74+75, 80, 84+85, 90+91, 96, 101, 105+106, 111, 117+118, 123+124, 127+128, 132+133, 139+140, 146, 153+154, 160, 163+164, 169+170, 180, 185+186, 195+196, 202+203, 209+210, 216, 221+222, 230+231, 237+238, 244+245, 251+252, 257+258, 263+264, 270, 275+276, 282+283, 289+290, 295+296, 301, 307+308, 314+315, 321, 326+327, 333+334
3	69, 75, 85, 91, 106, 118, 124, 128, 133, 140, 154, 164, 170, 186, 196, 203, 210, 222, 231, 238, 245, 252, 258, 264, 276, 283, 290, 296, 308, 315, 327, 334
4	69+70, 75+76, 81, 85+86, 91+92, 97, 102, 106+107, 112, 118+119, 124+125, 128+129, 133+134, 140+141, 147, 154+155, 161, 164+165, 170+171, 177, 181, 186+187, 191, 196+197, 203+204, 210+211, 217, 222+223, 231+232, 238+239, 241, 245+246, 252+253, 258+259, 264+265, 271, 276+277, 283+284, 290+291, 296+297, 302, 308+309, 315+316, 322, 327+328, 334+335
5	68–71, 74–77, 80–82, 84–87, 90–93, 96–98, 101–103, 105–108, 111–113, 117–120, 123–130, 132–135, 139–142, 146–148, 151, 153–156, 160–166, 169–172, 175, 177+178, 180–182, 185–188, 191+192, 195–198, 202–205, 209–212, 216–218, 221–224, 227+228, 230–233, 237–242, 244–247, 251–254, 257–260, 263–266, 270–272, 275–278, 282–285, 289–292, 295–298, 301–303, 305, 307–310, 314–317, 321–323, 326–329, 333–336
6	69, 72, 75, 78, 85, 88, 91, 94, 106, 109, 114, 118, 121, 124, 128, 133, 136, 140, 143, 149, 154, 157, 164, 167, 170, 173, 186, 189, 196, 199, 203, 206, 210, 213, 222, 225, 231, 234, 238, 245, 248, 252, 255, 258, 261, 264, 267, 276, 279, 283, 286, 290, 293, 296, 299, 308, 311, 315, 318, 327, 330, 334, 337
7	69+70, 72+73, 75+76, 78+79, 81, 83, 85+86, 88+89, 91+92, 94+95, 97, 99, 102, 106+107, 109+110, 112, 114+115, 118+119, 121+122, 124+125, 128+129, 133+134, 136+137, 140+141, 143+144, 147, 149+150, 154+155, 157+158, 161, 164+165, 167+168, 170+171, 173+174, 176+177, 179, 181, 183, 186+187, 189–191, 193, 196+197, 199+200, 203+204, 206+207, 210+211, 213+214, 217, 219, 222+223, 225+226, 231+232, 234+235, 238+239, 241, 245+246, 248+249, 252+253, 255+256, 258+259, 261+262, 264+265, 267+268, 271, 273, 276+277, 279+280, 283+284, 286+287, 290+291, 293+294, 296+297, 299+300, 302, 304, 308+309, 311+312, 315+316, 318+319, 322, 324, 327+328, 330+331, 334+335, 337+338
8	68–341, 344
9	68+69, 72, 74+75, 78, 80, 84+85, 88, 90+91, 94, 96, 100+101, 104–106, 109, 111, 114, 116–118, 121, 123+124, 127+128, 131–133, 136, 138–140, 143, 145+146, 149, 152–154, 157, 159+160, 163+164, 167, 169+170, 173, 180, 184–186, 189, 194–196, 199, 201–203, 206, 208–210, 213, 215+216, 220–222, 225, 229–231, 234, 236–238, 243–245, 248, 250–252, 255, 257+258, 261, 263+264, 267, 269+270, 274–276, 279, 281–283, 286, 288–290, 293, 295+296, 299, 301, 306–308, 311, 313–315, 318, 320+321, 325–327, 330
10	68+69, 74+75, 80, 84+85, 90+91, 96, 101, 105+106, 111, 117+118, 123+124, 127+128, 132+133, 139+140, 146, 153+154, 160, 163+164, 169+170, 180, 185+186, 195+196, 202+203, 209+210, 216, 221+222, 230+231, 237+238, 244+245, 251+252, 257+258, 263+264, 270, 275+276, 282+283, 289+290, 295+296, 301, 307+308, 314+315, 321, 326+327
11	69, 75, 85, 91, 106, 118, 124, 128, 133, 140, 154, 164, 170, 186, 196, 203, 210, 222, 231, 238, 245, 252, 258, 264, 276, 283, 290, 296, 308, 315, 327
12	69+70, 75+76, 81, 85+86, 91+92, 97, 102, 106+107, 112, 118+119, 124+125, 128+129, 133+134, 140+141, 147, 154+155, 161, 164+165, 170+171, 177, 181, 186+187, 191, 196+197, 203+204, 210+211, 217, 222+223, 231+232, 238+239, 241, 245+246, 252+253, 258+259, 264+265, 271, 276+277, 283+284, 290+291, 296+297, 302, 308+309, 315+316, 322, 327+328
13	68–71, 74–77, 80–82, 84–87, 90–93, 96–98, 101–103, 105–108, 111–113, 117–120, 123–130, 132–135, 139–142, 146–148, 151, 153–156, 160–166, 169–172, 175, 177+178, 180–182, 185–188, 191+192, 195–198, 202–205, 209–212, 216–218, 221–224, 227+228, 230–233, 237–242, 244–247, 251–254, 257–260, 263–266, 270–272, 275–278, 282–285, 289–292, 295–298, 301–303, 305, 307–310, 314–317, 321–323, 326–329
14	69, 72, 75, 78, 85, 88, 91, 94, 106, 109, 114, 118, 121, 124, 128, 133, 136, 140, 143, 149, 154, 157, 164, 167, 170, 173, 186, 189, 196, 199, 203, 206, 210, 213, 222, 225, 231, 234, 238, 245, 248, 252, 255, 258, 261, 264, 267, 276, 279, 283, 286, 290, 293, 296, 299, 308, 311, 315, 318, 327, 330
15	69+70, 72+73, 75+76, 78+79, 81, 83, 85+86, 88+89, 91+92, 94+95, 97, 99, 102, 106+107, 109+110, 112, 114+115, 118+119, 121+122, 124+125, 128+129, 133+134, 136+137, 140+141, 143+144, 147, 149+150, 154+155, 157+158, 161, 164+165, 167+168, 170+171, 173+174, 176+177, 179, 181, 183, 186+187, 189–191, 193, 196+197, 199+200, 203+204, 206+207, 210+211, 213+214, 217, 219, 222+223, 225+226, 231+232, 234+235, 238+239, 241, 245+246, 248+249, 252+253, 255+256, 258+259, 261+262, 264+265, 267+268, 271, 273, 276+277, 279+280, 283+284, 286+287, 290+291, 293+294, 296+297, 299+300, 302, 304, 308+309, 311+312, 315+316, 318+319, 322, 324, 327+328, 330+331
16	96, 131–133, 136, 138–140, 143, 145+146, 149, 152–154, 157, 159+160, 201–203, 206, 208–210, 213, 215+216, 220–222, 225, 236–238, 281–283, 286, 288–290, 293, 313–315, 318, 320+321
17	96, 132+133, 139+140, 146, 153+154, 160, 202+203, 209+210, 216, 221+222, 237+238, 282+283, 289+290, 314+315, 321
18	133, 140, 154, 203, 210, 222, 238, 283, 290, 315
19	97, 133+134, 140+141, 147, 154+155, 161, 203+204, 210+211, 217, 222+223, 238+239, 241, 283+284, 290+291, 315+316, 322
20	96–98, 132–135, 139–142, 146–148, 151, 153–156, 160–162, 202–205, 209–212, 216–218, 221–224, 227, 237–242, 282–285, 289–292, 314–317, 321–323
21	133, 136, 140, 143, 149, 154, 157, 203, 206, 210, 213, 222, 225, 238, 283, 286, 290, 293, 315, 318
22	97, 99, 133+134, 136+137, 140+141, 143+144, 147, 149+150, 154+155, 157+158, 161, 203+204, 206+207, 210+211, 213+214, 217, 219, 222+223, 225+226, 238+239, 241, 283+284, 286+287, 290+291, 293+294, 315+316, 318+319, 322, 324
23	145+146, 149, 152–154, 157, 159+160, 215+216, 220–222, 225
24	146, 153+154, 160, 216, 221+222
25	154, 222
26	147, 154+155, 161, 217, 222+223
27	146–148, 151, 153–156, 160–162, 216–218, 221–224, 227
28	149, 154, 157, 222, 225
29	147, 149+150, 154+155, 157+158, 161, 217, 219, 222+223, 225+226
30	100+101
31	101
32	102
33	101–103
34	68+69, 74+75, 80, 84+85, 90+91, 96, 163+164, 169+170, 180, 257+258, 263+264, 295+296, 301
35	69, 75, 85, 91, 164, 170, 258, 264, 296
36	69+70, 75+76, 81, 85+86, 91+92, 97, 164+165, 170+171, 177, 181, 258+259, 264+265, 296+297, 302
37	68–71, 74–77, 80–82, 84–87, 90–93, 96–98, 163–166, 169–172, 175, 177+178, 180–182, 228, 257–260, 263–266, 295–298, 301–303
38	69, 72, 75, 78, 85, 88, 91, 94, 164, 167, 170, 173, 258, 261, 264, 267, 296, 299
39	69+70, 72+73, 75+76, 78+79, 81, 83, 85+86, 88+89, 91+92, 94+95, 97, 99, 164+165, 167+168, 170+171, 173+174, 176+177, 179, 181, 183, 258+259, 261+262, 264+265, 267+268, 296+297, 299+300, 302, 304
40	96

Tabelle B.16: Vergleich der Analysen aus Schritt 3 und 2 mit Support 0,1 (Teil 1)

WUM-/	IUM-Sequenz-Nummer(n)
41	97
42	96–98
43	97, 99
44	104–106, 109, 111, 114, 184–186, 189, 269+270
45	105+106, 111, 185+186, 270
46	106, 186
47	106+107, 112, 186+187, 191, 271
48	105–108, 111–113, 185–188, 191+192, 270–272, 305
49	106, 109, 114, 186, 189
50	106+107, 109+110, 112, 114+115, 186+187, 189–191, 193, 271, 273
51	68+69, 74+75, 80, 84+85, 90+91, 96, 101, 105+106, 111, 117+118, 123+124, 127+128, 132+133, 139+140, 146, 153+154, 160, 163+164, 169+170, 180, 185+186, 195+196, 202+203, 209+210, 216, 221+222, 230+231, 237+238, 244+245, 251+252, 257+258, 263+264, 270, 275+276, 282+283, 289+290, 295+296, 301, 307+308, 314+315, 321, 326+327, 333+334, 340+341
52	69, 75, 85, 91, 106, 118, 124, 128, 133, 140, 154, 164, 170, 186, 196, 203, 210, 222, 231, 238, 245, 252, 258, 264, 276, 283, 290, 296, 308, 315, 327, 334, 341
53	69+70, 75+76, 81, 85+86, 91+92, 97, 102, 106+107, 112, 118+119, 124+125, 128+129, 133+134, 140+141, 147, 154+155, 161, 164+165, 170+171, 177, 181, 186+187, 191, 196+197, 203+204, 210+211, 217, 222+223, 231+232, 238+239, 241, 245+246, 252+253, 258+259, 264+265, 271, 276+277, 283+284, 290+291, 296+297, 302, 308+309, 315+316, 322, 327+328, 334+335, 341+342
54	68–71, 74–77, 80–82, 84–87, 90–93, 96–98, 101–103, 105–108, 111–113, 117–120, 123–130, 132–135, 139–142, 146–148, 151, 153–156, 160–166, 169–172, 175, 177+178, 180–182, 185–188, 191+192, 195–198, 202–205, 209–212, 216–218, 221–224, 227+228, 230–233, 237–242, 244–247, 251–254, 257–260, 263–266, 270–272, 275–278, 282–285, 289–292, 295–298, 301–303, 305, 307–310, 314–317, 321–323, 326–329, 333–336, 340–343
55	69, 72, 75, 78, 85, 88, 91, 94, 106, 109, 114, 118, 121, 124, 128, 133, 136, 140, 143, 149, 154, 157, 164, 167, 170, 173, 186, 189, 196, 199, 203, 206, 210, 213, 222, 225, 231, 234, 238, 245, 248, 252, 255, 258, 261, 264, 267, 276, 279, 283, 286, 290, 293, 296, 299, 308, 311, 315, 318, 327, 330, 334, 337, 341, 344
56	69+70, 72+73, 75+76, 78+79, 81, 83, 85+86, 88+89, 91+92, 94+95, 97, 99, 102, 106+107, 109+110, 112, 114+115, 118+119, 121+122, 124+125, 128+129, 133+134, 136+137, 140+141, 143+144, 147, 149+150, 154+155, 157+158, 161, 164+165, 167+168, 170+171, 173+174, 176+177, 179, 181, 183, 186+187, 189–191, 193, 196+197, 199+200, 203+204, 206+207, 210+211, 213+214, 217, 219, 222+223, 225+226, 231+232, 234+235, 238+239, 241, 245+246, 248+249, 252+253, 255+256, 258+259, 261+262, 264+265, 267+268, 271, 273, 276+277, 279+280, 283+284, 286+287, 290+291, 293+294, 296+297, 299+300, 302, 304, 308+309, 311+312, 315+316, 318+319, 322, 324, 327+328, 330+331, 334+335, 337+338, 341+342, 344+345
57	68–346
58	1, 7, 22+23, 25, 32, 100–103
59	32
60	10, 33+34
61	34
62	11, 34+35, 145–162, 215–227
63	31
64	30
65	10–12, 30–36, 96–99, 131–162, 201–227, 236–242, 281–294, 313–324
66	22
67	1, 7, 22+23, 25, 32, 100–103
68	26, 29
69	10
70	11
71	10–12, 96–99
72	7
73	2
74	9
75	8, 10
76	11, 14
77	6
78	5
79	3
80	3+4
81	3, 13
82	2–15, 24, 68–99, 163–183, 228, 257–268, 295–304
83	9, 28
84	25
85	26
86	24
87	8, 10, 16, 22, 24–27, 33+34, 60, 104–115, 184–193, 269–273, 305
88	20
89	6, 20+21, 31
90	5, 19
91	16
92	3, 17
93	3+4, 16–18, 30
94	3, 13, 17, 37
95	38

Tabelle B.17: Vergleich der Analysen aus Schritt 3 und 2 mit Support 0,1 (Teil 2)

WUM-/	IUM-Sequenz-Nummer(n)
96	1–39, 45, 60+61, 63, 68–331, 350
97	32, 350
98	347
99	10, 33+34, 48, 351+352
100	34, 352
101	11, 34+35, 49, 145–162, 215–227, 352+353
102	31, 349
103	30, 348
104	10–12, 30–36, 48–50, 96–99, 131–162, 201–227, 236–242, 281–294, 313–324, 347–354
105	8, 10, 16, 22, 24–27, 33+34, 60, 104–115, 184–193, 269–273, 305
106	1–39, 45, 60+61, 63, 68–331, 350
107	26, 29, 64, 67
108	10, 48
109	11, 49
110	10–12, 48–50, 96–99
111	7, 45
112	2, 40
113	9, 47
114	8, 10, 46, 48
115	11, 14, 49, 52
116	6, 44
117	5, 43
118	3, 41
119	3+4, 41+42
120	3, 13, 41, 51
121	2–15, 24, 40–53, 62, 68–99, 163–183, 228, 257–268, 295–304, 347
122	9, 28, 47, 66
123	25, 63
124	26, 64
125	24, 62
126	8, 10, 16, 22, 24–27, 33+34, 46, 48, 54, 60, 62–65, 104–115, 184–193, 269–273, 305, 351+352, 357
127	34, 352, 357
128	11, 14, 34+35, 49, 52, 145–162, 215–227, 352+353, 357+358
129	20, 58
130	6, 20+21, 31, 44, 58+59, 349
131	20, 58, 355
132	5, 19, 43, 57
133	16, 54
134	3, 17, 41, 55
135	3+4, 16–18, 30, 41+42, 54–56, 348
136	3, 13, 17, 37, 41, 51, 55, 356
137	38, 359

Tabelle B.18: Vergleich der Analysen aus Schritt 3 und 2 mit Support 0,1 (Teil 3)

C Legenden

Dieses Kapitel enthält die Legenden der Abbildungen, die aus Platzgründen nicht im Text abgedruckt wurden. Sie können bei Bedarf hier eingesehen werden.

C.1 Legenden zu Kapitel 3

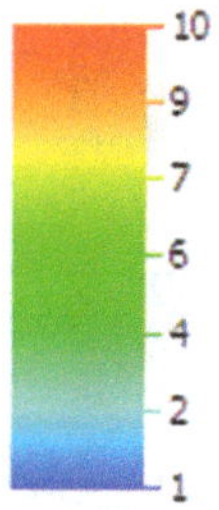

Abbildung C.1: Legende zu Abb. 3.8 und 3.9

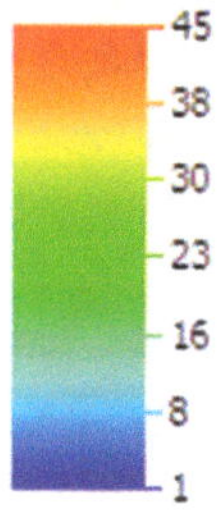

Abbildung C.2: Legende zu Abb. 3.10

C.2 Legenden zu Kapitel 4

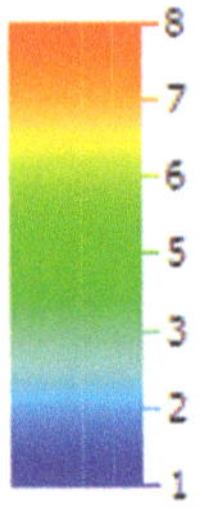

Abbildung C.3: Legende zu Abb. 4.11

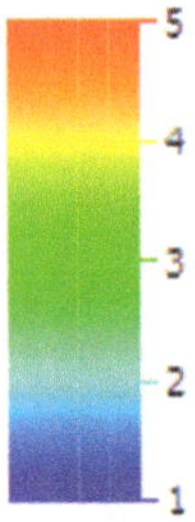

Abbildung C.4: Legende zu Abb. 4.12

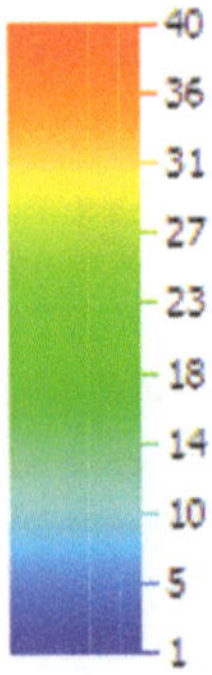

Abbildung C.5: Legende zu Abb. 4.13, 4.14 und 4.15

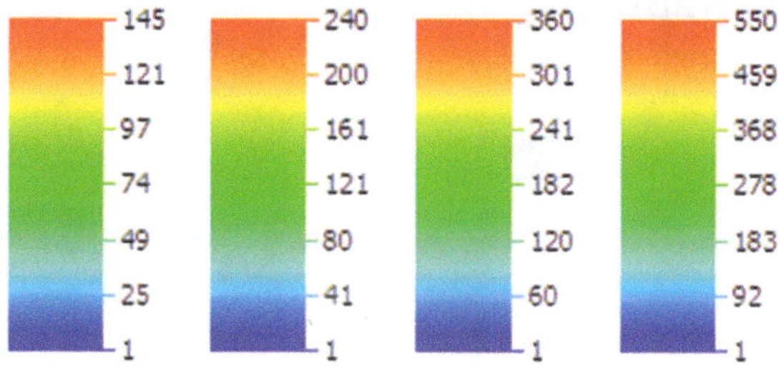

Abbildung C.6: Legenden zu den Heat Maps aus Abb. 4.16

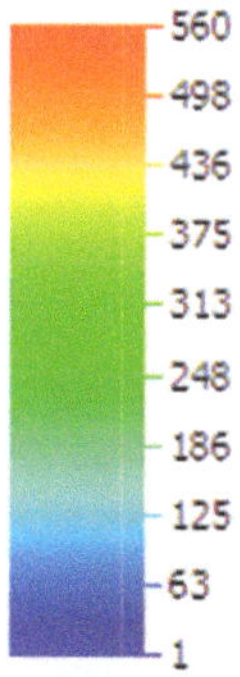

Abbildung C.7: Legende zu Abb. 4.17

C.3 Legenden zu Kapitel 5

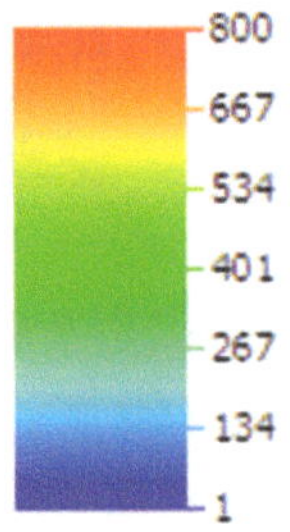

Abbildung C.8: Legende zu Abb. 5.9

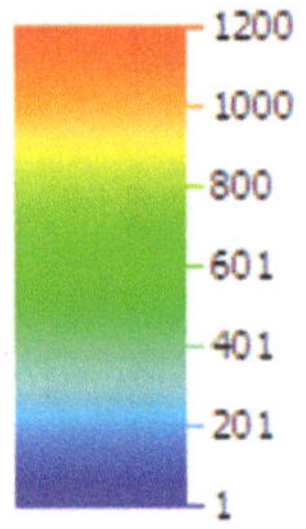

Abbildung C.9: Legende zu Abb. 5.10

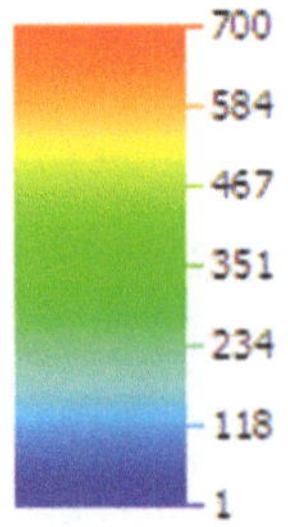

Abbildung C.10: Legende zu Abb. 5.11

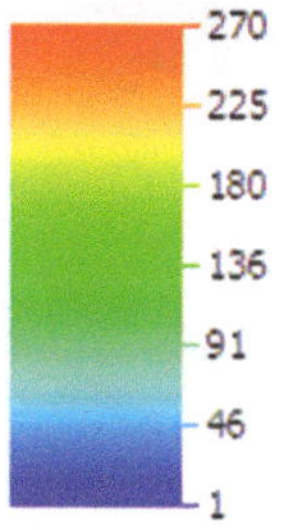

Abbildung C.11: Legende zu Abb. 5.12

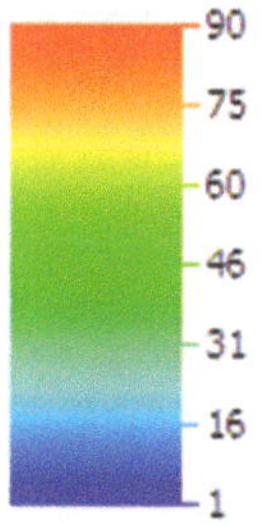

Abbildung C.12: Legende zu Abb. 5.13

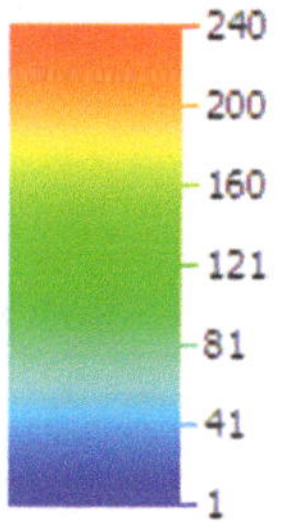

Abbildung C.13: Legende zu Abb. 5.14

Kolibri 360 GmbH
Ferdinand-Jühlke-Straße 7
99095 Erfurt, Deutschland
produktsicherheit@kolibri360.de